职业教育应用型人才培养系列教材——经济管理类

管理学项目化教程

（活页式）

朱春江　许　强　陶永刚　主　编

西南交通大学出版社
·成　都·

内容简介

本书包括10个项目，分别为认识管理、管理发展、计划、决策、组织、领导、激励、沟通、控制与创新等。为了突出实用性与技能训练，增强学生的实践能力，本书采用任务驱动模式编写，内容结构包括学习目标、任务导入、正文、项目小结、同步测试、项目训练等结构形式。案例的选择具有针对性和实用性，充分考虑学生的学习兴趣，以满足理论与实践相结合的需要，充分体现"工学结合"的教育理念。书中配有大量生动典型的实例以及同步测试习题，并附有实训，以使读者在学习过程中更加得心应手，做到学以致用。本书还邀请企业高管参加编写工作。校企合作共同编写，有助于推进校企协同育人机制，构筑产教融合的人才培养体系。本书采用理论与实践相结合，以培养管理一线所需要的高等技术应用型人才为目标，突出了实践性和实用性。本书深入浅出，结构合理，内容新颖，可适用本科、高职高专、成教等财经大类专业学生，也可作为企业管理者、在职管理人员的自学和培训用书。

图书在版编目（CIP）数据

管理学项目化教程 / 朱春江，许强，陶永刚主编. 成都：西南交通大学出版社，2024. 12. -- ISBN 978-7-5774-0259-8

Ⅰ. C93

中国国家版本馆CIP数据核字2024KA5402号

Guanlixue Xiangmuhua Jiaocheng

管理学项目化教程

朱春江　许　强　陶永刚 / **主　编**

策划编辑 / 黄庆斌
责任编辑 / 罗爱林
封面设计 / 墨创文化

西南交通大学出版社出版发行
（四川省成都市金牛区二环路北一段111号西南交通大学创新大厦21楼　610031）
营销部电话：028-87600564　　028-87600533
网址：https//www.xnjdcbs.com
印刷：四川玖艺呈现印刷有限公司

成品尺寸　185 mm × 260 mm
印张　18　　字数　450千
版次　2024年12月第1版　　印次　2024年12月第1次

书号　ISBN 978-7-5774-0259-8
定价　49.80元

课件咨询电话：028-81435775

前　言

PREFACE

本书以培养管理一线所需要的高等技术应用型人才为目标，通过 10 个项目的学习与训练，融“教、学、做”于一体，从而强化学生应用能力的培养，提高学生的实践能力、创新能力、职业能力，以及综合管理的素质，使学生成为既具有一定的管理专业技术理论和实践能力，又具有良好的职业道德、职业素养和创新创业意识的复合型人才。

本书遵循前瞻性和实用性原则，融入现代先进的管理理念，结合编者多年的教学经验、管理科学研究及企业高管的企业管理实践经验，以学生为中心，以创新为灵魂，以培养心智技能为重点，以培养基层管理岗位的综合管理技能为主线，从而培养学生计划与决策能力、组织与人事能力、领导激励与沟通能力、控制与创新能力等。

本书包括 10 个项目，分别为认识管理、管理发展、计划、决策、组织、领导、激励、沟通、控制与创新等。为了突出实用性与技能训练，增强学生的实践能力，本书采用任务驱动模式编写，采取新颖的内容结构，即学习目标、任务导入、正文、项目小结、同步测试、项目训练等结构形式。案例的选择具有针对性和实用性，充分考虑学生的学习兴趣，满足理论与实践相结合的需要，充分体现“工学结合”的教育理念。书中配有大量典型实例以及同步测试习题，并附有实训，以使读者在学习过程中更加得心应手，做到学以致用。

本书由连云港职业技术学院朱春江、许强，云南轻纺职业学院陶永刚 3 位教师担任主编。朱春江编写项目 1 、项目 5；许强编写项目 2、项目 9；陶永刚编写项目 3、项目 4；连云港职业技术学院朱荣编写项目 6；连云港职业技术学院岳坤编写项目 8；连云港职业技术学院段云鹏、庄红蕾编写项目 7；连云港职业技术学院刘绍增、江苏海州发展集团有限公司王磊编写项目 10。

全书由朱春江负责统稿、审稿，同时邀请江苏海州发展集团有限公司高管参加编写工作。校企合作编写教材，有助于推进校企协同育人机制，构筑产教融合的人才培养体系。

在本书的编写过程中，得到了西南交通大学出版社的大力支持和指导，谨在此表示诚挚的谢意。另外，还参考并借鉴了国内外大量的学术专著、学术论文、高质量优秀管理学相关教材以及相关案例等文献资料，特在此对这些作者的辛勤付出表示衷心的感谢和深深的敬意。

由于编者水平有限，加之时间仓促，书中难免存在不足之处，敬请各位专家和读者不吝指教雅正！

编　者

2024 年 4 月

CONTENTS 目录

项目 1　认识管理

学习目标

1. 掌握管理的概念。
2. 掌握管理的基本职能。
3. 了解管理的二重性。
4. 理解管理者的素质与技能。
5. 了解管理学的研究方法。

1.1　管理概述

［任务导入 1-1］

田忌赛马

齐国的大将田忌常同齐威王进行跑马比赛。在比赛前，双方各下赌注，每次比赛共设三局，胜两次以上的为赢家。然而，每次比赛，田忌总是输给齐威王。这天，田忌又输了。回家后，田忌十分郁闷，他把赛马失败引起的不快告诉了孙膑。孙膑是大军事家孙武的后代，足智多谋，熟读兵书战策，深谙兵法，只是曾被魏国将军庞涓谋害造成双腿残疾，不能率兵打仗。他被田忌救到齐国后，很受器重。田忌待他为上宾，请他当了军师。

孙膑说："将军与大王的马我看了。其实，将军的三等马匹与大王的都差那么一点儿。您第一局派出的是上等马与大王的上等马赛，第二局派中等马与大王的中等马赛，第三局派下等马与大王的下等马赛。您这样总按常规派出马与大王的马比赛，您永远会输。"田忌不解地问："不这样，又怎么办呢？"孙膑对田忌说："下次赛马时，您照我说的办法派出马匹，一定会取胜的，您只管多下赌注就是了。"田忌听了，大喜。这次他主动与齐威王相约，择日再进行赛马。齐威王听了，不屑地说："田将军又想给寡人送银子了，再比，将军也是输。"

赛马这一天，双方的骑士和马匹都来到赛马场上。齐威王和田忌在看台上饶有兴致地观看比赛。

赛马开始了，第一局田忌派出了自己的下等马，对阵齐威王的上等马。结果可想而知，田忌输掉了第一局。齐威王十分得意。第二局，田忌派出了自己的上等马对阵齐威王的中等马。结果，田忌赢了第二局。第三局，田忌派出自己的中等马对阵齐威王的下等马，田忌又赢了第三局。三局两胜，田忌第一次在赛马比赛中战胜了齐威王。由于事先田忌下了很大的赌注，所以他把前几次输掉的银子都赚了回来，还略有盈余。

资料来源：田忌赛马的故事[OL].（2022-04-25）[2024-11-05].https://www.tianqi.com/toutiao/read/164832.html.

任务分析：

1. 分析一下田忌三局两胜的原因。
2. 通过该故事理解朴实的管理运筹思想。

1.1.1 管理的概念

人类在征服自然、改造自然活动的漫长过程中，早在原始社会就意识到管理活动的重要性。比如：人类在狩猎的活动中，如何运用集体的力量和智慧来分工、捕猎、分配食物等；奴隶社会时期奴隶主阶级如何运用权力使奴隶为奴隶主阶级服务；封建社会统治者如何运用国家机器等手段来治理国家等。这无不体现了管理思想在社会实践中的应用和发展。但遗憾的是，管理活动从原始社会到19世纪之前漫长的岁月里，只处于零星的质朴的管理社会实践状态，直到西方大机器工业时代的到来，管理理论在前人管理实践的基础上才得以升华。1890年阿弗里德·马歇尔第一个提出了"管理也是生产力"的思想。从此，管理和技术一样，成为推动社会经济发展的两大支柱。①

管理活动贯穿于整个人类的活动，但人们对管理的认识有不同的理解。"管理"一词，从汉语上可理解为"管辖"和"处理"，从英文"management"中可解释为"经营"和"控制"。

"科学管理之父"弗雷德里克温·温斯洛·泰勒（Frederick Winslow Taylor）和"管理过程之父"亨利·法约尔（Henry Fayol）开创管理理论以来，学术界对"管理"的定义一直众说纷纭。许多专家学者提出了各种各样的见解，但由于每个人认识的角度不同，对"管理"内涵的认识也存在一定的差别。

其中比较有代表性的有：

美国管理学家赫伯特·A. 西蒙（Herbert A. Simon）认为"管理就是决策"②。

美国学者哈罗德·孔茨（Harold Koontz）和海因茨·韦里克（Heinz Weihrich）对管理的定义为"管理就是设计并保持一种良好环境，使人在群体里高效率地完成既定目标的过程"③。

美国学者斯蒂芬·P. 罗宾斯（Stephen P. Robbins）对"管理"的定义为"管理指同别人一起，或通过别人使活动完成得更加有效的过程"④。

我国著名管理学家周三多教授认为，"管理是社会组织中，为了实现预期的目标，以人为中心进行的协调活动"⑤。

韩俊峰等认为"管理就是为了有效地实现组织目标，由管理者利用相关知识、技术和方法对组织活动进行决策、组织、领导、控制并不断创新的过程"⑥。

而孙静则从哲学的视角认为，管理主体和管理客体的对立统一决定了管理是一种协调的实践活动，而这种相互协调构成了管理实践活动的本质。⑦

① 周三多，陈传明. 管理学原理[M]. 南京：南京大学出版社，2006.
② 杨文士，张雁. 管理学原理[M]. 北京:中国人民大学出版社，1994.
③ [美]哈罗德·孔茨，海因茨·韦里克. 管理学[M]. 10版. 北京：经济科学出版社，1998.
④ [美]斯蒂芬·P. 罗宾斯. 管理学[M]. 4版. 北京：中国人民大学出版社，1997.
⑤ 周三多，陈传明，鲁明泓. 管理学——原理与方法[M]. 上海：复旦大学出版社，1999.
⑥ 韩俊峰，顾伟. 管理学原理与实务[M]. 重庆：重庆大学出版社，2022.
⑦ 孙静. 管理内涵的哲学思考[J]. 商业经济，2005（10）：50.

以上这些解释，是不同的学派和学者在不同的环境下，从不同的视角，按照自己的理解，对管理内涵的认识，具有一定的科学性，对管理学的发展和完善起到了积极的作用。综合以上学者对管理学的定义，结合管理学对当代社会经济发展的作用，笔者将管理定义为：管理是人们在特定的环境下，通过计划、决策、组织、领导、协调与控制等活动，实现社会经济资源的合理配置，有效地达到组织既定目标的过程。

这一定义包含5层含义：

（1）管理的主体是管理者，包括组织和个人；管理的客体是管理所指向的对象。

（2）管理工作是在特定的环境和条件下进行的。任何组织都是在一定环境中从事管理活动的，环境的变化要求管理的内容、手段、方式、方法等随环境的变化进行调整，以利用机遇与机会，应对挑战与威胁，趋利避害，更好地实施管理。

（3）管理是服务于组织和一种有意识、有组织的活动，而不是盲目的、本能的活动。

（4）管理是一个过程，是由一系列相互联系、不断进行的动态的工作活动构成。这些活动由计划、组织、领导、控制等构成，贯穿于整个活动过程之中。

（5）管理是围绕着某一个特定目标进行的活动，其目的是有效地实现组织预定的目标。

1.1.2 管理的基本职能

法国管理学者亨利·法约尔最初提出把管理的基本职能分为计划、组织、指挥、协调和控制。后来有不少学者认为决策、沟通、激励、创新等也是管理的职能。表1-1汇总了管理职能。[①]

表1-1 管理的职能

<table>
<tr><th>管理职能</th><th>古典提法</th><th>常见提法</th><th>本教材提法</th></tr>
<tr><td>决策 decision-making</td><td></td><td></td><td rowspan="2">计划与决策</td></tr>
<tr><td>计划 planing</td><td>○</td><td>○</td></tr>
<tr><td>组织 organizing</td><td>○</td><td>○</td><td rowspan="2">组织</td></tr>
<tr><td>用人 staffing</td><td></td><td></td></tr>
<tr><td>指导 directing</td><td></td><td></td><td rowspan="8">领导</td></tr>
<tr><td>指挥 commanding</td><td>○</td><td></td></tr>
<tr><td>领导 leading</td><td></td><td>○</td></tr>
<tr><td>协调 coordinating</td><td>○</td><td></td></tr>
<tr><td>沟通 communicating</td><td></td><td></td></tr>
<tr><td>激励 motivating</td><td></td><td></td></tr>
<tr><td>代表 representing</td><td></td><td></td></tr>
<tr><td>监督 supervising</td><td></td><td></td></tr>
<tr><td>检查 checking</td><td></td><td></td><td rowspan="2">控制</td></tr>
<tr><td>控制 controlling</td><td>○</td><td>○</td></tr>
<tr><td>创新 innovating</td><td></td><td></td><td>创新</td></tr>
</table>

① 周三多，陈传明，鲁明泓. 管理学——原理与方法[M]. 上海：复旦大学出版社，1999：12.

1. 计划与决策

决策是指组织或个人为了实现某种目标而对未来一定时期内有关活动的方向、内容及方式的选择或调整的过程；而计划是为实现组织目标而对未来行动所做的综合的统筹安排，是未来组织活动的指导性文件，确定组织未来发展目标以及实现目标的方式。决策与计划既相互区别，又相互联系，决策是关于组织活动方向、内容以及方式方面的选择，而计划是对组织内部不同部门、成员从事活动的具体内容和要求；决策是计划的前提，计划是决策的延续；决策与计划是相互渗透，不可分割的。

2. 组　织

组织是指完成特定使命的人们为了实现共同目标组合成的有机整体，是综合发挥人力、物力、财力等各种资源效用的载体。组织有两方面的含义：① 名词上的含义，即实体的组织指人们为了目标的实现而进行合理的配置和协调，并具有一定边界的社会团体。② 动词上的含义，是指为了实现组织目标对组织的资源进行有效的配置。

组织有两方面的基本要求：① 为完成组织目标建立的组织系统。② 按实现目标的计划和进程，合理地配置组织的人力、物力、财力，以取得组织最佳的经济效益和社会效益。

3. 领　导

领导是管理的一项重要职能，与管理的其他职能的区别主要体现在与人相联系的特征方面。领导是指运用组织授予的职权，如指挥、命令、引导、影响、激励员工，创造共同的文化和价值观念，为实现所期望的目标而作出努力和贡献的过程或艺术。领导就是实现组织成员的追随与服从，处理好人际关系，保障决策有序，控制工作进度及达到高效目的，本质在于影响或引导而非指挥或命令。

4. 控　制

控制是对组织各项活动进行监视，以保证其按计划进行并纠正偏差的过程。简单地说，就是用于确保结果和计划相一致的过程。控制确保组织朝着既定的目标健康地向前发展。管理控制的必要性由 3 方面的因素决定：① 环境的变化；② 成员工作能力的差异；③ 管理权力的分散。控制必须具备 3 个基本条件：① 有明确的执行标准；② 及时获得发生偏差的信息；③ 有纠正偏差的有效措施。3 个条件缺一不可，否则管理活动便会失去控制。

5. 创　新

创新是一种思想及在这种思想指导下的实践，是人类对于发现的再创造，是一种原则及在这种原则指导下的具体活动，是管理的基本职能。通过创新，组织不断地开发出做事的新方式以及解决问题的新办法，形成创造性思想并将其转换为有用的产品、服务或作业方法。

管理创新是指组织把新的管理要素引入组织系统以便有效地实现组织目标的创新活动。管理创新的必要性体现在 3 个方面：① 知识经济和现代科学技术的要求；② 市场经济和激烈的市场竞争的要求；③ 企业现状和深化企业改革的要求。3 个方面相互联系、相互依存、相互作用。

计划职能提出了管理者追求的目标，组织职能提供了完成这些目标的结构、人员配备和责任，领导职能提供了影响、指挥、激励和沟通的环境，控制职能提供了有关偏差的知识以及确保与计划相符的纠偏措施，创新职能提供了思想实践下解决问题的新思路及新方法。管理的 5 个基本职能是相互联系、不可分割的，是围绕着管理目标而构成的有机整体。

1.1.3 管理的二重性

马克思在《资本论》中提出管理二重性理论：“凡是直接生产过程具有社会结合过程的形态，而不是表现为独立生产者的孤立劳动的地方，都必然会产生监督劳动和指挥劳动，不过它具有二重性。”一方面，由许多人进行协作劳动而产生的，与生产力、社会化大生产相联系而体现出的性质，即管理的自然属性，是有效组织共同劳动所必需的，具有同生产力和社会化大生产相联系的自然属性，它与具体的生产方式和特定的社会制度无关，由共同劳动的性质所产生，是合理组织生产力的一般职能，不会随着生产关系的变化而变化，是一系列科学方法的总结，具有共同性和永恒性；另一方面，与生产关系、社会制度相联系而体现出的性质，即管理的社会属性，它与生产关系和社会制度相联系，受一定生产关系、政治制度和意识形态的影响、制约，会随着生产关系的变化而变化，任何一种统治阶级的管理都会随着社会形态的变更而消失，被一种新的统治阶级的管理所替代。管理二重性对比如表 1-2 所示。

表 1-2 管理二重性对比

属 性	自然属性	社会属性
产生条件	协作劳动	生产资料所有制形式
决定因素	生产力水平	生产关系
性 质	组织生产	监督劳动
职 能	合理组织生产力	维护完善生产关系

1.1.4 管理的科学性与艺术性

管理既是一门科学，又是一门艺术。

管理的科学性表现为以反映管理客观规律的管理学理论和方法为指导，有一套较为完整的分析解决管理问题的方法论；艺术性表现为它灵活运用系统化的知识，并根据实际情境激发灵感以创造性解决管理问题。

管理的科学性是指人类在长期从事社会劳动生产实践活动中，对管理活动规律进行总结，借用了经济学、社会学、心理学、数学、计算机学、信息学等学科的理论体系，对管理规律进行探索与总结而形成的一门科学。它具有一套自己的系统化的分析问题、解决问题的原则、程序和方法论，对管理活动予以普遍性指导，使管理成为理论指导下的规范化的理性行为。

管理的艺术性是指管理中还存在着许多未知的、模糊的因素，需要靠人的经验、感觉、魄力、权威、人格魅力来感知，以处理管理活动中各种意想不到的事件、突发的重大变故。管理者灵活的应变能力和协调处理问题能力往往起着关键性的作用。

管理的科学性是艺术性的前提和基础，艺术性又是科学性的突破和创举。管理的科学性和艺术性在一定的条件下相互联系、相互影响，它们是一个有机的统一体。只有既懂得管理科学又有娴熟的管理艺术，才能驾驭管理活动，得心应手，才是成功的管理。

1.2 管理者概述

［任务导入 1–2］

德鲁克：高效领导者的 8 项习惯做法

1. 他们会问："什么事情是必须做的?"
2. 然后再问："什么事情是符合企业利益的?"
3. 制订行动计划。
4. 承担决策的责任。
5. 承担沟通的责任。
6. 专注于机会而不是问题。
7. 召开富有成效的会议。
8. 在思考和讲话时，习惯于用"我们"而非"我"。

在以上 8 项中，前 2 项是领导者的行动指南，接下来 4 项的目的是开展有效行动，最后 2 项则确保了整个组织的责任感。

资料来源：德鲁克：高效的管理者，每天只做 8 件事[OL]. [2024-11-6]. MBA 智库•资讯，https://news.mbalib.com/story/253828.

任务分析：

1. 了解管理者每天的管理活动，认识管理的职能。
2. 对管理职能和管理角色做类比分析。

1.2.1 管理者的概念

美国学者彼得 · 德鲁克认为：在一个现代组织里，每一个知识工作者如果能够基于他们的职位和知识，对组织负有贡献的责任，因而能够实质性地影响该组织经营及达成成果的能力者，即为管理者。国内学者蔡爱丽等认为管理者是指在正式组织内拥有正式职位，运用组织所授予的制度权力作出决策，负责指挥别人的活动并承担对组织实现预期目标做出贡献和承担责任的各类主管人员。①这些定义都强调管理者对组织应承担一定的责任，履行管理职能，并且运用相应的职位、权力，对人进行统驭和指挥。

管理者在组织中常常指挥他人完成具体任务，管理者（如厂长、校长、系主任、经理等）的主要职责是指挥下属工作。

1.2.2 管理者的类型

管理者的划分有多种方式，有的按管理层次划分，有的按管理工作的性质与领域划分，有的按职权关系的性质划分，有的按管理者在组织中所起作用、肩负职责的不同划分。其中，最常用的是按照管理者在组织中所处的层次不同划分，可以将管理者划分为高层管理者、中层管理者、基层管理者。

（1）高层管理者：一个组织中最高领导层的组成人员，对组织的总体目标负责，决定有

① 蔡爱丽，劳家仁. 论管理者素质[J]. 现代商贸工业，2009（21）：128.

关组织的大政方针、长远发展计划、战略目标和重大政策的制定，负责沟通和与外界的联系，是组织的决策层。例如，一个企业集团的总经理。

（2）中层管理者：一个组织中中层机构的负责人员。贯彻高层管理者所制定的大政方针，是高层管理者决策的执行者，指挥基层管理者的活动，注重日常事务的管理。负责制定具体的计划、政策，行使高层授权的指挥权，并对高层负责，是组织的执行层。例如，一个工厂的车间主任。

（3）基层管理者：直接指挥和监督现场作业人员，在生产经营的第一线，保证完成上级下达的各项任务和指令，制定具体的作业计划和现场监督规定，保证各项任务的有效完成，所以也称作业层。例如，生产车间的班组长。

1.2.3 管理者的素质与技能

1. 管理者的素质

法国的“管理过程之父”亨利·法约尔从身体、智力、知识、经验等方面提出了管理者应具备的基本素质。我国学者朱新民认为管理者的素质源于自然和社会两个方面，自然素质主要指人的身体素质，一般由年龄所决定，也受营养、疾病和锻炼的影响，表现在体质健壮、精力旺盛的程度之中。社会素质是指社会的教育和实践的磨炼，表现在适应社会的发展和变革的能动的才能之中。这两种素质密切相关，自然素质是社会素质形成的基础，社会素质往往又直接影响和制约自然素质的发展变化。[①]

综述以上观点可知，管理者素质包括以下几个方面：

（1）政治素质。

政治素质是指管理者应具有的政治修养，包括坚定的政治思想、强烈的责任感、高尚的品德情操和职业道德。

（2）文化素质。

文化素质是指具有一定的文化知识素质，包括掌握政治、法律、经济、管理、信息等方面的知识，同时要注重人文修养。广博的文化知识是提高科学管理水平和管理艺术的基础与源泉。

（3）身心素质。

管理者须具备良好的身体状况与健康的心理素质，包括健康的身体、坚强的意志、富有开朗乐观的性格等。

2. 管理者的技能

管理者是否有效地开展工作，很大程度上取决于实际管理过程中管理者的管理技能。根据管理学者卡茨的研究，管理者要具备 3 种主要技能，即技术技能、人际技能和概念技能，以确保管理活动的实现。

（1）技术技能。

技术技能是指管理者掌握与运用某一专业领域内的知识、技术和方法完成某一工作领域任务的能力，具体包括某领域的专业知识、经验、技术、技巧、程序、方法等。这是管理者对某专业领域进行有效管理所必备的技能，特别是一线管理者和中层管理者，必须具备一定的技术技能。

① 朱新民. 管理者素质的探讨[J]. 管理现代化，1983（4）：43.

（2）人际技能。

人际技能又称社会技能，是指与人共事、与人打交道的技能，处理人事关系的技能。人际技能包括：观察、理解、激励他人，人际交往，与人沟通的能力。人际技能对高层管理者、中层管理者、低层管理者有效地开展管理工作都非常重要。管理者只有掌握人际技能，才能更好地沟通、协作，共同完成组织的目标。

（3）概念技能。

概念技能是指反映洞察环境、综观全局、处理全局性复杂关系的抽象能力。管理者运用概念技能视组织为一个整体，善于感知、发现组织环境中的发展机会和威胁，并能及时抓住机会和化解威胁，对方案进行优化决策，对全局性、战略性、长远性等重大问题的处理与决断及对突发性紧急处境的应变，其核心是管理者应具有观察力和思维判断能力。这是组织高层管理者所必须具备的最为重要的一种技能。

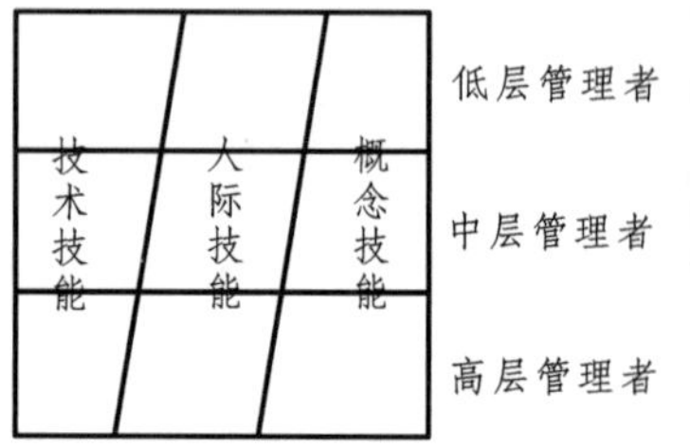

图 1-1　不同层次的管理者对技能的要求程度

管理者所处的管理层次不同，对 3 种技能的要求也各有侧重。一般来说，高层管理者对概念技能要求相对较高，而基层管理者则对技术技能要求较高，可用图 1-1 表示不同层次的管理者对技能的要求程度。

1.3　管理学概述

［任务导入 1–3］

管理学基本理论在高校学生管理中的应用

管理学的核心目的是充分提高人、财、物的综合生产效率，是社会大生产背景下的必然产物。管理学原理是管理学发展的基础，管理的整合原则、动态开放原则、环境适应原则、系统原则、闭合原则等都是进行管理工作的根本原则，起到事半功倍的效果，所以管理学基本理论应用在高校学生管理中具有一定意义。

在高校管理工作中，通过采用科学合理的管理方式和管理理论，能够在帮助学生成长的基础上深入地了解和掌握学生的思维模式，加强师生之间的平等沟通，有利于学生管理工作更好地展开。应用科学的管理理论，可实现在刚性管理的基础之上充分尊重学生的主体地位，改变原有的管理模式，更加注重学生的心理，有利于管理工作的开展。同时，学生也能够在这个过程中获得更好的成长。所以，要构建“互联网＋”学生服务指导型工作体系、探索多元化学生管理服务模式、融入以人为本思想开展大学生管理工作、将个性化管理和班主任管理相结合、将学校管理与学生自我管理相结合等管理学基本理论在高校学生管理中的应用对策研究，以探寻符合高校学生特性的管理方法，以提高高校学生管理工作的有效性。

资料来源：王毅，修俊勇，马千越. 管理学基本理论在高校学生管理中的应用[J]. 中国教育技术装备，2021（13）：44-45.

任务分析：

1. 了解管理学的深刻内涵。

2. 掌握如何运用管理学提高工作成效。

1.3.1 管理学及其研究对象

1. 管理学的概念

美国学者彼得·德鲁克曾说过："在人类历史上，还很少有什么事比管理学的出现和发展更为迅猛，对人类具有更为重大和更为激烈的影响。"

管理作为人类的实践活动，人们常常从管理实践中总结和归纳出一些规律性的知识，再用来指导管理实践，从实践中来，到实践去，并逐步形成一套理论体系，进而形成一门一般管理理论和原理的科学，这就是管理学。它是指导组织管理活动的基本思想和方法论。

2. 管理学的研究对象

管理学研究管理活动中的各种现象变化的规律性，提示各种现象之间变化的内在的本质联系。管理学实际上是这些规律性的理性认识的总结。不同行业、部门组织的管理活动因其特殊性，形成了许多专门性的管理学科，它们的研究对象也不同，如：企业管理学的主要研究对象是企业，行政管理学的主要研究对象是政府等。

1.3.2 管理学的特点

1. 综合性

管理活动往往涉及社会生活的各个领域、各个方面，它综合运用社会科学、自然科学、技术科学的方法和手段来研究管理活动过程中存在的基本规律及一般方法。管理环境涉及生产力、生产关系、政治、法律、社会、心理等因素，因此管理充分利用哲学、经济学、社会学、工程技术学、生理学、仿真学、系统工程学、行为科学、数学、计算机科学等对管理进行定性描述、定量计算和分析，研究管理一般规律，并用来指导管理的实践。所以管理学是一门交叉学科或边缘学科，综合利用多种学科的研究成果，同时它又是一门综合性的学科。这一特点要求管理者要有广博的知识，以得心应手地处理管理问题。

2. 不精确性

精确的科学是指在给定的输入条件下能够得到确定结果，如数学只要给出一定的条件，按法则演算就能得到确定的结果。而管理学中影响管理的因素有很多，许多管理问题的解决是基于调查、访问、观察、归纳的基础上的，不需经过严格的证明，而是要注意理论与实际的结合，因而表现为不精确性。

3. 实践性

管理学是实践性很强的学科，很多成功的案例，如果不考虑其具体的环境就复制过来，往往解决不了实际问题。案例也不是放之四海皆准的，要求管理者在管理实践活动中灵活运用管理学相关理论、技能、方法和经验，再加以创造性地运用，以解决各种复杂多变的管理问题。只有在管理实践中不断磨炼，积累管理经验，才能更好地解决管理活动过程中的实际问题。

4. 历史性和发展性

任何一种理论都是历史的产物，管理学是对前人管理实践、管理经验、管理思想、管理理论的总结和发展。割开管理历史和管理经验，不了解管理历史，就不可能对管理学进行很好的把握和灵活运用。

管理作为一门科学来研究不过一百多年时间，它是一门非常年轻的学科。随着时代的变迁，管理学会处于不断更新、完善和发展之中，会涌现出更多的管理理论。

1.3.3 管理学的研究方法

管理学的研究方法主要有 5 种：理论联系实际的方法、试验法、比较研究法、案例分析法、定性和定量分析相结合的方法。

1. 理论联系实际的方法

理论联系实际的方法有两类：① 把管理理论与方法运用到实践中去，通过实践来检验这些理论与方法的正确性；② 通过管理实践，把实践经验加以概括和归纳，上升为理论，再补充和完善原有的管理理论。管理学是一门生命力很强的建设中的学科，通过理论与实践的结合，管理理论在实践中不断加以检验，从而深化认识、发展理论，进而再指导实践，归纳完善理论，使理论和实践得以螺旋式上升。

2. 试验法

试验法是指在一定的环境条件下，经过严格的设计和组织，对研究对象进行某些试验考察，再与未给予这些条件的对比试验的实际结果进行比较分析，寻找外加条件与试验结果之间的因果关系，从而揭示管理的规律、原则和方法。试验研究法是一种有目的、有约束条件的研究方法，只有事先做好计划和安排，才能收到良好的效果。但要注意，管理中也会存在许多问题。由于外部环境和内部条件的性质特别复杂，影响因素很多，要想进行人为地重复试验也是不可能的，这是试验法的不足之处。

3. 比较研究法

比较研究法主要通过历史的纵向比较和各个组织的横向比较，来探索管理的一般规律。

比较研究法一般分 3 个步骤：① 找出同类现象或事物；② 按照比较的目的将同类现象编组列表；③ 根据比较结果进一步分析。采用比较研究的方法，推动了管理科学和管理实践的迅速发展。

4. 案例分析法

案例分析法是指将管理工作中出现的问题作为案例，交给受训学员研究分析，培养学员分析能力、判断能力、解决问题及执行业务能力的培训方法。案例分析法通过对管理活动的典型案例进行全面分析，总结出管理的理论、经验和一般规律。

5. 定性和定量分析相结合的方法

定性分析是指管理者主要凭直觉、经验，分析对象过去和现在的延续状况及最新的信息资料，对对象的性质、特点、发展变化规律做出判断的一种方法。定量分析是指依据统计数据，建立数学模型，并用数学模型计算出分析对象的各项指标及其数值的一种方法。

定性分析与定量分析是统一的，相互补充的。定性分析是定量分析的基本前提，定量是定性的具体化，定量分析是建立在定性预测基础上的分析，运用数学工具分析，使定性更加科学、准确，它可以使定性分析得出广泛而深入的结论。在研究管理问题时，只有将定性分析与定量分析结合起来灵活运用，才能取得管理的最佳效果。

［项目小结］

本项目对管理、管理者和管理学分三部分进行了总体概述。首先，通过管理概念和基本性质的介绍，对管理的范围有一个初步的了解；通过管理职能的阐述，对管理两重性的含义及其现实意义有较为全面的认识。其次，通过对管理者的概念、类型及管理者的素质与技能内容的介绍，领会管理层次不同对 3 种技能的要求侧重点也不一样。最后，对管理学相关知识的介绍，从整体上把握管理学研究的对象与内容、管理学的特点以及学习和研究管理学的方法。

［同步测试］

一、单选题

1. 管理是人们在特定的环境下，通过计划、决策、组织、领导、协调与控制等活动，实现社会经济（　　）的合理配置，有效地达到组织既定目标的过程。

A. 效益　　B. 资源

C. 目标　　D. 价值

2. 下面哪一项不属于管理者技能？（　　）

A. 人际技能　　B. 技术技能

C. 概念技能　　D. 专业技能

3. 管理学研究管理活动中的各种现象变化的（　　），提示各种现象之间变化的内在的本质联系。

A. 规律性　　B. 发展性

C. 内在性　　D. 实践性

4.（　　）是指管理者应具有的政治修养，包括坚定的政治思想、强烈的责任感，高尚的品德情操和职业道德。

A. 心理素质　　B. 身体素质

C. 文化素质　　D. 政治素质

5.（　　）最初提出把管理的基本职能分为计划、组织、指挥、协调和控制。

A. 法约尔　　B. 亚当斯

C. 韦伯　　D. 泰勒

二、填空题

1. 管理的（　　）是管理中存在着许多未知的、模糊的因素，需要靠人的经验、感觉、魄力、权威、人格魅力来感知，来处理管理活动中各种意想不到的事件、突发的重大变故，管理者灵活的应变能力和协调处理问题能力往往起着关键性的作用。

2.（　　）是指对组织应承担一定的责任，履行管理职能，并且运用相应的职位、权力，对人进行统驭和指挥。

3. 人际技能又称（　　），是指与人共事、与人打交道的技能，处理人事关系的技能。

4.（　　）是人们在特定的环境下，通过计划、决策、组织、领导、协调与控制等活动，实现社会经济资源的合理配置，有效地达到组织既定目标的过程。

5.（　　）直接指挥和监督现场作业人员，在生产经营的第一线，保证完成上级下达的各项任务和指令，制定具体的作业计划和现场监督规定，保证各项任务的有效完成。

三、判断题

1. 管理职能的数量划分具有灵活性。（　　）

2. 管理是一种无形的力量，它是通过高层管理者对下级管理者和组织成员的严格控制体现出来的。（　　）

3. 管理既是一门科学，又是一门艺术，是科学与艺术的有机结合体。（　　）

4. 管理作为一项任务，就是设计和维持一种体系，使这一体系中共同工作的人们有效率地去实现组织既定的目标。（　　）

5. 由于主管人员在组织中所处的层次不同，他们所履行的管理职能数量也有多有少。（　　）

四、简答题

1. 试述为何管理既是一门科学，又是一门艺术。

2. 简述管理者的素质与技能。

3. 管理学有哪些特点？

4. 讨论管理在现代社会中的地位与作用。

五、案例分析

百龙矿泉壶“壶主”的思考

当年曾在国内叱咤风云的百龙矿泉壶“壶主”孙寅贵，在一次对下属的批评当中指出：“真正的管理者，他的职责应该是研究政策、建立制度。然而你们却把大量的精力用在谈客户和酒席桌上，你们应该降职。这不是说你们偷懒，是因为你们享受着高层的待遇，却干着基层的工作，而没有抓住管理者应该做的事。我现在之所以有时间写书，是因为我已经把很多制度研究制定得自己觉得差不多了，同时我能够以一个清醒的头脑、很宽松的时间来审视你们，好告诉你们有什么地方做得不对。设想一下如果我也整天谈客户，累得四脚朝天，我又如何才能监督、评价你们的工作呢？一个劳动模范式的管理者绝不是一个成功的管理者。”

其实，“事必躬亲”和“以身作则”是两回事，“管理者”并不应成为“拼命三郎”，典型的案例在《三国演义》中就有。诸葛亮绝顶聪明，为什么却六出祁山一无所获反而命丧五丈原，而屡战屡败的司马懿却笑到了最后？就在于司马懿抓住了管理的真谛：管理者最需要的并不是自己去拼杀，而是建立起井然有序、行之有效的制度，让它自己顺畅地运转。而连军士的灶坑如何去挖都要过问的诸葛亮则在“事必躬亲”中拖垮了自己、耽误了事业。

所以，孙寅贵认为：“越是上层，弄明白自己到底该干什么就越重要。我觉得如果一个热爱自己企业的老板能使自己轻松起来，乃至有些无事可做，那这个企业倒会很有希望。”

矿泉壶项目失败后，孙寅贵现在掌管着十几个下级企业，并在青岛投资建立了亚洲最大的塑钢企业，在国内塑钢产业居遥遥领先的地位，他现在又是如何管理这么多企业的呢？

“管理企业，第一靠领导人，第二靠领导人，第三还是靠领导人。这个领导应该有理想、有道德。在我认真地检讨自己如何做人后，我觉得总经理除了要具备懂专业、有经验、会管理等条件外，还得加上很重要的一条：人品好。

选好后，如果经过考核他胜任这个位子，接着就要实行鹭鸶政策。你不能让他不'吃鱼'，'不吃'他就不'抓'了；也不能让他'吃饱'，'吃饱'他也不'抓'了。你要从他创造的利润中给他适当的提成，但过高的待遇会导致短期行为。百龙的待遇不算很高，但目前并未发生人才流失的现象，就在于人的需求不仅仅是物质，还有精神、自我实现和社会地位。熟悉而又得心应手的工作环境同样会吸引住人才。

在你与他之间还要形成一种制度。我在组建'青岛百龙'时，赋予了它所有权与经营权高度分离的体制：不从百龙现企业调派一兵一卒，以目标式管理体系体现双方关系，由董事会制定年度任务，以量化形式明确总经理的职责目标，尤其是持续发展阶段目标。实际就是：'只问结果，不问过程。'我对青岛百龙的总经理说：'我只管你一个人。'而总经理只管副总和要害部门的正职干部，同样以责任目标和量化指标作为考评标准。"

采取所有权与经营权分离政策的企业有的是，可我们不少"浴血奋战"惯了的主管并不能真正做到。大权旁落带来的失落和对下属出错的愤怒使他们在"放了收，收了又放"的怪圈中转个不停、筋疲力尽。对此，孙寅贵自有说法："人要对得住寂寞才算得上成熟，因为只有在寂寞中才能冷静，在寂寞中才能清醒地看明周围的一切。特别是管理大企业，如果不能跨越这一步，就很难再提高。"

资料来源：苏慧文，姜忠辉. 管理学原理与案例[M]. 青岛：青岛海洋大学出版社，1999：10-12.

思考：

1. 什么是管理？管理者该干什么？请结合本案例谈谈你对此的理解。
2. 根据本案例说明计划、组织、领导和控制等职能的作用。

［项目训练］

企业管理调查

一、实训目的

1. 了解企业管理员工一周的工作活动，进一步加深理解管理学的含义、内容、特点等。
2. 初步培养及锻炼学生的沟通能力，为进一步学习管理理论打下基础。

二、任务内容及要求

1. 访问一位当地企业管理人员，了解他最近一个月的相关管理活动，并用表格记录下来。
2. 将企业管理人员的相关活动，与管理职能和管理角色进行对应，做类比分析，看看有什么发现，并找出理论与管理实践的差异。
3. 与企业管理人员一起探讨管理相关实践内容，进一步理解管理学的相关知识。
4. 组织班级所有学生汇报交流，谈谈自己对管理学的认识，并进行总结。

三、实训考核

1. 每位学生完成调查访问，撰写调查报告及心得体会。
2. 组织班级学生汇报交流，谈谈自己对管理学的认识、观点并进行总结。老师对学生的交流情况及每一份报告予以评分。
3. 学生需填写实训报告。其内容包括：实训项目；实训目的；实训的任务内容及要求；实训过程；实训总结；实训评语（由教师填写）等。

项目 2　管理发展

学习目标

1. 了解早期管理思想。
2. 掌握古典管理理论的主要思想。
3. 理解行为科学理论的基本内容及应用。
4. 培养初步应用现代理论分析与处理管理问题的能力。

2.1　早期管理思想

［任务导入 2-1］

我国古代工程建设中的项目管理思想

系统意识在古代早已存在。公元前四世纪古希腊哲人亚里士多德已认识到“整体大于它的各部分的总和”。系统方法着眼于整体，照顾全局，相互协调，注重定量的分析和统计，在项目管理中向来作为重要工具被广泛应用。我国古代工程建设中已经懂得并成功实践了系统的思想，公元前三世纪战国时代蜀郡守李冰父子主持设计修建的四川都江堰水利工程和古代建筑奇迹之一的万里长城就是两个突出的范例。

都江堰水利枢纽工程由分水导流工程、溢流排沙工程和引水口工程组成。分水导流工程为利用江心洲建成的分水鱼嘴、百丈堤和金刚堤，它们把岷江分为内外两江。内江一侧建有由平水槽、飞沙堰以及具有护岸溢流功能的人字堤等组成的溢流排沙工程。内江水流由上述导流和溢洪排沙工程控制并经宝瓶口流向川西平原，汛期内江水挟沙从飞沙堰顶溢入外江，保证灌区不成灾。宝瓶口是控制内江流量的引水通道，由飞沙堰作为内江分洪减沙入外江的设施。外江设有江安堰、石牛堰和黑石堰三大引水口。整个工程的规划、设计和施工都十分合理：通过鱼嘴分水，宝瓶口引水、飞沙堰溢洪，形成一个完整的功效宏大的“引水以灌田，分洪以减灾”的分洪灌溉系统。施工中，先开凿玉垒山，解决水患，然后筑分水堰，把岷江水流分为内江和外江两股水道，根治了水害，再建飞沙堰，解决了溢洪排沙问题。最后为了长久地发挥都江堰的作用，又创立了科学简便的岁修方法，两千多年来持续不断。都江堰工程生动地体现了严谨的整体观念和开放、发展的系统思想，从现在的观点看，仍不愧为世界上一项杰出的系统工程建设。

如此浩大的工程，离不开系统思想。在设计和规划的整体性上，古代把匈奴等游牧民族的骚扰当作环境因素，从疆土的整体性出发设计和建构出这样一个庞大的整体性防御体系。在结构上，虽绵延 2 万多千米，地势又复杂多变，仍“五里一燧，十里一墩，卅里一堡，百里一城”，井然有序，在结构规划上体现了严密的有机性；在施工方法上，整个长城借助于地形特点，就地取材，防碱夹层设计使施工方便且墙身坚固，体现了施工过程的优化思路；在整体效能上，每隔一段距离设置一个烽火台，形成快捷的信息传递联系体系，成为整个防御体系的神经系统。万里长城从设计规划、修筑施工到使用过程都生动地体现了系统的思想。

如上所述，我国古代重大工程的施工管理已经注意到把工程项目当作一个整体系统来对待的基本观念。一方面，注重系统整体中各个部分的相互联系和制约；另一方面，又不忽略从环境的角度来观察、分析，甚至规划、协调和控制系统的变化，力求达到最好地处理一切问题的目的。

任务分析：

1. 从系统性方面认识我国古代工程建设中的项目管理思想。
2. 结合古代重大工程分析管理的职能。

管理思想的历史可谓源远流长，从刀耕火种的氏族部落到高度文明发达的现代社会，管理思想的火花指引着人类不断走向进步。人类的管理思想可以分为两种类型：一是源于古希腊文化传统的西方管理思想；二是具有儒家文化特色的中国管理思想。

2.1.1 古代的管理实践

最早的管理现象出现于原始社会。那时生产力水平十分低下，单靠个人的力量无法生存，人们结成群体进行协作、分工劳动，于是便出现了最早的管理现象。在氏族社会中，人们为了生存组织起来，逐渐形成了氏族议事会和氏族大会，产生了氏族首领，这是最早出现的管理机构和管理者。从最早期人类社会的发展史可以看出，人类的生存需要离不开管理。

在漫长的发展过程中，人类积累了大量的管理实践经验，如果没有管理活动也不会出现灿烂的人类文明。例如古代西方世界的埃及吉萨金字塔、奥林匹亚宙斯巨像，阿尔忒弥斯神殿、摩索拉斯基陵墓、亚历山大灯塔、巴比伦空中花园、罗德岛巨像，古代中国的万里长城、秦始皇陵、阿房宫等巨大工程，如果没有管理活动是不可想象的。其中，埃及最大的金字塔是第四王朝第二个国王胡夫的陵墓，建于公元前 2690 年左右，高 146.5 米，底座每边长 230 多米，塔底面积 5.29 万平方米；塔身由 230 万块石头砌成，每块石头平均重 2.5 吨。据说，10 万人用了 30 年的时间才得以建成。可见，当时的管理活动起着非常重要的作用。再如古代中国的万里长城，它是在不同时期为抵御塞北游牧部落联盟侵袭而修筑的规模浩大的军事工程。长城是我国古代劳动人民创造的伟大奇迹，是中国悠久历史的见证，也是古代管理实践的历史见证。

古代劳动人民充分发挥聪明才智，在长期的管理实践中形成了一些宝贵的管理思想。

2.1.2 早期的管理思想家及其管理思想

人类在漫长的管理活动过程中，积累了大量的管理实践经验，并逐步形成了一些宝贵的管理思想，但在较长时间内未能形成系统的管理理论。

在古典管理理论出现之前，企业基本上靠经验来管理。但 18 世纪出现的工业革命使生产力发展水平和劳动方式产生了变化，这对管理提出新的要求，企业要进行专业化协作发展和生产基本组织变革，如组织间的配合问题，人与机器协调问题，劳动力招募、训练与激励等问题。

这一时期出现了一些现代管理理论的萌芽。管理思想有重大影响的代表人物有罗伯特·欧文、亚当·斯密和查理·巴贝奇等。

罗伯特·欧文是英国空想社会主义者，19 世纪初期最有成就的实业家之一，人事管理的创始人。他强调：人是环境的产物，只有处在适宜的物质和道德环境下，人才能培养出好的品德；停止雇佣 10 岁以下的童工，将原童工送学校学习；员工每天工作不超过 10 小时 45 分钟；禁止对工人进行体罚；为工人提供厂内膳食；设立按成本向工人销售生活必需品的商店、建造工人住宅、修马路等；呼吁关注工人，改善劳动条件，用这种方法提高利润。

亚当·斯密是英国古典政治经济学家，1776 年发表《国民财富的性质和原因研究》(简称《国富论》)，第一次阐述了劳动分工理论。劳动分工后来成为管理学的一条基本原则。在“劳动分工”方面，他在欧洲一制针厂做劳动分工实验。他首次提出了劳动分工和专业化的概念，在考虑分工程度时应注意 3 个方面的因素：① 充分发挥职能专业化的优点；② 只有存在“明显间隙”特点的工作才能分开；③ 考虑组织成员的士气。

查理·巴贝奇是英国的数学家，于 1832 年发表《论机器与制造业经济学》，系统论述了劳动分工理论，并强调重视人的因素。注重提高效率，按劳支付工人工资；强调不能忽视人的因素，认为企业与工人有共同的利益；主张实行一种分红制度，使提高了效率的工人分享到工厂的一份利润；奖励合理化建议已收到成效的提出者。

这些管理思想是在管理实践活动中对管理经验进行总结提炼升华而形成的思想，它们反过来又指导和推动管理实践活动。

2.2 西方古典管理理论

［任务导入 2–2］

泰勒科学管理理论评述及企业的应用分析

美国福特汽车公司是成功应用泰勒科学管理理论的典型示范之一。在标准化作业方面，福特公司开创“流水线”生产制度，应用泰勒科学管理理论思想，将生产操作过程科学地划分为若干要素，细化分配至具体的工人，以工作要求为导向，根据个人禀赋才能选择适配岗位。重复的机械式劳动极大地提高了工人的熟练程度，降低了工人掌握整车装配技能的劳动培训成本；从工人面前缓缓经过的汽车将工人绕车奔走、换取器具等时间成本及非必要动素降到最低，大幅削减了人力成本损耗，将劳动生产率和生产效率推向新的高度，推动企业生产方式实现里程碑式的飞跃。在工资和激励制度方面，福特公司应用计时工资制，独创性提出“工作八小时，收益五美元”的举措，创新性应用泰勒制，利用工资提高工效，在提高生产力的同时考虑工人提升生活水平的物质需要，充分发挥工人执行职能的积极性和主观能动性。在禀赋收入效应的绝对值较小时，增加工人工资可以有效提高劳动供给。应用计时工资制后，福特公司工人工作转换率、缺勤率大幅下降，生产效率和公司利润大幅提升。在生产组织形式方面，福特公司在发展初期采用直线职能制，在厂长下设职能科室分管公司组织经营，职能部门下设车间主任负责监督和组织车间日常工作，其下又分设职能组和班组长，层次分明，职能明确。其中，计划部门负责制定作业标准要素、规定工作额度等，执行部门负责落实计划，实行执行职能。直线职能制将集中统一指挥与专业化职能管理相结合，极大地减轻了管理者的负担，提升了管理效能和执行效率。

资料来源：钱思蒙. 泰勒科学管理理论评述及企业的应用分析[J]. 现代商业，2024（1）：104-107。

任务分析：

1. 分析福特公司的泰勒科学管理理论应用。

2. 为什么科学管理理论能提高管理效率？

19 世纪六七十年代英国工业革命开始后，伴随着社会生产力水平的提高，生产组织方式的变化，科学技术的进步，光靠管理经验难以适应大规模的工业发展，管理思想经历了一次巨大的质的飞跃，从传统的管理经验上升为科学的管理理论，并得以不断地丰富、发展和完善。

西方古典管理理论形成于 19 世纪末 20 世纪初的欧美，以美国的泰勒“科学管理理论”、法国的法约尔“一般管理理论”、德国的韦伯“行政组织理论”等为代表。

2.2.1 泰勒的科学管理理论

弗雷德里克·温斯洛·泰勒，是美国古典管理学家，科学管理的创始人，被称为“科学管理之父”。泰勒出生于美国费城一个律师家庭，他 18 岁进入钢铁厂当工人，任过技工，从工厂学徒干起，到任工头、车间主任、总工程师等职。他结合工厂的实践，致力于从事研究如何提高劳动效率。他于 1911 年出版了《科学管理原理》一书，主要内容有生产管理的技术与方法、管理职能、管理人员、组织原理、管理哲学等。《科学管理原理》奠定了科学管理理论基础。泰勒科学管理的主要贡献有：

（1）工时研究。工时研究的目的在于合理确定工作定额。泰勒工时研究实例是搬运生铁实验。泰勒强调，工时研究和工作分析是要找出一个工人“正常”工作时的标准定额。工时研究为工业生产实现标准化、对工人进行科学方法的培训创造了条件。

（2）标准化。标准化包括工作程序的标准化、工作动作的标准化、工具的标准化、工作场所的标准化、原料的标准化等。标准化和工人培训，是科学管理中的两个基本方面，它为工时研究、科学的定额管理提供了人和物的条件保证。

（3）差别计件工资制。泰勒认为，要成功地实行差别计件工资制，必须使工时研究科学化；必须使所有机器设备和工具都维修得很好，并完全标准化；必须对工人进行培训，完不成定额任务时，必须首先追究计划室和领班的责任。

（4）成本会计法。管理必须追求整体效益，必须整合各个单项的管理措施，进行全面的成本效益核算。成本会计法的实施，使成本核算摆脱了单纯的财务收支，成为一种管理手段。

（5）计划与执行相分离原理。泰勒针对管理职能提出了计划与执行相分离的原理。对于工作的计划、安排，以及操作动作设计，不是由工人自行进行，而是由懂得管理和科学技术的专家进行。

（6）组建计划室。泰勒认为，经营管理应由计划部门来接管，计划室是工厂管理的核心。

泰勒设计的计划室，实际就是科学管理的组织建构。泰勒把计划室的职能和任务归纳为 17 项内容，具体包括：对公司接到的全部订单加以详细分析；对全厂所有手工操作进行工时研究；对各种机器的操作进行工时研究；了解一切原材料、库存和成品的余额，以及每种机器和每类工人未完成的工作，以进行工作调度；对交货日期的承诺进行分析；了解一切制造项目的成本并进行成本分析；管理工资和员工考核；设计所有文书与账目的帮助记忆符号系统；设立情报所，加工和提供一切相关信息；确定标准工具以及使用的方法；制定厂房和设备的维护制度；制定送信员制度以及信息传递办法；雇佣管理或人事管理；管理车间纪律检查员；管理事故保险互助会；管理紧急订货和售后服务；制定厂务制度并改进厂务工作。

（7）管理人员专业化。泰勒强调，管理人员必须由懂得科学原理、熟悉经营业务、有较高专业素质和专业能力的人员来担任，以提高管理的质量和效率。

（8）职能工长制。泰勒认为，解决管理人员不胜任的根本出路在于改造组织方式。抛弃以往的直线组织形式，运用职能式组织取代直线制。泰勒设计的职能工长制的主要作用：第一，有利于管理人员的训练；第二，实现管理人员专业化；第三，对管理者进行管理。

（9）例外原则。泰勒还提出在组织中从事管理活动的例外原则，即每个管理层次都要处理好自己管理层内的常规事务，只有例外事务才上交处理。

（10）效率与人性的统一。科学管理的本质是为提高工人福利服务的，从人的需要和动机出发来调动工人的积极性。科学管理的基本思路，就是用合理的科学方法来形成有效的激励机制，以经济手段刺激工人的工作热情和主动精神。

泰勒最主要的贡献是在管理实践问题研究中采用观察、记录、调查、试验等一系列有助于改善管理的技术和方法，主要缺陷是没有把工人作为“社会人”，而是看成“经济人”。

2.2.2 法约尔的一般管理理论

亨利·法约尔，古典管理理论的主要代表人之一，亦为管理过程学派的创始人。他出生于法国一个中产阶级家庭，17 岁进入圣艾蒂安国立矿业学院学习，19 岁毕业时取得了矿业工程师资格，1860 年他被任命为科芒特里——富香博公司的科芒特里矿井组工程师。1916 年，法约尔出版了《工业管理和一般管理》一书，提出了管理的 5 大职能、要素和有效管理的 14 条原则，为科学管理提供了一套科学的理论构架。

法约尔科学管理的主要贡献包括：

（1）将工业企业中的各种活动划分为技术活动、商业活动、财务活动、安全活动、会计活动、管理活动 6 类活动。

（2）管理活动包括计划、组织、指挥、协调、控制 5 个要素。

（3）提出了 14 项管理原则。

劳动分工：可提高劳动的熟练程度和准确性，从而提高效率。

权力与责任：权力就是指挥和要求别人服从的能力；责任是权力的当然结果和必要补充，凡有权力行使就有责任。权力可分为职位权力和个人权力。一个好的领导者，个人权力是规定权力的必要补充。

纪律：企业和雇员之间通过协定而达成一致的规定，包括指责、警告、罚款、停职、降级或开除，雇员必须接受纪律的约束。

统一指挥：组织内下属人员只应接受一个领导人的命令。

统一领导：对于力求达到同一目的的活动，只能有一个领导人和一项计划。

个人利益服从集体利益：任何雇员个人或雇员群体的利益不能够超越组织整体的利益。

合理的报酬：人员的报酬是其服务的价格，应该体现公平合理，并尽量使企业和所属人员都满意。

适当的集权：集权反映下级参与决策的程度。

等级制度：从最高权力机构直至低层管理人员的领导系列。请示和汇报要逐级进行，如果沿着等级链会造成信息的延误，则应允许越级报告和横向沟通，保证重要信息的畅通。

秩序：每个人都有一个位子，每个人都在他的位置上。

公平：由善意和公正产生的，企业领导应努力使公平感深入人心。

人员稳定：要努力保持企业领导人和其他人员的相对稳定性。

首创精神：人类活动最有力的刺激物之一，领导和员工都要有这种精神。

集体精神：有利于促进组织内部的和谐，全体人员的和谐与团结是一个企业的重要力量。

法约尔提出的一般管理的要素和原则，为管理科学提供了一整套科学的理论框架，奠定了管理过程研究的基本理论基础。但该理论的主要缺陷是管理原则过于僵硬，认为工人是“经济人”。

2.2.3　韦伯的行政组织理论

马克斯·韦伯，德国著名社会学家，现代社会学的奠基人，在管理思想发展史上被称为“组织理论之父”。他在《社会组织与经济组织理论》一书中提出了行政组织体系理论。

他在管理学上的主要贡献是提出了理想的行政组织体系。要使行政组织发挥作用，管理应以知识为依据进行控制，管理者应有胜任工作的能力，应该依据客观事实而不是凭主观意志来领导，而不能通过传统的世袭地位来进行管理。

韦伯认为，理想的行政组织应当以合理、合法权力为组织的基础，合法型统治是官僚组织结构理论的基础；领导人具有行使权力的法律手段；所有的权力都有明确的规定，任职者不能滥用其正式权力。

这种组织的管理制度具有合法的公认权威性和理性，能够实现最佳管理目标。

韦伯的组织管理理论的主要特点如下：

（1）要有明确的分工；

（2）必须明确规定组织成员的权利、义务；

（3）根据职务要求通过考试、培训选拔员工，严格把握标准；

（4）组织内职务和职位按照等级制度的体系来划分；

（5）管理与资本经营相分离，管理人员属企业员工而非企业拥有者；

（6）组织成员间和组织与外界的关系以理性准则为指导。

韦伯指出，任何一种组织都必须以某种形式的权力为基础，才能实现其目标，只有权力才能变混乱为有序，权力与权威是一切社会组织形成的基础，法定的权力是行政组织体系的基础。韦伯把这种权力划分为 3 种类型：第一种是理性的、法定的权力；第二种是传统的权力；第三种是超凡的权力，这种权力是建立在对个人的崇拜和迷信的基础上的。

2.3 行为科学理论

［任务导入 2-3］

梅奥人际关系理论的启示

师生关系的“机械化”“疏离化”大大降低了教学质量和教学效果，不利于学生的成长。教育的目的不仅是使学生获得知识和技能，更要挖掘学生的潜能、塑造人格。师生之间的关系直接影响学生和教师的心理，对教育要素的变化产生重要影响。运用梅奥的人际关系理论对高校师生关系进行剖析，有助于优化师生关系。要做到以人为本，解放思想。人际关系理论认为人是“社会人”，有被认可的社会需求。学生作为教学对象，有被尊重和被激励的渴求。

首先，作为教学主体的教师要树立“以人为本”的教育理念。尽管在教学过程中，教师与学生所处的地位是不同的，但这并不妨碍师生人格的平等。教师作为教学的主导者，需要解放思想，摒弃绝对权威的观念，主动与学生沟通交流。课堂的时间有限，课后的交流就显得尤为重要。交流的方式可以多种多样，通过微信和 QQ 可以实现师生间的实时互动，学生既可以在群聊中各抒己见，也可以在私聊时保护隐私。教师要想学生所想，不断提升职业素养和教育的艺术性。学生提出意见或建议时，教师需审视自我，客观分析，找到改进的方法。

其次，倡导师生间的情感交流，鼓励学生跨越不敢与教师沟通的障碍，主动实现文化、思想融合。部分教师在教育教学活动中善于扮演“经师”的角色，偏重课堂知识的传授，忽视对学生思想和心灵的培育，对学生缺乏亲和力。应增加“情”在师生关系中的比重，形成情理交融式的师生关系。教师还可以利用课堂这一阵地，设置实践性教学环节，培养学生发现、分析、解决问题的能力，增强学生的团队合作能力，提高师生间的互动频率，加强师生间的双向交流。教师要善于主动与学生沟通，以使学生放下思想包袱；同时，乐于沟通、善于交流的集体氛围也会感染性格相对内向的学生，使他们能敞开心扉与教师交流。

资料来源：赵晨舒. 人际关系理论对高校师生关系问题的启示[J]. 镇江高专学报，2019，32（4）：63-65.

任务分析：

1. 梅奥人际关系理论的核心内容是什么？
2. 怎样运用人际关系理论加强师生之间的沟通？

古典管理理论为管理科学提供了一整套科学的理论框架，奠定了管理过程研究的基本理论基础，对管理思想和管理理论的发展做出了卓越的贡献，并对管理实践产生了深刻的影响，着重强调管理的科学性、合理性、纪律性，而未给管理中人的因素和作用以足够重视，主要缺陷是认为工人是“经济人”。其实管理更注重影响和协调他人行为，单纯地运用严格的僵硬化的管理原则达不到最优的管理效果，而是应该更注重“社会人”的行为，使对新的管理思想、管理理论和管理方法的寻求及探索成为必要。在此背景下，诞生了行为科学理论。

行为科学理论主要是对员工在生产中的行为以及这些行为产生的原因进行分析和研究，主要对人性和需求、动机与行为、生产中的人际关系、正式组织与非正式组织、领导方式、组织行为与组织文化等方面进行了大量研究，产生了许多行为科学方面的理论，主要有梅奥的人际关系理论、麦克雷戈的 X-Y 理论、马斯洛的需要层次理论、赫兹伯格的双因素理论、弗罗姆的期望理论、亚当斯的公平理论、斯金纳的强化理论、麦克利兰的激励需要理论等。这些理论推动了管理学的发展，在管理实践中产生了深刻的影响。下面主要介绍梅奥的人际关系理论、麦克雷戈的 X-Y 理论。有关马斯洛的需要层次理论、赫兹伯格的双因素理论、麦克利兰的激励需要理论、弗罗姆的期望理论、亚当斯的公平理论、斯金纳的强化理论等将在本书的第七章进行详细的介绍。

2.3.1 梅奥的人际关系理论

乔治·埃尔顿·梅奥是美国行为科学家，人际关系理论的创始人，美国艺术与科学院院士。梅奥于 1933 年出版了《工业文明的人类问题》一书，正式创立了人际关系学说。1945 年，梅奥又出版了《工业文明的社会问题》一书，进一步阐述了他的观点。

梅奥在管理学方面的最大贡献在于提出了以人为本的管理思想，开创了现代管理理论对人的行为研究的先河，其中以“霍桑试验”为代表。1927 年，梅奥参加并指导在芝加哥西方电气公司霍桑工厂进行有关科学管理的试验，研究工作环境、物质条件与劳动生产率之间的关系。

霍桑试验是从 1924 年到 1932 年在美国芝加哥西方电器公司的霍桑工厂中进行的。

实验分为 4 个阶段，进行了 4 个典型的实验：照明试验、继电器试验、访谈实验和观察试验。

1. 照明试验（1924—1927 年）

专家们选择了两个工作小组，一个实验组，一个对照组。实验组不断改善照明条件，而对照组的照明条件不变。实验设计者原来认为实验组的产量一定高于对照组，但结果是两组的产量都在提高。后来又采取相反的措施，降低照明亮度，即实验组条件改变，结果是产量仍在提高。得到的结论是：照明度的改变不是效率变化的唯一决定性因素，在调动工人劳动积极性方面，照明等劳动条件远没人际关系重要。

2. 继电器试验（1927—1928 年）

他们在继电器装配工人小组的实验中，研究小组分期改善工人小组的工作条件，如增加工间休息、供应点心、缩短工作时间等。无论福利的改善还是取消，工人的劳动生产率不但没有下降，反而继续增加。

经过分析发现，劳动生产率增加是由于融洽的人际关系在起主要作用。得出的结论是：在提高劳动生产率方面，人际关系的好坏比福利措施的改善更加重要。

3. 访谈实验（1928—1931 年）

梅奥等学者在 1928 年 9 月到 1930 年 5 月近两年的时间里进行了大规模的“态度调查”，谈话达两万人次以上。规定在谈话过程中实验者必须耐心倾听意见和牢骚，并做详细记录，不做反驳和训斥，观察时态度也非常和蔼。

由于工人长期以来对各项管理制度有诸多不满，心里受到压抑，从而形成了工人和管理者的对立情绪。访谈缓解了工人和管理者之间的矛盾，形成了良好的、融洽的人际关系。工人心情舒畅，有了主人公感和责任感，工厂的产量也大幅度提高。通过访谈发现，良好的人际关系是影响生产力最重要的因素，而不是待遇及工作环境。

4. 观察试验（1931—1932 年）

在观察试验中，研究小组花了 6 个月的时间观察接线板接线工作室工人的生产效率和行为。研究发现，大部分工人故意自行限制产量，当有人超过日产量时，就有人会暗示他停止工作，否则就会受到小组的冷遇和排斥，成员中也存在一些小派系等非正式组织。

霍桑试验的研究结果否定了传统管理理论的“经济人”假设。研究结果表明，工人的行为不仅受工资的刺激，影响生产效率的最重要的因素不是待遇和工作条件，而是工作中的人际关系。

霍桑试验历时 8 年，获得了大量的第一手资料，为人际关系理论的形成以及后来行为科学的发展奠定了科学的基础。

通过霍桑试验，梅奥等学者提出了人际关系学说。其主要论点如下：

（1）梅奥认为企业中的人首先是“社会人”，而不是“经济人”。

工人不仅单纯追求金钱，还有社会和心理方面的需求，如追求友情、归属感、受人尊重等。金钱和物质刺激并非是调动人积极性的唯一因素，必须从社会心理方面考虑合理的组织与管理，多给予工人以鼓励，从而提高劳动生产率。

（2）组织中除了正式组织，还存在着非正式组织。

组织中除了存在着为了实现企业目标而明确规定各成员相互关系和职责范围的正式组织，还存在着非正式组织。非正式组织的作用在于维护其成员的共同利益，有着自己的规范、感情和倾向，有自己的核心人物、共同的观念、价值标准、行为准则和道德规范等。因此，管理者必须重视非正式组织的存在和作用。

（3）生产效率主要取决于工人的工作态度和人们的相互关系。

在决定劳动生产率的诸多因素中，居于首位的因素是工人的满意度，其次才是生产条件、工资报酬。因此，生产效率主要取决于职工的工作态度。企业的管理者应注重通过提高员工的满意度来激发士气，以达到调动人的积极性、提高生产率的目的。要改变古典管理理论以“物”为中心的管理方式，转变管理方式，采用以“人”为中心的管理方式。要改善组织中员工的关系，营造和谐的工作气氛，以提高员工的满意度，从而提高劳动生产率。

2.3.2 麦克雷戈的 X-Y 理论

道格拉斯·麦克雷戈（Douglas Mc Gregor）是美国著名的行为科学家，人性假设理论创始人，人际关系学派最具有影响力的思想家之一。1957 年 11 月在《管理评论》杂志上发表了《企业的人性方面》（*The Human Side of Enterprise*）一文，提出了著名的 X-Y 理论。

麦克雷戈的 X 理论，是基于管理者对人性的以下判断：

（1）大多数人是懒惰的，尽可能地逃避工作。工作是一种负担，毫无享受可言。只要有机会，他们就尽可能地偷懒，逃避工作。

（2）大多数人都没有什么雄心壮志，缺少进取心，也不喜欢负什么责任，而宁可让别人领导。

（3）大多数人的个人目标与组织目标都是自相矛盾的，为了达到组织目标必须用强迫、指挥、控制并用处罚威胁等手段，迫使他们做出适当的努力。

（4）大多数人缺乏理智，不能克制自己，很容易受别人影响，容易安于现状。

（5）大多数人都是为了满足基本的生理需要和安全需要，他们只能看到眼前的经济利益，看不到长远的利益。

“X 理论”是对人做出性本恶的判断，管理人员采用相应的管理方式：

（1）管理人员关心的是如何提高劳动生产率和完成组织任务。

（2）管理人员主要应用职权，发号施令，使对方服从，常常采用强制、解雇等手段，让人适应工作和组织的要求。

（3）强调严密地组织、制定具体的规范和工作制度。

（4）在激励约束机制上，主要用金钱报酬调动人的积极性，对消极怠工者采取严厉的惩罚措施。

这种管理方式是“胡萝卜加大棒”的方法，一方面靠金钱和物质利益的刺激，另一方面通过严密的控制、监督和惩罚手段，迫使工人为组织目标努力。企业传统的管理观点是以 X 理论为依据的。

麦克雷戈还提出一个新的 Y 理论，其主要内容如下：

（1）人的天性并不好逸恶劳，工作中体力和脑力的消耗就像游戏、休息一样自然。

（2）外来的控制和惩罚，对人是一种威胁和阻碍，人们愿意实行自我管理和自我控制来完成应当完成的目标。

（3）人的自我实现的要求和组织要求的行为是一致的，个人目标和组织目标是统一的。

（4）一般人在适当条件下，会主动承担职责。逃避责任、缺乏抱负通常是经验的结果，而不是人的本性。

（5）大多数人在解决组织的困难问题时，都有一定的想象力、聪明才智和创造性。

（6）在现代社会环境下，一般人的智慧和潜能只是部分地得到发挥。

基于上述假设，相应的管理措施为：

（1）管理职能的重点是创造有利于人发挥潜能的工作环境，管理者从各方面给职工以更多的支持和帮助。

（2）激励方式主要是给予来自工作本身的内在激励，让他担负更多的责任，满足其自尊、自我实现的需要。

（3）在管理制度上给予工人更多的自主权，实行员工自我控制，让员工参与管理和决策。

2.4 现代管理理论

［任务导入 2-4］

“管理人”如何做出有效决策？

西蒙开创的决策理论学派非常重视对决策者本身的行为研究。他将“决策人”作为一种独立的管理模式，认为组织成员都是为实现一定目的而合理地选择手段的决策者，而组织中经理人员的重要职能就是做决策。“经济人寻求最优，从一切备选方案中择其最优者。经济人的“堂弟”——管理人，则寻求满意——找一个令人满意或足够好的行动程序。”

通过分析决策的4个主要阶段，找出制定决策的根据，即收集情报；找到可能的行动方案；在诸行动方案中进行抉择；对已选择的方案及其实施进行评价。西蒙发现，对于社会、经济、技术等形势的调查、分析和判断，占据了公司经理决策的很多时间。而决策过程中的最后一步，对于保证所选方案的可行性和顺利实施而言，又有关键作用。因此，企业管理者在进行决策时，要重视对上述过程的分析和把控。

同时，在决策标准上，由于决策基于“有限度的合理性”，应采用“符合要求”的原则，而不是仅仅以“最大限度的利润”为前提。因此，西蒙认为，企业在进行决策时，不能只考虑“攫取利润”这一目标，必须统筹兼顾，在不同的众多目标之间获得平衡。比较典型的例子是“分享市场”“适当利润”和“公平价格”。我们也可以从今天的“共享经济”中窥见端倪。消费者其实更喜欢一些大公司在分享经济市场上提供的低成本产品或服务，市场是开放的而非封闭的，管理者既可以采用推广传统产品的方式在协同消费系统内推广产品与服务，又可以借助信息技术或新媒体，针对特定产品或特定服务采取创新的营销手段或提供综合服务方案，提升消费者的整体价值需求满足度。

此外，在决策方式上，西蒙强调群体决策的重要意义。将群体作为决策的单位，能够降低在同时犯同样错误的概率，规避决策失误的风险。同时，群体决策可将需要决策的问题和步骤分成若干部分，分别交给专家处理，从而加速问题的解决，提高解决的质量。

资料来源：刘佳. 赫伯特·西蒙：如何作出有效决策[J]. 经营与管理，2015（12）：10-11.

任务分析：

1. 掌握决策的4个阶段。
2. 论识决策的原则。

2.4.1　现代管理理论概述

现代管理理论产生于20世纪40年代，是继科学管理理论、行为科学理论之后，西方管理理论和思想发展的第三阶段。这一时期科学技术得到了非常迅速的发展，企业规模急剧扩大，市场竞争激烈，市场环境变化多端，这些都对企业管理提出了更高的要求；这一时期生产关系出现了一些新变化，由于工人运动的发展，资本主义剥削方式更隐蔽、更巧妙，管理更注重从人的心理需要、感情方面等着手，形成组织行为管理；管理理论的发展越来越借助于经济学、数学、社会学、人类学、心理学、法学、计算机科学等学科。现代管理理论是近代所有管理理论的综合，是一个知识体系，它的基本目标就是要在生产力不断发展的现代社会面前，建立起一个充满创造活力的自适应系统，不仅要有现代化的管理思想，而且要有现代化的管理方法和手段。

美国著名管理学家哈罗德·孔茨认为当时共有11个学派：经验主义管理学派、人际关系学派、组织行为学派、社会系统学派、决策理论学派、管理科学学派、系统管理理论学派、权变理论学派、经验主义学派、经理角色学派、经营管理学派。

进入20世纪80年代后，随着社会、经济和文化的迅速发展，面对全球化、信息化、经济一体化等新形势，管理也发生了深刻的变化，管理理论得到进一步的发展。新理论主要有战略管理理论、企业再造理论和学习型组织理论等。

下面主要介绍比较有影响的现代管理理论。

2.4.2 现代管理理论的主要学派

1. 社会系统学派

社会系统学派是从社会学的观点来研究各种组织和组织理论的，社会系统学派的代表人物是美国著名的管理学家切斯特·巴纳德（C.D.Baranard）。他在 1938 年出版了《经理人的职能》一书，认为组织是一个复杂的社会系统，应从社会学的观点来分析和研究管理的问题。正是由于他把各类组织都作为协作的社会系统来研究，所以由他开创的管理理论体系被称作社会系统学派。

社会系统学派的主要内容有：① 组织是一个由个人组成的协作系统，个人只有在一定的相互作用的社会关系下，同他人协作才能发挥作用；② 组织作为一个协作系统包含 3 个基本要素：信息交流、作贡献的意愿、共同的目的；③ 组织是两个或两个以上的人所组成的协作系统，管理者应处于相互联系的中心，并致力于获得有效协作所必需的协调；④ 经理人员的作用就是在一个正式组织中充当系统运转的中心，并对组织成员的活动进行协调，指导组织的运转，实现组织的目标。

2. 决策理论学派

决策理论学派的主要代表人物是曾获 1978 年度诺贝尔经济学奖的美国卡内基梅隆大学教授赫伯特·西蒙，他建立了决策理论学派，形成了一门有关决策过程、准则、类型及方法的较完整的理论体系。决策理论学派的主要观点有：① 管理就是决策，指出组织中管理者的重要职能就是决策。他认为任何作业开始之前都要先做决策，制订计划就是决策，组织、领导和控制同样也都离不开决策，决策问题贯穿于管理的整个过程。② 决策是一个复杂的过程，分为 4 个阶段：搜集情况阶段；拟订计划阶段；选定计划阶段；评价计划阶段。③ 在决策标准方面提出运用“令人满意”的准则代替“最优化”准则。④ 一个组织的决策根据其活动是否反复出现，可分为程序化决策和非程序决策。

3. 管理科学学派

管理科学学派，也称计量管理学派、数量学派。也有人把计量管理学派与运筹学看成是统一语，这是因为该学派正式成立始于 1939 年由美国曼彻斯特大学教授布莱克特领导的运筹学小组。埃尔伍德·斯潘赛·伯法是西方管理科学学派的代表人物之一。该学派认为，解决复杂系统的管理决策问题，可以借助于电子计算机来寻求最佳计划方案，以达到最佳的目标。管理科学其实就是运用数量分析方法来解决能以数量表现的管理问题，重点研究的是操作方法和作业方面的管理问题，通过管理科学的方法，减少决策中的风险，提高决策的质量，保证投入的资源发挥最大的经济效益。管理科学学派提出的方法和观点增强了决策的客观性和科学性，在某些领域避免了定性决策的含糊性和随意性。

管理科学学派的主要内容有：① 认为组织是经济利益的系统；② 应用范围重在管理程序中的计划和控制职能；③ 主要运用线性规划、决策树、关键线路法、模拟、对策论、概率论、排队论等科学方法；④ 主要借助于计算机辅助工具和应用软件。

4. 系统管理学派

系统分析作为一种基本方法用于解决某些工程项目的规划和复杂管理问题。路德维格·贝塔朗菲的《一般系统理论的基础、发展和应用》一书，全面地阐述了动态开放系统的理论，被公认为一般系统论的经典著作。

系统论认为系统是由相互联系、相互作用的若干要素结合而成的、具有特定功能的有机整体。它不断地同外界进行物质和能量的交换，而维持一种稳定的状态。其主要内容包含：① 组织是由许多子系统组成的，作为一个开放的社会技术系统；② 企业是由人、物资、机器和其他资源在一定的目标下组成的一体化系统；③ 可以把企业看成是一个投入、产出系统，投入的是物资、劳动力和各种信息，产出的是各种产品（或服务）。

5. 权变理论学派

权变理论中权变的意思就是权宜应变。权变理论学派是 20 世纪 70 年代在西方形成的一种较新的管理思想学派。因为当时企业所处的环境很不确定，以往的管理理论主要侧重于普遍适用的、最合理的模式与原则，而这些管理理论在解决企业面临瞬息万变的外部环境时又显得无能为力。这就要求管理者必须依据所处环境状况随机制宜地处理管理问题。权变理论学派认为，在企业管理中没有一成不变、普遍适用的管理理论和方法。因为环境是复杂而多变的，管理方式或方法应该随着情况的改变而改变，应针对不同的具体条件寻求不同的最合适的管理模式、方案或方法。其代表人物有卢桑斯、菲德勒、豪斯等人。美国学者卢桑斯（F.Luthans）在 1976 年出版的《管理导论：一种权变学》一书中系统地概括了权变管理理论，其主要内容有：① 权变理论就是要把环境对管理的作用具体化，并使管理理论与管理实践紧密地联系起来；② 环境是自变量，而管理的观念和技术是因变量；③ 权变管理理论的核心内容是，环境变量与管理变量之间的函数关系就是权变关系。

6. 战略管理理论

战略管理理论萌芽于 20 世纪 50—60 年代，成熟于 70 年代末，到 80 年代后期，战略管理被世界各主要跨国集团首先采用。其代表人物是美国哈佛大学商学院的教授“竞争战略之父”迈克尔·波特，他的著作《竞争战略》把战略管理的理论推向了顶峰，与《竞争优势》《国家竞争优势》合称为“竞争三部曲”。波特的主要贡献在于提出了“五力理论”“三大战略”和“价值链理论”。波特总结出了 5 种竞争力：行业中现有对手之间的竞争和紧张状态、来自市场中新生力量的威胁、替代的商品或服务、供应商的还价能力以及消费者的还价能力，这就是著名的“五力模型”。波特认为，在与 5 种竞争力量的抗争中，蕴涵着 3 类成功型战略思想，有 3 种思路：① 总成本领先战略；② 差异化战略；③ 专一化战略。波特的价值链理论认为，企业的任务是创造价值，企业的各项活动可以从战略重要性的角度分解为若干个组成部分，并且它们能够创造价值，这些组成部分包括公司的基础设施、人力资源管理、技术开发、采购、运出后勤、生产操作、运出后勤、营销和服务。这 9 项活动的网状结构便构成了价值链，价值链能为顾客生产价值，同时能为企业创造利润。波特的“价值链”理论揭示，企业与企业的竞争是整个价值链的竞争，整个价值链的综合竞争力决定了企业的竞争力。

7. 企业再造理论

企业再造理论的创始人是美国麻省理工学院教授迈克·哈默（M.Hammer）与詹姆斯·钱皮（J.Champy）。企业再造理论，是指“为了飞越性地改善成本、质量、服务、速度等重大的现代企业的运营基准，对工作流程进行根本性重新思考并彻底改革”，也就是说，“从头改变，重新设计”。

企业再造的主要内容有企业战略再造、企业文化再造、市场营销再造、企业组织再造、企业生产流程再造和质量控制系统再造。

企业“再造工程”的主要程序有：① 对原有流程进行全面的功能和效率分析，发现其存在的问题；② 设计新的流程改进方案，并进行评估；③ 制定与流程改进方案相配套的组织结构、人力资源配置和业务规范等方面的改进规划，形成系统的企业再造方案；④ 组织实施与持续改善。

8.“学习型组织”理论

学习型组织（learning organization）是美国学者彼得·圣吉（Peter M. Senge）在《第五项修炼》（*The Fifth Discipline*）一书中提出的管理观念，其含义为面临剧烈变遭的外在环境，组织应力求精简、扁平化、弹性因应、终生学习、不断自我组织再造，以维持竞争力。

学习型组织应包括 5 项要素：一是建立共同愿景；二是团队学习；三是改变心智模式；四是自我超越；五是系统思考。

学习型组织的 8 个特征：① 组织成员拥有一个共同的愿景；② 组织由多个创造性个体组成；③ 善于不断学习；④“地方为主”的扁平式结构；⑤ 自主管理；⑥ 组织的边界将被重新界定；⑦ 员工家庭与事业的平衡；⑧ 领导者的新角色。

［项目小结］

本项目通过对早期管理实践、管理思想、西方古典管理理论、行为科学理论、现代管理理论的主要学派等的介绍，阐述了管理学的形成过程。通过对管理学产生背景和原因的学习，掌握管理学发展的基本过程和规律，从而对后面项目学习管理的相关职能起到铺垫作用，初步培养学生应用现代理论分析与处理管理问题的能力。

［同步测试］

一、单选题

1.“科学管理之父”是指（　　）。

A. 泰勒　　B. 法约尔

C. 韦伯　　D. 巴贝奇

2. 一般管理理论的代表人物是（　　）。

A. 泰勒　　B. 法约尔

C. 韦伯　　D. 孔茨

3. 第一次提出了“劳动分工理论”的是（　　）。

A. 欧文　　B. 亚当·斯密

C. 巴贝奇　　D. 波特

4. 创立了“人际关系学说”的是（　　）。

A. 马斯洛　　B. 斯金纳

C. 亚当斯　　D. 梅奥

5. 泰勒认为，(　　)为工业生产实现标准化创造了条件。

A. 提高劳动生产率　　B. 职能工长制

C. 组建计划室　　D. 工时研究

6. (　　)的管理思想被人们称为“组织理论之父”。

A. 韦伯　　B. 梅奥

C. 法约尔　　D. 泰勒

7. 巴纳德认为组织是一个复杂的社会系统，应用社会学的观点来分析和研究管理的问题。正是由于他把各类组织都作为协作的社会系统来研究，所以由他开创的管理理论体系被称作(　　)。

A. 决策理论学派　　B. 社会系统学派

C. 管理科学学派　　D. 系统管理学派

8. (　　)是法约尔的代表作。

A. 《科学管理原理》　　B. 《工业管理与一般管理》

C. 《社会组织和经济组织管理》　　D. 《国富论》

9. 法约尔将工业企业中的活动划分为(　　)类活动?

A. 5　　B. 6

C. 4　　D. 7

10. (　　)提出了 X-Y 理论?

A. 麦克雷戈　　B. 赫兹伯格

C. 麦克利兰　　D. 马斯洛

二、填空题

1. 人类的管理思想可以分为两种类型：一是渊源于古希腊文化传统的西方管理思想；二是具有儒家文化特色的(　　)。

2. 罗伯特· 欧文是英国空想社会主义者，19 世纪初期最有成就的实业家之一，(　　)的创始人。

3. 泰勒针对管理职能提出了(　　)与执行相分离的原理。

4. 法约尔提出管理活动包括计划、(　　)、指挥、协调、控制 5 个要素。

5. 梅奥在管理学方面的最大贡献在于，提出了以人为本的管理思想，开创了现代管理理论对人的行为研究之先河，其中以“(　　)试验”最具代表。

6. 梅奥认为企业中的人首先是“(　　)”，而不是“经济人”。

7. 梅奥认为正式组织中除了正式组织，还存在着(　　)。

8. 麦克雷戈 1957 年 11 月在《管理评论》杂志上发表了(　　)一文。

9. (　　)管理方式是“胡萝卜加大棒”的方法。

10. 权变理论中(　　)的意思就是权宜应变。

三、简答题

1. 简述泰勒的科学管理理论的要点。

2. 简述法约尔的一般管理理论的要点。

3. 简述梅奥的人际关系理论和麦克雷戈的 X-Y 理论的要点。

4. 简述现代管理理论的主要学派。

四、案例分析

生达公司对行为科学理论的应用

生达公司是一家重型机械生产企业，多年来在市场上有不俗的表现，部分产品出口国外，用户也颇为认可。

2000 年，公司王总经理因年龄偏大，身体也不够好，提出了辞职退休的要求。董事会再三挽留不住，只得另外聘任年轻有为的徐俊为公司新的总经理。临别时，王总告诉他的后任徐俊："我们公司过去之所以能取得良好的业绩，在市场的竞争中保持了相当大的优势和市场份额，是因为全公司员工上下一条心，公司有很强的凝聚力和吸引力。只要万众一心，就没有战胜不了的困难，希望徐总千万要记住这一点。"对于王总的一番临别赠言，徐俊颇为赞同，深感自己肩上的责任重大。因为自己过去虽然也从事过一些高级管理工作，但大都与业务有关，如何激励员工、保持企业较高的凝聚力的确未曾有很好的实践，也缺乏经验，心里还真有些不踏实。

徐俊走马上任后对公司各方面做了全面的调查研究，召开了各职能部门管理人员、公司一般员工代表的座谈会，充分收集了各方面的信息。一个月后，一个增强企业内部和谐氛围、增强员工协作与努力的方案在徐俊的脑海中形成了，于是他召开了总经理办公会议，诸位副总、部门经理们一起讨论他的方案。

"各位同事，经过一个月的调查，我感到生达公司的确是在各方面都有骄人业绩的公司，管理方面尤其突出，这些成绩的取得的确应归功于全体员工上下一条心，把公司当作是自己的家，把公司的事业当作是自己的事业来努力的结果。这方面我们应该继续保持发扬下去，即过去各种好的做法保持不变，大家可以大胆地照原来的惯例工作。"

"同时我也注意到在成绩的背后，在经验的背后，还有一些问题尚未解决，例如员工间、部门间因工作产生的纠纷近来时有发生。纠纷出现是正常的，问题是解决的方法。我们原来采用的方法是由上级或上级部门裁决，裁决后尽管纠纷各方表面上都服从了，但我知道其中一定有一方心中不痛快或不服气，如果长此以往，必定会使我们公司的凝聚力和上下一条心的集体精神遭到破坏。为此，我们提出一个解决员工间、部门间工作纠纷的新方案。具体地说，就是纠纷双方自己坐下来协商解决，即自我调节、自我管理。"

望着下属们不解的眼光，徐俊清了一下喉咙，继续说："公司专门开设一个大房间，注意，这房间是我特意请心理学家和行为学家来布置的。凡发生工作纠纷的各方请自动一起到那个房间坐一坐，我相信，最终一定是各方心情愉快，纠纷圆满解决。"

徐俊的话刚结束，下面就像开了锅，大家议论纷纷，充满了迷惑。"这样吧，我先带大家参观一下这个房间，然后我们再接着开会。"徐俊笑嘻嘻地说着，便起身招呼大家跟他走。大家来到了那间神秘的大房间，一位工作人员打开了门，让大家进去。

原来这间大房间被分隔成四小间，一间套一间。第一小间迎面立着的一个屏风上装有一大块玻璃镜，绕过镜子几步就进入第二小间；第二小间的门口挂着一个大沙袋，非得推着它人才能进去；第三小间的墙上挂满公司历年所获各种奖状，公司优秀员工的事迹与照片，公司各年业绩的图示等；第四小间就是几个沙发和小桌椅，旁边还有可自取的咖啡、茶、饮料等，似乎就是一个小会议室，另外还有一扇门可供外出。

徐俊带着他们回到会议室，这下可好了，大家议论了开来……

资料来源：杨孝伟，赵应文. 管理学：原理、方法与案例[M]. 武汉：武汉大学出版社，2005：55-56.

思考：

1. 你认为徐俊总经理上任后应该首先做什么工作？为什么？

2. 徐俊总经理的新方案是基于什么理论？为什么这么做？有没有更好的方法来解决员工间与部门间因工作产生的矛盾冲突？

3. 行为学家把房间布置成那个样子，其目的究竟是什么？为什么要这样布置？

［项目训练］

管理思想分析①

一、实训目的

1. 增强对现代管理思想的感性认识；

2. 培养对组织的管理思想的分析能力。

二、任务内容及要求

1. 在实际企业中，或网上、报纸杂志中，搜集一个或几个我国改革开放后的有关管理的案例或资料（最好是一事一议性的简短事例）。

2. 应用所学理论，分析其管理思想。

3. 在班级组织一次关于管理理论与管理思想的沙龙。每个成员都可以作介绍，谈体会，放开思路，自由畅想。

三、实训考核

1. 每人写一篇简要的分析报告。

2. 可根据个人分析报告与在研讨会上的表现，由师生共同评定成绩。

3. 学生需填写实训报告。其内容包括：实训项目；实训目的；实训的任务内容及要求；实训过程；实训总结；实训评语（由教师填写）等。

① 单凤儒. 管理学基础实训教程[M]. 北京：高等教育出版社，2005：37-38.

项目 3　决　策

学习目标

1. 掌握决策的概念。
2. 了解决策的特点及类型。
3. 理解决策的原则和程序。
4. 重点掌握决策的基本方法。

3.1　决策概述

[任务导入 3-1]

决策之前

霍尔公司是美国一家迅速发展成为全国性的制造和批发公司。这家公司的主要工厂分布在加利福尼亚州、新泽西州和佛罗里达州。一年以前，公司希望能在中西部建立一家新厂，公司董事长指定一个委员会就选择厂址问题进行调查，提出有关的备择方案。经过9个月的调查，专门委员会提出了4个方案，其中有两个都提出在芝加哥地区，一个在堪萨斯城，另一个在圣·路易斯。从基地的实用性、当地的税收比率、地基价格、劳动力来源和交通等条件而言，4个方案都是符合公司要求的。

应聘即将担任新厂厂长的卡尔·皮德森本人将对上述 4 个备择方案做出最后抉择。卡尔·皮德森曾在汽车部门工作多年，后又回到大学学习，获得工程博士学位，进入本公司工作已有6年多时间。他在公司的地位上升很快，去年他任公司圣地亚哥分厂的副厂长，后来又被任命为即将新建工厂的厂长，并参加了新厂基地决策委员会。

关于两个在芝加哥地区建厂的备择方案中，有一个明显比另一个要好，只是地基价格有所不同，委员会经过反复长期的讨论，以求最佳方案。但是，由于卡尔·皮德森本人受其他因素的影响，仍未做出最后选择。

卡尔·皮德森先考虑的是他父母的因素。他父母住在堪萨斯城与圣·路易斯之间的一个小村子里。这两市离父母住地都只有两个多小时的车程。如果把新厂建在这两地的任何一个地方，他离父母都较近，可经常去看望父母。他考虑的另一个因素是他的妻子。他妻子海伦是一个有发展前途的银行职员。卡尔·皮德森认为，如果建在圣·路易斯的话，对她未来的发展肯定有很大好处；如果迁移到其他地方的话，则她的前途难以预测。

当然，他还有一些别的考虑，例如住房和交通方面的问题。他和妻子都希望能有一处宽敞而舒适的住宅，住宅周围有几英亩地的草地或花园。如果工厂建在堪萨斯城的话，他们就可在僻静的农村建造宽敞的住宅，离工厂又很近；如果工厂建在芝加哥的话，则每天开一个多小时汽车后，卡尔还要转坐火车去上班，而且公司不再负责跨州的交通费用，这无疑要增加家庭的经济负担。

卡尔·皮德森面对这些现实，他自己与自己反复争辩，芝加哥的一个基地无论如何都要比其他地方好，这个方案最理想，从各方面来看，这个备择方案都更符合公司的要求，对公司又有利。卡尔·皮德森认为，无论如何，他的家都必须随着迁往芝加哥。他认为他不能把家庭利益与公司的利益放在同等的位置上来考虑。

资料来源：叶小明，缪兴锋. 现代管理学基础与应用[M]. 广州：华南理工大学出版社，2004：81-82.

任务分析：

1. 结合本案例分析决策的内涵。
2. 分析决策的特点。

3.1.1 决策的概念

决策的概念，常常被理解为“决定政策”，这好像只是高级管理者的事。这种理解有点片面，其实在人们的日常生活和工作中，常常离不开决策。例如在十一国庆假日，决定是在家休息还是出去旅游？在家休息看电视，还是做家务？如果出去旅游，应该选择哪一条旅游线路？这些都需要做出最终决策，可以说决策在社会生活和日常管理中是普遍存在的。

正确地进行决策，是管理者工作的核心内容。一位研究性大学的党委书记曾说过，自己的工作精力 90%花在管理决策上。可见，对于一位管理者来说，决策是多么重要。

关于决策的概念，呈现多样化特点，许多管理学者给出了自己的解释，但大同小异，内涵基本相同。

哈罗德·孔茨认为，制定决策就是从行动方针的备选方案中进行选择。①

西蒙认为，管理就是决策。②

我国学者周三多认为，决策是人们为实现一定目标而制定行动方案，并准备实施的活动，也是一个提出问题、分析问题、解决问题的过程。③

我国学者季辉认为，决策是管理者为了解决问题或达到一定的目标从若干备选的行动方案中选择一个合理方案的抉择并执行选择结果的管理活动的过程。④

我国学者马小姗等认为，决策是指个人或组织为了实现一定的目标，在两个或两个以上的备选方案中进行的分析判断过程。⑤

① [美]哈罗德·孔茨，海因茨·韦里克. 管理学[M]. 10版. 北京：经济科学出版社，1998.
② 刘璇，贾亚东. 管理学基础[M]. 上海：上海财经大学出版社，2009.
③ 周三多. 管理学——原理与方法[M]. 上海：复旦大学出版社，1993.
④ 季辉. 管理学[M]. 重庆：重庆大学出版社，2017.
⑤ 马小姗，刘瑞军，虎啸. 管理学[M]. 成都：电子科技大学出版社，2020.

综上所述，从广义上讲，决策存在于社会生活的各个领域、各个层面，大到国家管理，小到个人行为选择。狭义上讲，决策是组织为实现一定的目标制定行动方案并合理选择的过程。

我们所讲的决策主要针对狭义方面，所以可以认为决策是指为实现一定的目标，制定行动方案，运用科学的方法和手段，从若干个备选方案中选择合理化方案的过程。

我们从以下几个方面来理解决策的含义。

第一，决策的主体是管理者或个人；

第二，决策的对象是活动的内容、方向或方式；

第三，决策的目的是实现一定的目标，主要是解决问题，决策具有一定的针对性；

第四，决策的本质是一个过程，这一过程由多个步骤组成；

第五，决策是寻找一个满意的方案，而不仅仅是最优方案。

第六，决策是一个“决策—实施—再决策—再实施”连续不断的循环过程，贯穿于计划、组织、领导和控制各项职能活动之中。

3.1.2 决策的特点

决策主要有如下特点：

1. 目标性

决策是组织为实现某一目标而进行的管理活动。组织决策都必须首先确定组织的活动目标，没有目标就无从决策。目标如果实现，也就无须开展决策活动。在决策前，要解决的问题必须十分明确，要达到的目标必须具体可衡量、可检验。

2. 选择性

决策的实质是选择，决策主体要善于调查分析问题的内外部环境，运用科学的方法和手段，主要采用管理经验、定性分析、定量计算等从尽可能多的方案中找到“令人满意”的方案。

3. 过程性

决策的本质是一个过程，而非瞬间行动。一般认为，决策过程可以划分为6个主要阶段：① 发现问题；② 确定目标；③ 拟订备选方案；④ 选择方案；⑤ 执行方案；⑥ 检查评价和反馈处理。因此，决策本质上是一个“决策—实施—再决策—再实施”的连续不断的循环过程。

4. 满意性

选择决策方案的原则是满意原则，而不是最优原则，最优原则往往只是理论上的“空中楼阁”。在实际决策活动中，最优方案的条件很难具备：首先，决策是面向未来的，不确定性因素很多；其次，要求决策者具备了解组织活动的内外部环境的全部信息；最后，要求决策者能准确地计算出每一种方案的结果。所以在现实条件下，决策者往往要考虑既经济又现实的能够使主要目标得以实现的满意方案，而不是最优方案。

5. 风险性

决策环境往往具有不确定性，目标往往也不是很明确。决策者不可能做到对未来信息完全充分了解，有时要受到人的学识、主观意志、价值观念、偏好以及决策者经验等方面的影响，在决策时可能会出现问题，具有一定的风险。所以尽可能地运用科学的方法和手段结合经验来决策，争取把这种影响降到最低程度，直至消除。

3.1.3 决策的类型

根据要决策的问题的性质和内容，决策可以分成许多不同的类型。

1. 根据决策的影响程度划分

根据决策的影响程度，决策可分为战略性决策、战术性决策、业务性决策。

（1）战略性决策。

战略性决策是指关系到组织生存发展的全局性、长远性的决策，主要是谋求组织与环境之间的动态平衡，直接关系到组织长远利益，是组织最高决策层对组织整体发展的谋划，主要是大政方针的决定、企业的远景展望。战略决策对于组织的发展具有重要的意义，由于所有解决的问题大多比较抽象、复杂，面临的环境具有很大程度的不确定性，全靠管理者自己的经验、直觉和创造力进行判断，要求管理者具有高超的概念技能。战略性决策如企业的经营战略目标、方针、多元化产品决策，一般由高层管理者作出。

（2）战术性决策。

战术性决策又称管理决策，旨在提高组织内部活动的协调程度、资源合理的配置和组织管理的效能，是组织中层的各个部门围绕组织的总体目标确定本部门、本单位的具体目标和行动方案，主要是为了保证战略决策的顺利实现，如企业生产计划和销售计划的确定、资源的合理分配、新产品设计方案的选择、实际业绩的评估、新产品的营销等。相对战略决策，这类决策比较具体，具有局部性，大多可以采用定量系统分析。战术决策大多由中层管理者做出。

（3）业务性决策。

业务性决策是为了解决日常工作和具体作业任务中的问题以便提高工作效率所做的决策。部分业务决策具有局部性、常规性和技术性的特点。外部环境含有较少的变化因素，主要是车间或科室进行的生产任务日常安排、工作定额的制定等。这类决策所要解决的问题常常是明确的，决策的时效往往只产生短期的影响，有一套完善的量化分析方法，一般由基层管理者做出。

2. 根据决策的重复程度划分

根据决策的重复程度，决策可分为程序性决策和非程序性决策。

（1）程序性决策。

程序性决策也称例行决策、常规决策、定型化决策、重复性决策，它是指经常发生的能按规定的程序、处理方法和标准进行的决策，常用来处理常规、例行问题。特点是所要决策的问题有章可循，有先例可参考，结构性较强，重复性的日常事务，因而可以把决策过程标准化、程序化，可通过惯例、标准工作程序和业务常规予以解决。如退货的处理、差旅费的报销、供应商重要货物交付的延迟、请假的批准等。

（2）非程序性决策。

非程序性决策也叫非常规性决策，指对不经常发生的业务工作和管理工作所做的决策，它通常要处理的是那些偶然发生、无先例可循、非常规性、不重复、突发、不确定的例外问题。它们无可借鉴，难以量化，甚至不能预测。在这种情况下，不按章行事，需要有创造性思维。既然无既定程序和标准，所以难度较大，需要管理者具有发散型的、创新的思维，对决策者能力强弱、才能素质高低、性格素养和知识经验是一种严峻的考验。如是否在一项新的尚未证明的项目上进行投资、是否进行多样化经营等。

3. 根据决策条件自然状态情况划分

根据决策条件自然状态情况，决策可分为确定性决策、风险性决策、不确定性决策。

（1）确定性决策。

决策自然状态是指决策时所面临的不以决策者的主观意志为转移的未来的客观环境与条件。

确定性决策面临的是一种信息完备，而且各变量不随时间的变化而变化的完全确定的自然状态。可选方案的预期结果是明确的，比较其结果的优劣就可做出决策，那么这种决策就是确定性决策。确定性决策应具备的条件：① 存在期望达到的一个决策目标。② 只存在一个确定的未来自然状态；可供决策者选择的备选方案有两个或两个以上；每一个备选方案在确定状态下的值可以计算出来，这类决策往往可以通过建立数学模型来求得最佳方案。

（2）风险性决策。

如果决策的自然状态是不完全确定的，但是发生的各种自然状态的概率是已知的，那么这种决策则为风险性决策。决策面临的自然状态可能是多种，可选方案在不同自然状态下的结果也不同，未来会出现自然状态可以预测其出现的概率。例如股民炒股就是风险性决策，对这类决策问题，常用损益矩阵分析法和决策树法求解。又例如，现代汽车工业面对“能源危机”的环境，想要发展不用汽油的汽车，如太阳能汽车、电动汽车等，那就需要投入较多的研究试验费用。如果判断销路很广，投入市场后能收回投资并获得较高利润；如果汽车造价高，没有市场需求，那就要面临失败。面对这两种可能性该如何判断，怎样做出合理的选择，就是风险性决策。风险性决策往往要冒一定风险，决策不当就会产生巨大损失。当然这种决策须基于科学的预测和技术经济分析才会成功。

（3）不确定性决策。

如果决策的自然状态是不完全确定的，而发生的客观概率又是未知的，只能靠主观概率判断做出决策，那么这种决策则为不确定性决策。决策结果受到决策者个性特征的影响较大，不确定因素更多，因而结果不确定，所以这类决策的风险性更大。

4. 根据决策者人数的多少划分

根据决策者人数的多少，决策可分为个体决策和群体决策。

（1）个体决策。

个体决策是指个人在组织活动中的各种决策，主要依靠个人的价值观、知识、经验、心理、能力以及个人所掌握的信息进行决策，决策过程带有强烈的个性色彩。“厂长负责制”决策属于个体决策。

个体决策的优点表现为职责明确，权力集中，降低了决策成本；其缺点主要为个人权利过分集中可能导致有效监督失败，个人权重可能挫伤下属参与管理的积极性。

（2）群体决策。

群体决策是决策权由集体成员共同掌握的决策，受群体结构的影响较大，可以获得更多信息，方案获得集体成员的认同。群体决策集全体成员的智慧，优势互补，往往比个体决策更合理、更科学。但由于决策群体成员的背景、学识、价值观等方面不同，往往很难达到共同的目标，有时会产生从众和责任不明现象。

群体决策的优点表现为比个体决策更深刻全面，更富于创造性，便于实施；其缺点是决策时间过长，决策容易造成无人对后果负责，如决策失误，追究责任就会较为困难。

5. 根据决策目标的满意程度划分

根据决策目标的满意程度，决策可以分为最优决策和满意决策。

（1）最优决策。

最优决策就是决策者在给定的理想约束条件下选出一个能产生最优后果（如利润最大化或成本最小化）的行动方案。但最优化是一种理想化的要求，然而实际上理想条件往往并不存在，或者条件改变后理想目标无法实现，有时达到理想目标要付出沉重代价。其实最优解只存在于数学逻辑和理念之中，现实世界中的最优解往往是不存在的，所以现实中只在少数情况下使用这种最优化决策准则。

（2）满意决策。

大多数情况下，许多决策者通常只能采用满意化的决策准则，即只要求将既定目标实现到令人满意的程度即可，达到“满意”而不是“最优”，不愿冒较大风险去追求最优目标，宁可在现实条件下得到一个比较理想的、满意的决策，这就是满意决策。

6. 根据决策的起点划分

根据决策的起点，决策可分为初始决策和追踪决策。

（1）初始决策。

初始决策是企业决策者对未从事的活动或新的活动所进行的决策，主要是确定其方针、目标和方案。这种决策是面向尚未发生的事件，往往是追求“一次成功率”。

（2）追踪决策。

追踪决策是在初始决策的基础上对组织活动的方向、内容、活动方式进行了重新调整，是对以前决策的修订或补充的对策。决策者应该对决策执行情况进行检查，并根据反馈信息，找出与初始决策目标的偏差，实施相应的控制措施，从而不断地修正完善决策。与初始决策相比，追踪决策具有如下特征：① 回溯分析，是对原来决策的产生机制、内容和环境进行客观、冷静的思索，分析产生失误的原因，从而制定有效的对策，寻找原有方案中的合理因素，为制定新的决策提供依据；② 非零起点，是以已经发生了变化的环境为起点，所面临的问题不是问题的初始状态；③ 双重优化，追踪决策对原有决策的“扬弃”，比原决策更优，在多个替代方案中比较选优，选出新的备选方案中的优化方案；④ 心理效应特征，由于追踪决策要改变原决策，会直接或间接地引起与原决策有关人员的心理反应，从而给追踪决策的实施带来不利。为此，在追踪决策完成之前，对外必须严格保密，在追踪决策实施的过程中再逐渐解密。

7. 根据决策过程中决策目标的多少划分

根据决策过程中决策目标的多少，决策可分为单目标决策与多目标决策。

（1）单目标决策。

单目标决策是指在一定的时间、环境等条件下，所要达到的只有一个明确目标的决策，决策的目的是满足某个指标要求。单目标决策的特点：① 单目标决策直接明确，相对简单，可采用如线性规划、动态规划等方法求解；② 决策准则也相对简单。

（2）多目标决策。

多目标决策，顾名思义，就是决策行动需要力图实现多个目标。在社会经济研究中，很多系统决策问题是多目标的。例如生产过程中的决策，既要考虑生产系统的产量目标最大，产品质量目标最高，又要考虑生产成本目标最低等。但这些目标之间往往是相互矛盾的，这会让决策者很难轻易做出决策。处理这类问题时，可以给每一个目标规定相对重要的程度，即权重，然后进行加权平均，这是处理多目标决策的一种较为常用的方法。

此外，根据决策者在管理系统中所处的层级不同，可以分为高层决策、中层决策和基层决策；根据决策影响的时间不同，可分为长期决策与短期决策；根据决策思维的方法不同，可以分为直觉决策、经验决策等。

3.2　决策的原则和程序

［任务导入 3-2］

集团公司重大投资项目决策程序

集团公司由众多的企业法人组成，其面临的经营形势要比单个企业更加复杂。为保证决策管理的科学性和民主性，有效规范决策管理，保证项目经营安全，提高决策管理的效率与效益，集团公司必须建立严谨高效的决策管理体系。

对列入年度投资计划的重大投资项目，集团公司及所属企业组织有资质的专业机构编写项目可行性研究报告，并由集团公司邀请有关专家进行论证；通过专家论证的项目提交集团公司投资风险管理领导小组进行投资风险评估并出具评估意见；同时提交法律顾问出具法律意见书；将项目投资可行性研究报告、专家论证意见、投资风险管理领导小组意见和法律顾问出具的法律意见书提交集团总经理办公会议审议,形成该投资项目的总经理办公会议决议，由集团公司批准或上报董事会审批。对于投资项目，集团公司项目管理部门取得目标项目的工程可行性研究报告，会同财务部门、法务部门组织事务所对项目的交通量、内部收益率、投资回收年限、项目公司股权架构、重大权利义务关系等进行分析，出具相关意见书，以此初步判断该项目是否可作为集团公司的投资目标。项目初判可行，上报集团公司投资风险管理领导小组论证。论证通过后，再上报集团公司总经理办公会议审批。审批通过后，再按照集团公司关于选择合作方的有关管理规定公开选择项目投资人以组建联合体。对于投标项目，首先对相应项目的交通量、内部收益率、投资回收年限、股权架构、重大权利义务关系进行测算分析，确定该项目剩余的实际价值及经营风险。若项目收益达不到集团规定的限度，则申请放弃项目投标。如项目收益能够达到相关限度，再会同财务与投融资部门评估受让该项目对集团财务状况（负债率、净资产等）造成的影响。评估结果上报集团公司投资风险管理领导小组论证，并上报总经理办公会议待批。若项目受让具备可行性，则履行投标程序；若项目不具备可行性，则予以否决。

资料来源：苏敏江. 大型企业集团经营决策程序与方法探索[J]. 产业与科技论坛，2015，14（12）：199-200.

任务分析：

1. 结合案例分析决策的程序。
2. 认识经营决策是公司运营的关键。

3.2.1 决策的原则

在决策过程中，要进行科学的决策就必须遵守一定的原则，以减少决策失误。决策原则主要如下：

1. 经济效益与社会效益相结合

决策者在决策过程中，应该充分考虑经济原则，力求节约财力、物力、人力和时间，以节约成本，追求最佳的经济效益。但一个企业的生存和发展与整个社会的发展息息相关，如果单是考虑企业本身的利益而与社会效益相冲突，这不符合企业的宗旨与目标。所以在做出决策时，要兼顾社会效益，只有经济效益与社会效益完美结合，才能创造一个良好和谐的社会环境。

2. 满意原则

满意原则是针对“最优化”原则提出来的。决策遵循的是满意原则，而不是最优原则，是由于组织内外环境的变化使决策者很难收集全部信息，而且要对未来做出绝对理性的判断几乎不可能的。大多数的情况下，许多决策者通常只能采用“满意”决策准则，将既定目标实现到令人满意的程度。有时追求最优目标要承担较大的风险，在现实条件下，决策者采用比较理想的满意的决策，而绝非最优化的决策。

3. 定性分析与定量分析相结合的原则

定性分析是运用归纳和演绎、分析与综合以及抽象与概括等方法和手段，对获得的各种材料进行思维加工，去粗取精、去伪存真、由此及彼、由表及里，达到认识事物本质、揭示内在规律的分析方法。主要凭分析者的直觉、经验，凭分析对象过去和现在的延续状况及最新的信息资料，对分析对象的性质、特点、发展变化规律做出判断的一种方法。定量分析是依据统计数据，建立数学模型，并用数学模型计算出分析对象的各项指标及其数值的一种方法，是对社会现象的数量特征、数量关系与数量变化的分析。

不能把定性分析与定量分析截然划分开来。现代定量分析方法采用数学工具，定量分析必须建立在定性预测基础上，两者相辅相成，要求以把经验判断为主的定性分析与以现代科学方法为主的定量论证结合起来。定性是定量的依据，定量是定性的具体化，定性分析是定量分析的基本前提，定量分析使定性分析更加科学。决策过程中将两者结合起来，重视人们的传统经验，结合社会学、心理学等现代科学，灵活运用才能取得最佳效果。

4. 整体效用原则

决策者在决策时，要把握好全局和局部的关系，站得高，看得远，以全局的战略眼光把握组织内部各个部分、组织与其他组织、组织与社会之间的关系，从全局着想，从局部着手，全局指导局部，局部服从全局，在考虑局部利益的基础上，以效用目标最大值为依据，提高全局和局部的整体效用。

5. 集体和个人相结合的原则

决策要建立在充分民主的基础上，集个人与集体的智慧，通过集思广益，做出科学的决策。

对有关具体性的业务方面的决策，有惯例可循，一般由个人决策，涉及战略方面的重大决策，依靠个人的价值观、知识、经验、心理、能力以及个人所掌握的信息可能难以完成，因此要充分发扬民主，集个人和集体的智慧，优势互补，从而做出更合理、更科学的决策。

3.2.2 决策的程序

决策程序是指从问题到方案确定所经历的过程。明确和掌握科学的决策过程，是管理者提高决策效率的一个重要方面。一般来说，决策过程通常可划分为如下几个基本步骤：

1. 认识和分析问题

所谓问题就是应有现象和实际现象之间所存在的差距。一切决策都是从问题开始的。决策是为了解决现实中提出的需要解决的问题或者为了达到需要实现的目标，通过调查、收集和分析有关信息，抓住问题的关键要害。认识和分析问题是决策过程中最为重要也是最为困难的环节。

要求管理人员运用现代管理科学分析问题的方法，揭开纷繁的现象，显示其本质，以使管理决策立足于真正的问题之上，因此要求决策者必须深入实际调查研究，及时发现并提出新问题，发现差距，明确奋斗目标。发现和分析问题是解决问题的前奏，是决策的起点。

在实际决策实践工作中，首先要确定是否存在需要解决的问题；其次要确定问题的根源；最后确定问题产生的前因后果。只有这样才能透过现象，认识到问题的本质，为正确决策奠定基础。

2. 确定目标

目标是指在一定的环境和条件下，在预测的基础上所希望达到的结果。明确决策目标可以保证组织内各种目标的一致性，在组织中形成一种普遍的思想状态或组织气氛，为动员组织内部的各种资源提供依据，促成组织目标的转化。发现问题之后，要采取何种行动，在一定程度上取决于决策目标的确定。目标的确定十分重要，要经过调查和研究，掌握确凿的数据，进行整理分析，并结合组织的价值准则进行确定。决策目标不正确或不明确，往往会导致决策错误。

3. 拟订备选方案

备选方案是指为解决某一问题而设计的多个可行的供决策者抉择的方案。备选方案至少需要有两个或两个以上，决策者从中采用科学的逻辑思维与方法进行比较，选出满意的方案。

决策方案描述了组织为实现目标拟采取的各种对策的具体措施和步骤。在制订备选方案时，既要注重科学性，又要注重创造性。备选方案必须建立在科学的基础上，尽可能进行数量化和定量分析，以减少主观性。方案的拟订可以广泛地发动群众，让大家充分发表意见，管理者充分利用组织内外的专家学者，采用头脑风暴法等方法，提出达到目标和解决问题的各种方案。

备选方案通常应该包括 3 方面的内容：① 落实决策总目标的各种次级目标及这些目标实现的途径，备选方案有自己的层次关系；② 目标实现过程中的主要约束条件及其可控和不可控的程度；③ 备选方案可量化或用其他方法可进行评价。

备选方案的可行性与方案合理性非常重要，决策者在拟订备选方案时要注意备选方案经济及技术的可行性与方案的合理性。

4. 选择方案

选择方案就是要确定所拟订的各种方案的价值或恰当性，以确定满意的方案。因此要求管理者要具备评估每种方案价值的能力，分析每一个方案的利弊，比较各方案之间的优劣，然后选取其一，或综合成一，最后进行综合评价，结合分析比较结果提出方案。由于组织内外部环境变化性和决策者预测能力的局限性，以及备选方案受到不充分信息的影响，不能一味地追求最佳方案，做出一个相对令人满意的决策即可。

选择方案时，一是必须注意合理性标准，以实现预订的决策目标；二是要考虑方案实施的费用效果比或成本收益比；三是合理的决策要妥善处理好效果与风险之间的关系等。

5. 执行方案

在选定了最佳备选方案之后，就要付诸实施。有了决策方案，未必能够保证取得成功，因为决策的成功还取决于有效地执行决策方案。决策方案实施过程中要做好以下工作：① 要将目标分解到单位和个人；② 有选择相应的方案的具体措施；③ 确保有关指令为所有关人员所接受；④ 要建立工作报告制度，注重信息反馈，了解决策进展情况，实施有效控制。

6. 检查评价和反馈处理

这是决策过程的最后一个步骤。职能部门对各层次、各岗位的方案执行情况通过检查与评价，在决策实施过程中建立信息反馈渠道，及时检查实施情况，发现决策执行过程中出现的偏差，决策者根据反馈信息对偏差部分查明原因，以便采取相应的有效措施进行决策控制。对已有的决策进行不断的修正和完善方案来减少或消除不确定性，直至实现决策目标或做出新的决策为止。

以上是对决策过程的一种划分方法，实际中可能存在各阶段相互交叉的情况，而且在不同的决策中，省略某个阶段也是可以的。另外，不同的学者对决策过程各阶段的划分也不尽相同。如西蒙就将决策过程划分为情报活动（信息的收集与整理）、设计活动（拟订备选方案）、抉择活动（从备选方案中选定一个方案）和审查活动（对选定方案的执行进行检查评价）4 个阶段。

另一些人则认为，应该在方案的选定与执行步骤之间加进“方案审批”这一环节，再加上前述方案设计前的“确定（决策）目标”这一步骤，这样就形成了如图 3-1 所示的决策过程。①

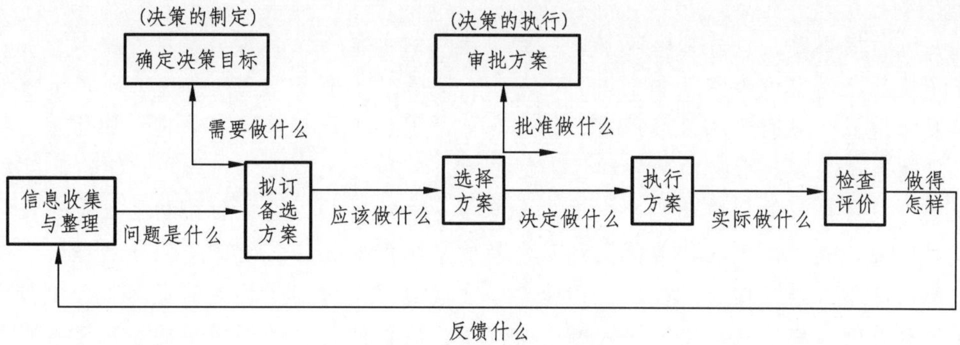

图 3-1　决策的基本过程

3.3　决策的影响因素

［任务导入 3–3］

矿业经济绿色发展影响因素

基于绿色矿业经济的理念，矿业经济的发展需要结合科学技术，综合高效、环保、低能耗等多方面的要求，在绿色技术的支撑下，逐步形成以矿业为主体的产业集群，促进矿产资源的实现。要实现矿物产业的绿色发展其实并不容易，需要考虑的因素很多，诸如社会环境、文化风气、政策法规、人文意识等都会直接或间接地影响矿业经济的绿色发展。

一、外部因素

外部因素主要是指影响绿色矿业经济的宏观因素，在这些宏观因素中经济的影响是最大的。一个国家的经济基础决定了这个国家的发展水平，也从侧面反映出一个国家的科学技术水平，更是预示着国家绿色矿业成功发展的关键。许多经济不发达的国家都是以环境为代价发展经济，当经济达到一定的水平后再对环境进行科学化的治理，这种发展方式能够实现国家经济的快速增长，但是对环境的影响是不可恢复的。尤其是矿物产业的粗放型发展模式严重阻碍了我国经济的持续性发展，我国的矿产资源经过几年的无节制开采后，生态中的平衡关系被打破，人类的生产环境也随之变化，暴露出了更多的问题。我国也曾经历过这样一个时期，几年前当人民深受恶劣环境的影响时，我们才明白真正的科学发展是绿色健康的。因而当前不断强调绿色健康的经济发展，在矿物产业中提出绿色经济理念，开始倡导更加科学的发展战略，矿物产业的发展不仅能促进经济的发展，还能不影响或者尽可能小地影响环境的发展。此外，国家还提出“三低”的发展理念，并没有使经济发展停滞，反而在绿色环保的发展基础上进一步得到了延伸，实现了双向收获，使矿业经济得以绿色发展。

二、环　境

作为矿业绿色发展的重要影响因素，环境因素与矿业发展的相互作用主要体现在矿业开

① 杨强．管理学基础[M]．北京：中国人民大学出版社，2010.

发对环境的影响和环境对矿业发展的制约方面。首先，旧的矿业发展模式存在着高能耗、高污染、产率低等问题，尤其是矿物资源的勘探、开采，选矿时对环境形成的严重破坏。其具体的表现方式有以下几点：其一，在进行无计划的矿物开采过程中对地质和森林造成干扰；其二，在进行勘察时，负外部性较强；其三，选矿的过程不仅会排出大量的废水，甚至还会排放许多废气，严重污染空气和水体。近年来，随着开采深度的不断加深，矿产资源开发利用所引发的地质环境问题越来越严重，例如山体滑坡、土地盐碱化、沙化、地面塌陷等环境灾难现象越来越普遍。所有的问题和污染都是由采矿和生产造成的。此外，与矿业相关的12个行业属于重污染行业，矿物生产中难免会产生一些污染物，这些污染物也正是造成环境破坏的重要原因。其次，矿业作为国民经济发展的基础产业，在传统的矿业发展理念引导下，以环境的损坏作为经济增长的代价，因此整个发展过程中付出了巨大的资源和环境代价。因而生态被严重的破坏，在生态日渐失衡的情况下，人们的居住受到了影响，进而阻碍了社会的进步，人们才真正意识到环境问题的严重性。因此，在当代的社会发展主题中，转型升级矿业，从根本上实现绿色发展，已成为当前矿业经济发展的首要责任。

三、政　策

政策是促进矿业绿色发展的制度保障，对矿业发展起到关键的导向作用，因此我国自发展矿业以来就十分重视相关的政府政策对矿物产业的影响。20 世纪 80 年代，我国开始提出可持续的发展策略，因而对矿物资源的综合利用策略更加关注；自 1996 年的第八届四次会议后，持续性的发展战略正式成为我国的基本发展战略，并且在随后的 10 年里，提出了“绿色矿业城市战略”；2007 年，作为推进绿色矿业的第一年，国土资源部正式提出了发展绿色矿业的建议，十八大便紧急部署。截止到 2014 年，我国分别批准了 600 多个国家的绿色矿物产业发展试点，绿色矿山数不胜数。2015 年，随着五大发展理念的提出，绿色健康的发展理念才在人们的心里根深蒂固，于是党中央当即提出了四个全面的战略布局，并且强调了“十三五”发展全局乃至实现我国“由大变强”的深刻改变。党的十九大召开以来，“绿水青山就是金山银山”理念深入人心，各行各业真正意义上开始了绿色发展的变革。就总体角度而言，政策的支持可以使矿物企业的财政方面、发展市场方面、管理规范方面得到约束，进而让相关矿物企业的发展能够与绿色发展的理念靠近，为企业提供基本的资金支持，帮助企业走向绿色经济的发展道路。同时，在矿山的建设方面也提供了相关的制度依据，使矿物产业的管理和运行更加规范，为矿山产业经济绿色发展提供了有力支撑。

四、技　术

技术对矿业绿色发展的影响主要表现在两个方面：一方面是技术的先进与否会很大程度上影响矿业生产对资源的消耗，先进的生产技术不仅能够节约能源，还能够降低污染物的排放，最大效益地利用生产中的副产物。另一方面是技术对矿物产业创新力的影响。创新归根结底还是来源于技术，只有在一定的技术支持下，产业的创新才具有现实意义。就技术对资源消耗的影响而言，科学高效的技术水平能够帮助矿物产业合理地分配生产资源，更好地实现环境保护与经济发展双项结合的发展目标。在绿色的产业技术越来越先进的过程中，逐渐将那些产能小、能耗高的工艺淘汰，于是可以降低单位产值能耗，缩小技术差距，在确保生产安全性的前提下增加环保技术防护，提升矿业生产的综合能力。在技术的创新领域，科学与技术的创新是矿物产业发展的根本动力，随着社会的变化，企业技术必须以创新为基，在市场中争取竞争的资本。例如，矿业的绿色发展朝着大容量、高效率、智能调度、精准控制、科学管理和安全性高等方向创新，这些技术的创新将彻底地改变当前的矿物生产模式，实现持续性的绿色矿业经济发展。

五、社　会

社会因素对矿业绿色发展的影响则由人民的生活方式以及社会发展阶段来决定。主要源于矿业的发展由人类活动决定，而矿物生产用于服务人类，保障人类的基本生活，而人的生活要求和意识是决定矿物产业发展朝向的核心因素。这主要表现在两个方面：首先，企业在从事矿物生产调度过程中需要大量的劳动力，为许多普通阶层的人提供了大量的就业岗位，因而影响居民的收入。而矿业的发展最终服务于人类，为社会经济的增长提供了动力，人们的生活质量得以提升。随着绿色发展理念的提出，从事工业生产的人们开始认识到环境保护的重要性，进而了解行业内资源的紧缺问题，积极主动地承担起绿色发展的责任。因此，矿物生产能够从源头出发，加大生产工艺的革新，逐渐转变发展的目标导向，带领整个行业的企业都主动地参与到持续性发展的战略内，增强绿色经济。其次，社会发展对人们的生活起到了决定性的作用，也决定了矿物生产的方式和内容。近些年来，我国的经济水平不断发展，人们开始转变生活态度，追求更高质量的生活方式，于是绿色经济的提出得到了广大民众的支持，传统上粗放型的矿物生产模式已经不再满足人们的需要，转变生产模式，发展绿色的矿业经济是全民的共识。

资料来源：林为民. 企业经济决策方法影响因素的结构分析——以绿色矿山企业为例[J]. 大众投资指南，2020（23）：189-191.

任务分析：

1. 以绿色矿山企业为例分析企业经济决策方法的影响因素。
2. 分析各影响因素对促进矿业经济可持续发展的作用。

影响决策的因素很多，主要有以下几方面的因素：

3.3.1　环　境

影响组织决策的环境因素表现在两个方面，包括企业经营的微观环境和宏观环境。

微观环境指与企业经营活动直接发生关系的组织与行为者的力量和因素，主要包括企业内部环境、供应企业、后续经销企业、消费者或购买者、竞争企业等方面，是决定企业生存和发展的基本环境。

宏观环境指对企业营销活动带来市场机会和造成环境威胁的主要社会力量。分析宏观环境的目的在于更好地认识环境，决策者通过决策来适应社会环境及变化，达到企业的目标。宏观环境主要包括人口环境、经济环境、政治法律环境、社会文化环境、自然环境、科技环境以及其他重大事件等。环境的特点影响组织环境的选择，同时对环境的习惯反映模式也影响组织的活动选择。相对稳定的市场环境，决策相对简单，如果市场环境复杂，变化频繁，决策者要面对许多非程序性的问题，所以决策者在做出决策之前，应充分考虑环境的因素对决策的影响。

3.3.2　过去的决策

“非零起点”是一切决策的基本特点，组织过去的决策是目前决策过程的起点，是对过去决策的完善、调整或者改革。过去的决策，随着人力、物力、财力、信息等资源的消耗会给管理者心理和情感上带来变化，从而对外部环境产生影响。过去成功的决策会给未来的决策以有益的借鉴，过去失败的决策必然会给未来的决策带来心理上的负面影响。

过去的决策对目前决策的影响程度，与过去的决策和目前决策者的关系密切程度相关。如果过去的决策是由目前决策者制定完成的，一般不愿对组织活动进行重大调整。如果现任决策者与过去的主要决策没有关系，则愿意对过去的决策进行变革。

3.3.3 决策者对风险的态度

决策是人们确定组织未来活动的方向、内容和行动的目标，但由于人们对未来的认知能力有限，对预测的未来状况可能与实际情况不完全相符，因此决策存在一定的风险。所谓风险是指决策者可以估计某一结果或概率的情形，所以组织及其决策者对待风险的态度直接影响方案的选择。

不同的决策者，对待风险有着不同的态度。决策者对待风险的态度可以分为 3 类，即风险喜好型、风险中性与风险厌恶型。不同的决策者对待风险的态度，决定了决策者的决策方式。风险喜好型的决策者敢于冒险，敢于承担责任，在多种选择中趋向选择风险大的方案，有可能抓住机会，但也可能遭到一些损失；风险厌恶型决策者不愿冒险，不敢承担责任，往往在多种选择中趋向选择风险较小的方案，虽然可以避免一些损失，但也有可能丧失机会。风险中性的决策者对风险采取理性的态度，既不喜好冒险，也不回避风险。由此可见，决策者的风险偏好对决策的选择会产生直接影响。

3.3.4 组织文化

文化指人民群众在社会历史实践过程中所创造的物质和精神财富的总和,在企业实践中，逐步形成的为全体员工所认同、遵守、带有本企业特色的价值观念、经营准则、经营作风、企业精神、道德规范、发展目标的总和。组织文化对组织成员的行为以及行为方式起到制约作用。

由于企业组织中原有的文化有它的滞后性，对新的决策很难做出快速反应，组织文化成为实施组织决策的阻力，这时组织文化必须调整其价值观念，形成激进的具有开拓创新精神的组织文化，以动态发展的眼光看待组织的决策与变革，最终要与组织新的决策标准相一致。同时，决策方案的选择要考虑为改变现有组织文化而付出的时间和费用的代价。

3.3.5 时间的影响

美国学者威廉・金和大卫・克里兰把决策划分为时间敏感型和知识敏感型。时间敏感型决策是指那些必须迅速而尽量准确做出的决策，时间敏感型决策要求速度大于质量；知识敏感型决策要求充分利用知识，做出尽可能准确的选择，知识敏感型讲究决策质量。从威廉・金和大卫・克里兰对决策的分类可以看出，时间对决策活动有重要作用，决策往往受时间的制约，企业的经营决策活动在某段时间内是有效的，一旦超出了时间的限制，内外部环境发生了根本性的变化，决策就不可能达到预期目标。所以随着时间的改变，环境条件的变化，决策也必须随之动态变化。

3.4　决策的基本方法

［任务导入 3–4］

基于 SWOT 理论的农业对外开放合作分析及风险对策研究
——以连云港市为例

1　研究背景及意义

国家主席习近平于 2013 年提出的“一带一路”重大倡议开辟了中国农业对外开放合作新的篇章。“一带一路”的相互对接、优势互补的发展理念已成为农业对外开放合作的战略指引。

为贯彻习近平总书记的“一带一路”倡议，农业农村部落实以近年来中央一号文件农业对外合作战略部署，积极开展农业对外合作建设试点，为企业走出去搭建平台。2017 年 7 月，农业农村部认定首批境外农业合作示范区和农业对外开放合作试验区，其中连云港农业对外开放合作试验区为 10 家试验区建设试点之一，成为江苏省首个农业对外开放合作试验区，并于 2019 年 3 月 28—29 日举行了连云港农业对外开放合作试验区揭牌仪式，可以说连云港农业发展迎来了历史发展机遇。然而随着农业对外开放合作的不断深入，一些深层次的问题如国际农产品市场不稳定、农业对外开放合作风险不断累积、涉农企业缺乏国际视野、政策体系不完善等问题正在逐步凸现出来。2017 年农业农村部要求农业对外开放合作试验区要充分发挥自身区位优势和对外合作优势，优化空间布局，要建立健全运营管理与服务机制、风险防控体系，探索积累可复制、可推广的经验，其中风险防范是农业对外开放合作能否取得成功的关键环节之一。所以运用 SWOT 理论对中国连云港农业对外开放合作的优势、劣势、机遇与威胁进行分析，再对中国连云港及其东道国农业对外开放合作风险因素进行论述，最后针对农业合作风险提出相关对策，必将为农业部门开展农业对外合作建设提供安全保障依据，对实现农业经济对外开放、合作共赢具有一定的现实价值与指导意义。

2　研究综述

国家间农业合作于 16 世纪出现在欧洲，农业科学技术不断进步推动了国家间的农业合作。中国农业于 20 世纪 70 年代开启了同世界农业的全面合作。农业国际合作必然存在风险，进行农业对外开放合作及其风险因素分析非常有必要。近年来，国内外很多学者对农业对外合作风险进行了大量的研究。张立（2002）分析了我国产业对外开放中的风险的主要因素有民族产业的国际竞争力、外资政策的选择，以及外资独立的寻利动机等，并给出了相关的对策。廖东声（2009）针对中国企业投资东盟农业面临的汇率、政治等农业跨国投资风险等，提出逐步构建完善的企业对外投资风险保障体系策略。刘振中等（2010）构建了农业风险的稳健经营体系，将风险转移给拥有较多闲散资金的风险投资者和期货市场。郑启恩（2013）指出，生产型企业可通过“先贸易后投资”来降低投资风险，贸易模式可选择在当地开设办事处、寻找总代理商或做供货项目的承包商等。成榕（2014）对边境地区农业合作条件进行了分析，提出农业合作发展的贸易风险防控战略措施。尹兴宽（2016）指出，企业境外投资存在的风险：一是超级大国的贸易保护政策让中国海外投资农业的企业承担了极大的投资风险；二是我国企业进行合作的国家内部矛盾引发的政治风险；三是企业境外投资市场风险等。

Vilmar Rodrigues Moreira 等（2016）指出，农业合作风险必须通过识别和评估，并采取适当的对策来防范。王禹等（2017）指出，中泰两国农业合作前景广阔，但政治、宗教、产品等因素，使两国的合作面临着一定的风险和挑战。于海龙（2018）分析了农业对外合作面临政府政策目标与企业目标偏离，走出去企业自身生产经营风险，潜在农产品进口对我国粮食自给安全和农业生产能力冲击的风险，以及东道国自身的政治风险、舆论风险、社会文化差异风险和生态环保风险等。Tina L. Saitone（2018）等研究表明，农业合作过程中付款及时性或违约概率的适度改善可导致合作的市场份额和经济可行性大幅增加。以上学者的研究大多通过对农业对外开放因素的分析，提出了农业国际合作风险防范措施，为农业对外开放合作及风险防范提供了有益的思路，具有一定的现实意义，但还存在不足，大多没有从系统的角度对农业对外开放合作风险因素进行分析。本研究从系统的角度，运用 SWOT 理论对中国连云港农业对外开放合作的优势、劣势、机遇与威胁进行分析，再对中国连云港及其东道国农业对外开放合作风险因素进行论述，进而提出对策研究。

3 SWOT 理论

在战略态势分析中，SWOT 分析法是最常用的方法之一。本研究运用 SWOT 理论对中国连云港农业对外开放合作的优势（Strengths）、劣势（Weaknesses）、机遇（Opportunities）与威胁（Threats）进行分析，从而认识到农业对外合作的优势、劣势，做到趋利避害，进而把握农业对外合作的发展机遇，化解外部威胁，在此基础上，对中国（连云港）及其东道国农业对外开放合作风险因素进行系统分析，以便发现农业对外合作过程中存在问题的根源，从而提出解决问题的对策，从而促进农业对外合作走上良性发展的轨道。

3.1 优 势

3.1.1 区位优势

连云港市地处江苏省东北端，中国重点海港城市，为“一带一路”（“丝绸之路经济带”“21 世纪海上丝绸之路”）交汇点，作为新亚欧大陆桥东方桥头堡，是东陇海经济带的东大门和对外开放窗口，向东跨海面向东北亚、东南亚，向西通过大陆桥连接内陆省份、中亚及欧洲，是国际国内海陆物流转换的重要节点，是中亚国家粮食等农产品最便捷高效的出海口。连云港河海相通、港路相接、海陆空相连，地理位置十分优越，是中国中西部地区货物最便捷的出海口岸，可以说独特的区位优势为农业对外合作提供了基础保障。

3.1.2 交通枢纽优势

一是港口优势。连云港是江苏最大海港、中西部最经济便捷出海口，是亚欧大陆国际集装箱水陆联运的重要中转港口之一。二是高铁优势。目前连盐、连青（青盐）高铁已建成通车，2019 年 12 月连淮扬镇的连淮段高铁已通车，与在建的宁淮、徐宿淮盐高铁相连接。随着 2020 年年底盐通高铁通车，连云港通过青盐线连接盐通、沪通高铁直达上海，实现沿海铁路全线贯通，连徐高铁 2020 年年底通车，实现了苏北各市至南京的“1.5 小时交通圈”，连云港迈进高铁时代。三是航空优势。目前运营的连云港白塔埠机场，共通航中国国内外城市 35 个，每周航班量达到 210 个班次。2019 年花果山国际机场实现开工，吞吐能力达千万人次，可以说连云港市以港口为中心的海陆空立体交通网络初步形成，交通枢纽优势明显，为连云港农业对外合作提供了便利条件。

3.1.3 经济优势

据 2018 年连云港市国民经济和社会发展统计公报，2018 年，地区生产总值达 2 771.70

亿元。农林牧渔业总产值636.65亿元，可比价计算增长2.4%，全年粮食总产量364.03万吨，增长0.5%。全年完成进出口总额95.47亿美元，增长16.2%，居全省第三位，国家农业开放合作试验区启动建设，农产品出口超6亿美元，全年实际利用外资6.03亿美元，快速的经济发展为农业对外合作奠定了坚实的基础。

3.1.4 农业资源优势

连云港农业资源丰富，农业产业具有一定的基础。2018年，有国家级农业龙头企业2家，省级农业龙头企业49家，市级农业龙头企业230家；目前已形成了紫菜生产加工、鲜切花、泥鳅养殖、芦蒿、食用菇类等特色产业；另外，农业信息化资源也为农业对外合作搭起了良好的平台，农业信息化示范基地9家，农电商产业园11个，网络农业营销主体数量达8 400多家，可以说丰富的农业资源为农业对外合作提供了根本保障。

3.2 劣 势

3.2.1 农业产业聚积度不高

连云港目前有多家国家级、省级以及市级农业龙头企业，已初步形成蔬果、粮油、水产、花卉等农业产业集群，但相对聚积度不高，离产业一体化、规模化、标准化、品牌国际化还有差距，这势必影响农业对外有效合作。特别是中小型企业如果不能形成聚积规模，抗风险能力明显不足。

3.2.2 对外合作高端人才缺乏

农业对外合作需要掌握国际贸易的理论，尤其是报关、报检等相关业务技能；通晓国际贸易规则和惯例以及国内外国家法律法规的高级专门人才。2019年连云港主要围绕新医药、新材料、高端装备制造等重点产业及教育、卫生、农业技术等公共服务相关领域引进高层次人才，而农业对外经济贸易方面人才匮乏，这势必增加了农业对外合作的风险。

3.3 机 遇

3.3.1 “一带一路”交汇点机遇

“一带一路”倡议对打造欧亚区域经济一体化格局，推动区域合作产生了深远的影响。连云港既是海上丝绸之路战略支点，又是丝绸之路经济带重要节点，是“一带一路”特殊的“交汇点”。2018年江苏省委书记调研“一带一路”重要节点城市连云港时强调，连云港要在“一带一路”建设中充分发挥战略支点作用，主动服务中央对外工作大局，在江苏“一带一路”交汇点建设中担起重任，可以说“一带一路”倡议是推动农业对外合作的指导纲领。

3.3.2 国家首批农业对外开放合作试验区机遇

为贯彻近年来中央一号文件关于农业对外合作的总体部署，农业农村部开展农业对外合作建设试点，为企业走出去搭建平台。经过评选，连云港农业对外开放合作试验区被遴选为国家10家试验区之一，成为江苏省首个农业对外开放合作试验区，并于2019年3月28—29日举行了连云港农业对外开放合作试验区揭牌仪式，国家在政策、资金等环境方面大力支持连云港农业对外合作开放，可以说农业对外合作迎来了历史机遇。

3.3.3 国家自贸试验区机遇

2019年8月2日，国务院同意设立中国江苏（南京自贸区、苏州自贸区、连云港自贸区）自由贸易试验区，这是国家作出的推进改革开放的重大决策。连云港自贸区旨在建设成亚欧重要国际交通枢纽、集聚优质要素的开放门户、共建“一带一路”国家或地区交流合作平台。通过自贸区建设打造国际一流营商环境，完善投资促进和保护机制，推动贸易转型升级，为农业对外合作开放提供了重要支撑条件。

3.4 威 胁

就连云港农业对外合作而言，港口竞争是主要因素之一，目前与连云港地缘相近，有竞争力的港口是山东省日照港口。日照港区位优势也很显著，地处中国海岸线中部，山东半岛南翼，现拥有石臼、岚山两大港区，65 个生产性泊位，年通过能力超过 3 亿吨。日照港拥有“日照—韩国平泽”“日照—群山—釜山”两条外贸集装箱班轮航线，美国波特兰港至日照港大豆班轮航线，中澳杂货班轮航线等。

就区域位置来看，连云港和日照港相距很近，大约 80 千米，两个港口排位、货种、地理因素等都非常相近，从而导致两个港口竞争非常激烈，所以连云港要和日照港进行全方位的竞争。只有在竞争中获得优势，才能促进连云港农业对外合作良好格局的形成。

4 农业对外合作风险因素分析

“一带一路”倡议给中国农业对外开放合作带来了新的机遇。农业对外合作也是中国与共建“一带一路”国家的战略需求。从共建“一带一路”国家层面看，大多数国家像菲律宾、缅甸等东盟国家，伊朗、土耳其等西亚国家，印度、巴基斯坦等南亚国家，哈萨克斯坦、吉尔吉斯斯坦等中亚国家，俄罗斯、摩尔多瓦等独联体国家，立陶宛、斯洛伐克等中东欧国家等，这些国家农业资源较为丰富，对外合作潜力很大，希望通过农业合作，带动农业相关产业快速发展，带动就业，改善民生；就中国而言，中国国内生产总值 GDP 已在 2010 年超过日本，成为世界第二大经济体。2018 年，中国国内生产总值已达 900 309 亿元，2017 年中国农业对外投资流量 20.5 亿美元，进出口总额 305 050 亿元。另外，中国在农业技术、农业机械等领域水平较高，可以说中国经济的快速发展以及农业技术等为农业对外合作提供了重要的支撑条件。但农业对外开放合作面临着诸多风险，一是政治风险，二是自然风险，三是市场风险，四是国际非关税贸易壁垒等风险。

4.1 政治风险

中国农业对外合作过程中，东道国政治稳定性是中国农业企业对外投资首先要考虑的风险。东道国国家军政变动、议会解体、选举提前、政党相争的现象等不稳定因素对农业合作合作会造成一定影响，还有约束外来投资的法律如反垄断法、外资法等，也会对投资产生重要影响，甚至导致农业投资的失败。如果农业对外投资涉及敏感的自然资源，更容易被东道国政治冲突中的某一方利用，寻找借口引起当地居民对农业投资项目的公愤，致使项目搁浅或流产。

4.2 自然风险

在境外农业生产投资过程中，农作物生长周期长，如果遭受自然灾害，势必造成农业对外投资的损失，所以在农业对外投资合作过程中，自然灾害风险也是中国农业对外投资要考虑的主要因素，农业与自然气象条件密切相关。近年来，世界各地自然灾害频发，由于农业基础设施还相当脆弱，农业产业经常会遭受自然灾害如台风、海啸、水灾、冰雹、泥石流、干旱等自然灾害，会造成产量锐减，甚至颗粒无收，对农业对外投资企业带来不确定风险，所以农业对外投资企业在投资之前需要对东道国的自然环境因素进行详细的考察和分析。

4.3 市场风险

农业企业在对外合作过程中，一是由于对东道国的政策、法律、投资环境等信息掌握不够全面，导致农业对外投资企业盲目生产。由于投资的农业产业投入成本过高，价格定位较高，所以缺乏农产品竞争力，很难保证农产品的市场占有率。二是目前中国对外投资的农业企业往往规模较小，还没有形成农业投资产业联盟，存在竞争力弱、竞争无序等劣势。另外，海外市场农业产业的竞争加剧，也给农业对外投资企业带来了一定的市场风险。三是由于市场的不确定性，如果农产品生产过剩，农业生产经营要承担一定的损失。四是由于蔬果、水产、花卉等特殊的农产品对存储时间、地点有特殊要求，如果市场行情萎缩，势必增加成本，也会给农业产业带来一定的风险。

4.4 国际非关税贸易壁垒风险

随着国际贸易保护主义的抬头，一些超级大国的诚信度也有所下降，他们出台相关的贸易保护政策，如通过非关税壁垒，在通关环节壁垒、进口税费、进口禁令、进口许可、技术性贸易壁垒、卫生与植物卫生措施、贸易救济措施、进口产品歧视、出口限制等方面设置障碍，从而造成农产品进口成本增加。农产品进口障碍设置不利于农产品进口，会使更多的农业贸易受到重创，给农业对外经济合作带来严重的威胁。

5 连云港农业对外开放合作对策分析

上文使用 SWOT 理论分析了中国连云港农业对外开放合作的优势主要表现在区位、交通枢纽、经济和农业资源优势等方面，劣势为农业产业聚积度不高、对外经贸高端人才缺乏等，机遇为“一带一路”特殊的交汇点机遇、国家首批农业对外开放合作试验区机遇、国家自贸试验区机遇等，威胁主要是港口之间的竞争。农业对外开放合作面临着的风险主要有政治风险、自然风险、市场风险和国际非关税贸易壁垒等风险。为此，从系统的角度、全局的观念提出发挥优势、克服劣势、把握机遇、化解威胁以应对农业对外开放合作风险的对策。

5.1 优化政策环境，化解政治风险

农业对外合作离不开良好的政治环境。自倡导“一带一路”倡议以来，据中国“2018 年国民经济和社会发展统计公报”,共建“一带一路”国家进出口总额达 83 657 亿元，出口 46 478 亿元，进口 37 179 亿元，良好的政治环境为中国与共建“一带一路”国家进行农业合作提供了重要支撑条件。而国际政治环境也对中国农业企业对外投资等产生影响，目前大多数东道国能认识到良好的国际环境有利于农业吸引外资，通过同国外农业合作来带动自己国家的农业相关产业快速发展。中国农业农村部、商务部、财政部于 2016 年发布了《关于加快实施农业“走出去”战略的若干意见》，2018 年商务部与农业农村部牵头成立了由 14 个部门成立的境外农业资源开发部际工作机制，为农业对外合作提供了战略保障。

5.2 抓住战略机遇，创建合作平台

中国连云港农业对外合作要紧紧抓住作为“一带一路”交汇点的战略机遇，在“一带一路”建设中充分发挥战略支点作用。特别是连云港农业对外开放合作试验区被遴选为国家 10 家试验区之一，为连云港农业发展迎来了历史发展机遇。要充分利用国家的支持政策，通过中国连云港与东盟农业经贸洽谈会、江苏农业国际合作洽谈会等活动，构筑农业对外开放新平台，完善国际贸易“单一窗口”功能，综合保税区封关运作。采取会展、项目推介、技术合作、商务考察、合作交流等形式来展现现代农业对外合作的投资环境。2019 年 8 月 2 日，国务院同意连云港设立自由贸易试验区，推动了连云港农业对外经济的高质量发展，通过扩大开放来聚集创新要素，从而促进农业产业结构的进一步优化，为连云港农业对外合作提供更广阔的平台。

5.3 做好产业规划，提高竞争能力

一是连云港农业对外开放合作要充分利用港口优势，通过国家、省政府的政策支持、招商引资、扩建码头，增长航线，吸引陇海中西部区域的农产品在连云港外包出口，增强港口的核心竞争力，实现港口农产品吞吐量超过千万吨目标；二是建立农业科研创新成果转化中心，通过与国内外高校及农业研究机构合作，引进国内外农业科技高端人才，在农业灾害预警、生物育种、农业大数据、生态农业等方面开展国际合作；三是建立农业产业集群示范基地，重点是赣榆区的水产养殖、东海县的花卉、灌云县的芦蒿、灌南县的菌菇为特色的农业产业集群，以增强农业企业的竞争力，抵御市场风险。

5.4 发挥要素禀赋，提升合作水平

由生产要素禀赋理论可知，国家或地区的要素禀赋主要体现在经济合作国家之间的自然资源、劳动力资源、技术要素等方面，通过农业资源与共建“一带一路”国家形成资源优势互补。连云港农业资源丰富，已形成了紫菜、鲜切花、养殖、芦蒿、食用菇类等特色产业，形成赣榆国家级出口水果质量安全示范区、东海农业国际合作示范区、灌云现代农业产业园区、灌南现代农业产业园区等，为农业对外合作提供了根本保障。而在劳动力资源方面，中国随着相对于共建“一带一路”国家在劳动密集型产业方面的优势下降，共建“一带一路”国家丰富的劳动力资源可为农业生产经营提供人力支撑。在农业科技禀赋方面，可以进行国际间资源保护、品种选育、饲养技术、农业技术推广、牧草改良、畜病防治、动物疫病防控等方面的农业科技合作。

5.5 引进高端人才，汇聚人力资源

习近平总书记在党的十九大报告中指出，人才是实现民族振兴、赢得国际竞争主动的战略资源。农业对外合作更需要通晓国际贸易理论以及投资的相关法律法规，关税政策、税收体系、外汇管理、土地劳工政策的高层次人才，在农业对外合作过程中，对东道国的政策、法律、投资环境等信息进行全面掌握，以提高农业对外合作的抵抗风险的能力。所以政府可以赋予连云港农业对外开放合作试验区人才引进、人才培养等先试政策：一是要简化人才引进手续，高效率地为高层次人才提供便捷服务。在引进外籍高层次人才时，在签证办理、人才居留和永久居留等方面提供便利。二是要建立良好的激励机制。设立高层次人才工作站、柔性引进海外高层次人才等措施，推动连云港农业对外合作跨越式发展。

6 总　结

“一带一路”倡议，为农业对外合作提供了战略机遇，为农业对外开放合作指明了方向。近年来的中央一号文件已将农业对外经济合作作为中国农业发展的重要举措，也为农业合作提供了重大机遇与有利条件。连云港作为国家首批农业对外开放合作 10 家试验区之一，要充分利用战略机遇，充分发挥自身区位、经济、港口、农业资源等优势，克服农业产业聚积度不高、对外合作高端人才缺乏等劣势化解威胁，以应对农业对外开放合作的政治风险、自然风险、市场风险和国际非关税贸易壁垒等风险，积极探索开放型农业对外经济新体制，把连云港建设成为国家农业对外开放合作试验区的示范区、引领区，为中国农业对外开放合作提供可复制、可推广的经验，从而促进农业对外开放合作走上可持续发展的道路。

资料来源：朱春江，范郁尔，骆汝九，等. 基于 SWOT 理论的农业对外开放合作及风险对策研究——以连云港市为例[J]. 江苏农业科学，2020，48（20）：327-332.

任务分析：

1. 理解决策的内涵。
2. 理解 SWOT 分析法及其应用。

现代决策方法可划分为“软、硬、软硬结合”3 种方法。“软”决策方法是指定性决策方法，“硬”决策方法是指定量决策方法，“软硬结合”是指定性和定量两者相结合的方法。在决策中，到底运用哪一种方法，要根据具体决策问题的性质和特点来决定。

3.4.1　定性决策方法

定性决策方法又称主观决策法，是指运用心理学、社会学等学科的知识，在决策过程中，采取有效的组织形式，直接利用专家的知识、经验、智慧、能力，根据已掌握的情况和资料，综合运用理论思维、逻辑推理，对决策方案进行分析、判断，提出决策目标并做出评价和选择，从而实现目标的一种技术方法。

管理决策者从对决策对象的本质特征研究入手，掌握事物的内在联系及其运行规律，对企业的经营管理决策目标、决策方案的拟订以及方案的选择和实施做出正确的判断。这种方法适用于受社会、政治等存在着许多不能量化的因素场合，所以所含因素错综复杂、涉及社会心理因素等难以用数量表示的综合性问题是定性分析方法发挥作用的场所。

定性分析方法主要依靠专家的智慧、知识、经验、能力等进行直觉判断。决策者根据所掌握的信息，通过对事物运动规律的分析，在把握事物内在本质联系的基础上进行决策。这种“软技术”方法是企业决策采用的主要方法，它弥补了“硬”方法对于人的因素、社会因素等难以奏效的缺陷。该方法简单易行、经济方便，在日常生活中被大量采用，可以发挥集体的智慧和力量，有利于促进决策的科学化和民主化，能够形成了一套具有可操作性和规范化、程序化特征的方法，充分运用社会学、心理学、逻辑学、政治学等学科的知识和研究方法，形成以知识交融为基础的系统思维。该方法方便灵活，适应范围广，也容易被人们掌握和应用，在战略政策、政治政策等领域有广泛的应用。

定性决策方法有头脑风暴法、德尔菲法、SWOT 分析法、经营业务组合分析法——波士顿分析法、经理人员决策法、专家会议法、名义小组技术、淘汰法、环比法、归类法、哥顿法、发散思维法、电子会议等。

下面主要介绍头脑风暴法、德尔菲法、SWOT 分析法、经营业务组合分析法——波士顿分析法。

1. 头脑风暴法

在群体决策过程中，由于群体成员心理影响，易屈于权威或多数人意见，这样会削弱群体的批判精神和创造力，影响决策的质量。为了保证群体决策的创造性，管理上发展了一系列改善群体决策的方法，其中美国创造学家 A. F. 奥斯本（A. F. Osborn）于 1939 年首次提出、1953 年正式发表的一种激发性思维的头脑风暴方法就较为典型。

头脑风暴法是比较常用的集体决策方法，通常是将对解决某一问题有兴趣的有关专家集中在一起，在完全不受约束的条件下，主持者以明确的方式向所有参与者阐明问题，说明会议的规则，让大家在融洽轻松的会议气氛中打开思路，畅所欲言，发表创造性意见。

头脑风暴法又可分为头脑风暴法和反头脑风暴法。前者是专家群体决策，尽可能激发创造性，产生尽可能多的设想方法，后者则是对前者提出的设想、方案逐一质疑，分析其现实可行性的方法。

头脑风暴法遵循如下原则：

（1）禁止批评和评论，也不要自谦。

（2）目标集中，追求设想数量，越多越好。

（3）鼓励巧妙地利用和改善他人的设想。

（4）与会人员一律平等，将各种设想全部记录下来。

（5）主张独立思考，不允许私下交谈，以免干扰别人思维。

（6）提倡自由发言，畅所欲言，任意思考。

（7）不强调个人的成绩，应以小组的整体利益为重，注意和理解别人的贡献，人人创造民主环境，不以多数人的意见阻碍个人新观点的产生，激发个人追求更多更好的主意。

头脑风暴法的目的在于创造一种畅所欲言的氛围，诱发创造性思维。为便于提供一个良好的创造性思维环境，专家会议的最佳人数以 10 ~ 15 人为宜，会议时间一般以 20 ~ 60 分钟效果最佳。

2. 德尔菲法

德尔菲法最早用于预测，后来推广应用到决策中来。德尔菲法是美国兰德公司提出的，被用来听取有关专家对某一问题或决策的意见。最早出现于 20 世纪 50 年代末的美国，其基本思路是邀请一批对评估目标有深入了解的专家（一般不超过 20 人），采用匿名发表意见的方式。下面以给指标体系中的每个指标赋予权数为例进行说明。

先请各位专家根据自己的判断独立地对每个指标赋予权数，然后将专家意见集中起来，多轮次调查专家对问卷所提问题的看法，列成图表，进行对比。将各专家的赋权结果进行分析整理，并将结果反馈给各位专家，要求专家之间互不“通气”，让他们了解其他专家意见后再重新赋权。经过反复征询、归纳、修改，直至专家们的赋权结果趋于一致时，并以最后一次各专家权数的平均值作为评价指标的权数。

德尔菲法的具体实施步骤如下：

（1）组成专家小组。按照课题知识范围大小来确定专家。专家人数一般不超过 20 人。

（2）向所有专家提出问题及有关要求，并附上有关背景材料，同时还请专家提供所需材料，然后由专家做出书面答复。

（3）各专家根据他们所收到的材料，提出自己的意见，并说明自己是怎样利用这些材料并提出意见的。

（4）将各位专家第一次判断意见汇总，列成图表，进行对比，再分发给各位专家，让专家比较自己同他人的不同意见，以修改自己的意见和判断。

（5）将所有专家的修改意见收集起来，再次汇总分发给各位专家，以便做下一次修改。收集意见和信息反馈一般要经过三至四轮。这一过程重复进行，直到每一个专家不再改变自己的意见为止。

（6）对专家的意见进行综合处理。

德尔菲法的程序如图 3-2 所示。

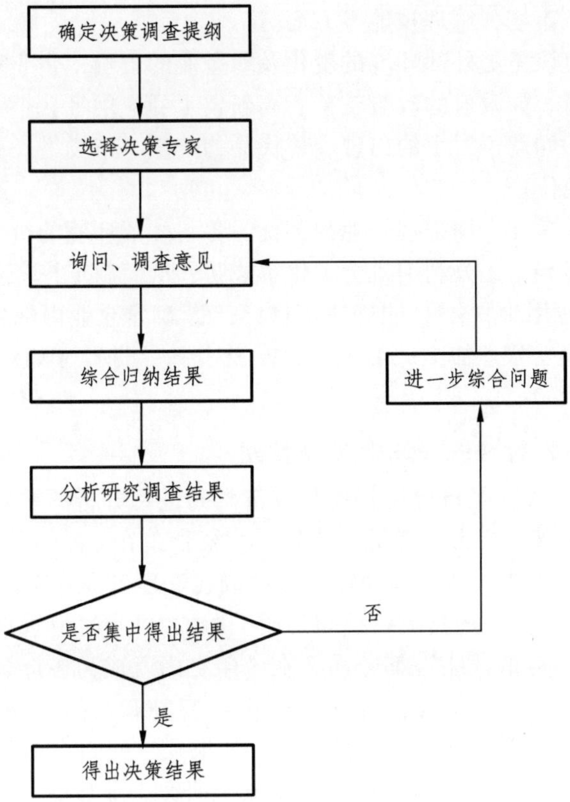

图 3-2　德尔菲法程序

该方法的特征有 3 个：匿名讨论、统计分析和不断反馈。

运用该技术的关键是：选择好专家，这主要取决于决策所涉及的问题或机会的性质。决定适当的专家人数，一般以 10～50 为宜。拟订好意见征询表，因为它的质量直接关系到决策的有效性。

3. SWOT 分析法

SWOT 分析法是 20 世纪 80 年代初由美国旧金山大学的管理学教授韦里克提出的，经常用于企业战略制定、竞争对手分析等场合。SWOT 分析法是指分析企业的优势（strengths）、劣势（weaknesses）、机会（opportunities）、威胁（threats）等企业内部条件和外部环境的各种因素，进行综合、概括、系统评价，从而选择最佳战略的一种方法（见图 3-3）。其中，S 是指企业内部的优势（strengths），W 是指企业内部的劣势（weaknesses），O 是指企业外部环境的机会（opportunities），T 是指企业外部环境的威胁（threats）。

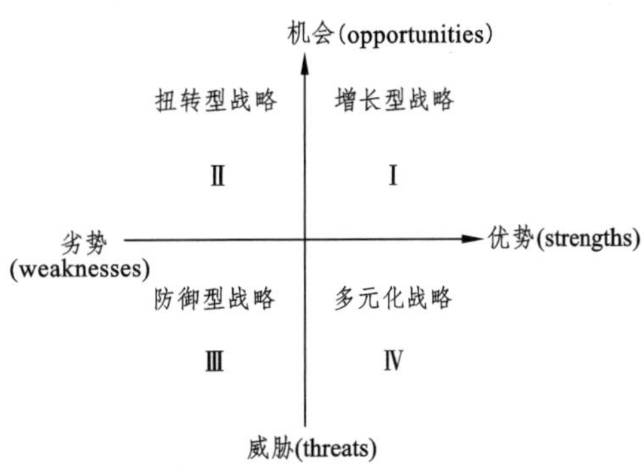

图 3-3　SWOT 分析法

SWOT 分析可以帮助企业把资源、行动聚集在自己的强项和有最多机会的地方，并让企业的战略变得更加明朗。

优劣势分析主要是着眼于企业自身的实力及其与竞争对手的比较，一般反映在企业的资金、技术设备、产品、市场、管理技能等方面。

机会和威胁分析应该考虑外部环境的变化及对企业的影响，企业外部环境的机会是指环境中对企业有利的因素，如政府的政策支持、高新技术的应用等。企业外部的威胁是指环境中对企业不利的因素，如竞争对手的出现、替代品的产生、市场增长率缓慢、技术老化等。这势必影响企业竞争地位。

SWOT 分析方法就是在全面把握企业内部优劣势与外部环境的机会和威胁的基础上，发挥企业的优势、克服劣势，充分利用机会、化解威胁，从而制定符合企业的发展战略。

SWOT 分析法的运用步骤：① 明确决策目标；② 确定企业内部条件和外部环境分析对象；③ 对信息进行搜集、整理加工；④ 构造 SWOT 矩阵，进行 SWOT 分析；⑤ 根据 SWOT 分析，选择竞争战略。

4. 经营业务组合分析法——波士顿分析法

直到 20 世纪 60 年代，经济模型仍旧是经济学家进行分析的主要方式，经济学家似乎无法以其他形式进行突破。澳大利亚的布卢斯・亨德森曾在 GE（通用电器公司）担任战略研究员,从 GE 离职后，他加入理特管理顾问公司成为管理咨询专家。1963 年，亨德森宣布离职，成立自己的咨询公司——波士顿顾问公司（BCG）。当时，管理咨询正往专业化方向发展，BCG 作为首家纯粹的战略咨询公司，在 5 年之内就成为咨询公司的龙头老大，被称为“能够为客户提供世界上最佳策略的咨询公司”。亨德森认为：“战略能够创造持续的、真实的价值。真实价值需要具备长久的竞争力。如果缺乏战略，即使企业遇到机会，也无法把握好它以获得成功。”正是在这样的思想基础上研究企业战略，提出了波士顿矩阵分析法（BCG Matrix）[①]。

波士顿矩阵是美国波士顿咨询公司提出的战略决策方法，其前提假设是大部分企业都经营有两项以上的战略经营业务，这些业务应该扩展、维持还是收缩，应该立足于企业全局的角度加以确定，以便使各项经营业务能在现金需要和来源方面形成相互补充、相互促进的良性循环局面。

这种决策主张，在确定企业经营发展方向时，应该考虑该项经营的市场增长情况及在该市场中的相对竞争地位。相对竞争地位可以用两个指标来衡量，一个是市场增长率，指整个同类产品在某一市场上的需求增长情况；另一个是相对市场占有率，是指本产品（经营单位）的市场份额与市场最大竞争对手的市场份额的比值。

依据市场增长率和相对市场占有率将企业的产品和业务划分为金牛、明星、幼童、瘦狗 4 类，并分别采取不同的战略措施（见图 3-4）。

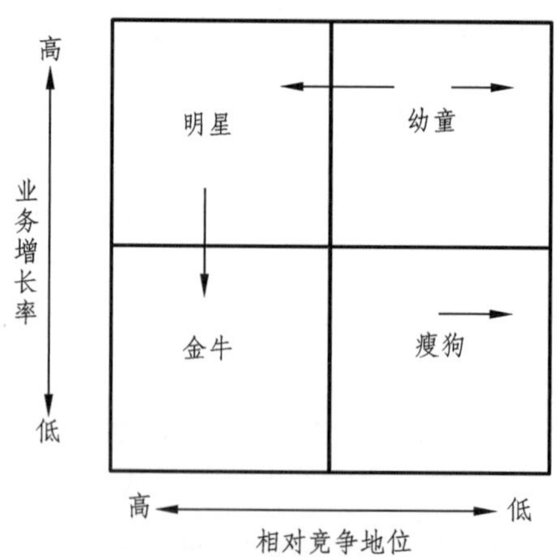

图 3-4　经营单位组合分析

（1）金牛。

市场占有率高，而业务增长率较低，能够为企业带来较多的利润，企业不必大量投资来扩展市场规模。这种业务产生的大量现金可以满足企业经营的需要，是企业经营发展的基础，

① 李海斌，王琼海．波士顿矩阵分析法的局限、修正及应用[J]．科技创新导报，2009（33）：199.

应采取提高市场占有份额的战略。

（2）明星。

市场占有率和业务增长率都较高，可以视为高速成长市场中的领导者，将成为公司未来的金牛业务，所需要和所产生的现金数量都很大，代表着最高利润增长率和最佳投资机会，所以应增加必要的投资，继续维持或提高市场占有率，并击退竞争对手。

（3）幼童。

业务增长率高，目前市场占有率很低。产生少量的现金，高增长的速度需要大量资金，而仅通过该业务自身难以筹措。对能转变为“明星”的业务，必须投入大量的资金，使其尽快转变，超过竞争对手；对于不能转变的业务，要及时放弃。

（4）瘦狗。

低市场成长率、低相对市场份额，带来少量的现金和利润。一般情况下，这类业务常常是微利甚至是亏损的，根据具体情况，应采取缩小规模、放弃、清算等策略。

经营单位组合分析法的工作步骤：

① 把组织内部分成不同的经营单位。

② 计算每一单位的市场占有率和相对市场份额。

本经营单位某种产品相对市场份额＝该经营单位的市场份额÷该经营单位最大竞争对手市场份额

本经营单位市场增长率＝本经营单位本年度相对于上一年度的销售额（量）增长数÷本经营单位上一年度的销售额（量）

③ 根据在企业中占有资产的多少确定经营单位的相对规模。

④ 绘制公司整体经营的组合图。

⑤ 根据每一单位在图中的位置，确定应选择的经营方向。

3.4.2 定量决策方法

定量分析方法是通过经验数据的提取、整理和分析、数学模型的建立、发展趋势的预测和推断、效果的模拟、决策方案优劣的评判以及最优方案的确定等环节进行数据信息分析的方法。在实际管理工作中，定量分析方法得到了广泛的应用。

定量决策方法常用于数量化决策，运用数学模型和公式等建立反映各种因素及其关系的数学模型来确定最优决策方案。对决策问题进行定量分析，可以提高常规决策的时效性和决策的科学性，所以定量决策方法是决策方法科学化的重要标志。

定量决策方法的优点主要有：① 运用数学模型求解，减少决策者的主观因素对决策的影响；② 可以提高决策的准确性、可靠性；③ 使决策者从常规决策中解脱出来，把注意力集中在关键性、全局性的重大战略决策上。其局限性表现在：① 数学手段本身深奥难懂，要求决策者有较高的数学水平；② 影响决策的因素用数字化量化比较困难；③ 对信息的处理花费的成本较高，如决策支持系统。

定量决策方法主要有以下几种：确定型决策分析、风险型决策分析、不确定型决策分析、多目标决策分析、序贯决策分析、博弈论、决策支持系统等。

下面主要介绍确定型决策分析、风险型决策分析、不确定型决策分析。

1. 确定型决策分析

由于确定型决策存在着两种或两种以上的可供选择的方案，而且每种方案的最终结果是确定的，即只存在一种确定的自然状态，所以决策者运用科学的方法做出确定型决策。

确定型决策方法主要有量本利分析法、线性规划、库存论、排队论等数学模型法。

下面主要介绍量本利分析法、线性规划，重点掌握量本利分析法。

（1）量本利分析法。

量本利分析法又称盈亏平衡点分析法或保本点分析法。量本利分析法是产量—成本—利润分析法的简称，它依据与决策方案相关的产品产（销）量、成本与盈利之间的相互关系，来分析决策方案对企业经营盈亏所产生的影响，从而做出评价和选择方案的一种决策方法。

企业利润是总收入减去总成本后的余额，总收入等于销售价格（P）与销售量（Q）的乘积，总成本与销售量（Q）相关。为了研究企业的盈亏状况，我们分析销售量、成本和利润之间的变化关系，这种研究就称为量本利分析。

盈亏平衡点是企业生产经营活动处于不盈不亏的状态，此时收入恰好等于所花费成本，这时的状态产量亦被称作保本点。

量本利分析法的基本原理如下：

企业生产经营的成本分为固定成本和变动成本两部分。固定成本是指在一定期间、一定范围内，当企业销售量变化时其总额保持不变的成本。但分摊入单位产品成本中的固定成本却是随着产量的变化而变化的，即产量增大，摊入单位产品成本的固定费用减小；产量减少，摊入单位产品成本中的固定费用增加。固定成本与产量的关系如图 3-5 所示。

而变动成本是指随销售量的增加而相应增加的费用或成本，如直接人工费、原材料消耗等。假设单位产品的变动成本是不变的，则变动成本随产量变化而呈正比例变化。产品成本中的原材料费、燃料动力费、计件工资等，均属于变动费用。变动成本与产量的关系如图 3-6 所示。

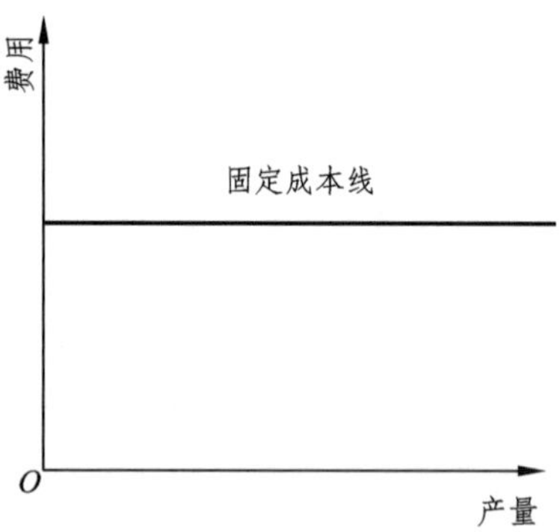

图 3-5　固定成本与产量的关系

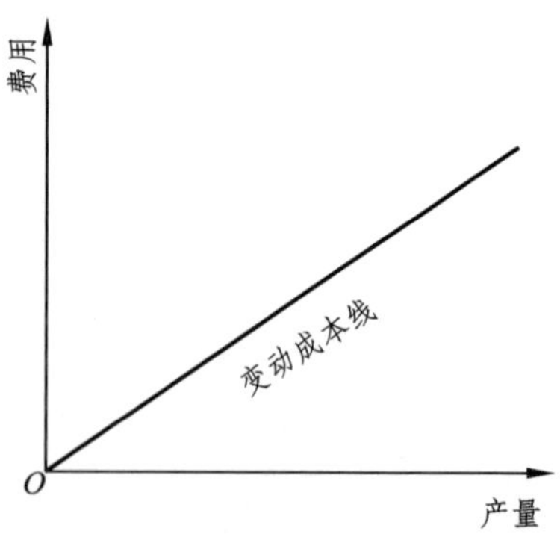

图 3-6　变动成本与产量的关系

假设单位产品的销售价格不变，则产品销售收入与产品销售量呈正比关系。那么，销售收入、固定成本、变动成本、总成本（固定成本与变动成本之和）的关系如图 3-7 所示。

从图 3-7 可以看出，销售收入线和总成本线有一个交点 Q_0，此时销售收入与总成本相等，即此点的利润为零。所以将此点称为盈亏平衡点，或称保本点。

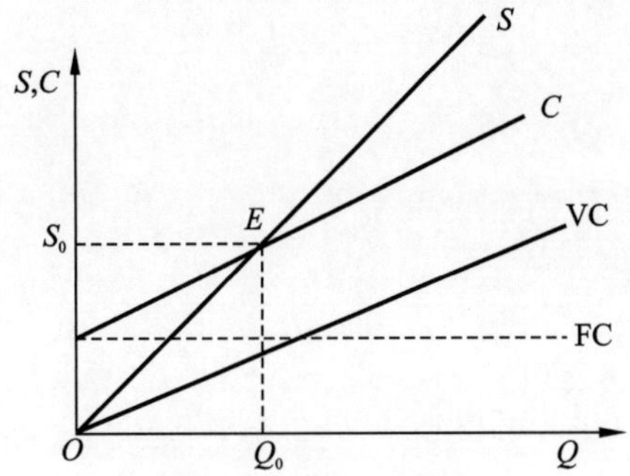

图 3-7　量本利关系

设总成本为 C，固定成本为 FC，变动成本为 VC，单位产品变动成本为 CV，销售量（或产量）为 Q，总收入为 S，单位产品价格为 P，利润为 R。

根据固定成本、变动成本与销售量的关系，有如下公式：

利润 = 总收入 − 总成本

总成本 = 固定成本 + 变动成本

总收入 = 销售量（或产量）× 单位产品价格

变动成本 = 销售量（或产量）× 单位产品变动成本

用符号化公式可表示为：

$$R = S - C$$

$$C = \mathrm{FC} + \mathrm{VC}$$

$$S = QP$$

$$\mathrm{VC} = Q\mathrm{CV}$$

当企业处于不盈不亏状态时，即保本时，利润为零，即 $R = 0$。当利润值等于零（即不盈不亏），即 $R = S - C = 0$。

有 $S = C$，

也即 $QP = \mathrm{FC} + \mathrm{VC} = \mathrm{FC} + Q\mathrm{CV}$，

由此可得 $QP = \mathrm{FC} + Q\mathrm{CV}$。

即 $Q(P - \mathrm{CV}) - \mathrm{FC} = 0$，推导求得盈亏平衡点的销售量 Q_0 为：

$$Q_0 = \frac{\mathrm{FC}}{P - \mathrm{CV}}$$

所以有

$$盈亏平衡点销售量 = \frac{固定成本总额}{单价 - 单位变动成本}$$

因为　　总收入 = 销售量 × 单价

即　　$S = QP$

则盈亏平衡点的销售收入为：

$$S_0 = Q_0P$$

由此可推导出盈亏平衡点的销售收入 S_0 为：

$$S_0=\frac{\mathrm{FC}}{P-\mathrm{CV}}\times P$$

将上式分子分母同时除以 P，可得：

$$S_0=\frac{\mathrm{FC}}{1-\mathrm{CV}/P}$$

所以有结论：当企业销售量< Q_0 时，企业则亏损；当企业销售量> Q_0 时，企业有盈利。

例 1：若出版社明年拟出版某种教材，经成本估算，已知每本的单位变动成本（CV）为 24 元，固定成本总额（FC）为 60 000 元，每本售价（P）为 30 元，通过预测大概明年能售出（Q）80 000 本。试问：

（1）盈亏平衡点的销售量、销售额是多少？

（2）若售出 80 000 本，可获利润为多少？

（3）若希望实现利润 450 000 元，售价应提高到多少？

（4）若利润实现 450 000 元，售价不变，固定成本总额应减少为多少？

（5）若利润实现 450 000 元，其他不变，销售量应为多少？

（6）若利润实现 450 000 元，其他不变，单位变动成本应减少为多少？

解：（1）Q_0 = FC/（P − CV）= 60 000/（30 − 24）= 10 000（本）

S_0 = FC/（1 − CV/P）= 60 000/（1 − 24/30）= 300 000（元）

（2）$R = S - C = PQ -$（FC + CV × Q）= 30 × 80 000 −（60 000 + 24 × 80 000）= 420 000（元）

（3）P =（R + FC + CVQ）/Q =（450 000 + 60 000 + 24 × 80 000）/80 000 = 30.375（元）

（4）FC =（P − CV）Q − R =（30 − 24）× 80 000 − 450 000 = 30 000（元）

（5）Q =（R + FC）/（P − CV）=（450 000 + 60 000）/（30 − 24）= 85 000（本）

（6）CV =（PQ − FC − R）/Q =（30 × 80 000 − 60 000 − 450 000）/80 000 = 23.625（元）

例 2：某企业新建一分厂，拟订了甲、乙两套备选方案，相关数据如表 3-1 所示。通过预测新建的分厂生产规模为 3 100 台，请为该企业选择一个最优方案？

表 3-1　两套方案的成本数据表

项目	年总固定成本/元	年单位产品变动成本/元	单价/元
甲方案	145 000	150	200
乙方案	160 000	120	200

解：将有关数据代入盈亏平衡点计算公式计算盈亏平衡点。

（1）甲方案的盈亏平衡点：

$$Q_{0甲}=\frac{\mathrm{FC1}}{P-\mathrm{CV1}}=\frac{145\ 000}{200-150}=2\ 900（台）$$

（2）乙方案的盈亏平衡点：

$$Q_{0乙}=\frac{\text{FC2}}{P-\text{CV2}}=\frac{160\ 000}{200-120}=2\ 000（台）$$

由此可见，当产量低于 2 000 台时，甲、乙两方案均亏损。当产量大于 2 000 台时，乙方案较好。所以当预期产量为 3 100 台时，选择乙方案。

（2）线性规划。

线性规划是运筹学中研究较早、发展较快、应用广泛、方法较成熟的一个重要分支，它是辅助人们进行科学管理的一种数学方法。它是研究线性约束条件下线性目标函数的极值问题，广泛应用于军事作战、经济分析、交通运输、经营管理和工农业生产等方面，为合理地利用有限的人力、物力、财力等资源作出的最优决策，提供科学的依据。

人们提高经济效果一般通过两种途径：① 技术方面的改进，如改善生产工艺，使用新设备和新型原材料；② 生产组织与计划的改进，即合理安排人力、物力、资源，运用线性规划能达到理想的效果。

线性目标函数在线性约束条件下的最大值或最小值的问题，统称为线性规划问题。决策变量、约束条件、目标函数是线性规划的 3 要素。

线性规划的模型建立一般有以下 3 个步骤：

① 根据影响所要达到目的的因素找到决策变量；

② 由决策变量和所达到目的之间的函数关系确定目标函数；

③ 由决策变量所受的限制条件确定决策变量所要满足的约束条件。

建立的数学模型具有以下特点：

① 每个模型都有若干个决策变量（x_1，x_2，x_3，…，x_n），其中 n 为决策变量个数。决策变量的一组值表示一种方案，同时决策变量一般是非负的。

② 目标函数是决策变量的线性函数，根据具体问题可以是最大化（max）或最小化（min），两者统称为最优化（opt）。

③ 约束条件也是决策变量的线性函数。

数学模型的目标函数为线性函数，当约束条件为线性等式或不等式时，我们称此数学模型为线性规划模型。

线性规划模型如下：

设 $a_{ij},b_i,c_j(i=1,2,\cdots,m;\ j=1,2,\cdots,n)$ 均为常数，$x_j(j=1,2,\cdots,n)$ 为未知量，称

$$\max(\min)Z=c_1x_1+c_2x_2+\cdots+c_nx_n \tag{1}$$

$$\text{s.t.}\begin{cases}a_{11}x_1+a_{12}x_2+\cdots+a_{1n}x_n\leqslant(=,\geqslant)b_1\\a_{21}x_1+a_{22}x_2+\cdots+a_{2n}x_n\leqslant(=,\geqslant)b_2\\\cdots\cdots\\a_{m1}x_1+a_{m2}x_2+\cdots+a_{mn}x_n\leqslant(=,\geqslant)b_m\\x_1,x_2,\cdots,x_n\geqslant 0\end{cases} \tag{2}$$

为线性规划一般模型，其中式（1）为目标函数，式（2）称为约束条件。简记为：

$$\max(\min)Z=\sum_{j=1}^{n}c_jx_j \tag{3}$$

$$\text{s.t.}\begin{cases}\sum_{j=1}^{n}a_{ij}x_j\leqslant(=,\geqslant)b_i\\x_j\geqslant 0\end{cases} \tag{4}$$

例 3：某企业生产桌子和椅子，它们都要经过制造和装配两道工序，有关资料如表 3-2 所示，试问何种形式的产品组合能使企业获利最大？

表 3-2　某企业生产桌子和椅子的有关资料

	桌子	椅子	工序总时间/小时
制造工序时间/小时	1	2	24
装配工序时间/小时	2	1	30
单位产品利润/元	8	6	

这是一个典型的线性规划问题，求解过程可以分为以下 4 个步骤。

第一步，确定影响目标大小的变量。目标是利润（Z），影响利润的变量是桌子的数量 T 和椅子数量 C。

第二步，列出目标函数。

$$\max Z=8T+6C$$

第三步，找出约束条件。在本例中，两种产品在一道工序上的时间不能超过该道工序的可利用总时间，即

制造工序：　$T+2C\leqslant 24$

装配工序：　$2T+C\leqslant 30$

两个非负约束条件：

$$T\geqslant 0$$

$$C\geqslant 0$$

此线性规划问题成为如何选取 T 和 C，使 Z 在上述 4 个约束条件下达到最大值。

第四步，求出最优解——最优产品组合。

我们运用图解的方法求解，在以 T、C 为坐标轴的直角坐标系中，由两个非负约束条件知，$T\geqslant 0$，$C\geqslant 0$ 指的是第一象限，每一个约束条件代表一个半平面。制造工序约束条件 $T+2C\leqslant 24$，代表以直线 $T+2C=24$ 为边界的左下方的半平面。装配工序的约束条件是 $2T+C\leqslant 30$，即直线 $2T+C=30$ 边界的左下方的半平面。所以同时满足 $T+2C\leqslant 24$，$2T+C\leqslant 30$，$T\geqslant 0$，$C\geqslant 0$ 4 个约束条件的点，必落在由 4 个平面交成的区域内，即为阴影部分。阴影区域的每一点（包括边界点）都是这个线性规划问题的解，因此阴影区域的所有点是该线性规划问题的

解的集合，也就是可行域（见图 3-8）。

再分析目标函数 $Z=8T+6C$。在这个坐标平面上，它可表示为以 Z 为参数、$-4/3$ 为斜率的一族平行线：

$$C=-(4/3)T+Z/6$$

位于同一直线上的点，具有相同的函数值，我们可以称为“等值线”，当 Z 由小变大时，直线 $C=-(4/3)T+Z/6$ 沿其法线方法向右上方移动，当移动到阴影区域右上方的凸点时，使 Z 值在可行域边界上达到最大值，这就得到了该规划问题的最优解 Q。求解方程组 $\begin{cases}T+2C=24\\2T+C=30\end{cases}$，得 Q 的坐标为（12，6）。于是计算出 $Z=8T+6C=8\times12+6\times6=132$，即生产 12 张桌子和 6 把椅子时企业的利润最大，最大为 132 元。

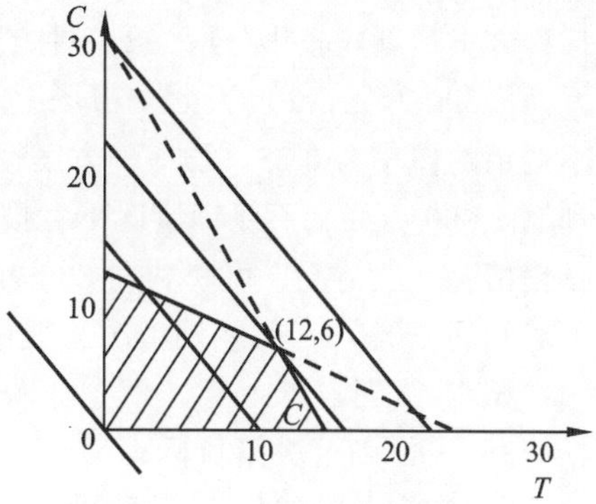

图 3-8　线性规划的图解法

2. 风险型决策分析

风险型决策方法也称概率型决策或随机型决策，是指决策者在对未可能发生的情况无法做出肯定判断的情况下，通过预测各种情况的发生，根据不同概率来进行决策的方法。

决策方案的自然状态有若干种，每种自然状态发生的概率是可以做出客观估计的，方案实施可能会出现几种不同的状态，但每种情况下的后果（即期望值是一种方案的损益值与相应概率的乘积之和）是可以确定的。

风险型决策主要用于远期目标的战略决策或随机因素较多的非程序化决策，如技术改造、新产品研制和投资决策等方面。哪种状态将最终出现，谁也无法事先做出肯定的判断，所以就面临决策的风险性。风险型决策的目的是如何使收益期望值最大，或者损失期望值最小。

风险型决策的方案评价方法有很多，如表格法、决策树法和矩阵决策法等，这里我们主要介绍经常用的决策表法和决策树法两种方法。

（1）决策表法。

决策表法是以决策表为基础进行决策的方法。决策表又称决策损益矩阵。该表包括可行方案、自然状态及其发生的概率，各方案的损益值等数据统一在一个表格中，形成一个决策矩阵，根据决策矩阵求出每一个方案的损益期望值，再减去投资额，经过比较实际损益期望值大小做出决策。

决策表法的步骤如下：

① 确定决策目标；

② 根据经营环境对企业的影响，预测自然状态，并估计其发生的概率；

③ 拟订可行方案；

④ 列出决策收益表，即决策损益矩阵；

⑤ 计算各可行方案的损益期望值，损益期望值 = Σ（每种状态下的损益值 × 该种状态出现概率）；

⑥ 将各方案的损益期望值减去该方案的投资额，得实际损益期望值；

⑦ 比较各方案的实际损益期望值，进而选择最优可行方案。

例 4：某企业为扩大某种产品的生产规模，有 3 种方案，第一种方案是新建较大分厂，第二种方案是新建较小分厂，第三种方案是在原厂实现技术改造。这 3 种方案分别需要投资 2 000 万元，500 万元，200 万元。市场上产品销售概率情况为：畅销概率为 0.25，一般概率为 0.5，不畅销的概率为 0.25。第一种方案畅销情况下可获利润 2 000 万元，畅销情况一般情况下可获利润 1 000 万元，不畅销情况下亏损 400 万元；第二种方案畅销情况下可获利润 1 600 万元，畅销情况一般情况下可获利润 800 万元，不畅销情况下亏损 100 万元；第三种方案畅销情况下可获利润 1 000 万元，畅销情况一般情况下可获利润 400 万元，不畅销情况下可获利润 80 万元。

试求：若投资 10 年，使企业获利最大的方案是哪一种？

解：① 确定决策目标；

② 利润及畅销概率：3 种方案利润在畅销（0.25）、一般（0.5）、不畅销（0.25）下共有 9 种情况；

③ 拟订可行方案：3 种；

④ 列出决策矩阵表（决策损益矩阵）（见表 3-3）。

表 3-3　决策矩阵表　　单元：万元

状态	概率	方案损益值		
		新建较大分厂	新建较小分厂	原厂技术改造
畅销	0.25	2 000	1 600	1 000
一般	0.5	1 000	800	400
不畅销	0.25	−400	−100	80

⑤ 计算损益期望值，计算公式：

期望值 = Σ（每种状态下的损益值×该种状态出现概率）

新建较大分厂方案的损益期望值为：

$$(2\,000\times0.25+1\,000\times0.5-400\times0.25)\times10=9\,000（万元）$$

新建较小分厂方案的损益期望值为：

$$(1\,600\times0.25+800\times0.5-100\times0.25)\times10=7750（万元）$$

原厂技术改造方案的损益期望值为：

$$(1\,000\times0.25+400\times0.5+80\times0.25)\times10=4700（万元）$$

⑥ 最后用损益期望值 – 投资额，得到实际损益期望值。

新建较大分厂：

$$9\,000-2\,000=7\,000（万元）$$

新建较小分厂：

$$7\,750-500=7\,250（万元）$$

原厂技术改造：

$$4\,700-200=4\,500（万元）$$

⑦ 比较各方案的实际损益期望值，所以最优方案是新建较小分厂方案。

（2）决策树法。

决策树法是常用的风险分析决策方法，主要利用概率论的原理，用决策点代表决策问题，把每一决策方案各种状态的相互关系用树形图表示出来，并且注明对应的概率及其损益值，从而选择出最优决策方案，为决策者提供决策依据。根据这种方法的基本要素就可以画出一个树状的图形，因而把这一树状图形称作为决策树。

决策树的构成一般有 5 个要素：① 决策点；② 方案枝；③ 自然状态点；④ 概率枝；⑤ 损益值。决策树法在决策的定量分析中应用广泛，其优点有：① 可以明确地比较各种方案的优劣；② 可以对某一方案的状态一目了然；③ 可以表明每个方案的概率；④ 可以计算出每一方案预期的期望值。

这是一种以树形图来辅助进行各方案期望收益的计算和比较的决策方法。决策树的基本形状如图 3-9 所示。

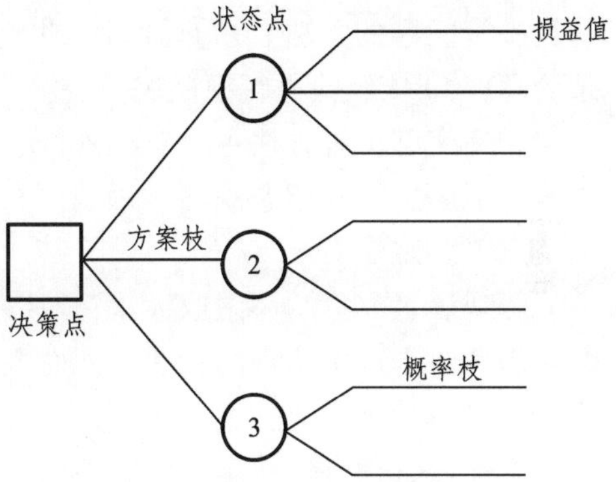

图 3-9　决策树

图 3-9 中，方形节点框表示决策点，由决策点引出的若干条一级树枝叫作方案枝，它表示该项决策中可供选择的几种备选方案，分别以带有编号的圆形节点①、②等来表示；由各圆形结点进一步向右引出的枝条称为方案的概率枝，每一状态出现的概率可标在每条直线的上方，直线的右端可标出该状态下方案执行所带来的损益值。

决策树法的工作步骤为：

① 根据决策备选方案的数目和对未来环境状态的了解，从左到右绘出决策树图形。

② 计算各个方案的期望收益值。首先是计算各方案各概率枝的损益值，然后将各概率枝的损益值乘上该损益值出现的概率并累加，求出每个方案的期望收益值（可将该数值标记在相应方案的圆形结点上方）。

③ 将每个方案的期望收益值减去该方案实施所需要的投资额（该数额可标记在相应的方案枝的下方），比较余值后就可以选出经济效果最佳的方案。

例 5：某公司准备生产某种新产品，可选择两个方案 A、B。A 是引进一条生产线，需投资 500 万元，建成后如果销路好，每年可获利 150 万元，如果销路差，每年要亏损 30 万元；B 是对原有设备进行技术改造，需投资 300 万元，如果销路好，每年可获利 60 万元，如果销路差，每年可获利 30 万元。两方案的使用期限均为 10 年，根据市场预测，产品销路好的概率为 0.6，销路差的概率为 0.4。思考应如何进行决策。

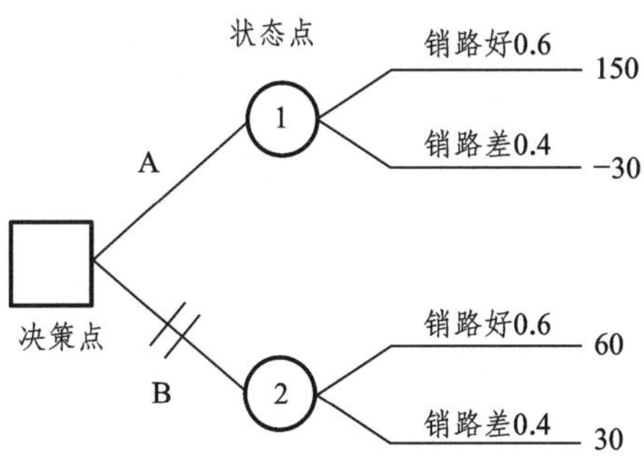

图 3-10　决策图

解：① 绘制决策图（见图 3-10）。

② 计算期望收益值。

方案 A：$(150\times0.6-30\times0.4)\times10-500=280$（万元）

方案 B：$(60\times0.6+30\times0.4)\times10-300=180$（万元）

③ 根据期望值选择方案。

则 A 方案预期的净收益为 280 万元；B 方案预期的净收益为 180 万元。比较两者，可看出应选择 A 方案。在决策树图中，未被选中的方案用“//”号表示“剪断”。所以决策者应选择 A 方案，即引进一条生产线。

3. 非确定型决策方法

非确定型决策又称非标准决策或非结构化决策，是指方案实施可能会出现的自然状态或者所带来的后果不能做出预计的决策。决策者在对决策问题不能确定的情况下，通过对决策问题变化的各种因素的分析，估计其中可能发生的自然状态，并计算各个方案在各种自然状态下的损益值，然后按照一定的原则进行选择。与风险型决策相比，非确定型决策所面临的不确定性通常更大。非确定型决策凭靠决策者的学识、智慧、胆略甚至运气来做决定。处理这类决策问题的办法有：① 通过一些科学方法来补充信息，将不确定性问题变为风险型问题来处理；② 依经验进行模糊决策。

非确定型决策方法主要有悲观法、乐观法、折中法、最小后悔值法、等可能性法、冒险法等。下面主要介绍悲观法、乐观法、折中法、最小后悔值法。

（1）悲观法。

悲观法，亦称“小中取大法”“坏中求好法”、保守法、瓦尔德决策准则。采用这种方法的管理者对未来持悲观的看法，面对两种或两种以上的可行方案，每一种方案都对应着几种不同的自然状态，每一种方案在每一种自然状态下的收益值或损失值各不相同。决策者将每一种方案在各种自然状态下的收益值中的最小值选出，然后比较各种方案在不同的自然状态下可能取得的最小收益，从各个最小收益中选出最大者，那么这个最小收益当中的最大者所对应的方案就是采用悲观决策法所要选择的方案。即选择在最差自然状态下仍能带来“最大收益”（或最小损失）采用悲观决策准则，通常要放弃最大利益。但决策者是从每一方案最差处着眼的，因此风险相对较小。

仍以决策表法中的例题为例（见表 3-4），试确定最好的决策方案？

表 3-4　决策矩阵表　　单位：万元

状态	方案损益值		
	新建较大分厂（A）	新建较小分厂（B）	原厂技术改造（C）
畅销	2 000	1 600	1 000
一般	1 000	800	400
不畅销	−400	−100	80

解：首先，从每个方案中选出一个最小的损益值 min，即

$$\min A\{2\,000，1\,000，-400\}=-400（万元）$$

$$\min B\{1\,600，800，-100\}=-100（万元）$$

$$\min C\{1\,000，400，80\}=80（万元）$$

然后，从各方案最小损益值中找出一个最大值 max，即

$$\max\{\min A, \min B, \min C\} = \max\{-400, -100, 80\} = 80\text{（万元）}$$

最大的最小损益值是 80 万元，对应方案是“原厂技术改造”。

（2）乐观法。

乐观法，亦称“大中取大”或“好中求好”决策方法。这种准则的决策者持乐观原则，对方案的比较和选择倾向选取那个在最好状态下能带来最大效果的方案。先从备选方案中选取最大损益值，再从这些最大的损益值中选取一个最大值，最后将该最大值相对应的方案作为决策实施方案。

例如，在前例中，用乐观法对决策方案做出的选择是：

首先，从每个方案中选出一个最大的损益值 max，即

$$\max A\{2\,000, 1\,000, -400\} = 2\,000\text{（万元）}$$

$$\max B\{1\,600, 800, -100\} = 1\,600\text{（万元）}$$

$$\max C\{1\,000, 400, 80\} = 1\,000\text{（万元）}$$

然后，从各方案最大损益值中找出一个最大值 max，即

$$\max\{\max A, \max B, \max C\} = \max\{2\,000, 1\,600, 1\,000\} = 2\,000\text{（万元）}$$

最大的最大损益值是 2 000 万元，对应方案是“新建较大分厂”。

（3） 折中准则。

持折中观的决策者认为要在乐观与悲观两种极端中求得平衡，既不悲观也不乐观，认为最好和最差的自然状态均有出现的可能。决策者根据自己的经验，给最好的自然状态定一个乐观系数（α），给最差的自然状态定一个悲观系数（β），使两者之和等于 1。然后，将各方案在最好自然状态下的收益值和乐观系数相乘所得的积，与各方案在最差自然状态下的收益值和悲观系数的乘积相加，由此求得各方案的期望收益值。最后比较期望收益值，从中选出最大期望收益值对应的方案。

例如，在前例中，如果设定乐观系数 α 为 0.6，则 β 为 0.4，用折中法对决策方案做出的选择是：

首先，计算每个方案的折中期望值，即

$$EMVA = 2\,000\times0.6 + (-400)\times0.4 = 1\,040\text{（万元）}$$

$$EMVB = 1\,600\times0.6 + (-100)\times0.4 = 920\text{（万元）}$$

$$EMVC = 1\,000\times0.6 + 80\times0.4 = 632\text{（万元）}$$

然后，从各方案折中期望值中找出一个最大值 max，即

$$\max\{EMVA, EMVB, EMVC\} = \max\{1\,040, 920, 920\} = 1\,040\text{（万元）}$$

最大折中期望值是 1 040 万元，对应方案是“新建较大分厂”。

（4）最小后悔值法。

最小后悔值法，又称萨凡奇决策准则，即力求使每一种方案选择可能出现的最大后悔值

尽可能小的决策方法。在决策时，首先计算各方案在各自然状态下的后悔值（“某方案在某自然状态下的后悔值”=“该自然状态下的最大收益值”-“该方案在该自然状态下的收益值”），再找出各方案的最大后悔值，最后进行比较，选择最大后悔值最小的方案。

例如：在前例中，先确定各方案在各种状态下的最大损益值，再确定各种方案在各种状态下的后悔值，列出后悔值矩阵，如表 3-5 所示。

新建较大分厂最大后悔值是 480 万元，建较小分厂最大后悔值是 400 万元，原厂技术改造最大后悔值是 1 000 万元，然后在这些最大后悔值选择其中最小值 400 万元对应的“建较小分厂”作为决策要选择的方案。

表 3-5　后悔值矩阵　　单位：万元

状态	方案损益值		
	新建较大分厂（A）	新建较小分厂（B）	原厂技术改造（C）
畅销	0	400	1 000
一般	0	200	600
不畅销	480	180	0
最大后悔值	480	400	1 000

［项目小结］

决策是管理的核心内容，贯穿于管理工作过程的始终。本项目首先介绍了决策的概念、特点及类型；接着阐述了决策的原则、决策程序及决策的影响因素，重点讲解了定性与定量决策方法。学习本项目后，能加深学生对决策有关知识的理解，初步培养学生的决策能力。

［同步测试］

一、单选题

1. 对于一个完整的决策过程来说，第一步是（　　）。

A. 确定目标　　B. 拟订可行方案

C. 发现问题　　D. 组织有关人员

2. 在决策过程中，根据决策目标的要求寻找实现目标的途径是（　　）。

A. 发现问题　　B. 实施决策

C. 选择方案　　D. 设计方案

3. 决策树决策法是（　　）。

A. 期望值决策法的一种形式　　B. 主观决策的一种方法

C. 线性规划法的一种形式　　D. 定性决策的一种方法

4. 非理性决策具有以下哪个特征？（　　）

A. 知识完备　　B. 信息有限

C. 价值观一致　　D. 优中选优

5. 确定达到组织目标所采取的程序、途径、手段和措施的决策是（　　）。

A. 非常规决策　　B. 常规决策

C. 管理决策　　D. 战略决策

二、填空题

1.（　　）是指为实现一定的目标，制定行动方案，运用科学的方法和手段，从若干个备选方案中选择合理化方案的过程。

2.（　　）是指关系到组织生存发展的全局性、长远性的决策。

3.（　　）主要是依靠专家智慧、知识、经验、能力等进行直觉判断。

4.（　　）是产量—成本—利润分析法的简称，它依据与决策方案相关的产品产（销）量、成本与盈利之间的相互关系，来分析决策方案对企业经营盈亏所产生的影响，从而做出评价和选择方案的一种决策方法。

5. 如果决策的自然状态是不完全确定的，但是发生的各种自然状态的概率是已知的，那么这种决策称为（　　）。

三、判断题

1. 决策是一个“决策—实施—再决策—再实施”连续不断的循环过程，贯穿于计划、组织、领导和控制各项职能活动之中。（　　）

2. 单目标决策的特点：① 单目标决策直接明确，相对简单；② 决策准则也相对较为简单。（　　）

3. 宏观环境是指与企业经营活动直接发生关系的组织与行为者的力量和因素。（　　）

4. 风险型决策方法也叫概率型决策或随机型决策，是指决策者在对未可能发生的情况无法做出肯定判断的情况下，通过预测各种情况发生，根据不同概率来进行决策的方法。（　　）

5. 问题就是应有现象和实际现象之间所存在的差距。（　　）

四、简答题

1. 何谓决策？决策有哪几种类型？

2. 决策的程序包括哪几个阶段的工作？

3. 简述决策的影响因素。

4. 有哪些定性决策方法？各有什么特点？

五、案例分析

SR 工业公司是我国纺织品生产和出口的重要基地，20 世纪 80 年代初，它遇到了危机，产品滞销，市场份额下降，国际市场不景气。为了应对危机，公司的决策层讨论并制定了从 1982 年起的五年规划，提出了开发仿真纯棉印花布等 10 个新产品、改造涤棉纬长丝提花织物等 10 个老产品的初步方案。SR 认为本公司的设想可能有局限性，为了保证产品方案的正确，决定广泛征求公司外部各类专家的意见。SR 根据征询内容提出了一些具体问题：“您认为在所限定的产品中，为了满足国内市场需求，应开发哪些新产品？”“哪些老产品可能有发展前途？”“为了适应国际市场的需要，应开发何种新产品，改造哪些老产品？”“您是否能谈谈具体的理由？”

公司向15个省市的国家机关、科研部门、高校和企业的近200名专家发了意见征询表格。3周后，收到91封反馈的信件。于是，他们将这91名专家作为征询对象。

第一轮反馈已经完成，即向200位专家寄送意见征询表格，回收率为45%。公司从中归纳出意见比较集中的适合外销的新、老产品共17种，适于内销的新、老产品共16种。

第二轮反馈：召集在沪的专家座谈，与会专家42位（包括第一轮中的专家24位）。专家们充分地各抒己见，提出的产品品种竟达800多种，并且都出示了足够的论据。最后，进行了无记名投票表决。超过50%得票率的产品，外销的有11种，内销的有12种。

第三轮反馈：公司将以上信息汇总后，以第一轮反馈中的91名专家和公司内部18名专家为第三轮咨询对象，向专家们同时发出问卷：问题一，对外销的11种产品和内销的12种产品进行论证；问题二，对第二轮中所提出的800多种产品进行表决。3周后，公司陆续收到回信。评价结果是：对问题一，意见一致的，外销产品有9种，内销产品有10种，其中外销和内销的有8种产品相同。这表明，公司原先设想的20种产品，只有10种与专家的意见一致。对问题二，意见较集中的，外销产品有108种，内销产品有94种，这为公司今后发展产品开阔了视野，提供了信息。

公司在获得上述资料后，组织了专门班子，在进行了更深层次的调查后，做出了1982—1987年的五年规划。1987年，SR的总产值在国内纺织品行业位居前茅；在国外市场上，公司的产品销往美国、英国等几十个国家和地区，企业效益大幅度提高。

思考：

1. SR所运用的预测、决策方法有哪些？
2. 这种方法的特点有哪些？
3. SR对这种方法的应用有哪些成功和不足之处？

［项目训练］

一、实训目的

1. 运用定量方法进行决策，培养学生决策分析能力；
2. 加深对决策有关方法内容的理解。

二、任务内容及要求

某厂设备技术已落后，需要马上更新。厂内有人认为，目前销路增长，应在更新设备的同时扩大生产规模。也有人认为，市场形势尚难判断，不如先更新设备，3年后再根据市场行情决定是否扩大生产规模。所以该厂的决策有两个方案。决策分析以下列资料为依据：

1. 现在更新设备的同时扩大生产规模，总共需投资60万元。若销售情况好，前3年每年可获利12万元，后7年每年可获利15万元；若销售情况不好，每年只能获得3万元。

2. 如果只更新设备，则需投资35万元，今后销售情况好，每个可获利6万元，销售情况不好，每年仍可获利4.5万元；如果3年后企业决定在更新设备的基础上继续扩大生产规模，则需追加投资40万元，这时如销路好，后7年每年可获利15万元，如销路不好，每年仅获利3万元。

3. 市场行情在前3年和后7年各种自然状态的预测概率如表3-6所示。

表 3-6　预测概率

前 3 年		后 7 年	
销售情况	概率	销售情况	概率
好	0.7	好	0.85
		不好	0.15
不好	0.3	好	0.10
		不好	0.90

如果你是一名决策人员，如何进行两种方案的决策？

三、实训考核

1. 先进行问题分析，画出决策树。

2. 写出分析过程及详细的计算步骤。

3. 学生需填写实训报告。其内容包括：实训项目；实训目的；实训的任务内容及要求；实训过程；实训总结；实训评语（由教师填写）等。

资料来源：周三多，陈传明，等. 管理学原理[M]. 南京：南京大学出版社，2006：113.

项目 4　计　划

学习目标

1. 掌握计划的含义。
2. 了解计划的类型与作用。
3. 了解预测在计划工作中的地位。
4. 掌握编制计划的方法。
5. 理解掌握目标与目标管理的含义。
6. 理解目标管理的基本过程。

4.1　计划概述

［任务导入 4–1］

菲利普·莫里斯公司的经营战略

在 20 世纪 50 年代，当医生们把香烟与癌联系在一起时，烟草公司就立即认识到，如果它们想正常地生存下去，就必须采用新的战略。消费者和广告限制构成的威胁对企业的影响十分强大，因而不能忽视。于是绝大多数著名的烟草制造商就开始寻求进行多种经营，以及进入新的市场领域的方法。

菲利普·莫里斯公司是当时规模最大、获利最丰的烟草公司之一，它的主要产品——万宝路牌香烟风靡世界。它的强大财力，足以让它购买其他企业。

1959 年，菲利普·莫里斯公司用 1.3 亿美元收购了米勒啤酒公司。米勒公司的经历是开发市场最为成功的例子之一。先前，啤酒行业都采用保守和陈旧的方法来开发市场，菲利普·莫里斯公司采用了与之不同的新方法，并附之以庞大的市场开发预算。它对原先米勒公司的产品结构进行了改造，淘汰了老式产品，而主要生产低度的高级啤酒和高度的低级啤酒，并加强了广告宣传。结果，米勒啤酒获得了巨大的成功，在美国的销售量仅次于巴德维塞牌啤酒。接着，以米勒啤酒为基础，又生产出迎合各种顾客需要的莱特牌啤酒，这样就使菲利普公司的销售量和利润都大幅上升。

1978 年，菲利普公司又购买了七喜饮料公司，并把原来含咖啡因的饮料改为无咖啡因饮料，随后又发展了一种无咖啡因的可乐饮料，并在广告上大量宣传这两种饮料，使其销售量飞速上升。

菲利普公司在最近又购买了国际第四烟叶公司——罗思曼斯，致使菲利普公司成为全方位的国际公司，使它不但能保持原产品线和市场，而且把万宝路香烟推向了国际市场。

资料来源：文大强，陈荣中. 企业管理原理[M]. 上海：复旦大学出版社，2005：113-114.

任务分析：

1. 计划的内涵。
2. 计划在企业经营战略中的作用。

4.1.1 计划的概念

计划是人们的主观对客观的认知过程，是管理的首要职能。任何一个组织的存在都有一定的目标，系列计划的制订和执行是目标实现的可靠保证。

管理学家罗宾斯认为：计划包括定义组织的目标，制定全局战略以实现这些目标，开发一个全面的分层计划体系以综合和协调各种活动。

计划是对未来行动的规划，是为实现组织目标而对未来行动所做的综合统筹安排，是未来组织活动的指导性文件。计划一般有广义和狭义之分。从广义上来说，指制订计划、执行计划和检查计划执行情况的工作过程。从狭义上来说，指制订计划，即根据实际情况，通过科学地预测、权衡客观需要和主观的可能，提出在未来一定时期内要达到的目标及实现目标的途径。

4.1.2 计划的类型

计划可按不同的标准进行分类。主要分类标准有：计划的广度、时间界限、执行者的约束力和内容的表现形式等。依据这些分类标准进行划分的各类计划也不是相互独立的，而是有密切的联系。比如，有的长期计划也是战略计划，作业计划有时也是短期计划等。组织在制订功能计划时应该统筹考虑，全面安排，有效地利用功能计划，以实现组织的总体目标。

1. 按计划的广度分类

计划可以分为战略性计划和作业性计划。战略性计划是由高层管理者制订的应用于整个组织，为组织设立总体目标以寻求组织在环境中地位的计划。它描述了组织在较长时期的发展方向和方针，规定了组织的各个部门从事活动应达到的目标和要求，绘制了组织长期发展的蓝图。

战略性计划是由高层管理者制定的，其作用是决定或变动一个组织的基本目标以及基本政策。战略性计划的特点为长期性、复杂性、风险性，趋向包含持久的时间间隔，通常为 5 年以上，针对的领域较宽，不规定具体的细节。战略计划一般有较大的弹性，对作业计划具有指导作用。

作业性计划是由基层管理者制订的，规定总体目标如何实现的细节计划。作业性计划假定目标已经存在，确定计划期间的预算、利润、销售量、产量等较为具体的目标，确定工作流程，分派任务和资源，确定权力和责任，提供实现目标的方法等。

两者的区别可以通过表 4-1 来反映①。

① 杨强. 管理学基础[M]. 北京：中国人民大学出版社，2010.

表 4-1　战略性计划和作业性计划比较

类型	战略性计划	作业性计划
制订者	高层管理者	基层管理者
应用广度	整个组织，为组织设立总体目标以寻求组织在环境中的地位	规定总体目标如何实现
时间广度	包含持久的时间间隔，通常为 5 年甚至更长	覆盖较短的时间间隔，如月计划、周计划、日计划等
任务	设立目标	假定目标已存在，提供实现目标的方法
特点	长远性、全局性、稳定性	个体性、可重复性、较大的刚性

2. 按计划的时间期限分类

按计划的时间期限，计划可以分为长期计划、中期计划和短期计划。长期计划描述了组织在较长时期（一般 5 年以上）的发展方向和方针，规定了组织的各个部门从事某种活动应达到的目标和要求，绘制了组织发展的蓝图。长期计划有时也称远景规划，指出组织长远目标和发展方向是什么，以及怎样去实现长远目标，具有战略性、纲领性、指导性和综合性等特点。

中期计划是指 1 年以上、5 年以下的计划。中期计划是对长期计划的具体化，又为短期计划指明了方向，规定了各部门在短期时间内应达到的要求，为组织成员在近期内的活动提供依据。

短期计划是指 1 年或 1 年以下的计划。短期计划是长期计划和中期计划的详细具体落实，详细具体，最接近于实施的行动计划，是为实现组织的短期目标服务的。短期计划指出组织应该从事何种活动，从事该种活动应达到何种要求，为各组织成员在近期内的行动提供了依据。

在实际管理实践活动中，短期计划、中期计划、长期计划有机地衔接成一个整体，长期计划对中期、短期计划有指导作用，而中期、短期计划的实施有助于长期计划的实现。长期计划影响组织的能力，中、短期计划影响组织活动的效率以及生存能力。

3. 按计划执行者的约束力分类

按计划执行者的约束力，计划可以分为指令性计划和指导性计划。

指令性计划是社会主义国家各级计划机关从全局利益出发，向国有企业直接下达的具有约束力的计划。通常是关系到国计民生的全局性的问题。指令性计划一经下达，各级计划执行单位必须遵照执行，而且要尽一切努力完成计划。

指导性计划是由上级主管部门下达的，只具有参考作用的计划。执行单位可根据自己的实际情况，决定是否按指导性计划工作。指导性计划只规定一些重大方针，指出重点但不局限于具体目标和行动方案。

指令性计划旨在保证国家重点建设任务的完成和满足人民群众基本物质文化生活的需要。在计划经济体制下运用较广，在建立社会主义的市场经济体制过程中，指令性计划的作用和范围逐步缩小，而指导性计划不具有强制性和约束力，企业可根据市场情况和自身条件进行合理的调整和修改。

4. 按计划内容的表现形式分类

哈罗德·孔茨和海因·韦里克从抽象到具体，把计划划分为：目的或使命、目标、战略、政策、程序、规则、方案以及预算。

（1）目的或使命。

目的或使命指组织在社会经济发展中所处的地位、应担当的角色和责任，为组织确立基本指导思想、原则、方向、经营哲学等，它们决定组织的性质，是组织的标志。企业在制定战略之前，必须首先确定企业的使命。企业使命是企业生产经营的哲学定位、形象定位，目的是生产和分配商品、服务。这是企业的根本性质和存在的理由，为企业目标的确立与战略的制定提供依据。

（2）目标。

组织的使命最终要具体化为组织的目标和各部门的目标。目标是指企业或组织所指向的终点。组织目标完成使命和组织宗旨的载体，是组织争取达到的一种未来状态。组织的目标和各部门的目标是围绕组织的使命所制定的，是开展各项组织活动的依据和动力。企业目标就是实现其使命所要达到的预期成果，是企业发展的方向，激励企业员工的精神动力。只有确立明确的目标，并运用激励手段激励所属成员高效实现组织目标，组织的使命才能完成。

（3）战略。

战略是为了实现组织总目标而采取具有统领性的、全局性的、左右胜败的谋略、方案和对策，战略具有重要的地位和作用。企业战略设立远景目标并对实现目标的轨迹进行的总体性、指导性谋划。企业根据内外部环境的变化，以及自身的实力选择适合的经营领域和产品，从而形成自己的核心竞争力。

（4）政策。

政策是指导或沟通决策思想的全面的陈述书或理解书。政策主要在于企业目标的陈述，它是制订详细行动计划的依据，企业政策由各阶层经理人员执行并推动。它是组织内人员采取行动或决策所遵循的准则，事先针对某些问题、人员所设定。企业政策是计划的前提，为执行计划提供基本方向。政策能帮助事先决定问题处理方法，可以大量节省管理者的时间与精力，减少对某些例行处理的成本，并且能与其他计划相统一，可保持重复行动及决策的一贯性，通过政策表明企业的态度及立场，可以促进沟通与协调。企业政策影响企业经营的每一项活动，依其职能划分，企业政策一般包括：产品政策、生产政策、财务政策、人事与公共关系政策等。

（5）程序。

程序规定了一个具体问题应该按照怎样的时间顺序来进行处理，是制定处理未来活动的一种必需方法的计划。在实践工作中，程序往往表现为组织的政策。例如，某企业的订单程序：客服和客户达成交易后对订单进行备注；仓库发货员处理订单；抄写发货单；仓库发货，留下发货单；仓库将发货单汇总，产品出库；仓库将发货单汇总文件作为请购单的基础。由此可见，组织的程序往往表现为企业的政策。组织中，财务部门、生产部门等都有自己的程序，它们都详细列出完成某类组织活动的方式，并按时间序列对必要的活动进行安排。

（6）规则。

《孟子·离娄上》："不以规矩，不能成方圆。"原意是说如果不用规和矩，就无法制作出方形和圆形的物品，后来引申为行为举止的规则。规则是指由群体成员共同制定通过的，由群体内的所有成员遵守的条例和章程。它详细、明确地阐明了行动的方向。规则可以是由书面形式规定的成文条例，是最简单形式的计划。规则是要求全体成员共同遵守的，并为所有成员所接受的、能做到的标准。例如某企业规则由前言、员工关系、出勤、行为举止、事假、培训、奖罚细则等组成。其中“员工关系”规则，要求员工不论在任何场所，必须保持井然有序，仪表端庄，举止得体，严禁大声喧哗、嬉戏，就餐要守秩序等。

在运用规则时，执行人员没有自行处理之权，而是应按照具体的章程办事。

在企业管理中，规则又往往表现为程序和制度，管理文件通常都以程序和制度的形式出现。

（7）方案。

方案是进行工作的具体计划或对某一问题制定的规划，是计划中内容最为复杂的一种。它是一个综合的计划，包括指导思想、目标、政策措施、工作重点、程序、规则、任务分配、具体要求以及为完成既定行动方针所需要的其他因素等。需要说明的是，企业方案的制定往往需要有计划来支持。企业方案有企业策划方案、企业问题解决方案、企业投资方案、企业融资方案等。

（8）预算。

预算是一份用数字表示预期结果的报表。企业预算的主要作用表现在控制成本、产品报价、管理财务等方面，通常是为规划服务。

一般地，我们可以将计划看作是一个由上至下的层次结构体系，如图 4-1 所示①。

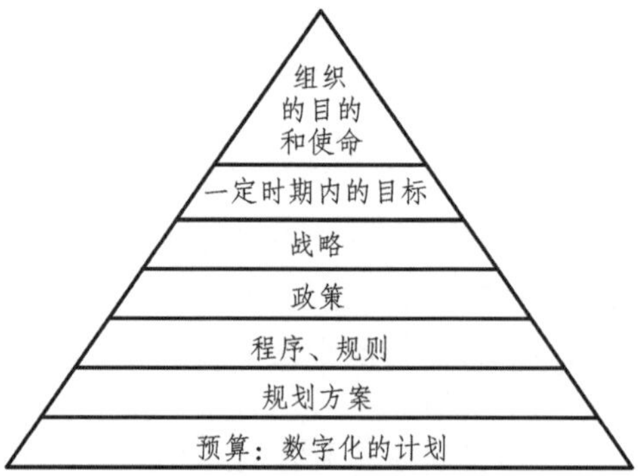

图 4-1　各类计划的等级层次

4.1.3　计划的作用

任何计划都是尺度、准则、灯塔、路标，计划是管理过程的中心环节，在管理活动中具有重要的作用。

人们面对组织环境的不断变化，常常觉得“计划是否能赶上变化”。不言而喻，瞬息万变的社会没有计划更是不行的。只有科学地制订计划，才能使组织得以生存和发展。

为什么组织的任何管理活动都需要计划？这是因为计划在管理活动中有至关重要的作用。

1. 计划是组织协调的前提

如何面对组织复杂多变、充满不确定因素的环境？如何合理地进行组织越来越精细的分工？如何确定下级的权力和责任？如何让各个环节和部门的活动都能在时间、空间和数量上相互衔接协调？就都要求管理活动有一个详细而周密的计划。管理中的组织、协调、控制等活动如果没有计划是不可想象的，组织的协调发展计划起到非常重要的作用，可以说计划是组织协调的前提。

2. 计划是管理者指挥的依据

计划为管理工作提供了基础，是管理者行动的依据。计划的编制将组织的目标活动在时间和空间上进行详细的分解，管理者根据计划来组织人员，分配任务，协调组织的各项活动，促使组织中全体人员的活动方向趋于一致，使组织的各项工作得到落实，以保证组织目标的实现。

① 蒋运通，傅太平. 管理学[M]. 北京：北京工业大学出版社，2005.

3. 计划是降低风险的手段

组织未来的环境情况是不断变化的，充分利用计划的前瞻性对将来的变化进行预测，能使组织较早地预见未来的变化，权衡机会利益与风险损失，拟订可供选择的方案，并根据目标和事实做出决策，从而及时采取措施，设法消除变化对组织造成不良影响，增强预见性，提高应变能力，从而降低乃至消除不确定性，把风险降低到最低限度。

4. 减少浪费，提高效益

计划通过科学的方法预测组织的未来，能减少不确定性，能够避免在活动中轻率判断所造成的损失。计划使组织的有限资源得到更合理的配置，从而能使组织的各项资源得以充分利用，以最低的费用或最高的效率，实现预定目标。正是由于计划，组织部门、成员间进行有效的合作与协调，从而提高工作效率，提高企业的效益。

5. 提供控制标准

组织在决策实施中的活动情况与目标要求不一定完全相符，可能出现偏差。计划是管理者制定控制标准的依据，指导组织成员围绕组织总目标去实现各自的分目标。

如果没有计划作为标准，就无法开展控制工作。正是有了控制标准才能衡量实际实施的效果，发现偏差，采取必要的校正活动，通过纠正脱离计划的偏差，使组织活动不脱离管理者所期望的发展方向，最终使组织目标得以实现。

4.1.4 计划与决策的关系

计划与决策是何关系？两者的内涵有何区别，管理研究中对这一问题有着不同的认识。

法约尔认为计划是管理的一个基本部分，包括预测未来并在此基础上对未来的行动予以安排；西斯克认为，“计划工作在管理职能中处于首位”，是“评价有关信息资料、预测未来的可能发展、拟订行动方案的建议说明”过程，决策是这个过程中的一项活动，是在“两个或两个以上的可择方案中做一个选择”；而西蒙认为，管理就是决策，决策是包括情报活动、设计活动、抉择活动和审查活动等一系列活动的过程，决策才是管理的核心，贯穿于管理活动的整个过程，决策包括计划，甚至就是管理本身。

其实决策与计划既相互区别，又相互联系。一方面，从相互区别的角度来看，因为这两项工作需要解决的问题不同。决策是关于组织活动方向、内容以及方式的选择。而计划则是对组织内部不同部门和不同成员在一定时期内行动任务的具体安排。另一方面，从相互联系的角度来看，决策是计划的前提，计划是决策的逻辑延续，决策是计划的前提，计划则为决策所选择的目标活动的实施提供了组织保证。在实际管理实践中，决策与计划是相互渗透的，有时甚至是不可分割地交织在一起。

4.2 计划的任务和内容

[任务导入 4-2]

公司年度经营目标计划书

为认真贯彻落实市、区安全生产培训工作要求，进一步加强安全生产教育培训工作，增强安全管理人员的整体业务素质，提高从业人员安全生产法制意识、责任意识和防范意识，为预防和减少各类生产安全事故，促进安全生产形势的稳定，特制订安全生产培训计划。

一、指导思想

全面落实以人为本的，坚持安全发展、和谐发展，切实贯彻“安全第一、预防为主、综合治理”的安全生产工作方针。2024 年培训的总体目标是：通过培训，力争实现两个“明显提高”，即安全生产管理水平明显提高；干部职工的安全生产知识和自我防护能力明显提高。

二、培训内容

今年的培训内容主要包括 3 个方面：

第一个方面是安全生产法律法规的基本知识，主要有《中华人民共和国安全生产法》《中华人民共和国消防法》《危险化学品安全管理条例》《中华人民共和国交通安全法》《中华人民共和国工会法》《安全生产违法行为行政处罚办法》等法律法规。

第二个方面是统一编写的《职工安全生产知识》，重点掌握安全生产基本常识、安全生产的操作规程、从业人员的权利和义务、事故案例分析、工作环境及危险因素分析、危险源和隐患辨识、个人防险避灾和自救方法、事故现场紧急疏散和应急处理、防护设施和个人防护用品的使用及维修、职业病防治等。

第三个方面是船员必须掌握的安全生产知识和技能。

三、培训时间安排

1—3 月对所有船员进行安全知识培训，具体工作由各船长组织实施。

4—6 月对船长、轮机长人员进行培训，具体工作由公司船务科、机务科组织实施。

四、培训要求

（1）提高认识，精心组织。对教育培训工作要高度重视，要通过培训解决安全认识不到位、安全管理不科学、安全规章不落实等突出问题，从思想上构筑起安全生产的防线。

（2）明确重点，严格监管。要紧紧围绕安全生产攻坚年的具体要求，根据各船舶的具体情况，切实抓好安全隐患的排查和治理，从源头上有效防范，确保安全生产工作上新台阶。

（3）科学规划，狠抓落实。各船舶要根据公司的安排部署，确定专人负责，集中组织，统筹安排，确保培训工作的全面落实，为 2024 年开创公司工作新局面奠定扎实基础。

任务分析：

1. 分析计划的任务和内容。
2. 怎样做好安全生产培训计划？

4.2.1 计划的任务

组织要想“运筹帷幄之中，决胜千里之外”，必须要先制订计划，从而有效地实现组织目标。面对瞬息万变的社会，只有科学地制订计划，才能使组织得以生存和发展。

计划的任务，就是根据社会的需要以及组织的自身能力，确定出组织在一定时期内的奋斗目标；通过计划的编制、执行和检查，协调和合理安排组织中各方面的经营管理活动，有效地利用组织的人力、财力和物力等资源，取得最佳的经济效益和社会效益。可见，计划的任务是计划功能的宗旨。

4.2.2 计划的内容

西方管理学常用 5W 和 1H 来表示计划的内容，它们是：做什么（What to do it）？为什么做（Why to do it）？何时做（When to do it）？何地做（Where to do it）？谁去做（Who to do it）？怎么做（How to do it）？简称“5W1H”。

这 6 个方面的具体含义如下：

What（What to do it）——做什么？这是指要明确计划工作的要求和内容，明确每一个阶段的中心任务和工作重点。例如，某企业的营业计划，首先要做好产品的营业额及增长预测，新客户/市场的开发，顾客满意度调查工作，确定产品成本目标等。

Why（Why to do it）——为什么做？主要明确计划工作的宗旨、目标和战略，并论证其可行性。只有对组织和企业的宗旨、目标和战略了解得清楚、深刻，才能在计划工作中发挥主动性和创造性。

When（When to do it）——何时做？这是要规定计划中各项工作的开始和完成的进度，明确计划工作的执行时间，以便进行有效的控制和对能力及资源进行平衡。

Where（Where to do it）——何地做？这是要规定计划的实施地点，了解计划实施的环境条件，以便合理安排计划实施的空间和布局。

Who（Who to do it）——谁去做？这是要求计划的具体实施由哪个主管部门负责，把责任落实下去，做到分工明确。

How（How to do it）——怎么做？规定实施计划的手段及措施，以及相应的政策和规则，对人力、物力、财力、信息等资源进行有效的合理分配等，以确保计划的顺利实施。

计划制订者在制订计划时，应该从以上 6 个方面来全盘考虑，以保证计划切实可行。

4.3 预　测

［任务导入 4–3］

基于 BP 神经网络的塔里木河月流量预报研究

1　引　言

塔里木河流域生态的恢复及水资源的合理配置不仅关系到流域自身的生存和发展、民族团结、社会稳定、国防安全的大局，还关系到西部大开发战略的顺利实施。

塔里木河月流量预报研究是合理开发利用塔里木河流域水资源和合理分配水权的一项重要的基础工作，本研究旨在合理预测塔里木河上游源流流向干流的来水量以及干流流向大西海子水库的水量，建立各源流不同频率来水，也就是丰、平、枯水量及其组合情况下，预测向塔里木河干流阿拉尔主控节点以及恰拉主控节点输水量的变化关系，应用控水节点输水模型和源流径流预报模型，预测在不同时间段内以及各种水文情势组合情况下，源流向干流以及干流向大西海子水库的输水量，从而为水资源的合理利用以及水权目标管理提供科学依据。

2　基于神经网络的月流量预报模型

人工神经网络（artificial neural network，ANN）是一门涉及数学、物理学、脑科学、心理学、认知科学、计算机科学、人工智能等学科的新兴交叉科学。它力图模拟人脑的一些基本特性，如自适应性、自组织性、高度并行性、鲁棒性和容错性等智能信息处理功能，对于正确描述非线性问题具有十分重要的实际意义。而且善于联想、概括、类比和推理，能够从大量的统计资料中分析提炼实用的统计规律。目前是国际上的前沿研究领域，国内外已将神经网络模型成功地应用于水资源、水环境评价和洪水预报等方面的研究之中。

近年来，人工神经网络被广泛地应用于复杂的非线性系统建模。要运用上游站点的月流量预报下游站点的月流水量，考虑到上下游之间的水文站点的历史数据对应关系具有非线性的特点，所以本文运用 BP（back propagation）神经网络来建模。

BP 网络属于多层状型的人工神经网络，分为输入层、隐层和输出层，各层的神经元作用都是不同的。输入层接受外界的信息，输出层则对输入信息进行判别和决策，中间的多层隐层则用来表示或存储知识。若将上游水文站点的流量作为样本输入，下面站点流量作为网络输出，通过不断学习，归纳出上下站流量之间的内在的对应关系。利用这样的网络便可进行月流量预测。

本研究以塔里木河协合拉和沙里桂兰克两水文站流量预测西大桥水文站流量为例说明其原理和方法。下面给出上下游站点示意图（见图 4-2）。

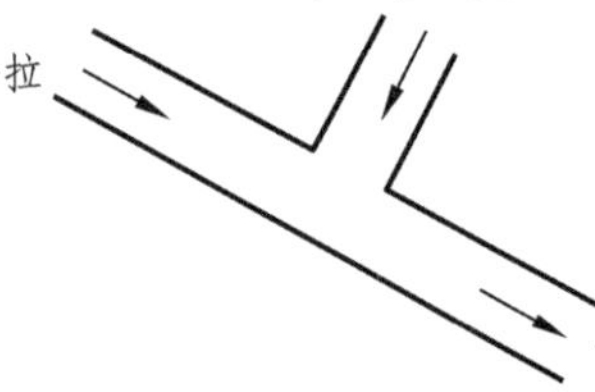

图 4-2　上下游水文站点示意图

2.1　算法描述

BP 神经网络（back propagation NN）是一种误差反向传播多层神经网络，考虑到既满足精度要求，又提高学习效率，采用三层的 BP 网络，针对上下站流量来说，输入层单元数由上面站点数目来确定，输出层单元数为 1，隐含层单元数确定为 10，隐含层数目由试算确定。

BP 网络采用误差反向传播学习算法（error back propagation），简称 BP 算法。BP 神经网络输入层、隐含层及输出层的节点数分别为 n、p、q，作用函数为非线性的 Sigmoid 型函数，一般采用 $f(x)=1/(1+\mathrm{e}^{-x})$，样本数为 m，输入模式向量为：$A^k=(a_1^k,a_2^k,\cdots,a_n^k)$，$k=1,2,\cdots,m$，对应输入模式的希望输出向量为：$Y^K=(y_1^k,y_2^k,\cdots,y_q^k)$，隐含层节点 j 的输出 b_j^k 为：

$$b_j^k=f(\sum_{i=1}^{n}w_{ij}a_i^k-\theta_j)\text{，}\quad i=1,2,\cdots,\ n\text{，}\quad j=1,2,\cdots,p$$

其中，w_{ij} 为输入层到隐含层的连接权，θ_j 为隐含层的阈值。对应的输出层节点 t 的输出 c_t^k 为：

$$c_t^k=f(\sum_{i=1}^{p}v_{jt}b_j^k-\gamma_t)\text{，}\quad t=1,2,\cdots,q$$

其中，v_{jt} 为隐含层到输出层的连接权，γ_t 为输出层的阈值。根据实际输出 c_t^k 与希望输出模式 $Y^K=(y_1^k,y_2^k,\cdots,y_q^k)$，计算输出层各单元的一般化误差 d_t^k：

$$d_t^k=(y_t^k-c_t^k)\text{，}\quad t=1,2,\cdots,q$$

网络学习的目标是使误差函数 E_k 最小，E_k 的定义如下：

$$E_k = \sum_{t=1}^{q} (d_t^k)^2 / 2$$

利用梯度下降的方法，求出 w_{ij}、θ_j、v_{jt}、r_t 的调整量：

$$\begin{cases} \Delta w_{ij} = \beta a_i^k \left[\sum_{t=1}^{q} d_t^k c_t^k (1-c_t^k) \right] b_j^k (1-b_j^k) \\ \Delta \theta_j = -\beta \left[\sum_{t=1}^{q} d_t^k c_t^k (1-c_t^k) \right] b_j^k (1-b_j^k) \\ \Delta v_{jt} = \alpha d_t^k b_j^k \\ \Delta \gamma_t = -\alpha d_t^k \end{cases}$$

其中，$k=1,2,\cdots,m$，$i=1,2,\cdots,n$，$j=1,2,\cdots,p$，$t=1,2,\cdots,q$，α，β 为常量（系数）。其目的是对连接权 w_{ij} 和 v_{jt} 进行修正，使误差向反向传播。在某种情况下，可以采用变系数的方法对连接权进行修正，以加快网络的收敛速度。根据学习好的网络权值，以及给定需要判别的输入向量，通过该网络求得与输入向量相对应的输出向量，达到预报的目的。

2.2 规格化数据

由于数据具有奇异性，所以笔者把数据归一化为单位方差和零均值。运用规格化后的数据输入网络训练，以有效地提高网络训练结果的精度。

$$Dn = (D-\mu)/\sigma^2$$

式中，D 和 Dn 分别是归一化后前后的输入数据，μ 和 σ^2 分别是原数据 D 的均值和方差。

利用预先计算的均值和方差对数据经变换进行网络训练。

$$D = Dn \times \sigma^2 + \mu$$

式中，D 和 Dn 分别是变换前后的输入数据，μ 和 σ^2 分别是原数据 D 的均值和方差。

把归一化后经网络仿真输出的数据恢复。

$$D = Dn \times \sigma^2 + \mu$$

式中，归一化的数据 Dn 恢复为 D。

上式中，μ 和 σ^2 为：

$$\mu = \frac{1}{n}\sum_{i=1}^{n} D_i \text{，} \sigma^2 = \frac{1}{n}\sum_{i=1}^{n} (D_i - \overline{D})^2$$

2.3 方　法

下面把 1957—2002 年的历史数据分为两部分，第一部分（1957—1997 年）参与 BP 神经网络训练，剩余部分（1998—2002 年）5 年留作“预留实况”用来检验所建立网络的预报精度。最后将第一部分和第二部分历史数据（1957—2002 年）全部参与，利用已经训练好的 BP 网络进行未来预报。

利用随机函数产生均匀分布随机数矩阵确定 BP 网络的初始权值和阈值，使其具有随机性，网络的学习率采用自适应学习速率梯度下降反向传播算法，加快网络的收敛速度。

2.4 预测结果

根据上述模型，利用上游站协合拉和沙里桂兰克 10 月流量由 BP 神经网络预测下游西大桥 11 月流量结果（见表 4-2）。

表 4-2 （协合拉，沙里桂兰克）10 月流量预测（西大桥）11 月流量计算结果

	年份	协合拉	沙里桂兰克	西大桥	预测值	相对误差/%
BP 神经网络结果	1957	72.8	47.1	78.4	93.70	−19.52
	1958	65.3	32.3	149	148.71	0.19
	1959	103	52	89.1	89.9	−0.90
	1960	66.6	38.3	90.2	93.84	−4.03
	1961	72.2	36.9	94.4	95.67	−1.35
	1962	61.9	36.2	100	93.84	6.16
	1963	59.1	38.2	86.2	85.87	0.38
	1964	70	39.7	99.2	93.85	5.39
	1965	60.5	43.3	89.8	93.70	−4.34
	1966	69.3	57.8	90.4	90.42	−0.03
	1967	55.7	41.6	94.9	93.70	1.26
	1968	61.8	55.6	96.3	93.69	2.71
	1969	67.3	51.9	97.7	93.70	4.09
	1970	72.5	51.7	99.2	94.3	4.94
	1971	64	38.9	100.6	96.82	3.28
	1972	124	56.5	102	102.00	0.00
	1973	95.3	42.2	93.2	90.83	2.55
	1974	66.5	59.3	86.4	86.40	0.01
	1975	58.2	34.9	92.6	93.82	−1.32
	1976	60.1	41.2	93.4	93.70	−0.32
	1977	89.3	42.8	102	98.71	3.23
	1978	86	38.4	98.9	98.27	0.63
	1979	69.3	38.2	94	94.05	−0.05
	1980	69.1	34.8	95	96.82	−1.92
	1981	61.5	41.4	106	98.97	6.63
	1982	70	45.8	128	105.31	17.73
	1983	71.2	30	98.3	98.59	−0.30
	1984	62.7	35.3	94.3	94.04	0.27

续表

	年份	协合拉	沙里桂兰克	西大桥	预测值	相对误差/%
BP 神经网络结果	1985	72.7	27.4	89	88.99	0.01
	1986	71.6	31.2	86.6	86.87	−0.32
	1987	82.5	44.1	89.6	94.03	−4.94
	1988	73.6	58.4	93.7	93.53	0.18
	1989	63.9	45.5	90.1	93.70	−4.00
	1990	97.8	53	95.4	93.77	1.71
	1991	71.8	44.3	86.2	86.53	−0.38
	1992	94.2	41.6	80.8	80.80	0
	1993	78.5	49.3	82.6	93.70	−13.44
	1994	74.8	45.4	84.4	93.71	−11.03
	1995	77.7	52.9	93.9	93.70	0.21
	1996	62.5	46.4	86.3	86.3	0
	1997	91.2	40	88	82.87	5.82
	成果分析	合格项数：41　　合格率：100%				
模型预留检验结果	1998	98.2	84.5	99.8	97.14	2.67
	1999	48	67	91.5	86.40	5.58
	2000	62.1	69.7	86.3	86.40	−0.11
	2001	87.2	82	92.7	87.94	5.13
	2002	94.7	50.2	97.9	93.90	4.09
	成果分析	合格项数：5　　合格率：100%				

2.5　分　析

表 4-2 中的神经网络预报结果合格项目数 41 项，占 100%，预留检验结果合格项数 5 项，合格率为 100%，说明神经网络模型可用作（协合拉，沙里桂兰克）10 月流量预测（西大桥）11 月流量预报模型。运用神经网络模型进行预测得到的预测值和相对误差表明运用该神经网络模型预测能达到较高的精度要求。

3 流量预报结果分析

3.1　两种方法比较

笔者曾运用统计分析多元回归的方法应用同样数据进行预报，现将其与神经网络方法进行对比。其中多元回归模型计算结果共 41 项，合格 39 项，合格率 95%，模型预留检验结果 5 项，合格 5 项，合格率 100%。BP 神经网络结果 41 项，合格 41 项，合格率 100%，模型预留检验结果 5 项，合格 5 项，合格率 100%。对比图如图 4-3 和 4-4 所示。

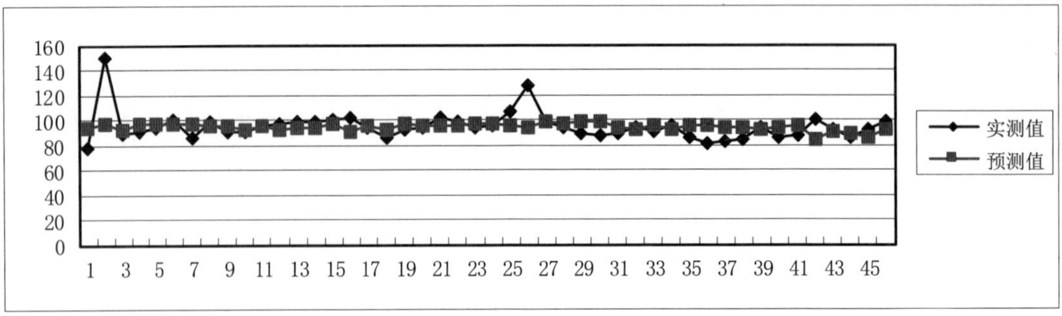

图 4-3　西大桥水文站点多元回归预测结果

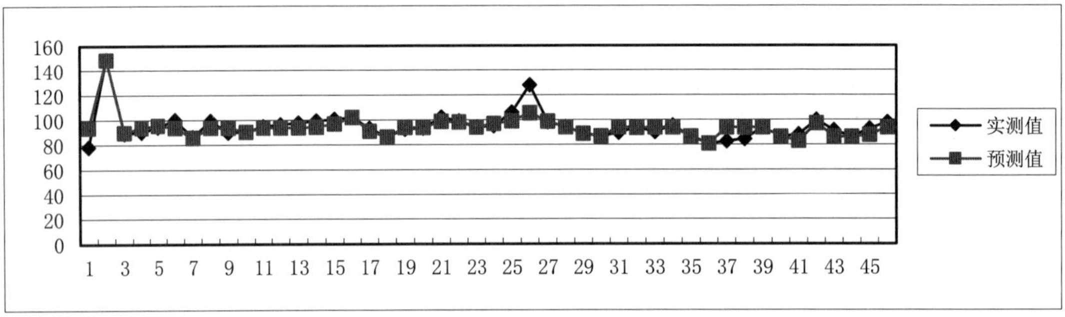

图 4-4　西大桥水文站点神经网络预测结果

从图 4-3 和图 4-4 中可以看出存在着流量奇异年，但经过 BP 神经网络训练，能消除部分奇异点。

从表 4-2 和图 4-3、图 4-4 中对多元回归和神经网络两种方法进行比较可以看出，运用神经网络方法比多元回归方法得到的结果精度高，神经网络模型在水量预测，特别是在处理非线性问题方面具有独特的优势。

3.2　存在问题及进一步工作

通过以上分析可以看出，运用神经网络方法可以对月流量进行预报，预测能达到一定的精度要求，但效果有时不是很理想，特别是奇异点的处理现在还存在一些问题，利用神经网络建立的函数模型形式不唯一，神经网络神经元个数的多少给网络带来的不稳定性影响，都是以后进一步要研究的问题。

4　小　结

由于神经网络具有自适应性、自组织性、高度并行性、鲁棒性和容错性等智能信息处理功能，而且善于联想、概括、类比和推理，所以能够从大量的统计资料中分析提炼实用的统计规律。特别是能逼迫任意非线性函数，所以人工神经网络被广泛地应用于非线性系统建模。针对塔里木河协合拉和沙里桂兰克两水文站流量与西大桥水流量数据的非线性，采用 BP 神经网络建模型非常必要。为了更好地提高预报精度，一方面把数据进行归一化处理，以使数据的奇异性得以改善，从而提高网络训练结果的精度；另一方面网络的学习率采用自适应学习速率梯度下降反向传播算法，能加快网络的收敛速度，从而能有效提高网络的预报精度。

神经网络预报效果表明，神经网络预报模型能作为月流量预报模型，它的运用能为水权实施管理、水市场的建立提供决策依据，能起到合理地进行水资源统一管理，提高水资源使用效率，能保证各个控制节点输水目标的有计划实施，从而可以最大限度地协调水资源综合利用中出现的各种用水矛盾，为水权分配、调度及控制提供决策依据，对水权的管理及水权的研究都具有十分重要的意义。

资料来源：朱春江，唐德善. 基于BP神经网络的塔里木河月流量预报研究[J]. 新疆农业科学，2005（4）：210-214。

任务分析：

1. 预测的内涵。
2. 预测在计划中的作用。

计划是对未来行动的事先安排，是一个严密的管理活动过程。为了达到最终管理目标，遇到的首要困难就是未来环境的不确定性。如果不对未来环境中不确定因素的发生、发展和变化规律做出科学的预测，就难以能制订出科学合理的计划方案。因此古人云“凡事预则立，不预则废”说的就是这个道理。

4.3.1 预测的概念

预测是通过对客观事实的历史、现状进行调查和分析，运用科学的方法推测未来，由已知去推测未知，从而揭示客观事实未来发展的趋势和规律。简单来说，就是对客观事物未来发展情况的分析、估计和推断。

预测针对所研究的问题，要广泛收集内外环境的信息，实事求是地筛选，去伪存真，去粗存精。对情况的变化做到客观反映，对事物的认识由静态研究进入动态分析，从而对未来的认识有一个清晰的思路和鲜明的观点，以揭示未来的状态、发展趋势和方向。在揭示事物客观运动规律的过程中，一定要以事实为准绳，以马列主义的理论哲学以及社会科学、自然科学已有的理论为指导，运用科学的方法和手段，不应有任何主观随意性。所以预测必须强调科学性，不是人们凭个人经验的主观臆断，更不是未卜先知。科学预测的特点有：① 具有过去、现在和将来 3 个时序要素；② 运用调查研究、科学分析、认识规律的方法；③ 要遵循了解过去，根据现在推算未来的原理。

综上所述，预测是管理者在自觉地认识事物客观规律的基础上，借助组织面临的内外环境等方面的信息资料、现代化的科学方法和手段来揭示出客观事物运行中的本质联系及发展趋势，从而勾画出未来事物发展的基本轮廓及趋势，使管理者具备战略眼光，使决策有充分的科学依据。

4.3.2 预测在计划工作中的地位

法约尔曾说过：“管理应当预见未来，这个格言使人对工商企业界的计划工作的重要性有所理解。确实，如果说预见性不是管理的全部的话，它至少也是其中一个基本的部分。”可见，预测对计划工作的重要性。

组织计划在实施过程中的预期环境，涉及政治、社会、经济、技术和伦理的外界环境因素，以及那些会影响计划实施过程的内部环境因素等方面的预测和假设就是计划工作的前提条件，它们是搞好计划工作的重要依据。做好预测和假设工作，有利于指导各种辅助计划的制订，从而使组织的各项活动协调一致，组织目标得以实现。

所以确定计划工作的前提条件是计划工作的主要任务。计划工作的前提条件根据所涉及的范围、表现方式、控制程度等可分为组织内部的、组织外部的预测和假设；定性的、定量的预测和假设；可控的、不可控的以及部分可控的预测和假设等。

预测借助社会科学、自然科学的分析方法，并依据从大量统计结果中得出的判断，高瞻远瞩地预测未来各种环境因素的变化，这对一个企业乃至任何一个组织正确地确定总目标、制定发展战略规划和各种计划都具有重要意义。预测的重要性：① 预测是计划工作的前提条件，又是计划工作的一个重要组成部分；② 能够认识未来环境的不确定性因素，减少对未来环境的茫然程度，从而为计划提供预期环境；③ 提高计划的可行性，防止片面性，提供成功的机遇，规避失败的风险；④ 事先估计到实施计划后可能产生的后果，有利于选择最优的方案；⑤ 预测工作在一定程度上能决定组织的成败。

在管理计划活动中，预测的主要任务一方面是编制计划前提条件的预测，即未来组织所处外部环境条件的预测，如未来社会、政治、经济、文化、技术等方面的环境及企业内部环境的变化等；另一方面是未来行动可能带来结果的预测。前者是计划编制的先决条件，后者则是计划执行的可能情况。

4.3.3 预测的种类

预测对象的复杂性，决定了管理中预测内容和形式的多样性。可从时间期限、研究对象等不同侧面对预测进行分类。根据时间期限对预测进行分类，可分为短期预测、中期预测和长期预测；根据研究对象对预测进行分类，可分为经济预测、技术预测和社会政治预测。

1. 按时间期限分类

预测可分为短期预测、中期预测和长期预测。

（1）长期预测。

长期预测的期限在5年以上，主要为企业制定长期规划服务，着重于研究市场要素的长期发展趋势，为确定企业的长期发展方向提供决策依据。长期预测主要为产品、工厂、工序的管理决策提供支持，用于规划新产品、生产设备安装、新厂的建设以及扩充，新设备的投资计划安排、商品的生命周期的预测等，对一个国家或一个企业的技术、经济、社会发展战略和政策产生影响。

（2）中期预测。

中期预测的期限一般在1年以上、5年以下，主要为五年计划和长期规划提供切实可行的措施方案。它主要用于销售计划、生产计划和预算、现金预算和分析不同作业方案等。

（3）短期预测。

短期预测的期限通常是1年或短于1年，主要是指对1年以下的市场发展变化的预测。短期预测有助于组织及时了解内外部环境的动态，掌握市场变化的有利时机，有利于提高组织的经营决策水平。短期预测要求有比较准确的数据和结果，有更具体、更明确的特性。短期预测中的季度预测、逐月或逐周预测，称为近期预测。常常采用移动平均法、指数平滑法和趋势外推法等短期预测方法，主要用于购货、工作安排、所需员工、工作指定和生产水平的计划工作等。

2. 按不同的研究对象分类

预测可分为经济预测、技术预测和社会预测。

（1）经济预测。

经济预测是指在对一定时期的客观经济活动过程进行深入调查的基础上，运用各种科学的方法，对掌握的经济信息加以分析研究后，预测未来经济活动发展状况及变化趋势的活动。它主要依赖于预测者的学识、经验和判断能力，通过科学的理论和方法、可靠的资料、精密的计算及对客观规律性的认识而做出分析和判断，预测经济的发展运行规律。经济预测通过预计通货膨胀率、货币供给及其他有关指标来预测经济周期。

经济预测可分为宏观经济预测和微观经济预测两个方面。宏观经济预测是为制定国民经济规划、经济计划和经济政策服务的。而微观经济预测主要是指从企业经营的角度所做的市场预测，是企业制订新产品开发及技术改造计划、生产计划、供销计划、劳资计划、福利计划、财务计划的前提和基础。

（2）技术预测。

技术预测这一概念的提出应当归功于美国的林茨（R. Lenz）。1959 年，他在一篇关于技术进步定量测量的论文中，首次提出了技术预测的概念。预测会产生重要的新产品，从而带动新工厂和设备需求的技术进步。技术预测的定义包含如下含义：① 必须对未来科学和技术进行系统研究；② 预测的时间跨度应该是长期的，可能为 5 ~ 30 年，通常为 10 ~ 15 年。

技术创新和技术进步对组织的生存与发展起决定作用，所以技术预测越来越引起人们的重视。技术预测对计划工作的影响作用也日益增强，从而使它成为组织计划工作重要的基础性工作。技术预测能为政府职能部门制定国家科技政策和发展战略提供依据，能为产业技术升级和制定发展战略提供技术信息，促进政府、科研机构、企业和高校之间的合作与交流，形成充满活力的技术创新网络。

（3）社会预测。

社会预测是对各种社会问题的预测。人们在从事各种社会活动时，对可能产生的影响社会发展的各种结果事先提出有依据的、比较符合客观规律的预测和相应的改进措施，以便为决策者制订决策和计划时提供依据。随着当代社会变迁的加快，社会预测的价值日益显现，它对一个国家或一个企业的技术、经济、社会发展战略和政策的影响越来越大。

4.3.4 预测的方法

20 世纪 60 年代以来，预测技术得到迅速发展。目前预测方法已达 150 多种，每种方法都有一定的适用范围。从方法本身的性质出发，可以将预测方法分为两大类：定性预测方法和定量预测方法。

1. 定性预测方法

定性预测方法主要应用于宏观的、战略的、长期的、总体的和综合的预测，往往把握事件的发展趋势和发展方向。

定性预测是指对预测对象未来发展的性质不易用数量指标表示，但可估计其发展程度所做的分析、陈述。定性预测主要是指利用预测者的经验、知识和判断能力进行的一种直观判断预测。

这种预测能进行多因素综合性分析，能对无法定量的因素加以综合考虑，而且预测成本低、速度快、方法简便易行，也有较高的准确性，所以被广泛采用。比如，对市场形势的估计，对体制改革中可能出现的形势变化的判断，以及对科学技术的发展趋势、新产品开发的前景、商品的寿命周期、企业的未来发展方向等方面的预测。①

定性方法主要针对不宜或根本无法采用定量的重大的技术预测，如新发明、新技术、新工艺的出现时间和投入商品化应用的时间等问题。

目前，在长期经济预测和技术预测中使用得最多的方法是专家调查法，又称德尔菲法。

2. 定量预测方法

定量预测方法是建立在统计学、数学、系统论、控制论、信息学、运筹学、计量经济学等学科基础上，运用数学模型进行预测的方法，其特点就是要依靠大量的历史数据资料作为预测的根据。定量预测方法主要有：时序预测方法、因果预测方法、BP 神经网络方法等。

（1）时间序列法。

时间序列：就是将历史数据统计资料按时间排列起来的一组数字序列。

时间序列预测法：用这种按时间排列起来的过去资料，经过分析其变化规律，建立数学模型来预测事物未来状态的方法，适用于短期预测。

假设：被预测事物过去的变化趋势会同样地延续到未来。

时间序列内两大要素构成：① 时间要素，即某一现象发生的时间；② 数据要素，即被研究现象在不同时间上的观测值。

时间序列预测方法有移动平均法、指数平滑法、直线和曲线趋势延伸法预测、季节变动预测法、循环变动的预测等。下面主要介绍移动平均法。

移动平均法是把统计数据分成若干段，按数据点的顺序逐点推移，求其平均数作为预测值。

设 $x_1, x_2, \cdots, x_n, \cdots$ 为历史数据序列的实际值，把它们分成若干段，每段长（即时段长）为 N，不同周期的预测值分别用 $D_1, D_2, \cdots$ 表示，则移动平均法的预测公式为：

$$D_{t+1} = \frac{x_t + x_{t-1} + \cdots + x_{t-N+1}}{N}$$

其中，N 为选用相邻的数据的数目数。若选用 $N = 3$，则段长为 3，此时就选用相邻 3 个数据的平均值作为下一个数据的预测值。其预测公式为：

$$D_4 = \frac{x_3 + x_2 + x_1}{3}$$

而次之的预测值，按逐点推移，预测公式为：

$$D_5 = \frac{x_4 + x_3 + x_2}{3}$$

① 李庄，项蓓丽，韦文楼. 预测决策方法[M]. 南宁：广西科学技术出版社，2005.

同样再次之的预测公式为：

$$D_6 = \frac{x_5 + x_4 + x_3}{3}$$

其余类推。

在实际公工作中，按上述方法计算预测值不太方便，为了减少计算工作量，可做如下变换：

$$D_5 = \frac{x_4 + x_3 + x_2}{3} = \frac{x_4 + x_3 + x_2 + x_1 - x_1}{3} = \frac{x_3 + x_2 + x_1}{3} + \frac{x_4 - x_1}{3} = D_4 + \frac{x_4 - x_1}{3}$$

同理：$D_6 = D_5 + \frac{x_5 - x_2}{3}$

由此得到：$D_{t+1} = D_t + \frac{x_t - x_{t-N}}{N}$

这样，每次只要计算 $\frac{x_t - x_{t-N}}{N}$ 一项就可以了，很容易得到新的移动平均值。

例如：数据如表 4-3 所示，（1）求时段长取 3 个月的移动平均预测值；（2）求时段长取 5 个月的移动平均预测值。

表 4-3　某航运企业需求机器量月记录表

周期数 t/月	需求量 x/台	3 个月的移动平均预测值 $N=3$	5 个月的移动平均预测值 $N=5$
1	23	—	—
2	21	—	—
3	24	—	—
4	25	22.67	—
5	27	23.33	—
6	26	25.33	24
7	29	26.0	24.6
8	30	27.33	26.2
9	28	28.33	27.4
10	26	29.0	28.0
11	22	28.0	27.8
12	20	25.3	27.0

解：（1）时段长取 3 月的移动平均预测值计算：

① 用公式 $D_{t+1} = \frac{x_t + x_{t-1} + \cdots x_{t-N+1}}{N}$ 计算：

$$D_4 = \frac{x_3 + x_2 + x_1}{3} = \frac{24 + 21 + 23}{3} = 22.67$$

$$D_5 = \frac{x_4 + x_3 + x_2}{3} = \frac{25+24+21}{3} = 23.33$$

$$\vdots$$

$$D_{11} = \frac{x_{10} + x_9 + x_8}{3} = \frac{26+28+30}{3} = 28$$

$$D_{12} = \frac{x_{11} + x_{10} + x_9}{3} = \frac{22+26+28}{3} = 25.3$$

② 用公式：$D_{t+1} = D_t + \frac{x_t - x_{t-n}}{N}$ 计算：

$$D_5 = D_4 + \frac{x_4 - x_1}{3} = 22.67 + \frac{25-23}{3} = 23.33$$

$$\vdots$$

$$D_{12} = D_{11} + \frac{x_{11} - x_8}{3} = 28 + \frac{22-30}{3} = 25.3$$

（2）求时段长取 5 个月的移动平均预测值计算：

① 运用公式 $D_{t+1} = \frac{x_t + x_{t-1} + \cdots + x_{t-N+1}}{N}$ 计算：

$$D_6 = \frac{x_5 + x_4 + x_3 + x_2 + x_1}{5} = \frac{27+25+24+21+23}{5} = 24$$

$$D_7 = \frac{x_6 + x_5 + x_4 + x_3 + x_2}{5} = \frac{26+27+25+24+21}{5} = 24.6$$

$$\vdots$$

$$D_{11} = \frac{x_{10} + x_9 + x_8 + x_7 + x_6}{5} = \frac{26+28+30+29+26}{5} = 27.8$$

$$D_{12} = \frac{x_{11} + x_{10} + x_9 + x_8 + x_7}{5} = \frac{22+26+28+30+29}{5} = 27.0$$

② 运用公式 $D_{t+1} = D_t + \frac{x_t - x_{t-n}}{N}$ 计算：

$$D_7 = D_6 + \frac{x_6 - x_1}{5} = 24 + \frac{26-23}{5} = 24.6$$

$$\vdots$$

$$D_{12} = D_{11} + \frac{x_{11} - x_6}{5} = 27.8 + \frac{22-26}{5} = 27.0$$

则可得到表 4-4 的预测误差。

表 4-4　预测误差表

周期数 t /月	销售量 x/台	3 个月的移动平均预测值（y_1）$N=3$	误差 1 $(y_1-x)/x\times100$	5 个月的移动平均预测值（y_2）$N=5$	误差 2 $(y_2-x)/x\times100$
1	23	—		—	
2	21	—		—	
3	24	—		—	
4	25	22.67	−9.32	—	
5	27	23.33	−13.59	—	
6	26	25.33	−2.58	24	−7.69
7	29	26.0	−10.34	24.6	−15.17
8	30	27.33	−8.90	26.2	−12.67
9	28	28.33	1.18	27.4	−2.14
10	26	29.0	11.54	28.0	7.69
11	22	28.0	27.27	27.8	26.36
12	20	25.3	26.50	27.0	35.00

N 值越小，预测值越接近实际值，灵敏度就越高。N 选择一般可取在 3～5，或在 10～30，或更大一些在 6～200，这主要取决于序列长度和具体情况。

（2）因果预测方法。

因果分析法是分析两个以上变量之间关系的数学方法，即从事物变化的因果关系出发进行预测。

因果关系是客观事物间普遍存在的一种联系。现实生活中，有因果关系的例子有很多。例如，降雨量与粮食产量之间的关系，具有较强的因果关系。预测的方法有回归分析方法、计量经济学方法和投入产出法等。

下面主要介绍回归分析方法。

回归分析方法是在掌握大量观察数据的基础上，利用数理统计方法建立因变量与自变量的回归方程的方法。回归分析法的步骤：进行定性分析，确定有哪些可能的相关因素；然后收集这些因素的统计资料；应用最小二乘法等，求出各因素之间的相关系数和回归方程。回归分析中，当研究的因果关系只涉及因变量和一个自变量时，叫作一元回归分析；当研究的因果关系涉及因变量和两个或两个以上自变量时，叫作多元回归分析。

这里主要介绍一元回归预测法。

一元线性回归是描述两个变量之间统计关系的一种最简单的统计模型技术。当我们获得某研究对象的两个互有联系的变量 x 与变量 y 所对应的统计数据（x_i，y_i）（$i=1$，2，…，n）后，就可考虑用一元线性回归模型去描述变量之间的统计规律性。

一元线性回归模型如下：

通常，我们对所研究的问题首先要收集与它有关的 n 组样本数据（x_i，y_i）（$i=1$，2，…，n）。为直观地看到样本数据的分布规律，我们把（x_i，y_i）看成是平面直角坐标系中的点，画出（x_i，y_i）（$i=1$，2，…，n）的散点图（见图 4-5）。

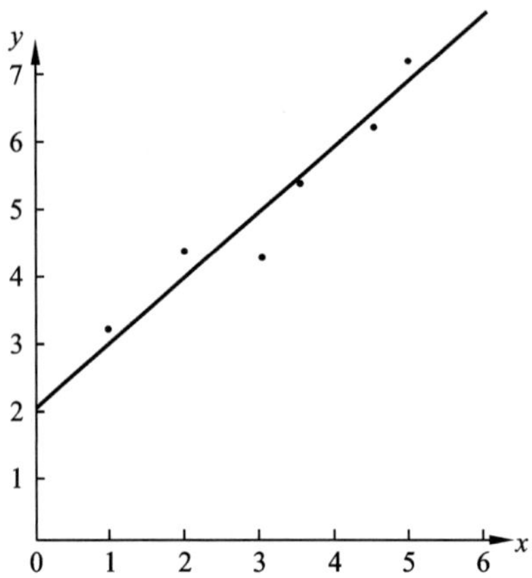

图 4-5　散点图

从图 4-5 中可以看到，上面例子的样本数据点（x_i，y_i）大致都落在一条直线附近，这说明变量 x 与 y 之间具有明显的线性关系。但这些样本点又不都在一条直线上，说明变量 x 和 y 的关系并没有确切到给定 x 就可以唯一确定 y 的程度。

再看一个示例：

某航运企业 2019—2023 年某种商品的需求量如表 4-5 所示。

表 4-5　某种商品的需求量

年份	需求量
2019	30
2020	50
2021	40
2022	60
2023	70

如何预测 2024 年的需求量？

以时间为自变量，需求量为因变量，在平面上做出点（x_i, y_i）（$i=1,2,3,4,5$）的散点图（见图 4-6）。

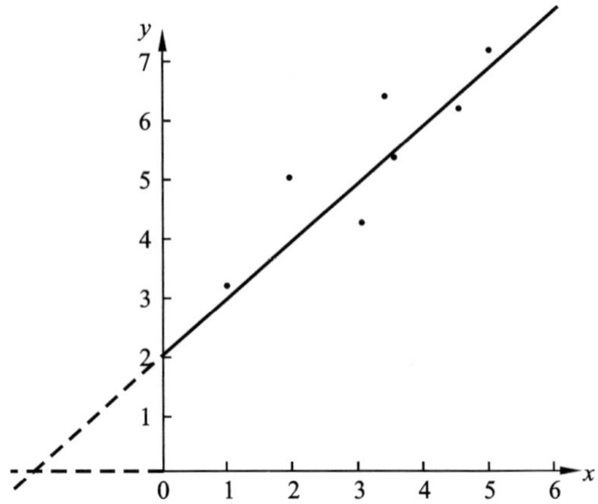

图 4-6　散点图

从图 4-6 中可以看出，y_i 随 x_i 的变化趋势大致为一条直线，所以可以用一元线性回归模型进行预测。

下面进行一元线性回归方程的建立。

设已有 n 组数据 $(x_1,y_1),(x_2,y_2),\cdots,(x_i,y_i),\cdots,(x_n,y_n),i=1,2,\cdots,n$，在平面上，做出散点图，如图 4-7 所示。

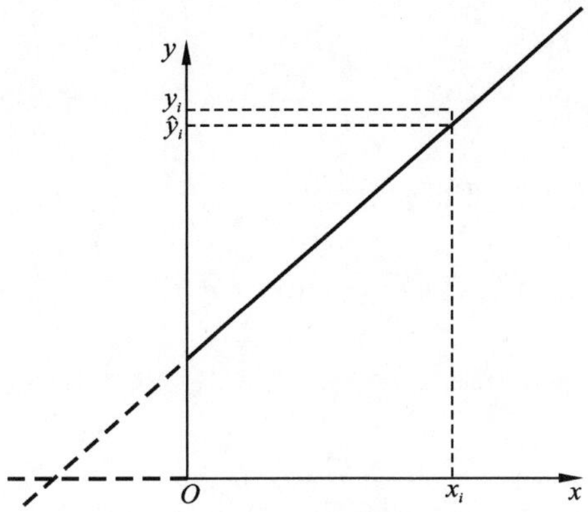

图 4-7　散点图

设 y_i 随 x_i 的变化趋势大致为一条直线，我们希望能找出一条直线，比较准确地反映这些数据点的趋势。为此我们假设找到了这样一条直线，方程为：

$$\hat{y}_i = a + bx_i$$

这个方程为回归方程，直线为回归直线。要确定该直线，只要确定系数 a、b 就可以。所以，现在的问题是如何选择 a、b，使误差最小。

对于某点 x_i 来说，有一个对应的 y_i，现将 x_i 代入回归方程，得到一个估计值 $\hat{y}_i$，它们之间的误差为：

$$e_i = y_i - \hat{y}_i = y_i - (a + bx_i)$$

由 n 组观察值所引起的误差 e_i 构成了总误差 E，则：

$$E = \sum_{i=1}^{n} e_i = e_1 + e_2 + \cdots + e_i + \cdots + e_n$$

而 e_i 有正有负，代数和会产生正负抵消，E 不能反映误差。

如果用绝对值之和表示，则：

$$E = \sum_{i=1}^{n} e_i = |e_1| + |e_2| + \cdots + |e_i| + \cdots + |e_n|$$

但绝对值表示给数学处理带来麻烦。

为克服以上两种误差表示方法的不足，采用误差平方和表示方法，则有：

$$Q = \sum_{i=1}^{n} e_{\ i}^2 = e_1^2 + e_2^2 + \cdots + e_i^2 + \cdots + e_n^2 = \sum_{i=1}^{n} (y_i - a - bx_i)^2$$

根据极值原理，要使误差平方和Q达到最小，只需将上式对 a、b 分别求偏导，并令这两个偏导等于 0。

① $$\frac{\partial Q}{\partial a}=\frac{\partial}{\partial a}\sum_{i=1}^{n}(y_i-a-bx_i)^2=-2\sum_{i=1}^{n}(y_i-a-bx_i)=0$$

$$\therefore a=\frac{1}{n}\sum_{i=1}^{n}y_i-\frac{b}{n}\sum_{i=1}^{n}x_i$$

令 $a=\overline{y}-b\overline{x}$

其中，$\overline{y},\overline{x}$ 分别为平均值。

② $$\frac{\partial Q}{\partial b}=-2\sum_{i=1}^{n}(y_i-a-bx_i)x_i=0$$

$$\therefore \sum_{i=1}^{n}x_iy_i-a\sum_{i=1}^{n}x_i-b\sum_{i=1}^{n}x_i^2=0,$$

将公式 $a=\overline{y}-b\overline{x}$ 代入上式，得：

$$\sum_{i=1}^{n}x_iy_i-(\overline{y}-b\overline{x})\sum_{i=1}^{n}x_i-b\sum_{i=1}^{n}x_i^2=0$$

即 $$\sum_{i=1}^{n}x_iy_i-\overline{y}\sum_{i=1}^{n}x_i+b(\overline{x}\sum_{i=1}^{n}x_i-\sum_{i=1}^{n}x_i^2)=0$$

$$\therefore b=\frac{\sum_{i=1}^{n}x_iy_i-\overline{y}\sum_{i=1}^{n}x_i}{\sum_{i=1}^{n}x_i^2-\overline{x}\sum_{i=1}^{n}x_i}=\frac{\sum_{i=1}^{n}x_iy_i-\overline{y}n\overline{x}}{\sum_{i=1}^{n}x_i^2-\overline{x}n\overline{x}}=\frac{\sum_{i=1}^{n}x_iy_i-n\overline{x}\,\overline{y}}{\sum_{i=1}^{n}x_i^2-n\overline{x}^2} \quad (1)$$

$\therefore$回归方程 $\hat{y}_i=a+bx_i$。 （2）

其中，a、b 由公式（1）（2）确定。

再看前面的例子，求 2024 年的某航运企业的需求量？

表 4-6　某航空企业的需求量

年度	x_i	y_i	x_i^2	x_iy_i
2019	1	30	1	30
2020	2	50	4	100
2021	3	40	9	120
2022	4	60	16	240
2023	5	70	25	350
	$\sum_{i=1}^{5}x_i=15$	$\sum_{i=1}^{5}y_i=250$	$\sum_{i=1}^{5}x_i^2=55$	$\sum_{i=1}^{5}x_iy_i=840$

将表 4-6 中的数据代入公式（1）（2），得：

$$b=\frac{840-5\times\frac{250}{5}\times\frac{15}{5}}{55-5\times\left(\frac{15}{5}\right)^2}=\frac{840-750}{55-45}=9$$

$$a=\frac{250}{5}-9\times\frac{15}{5}=50-27=23$$

时间与需求量之间关系的线性回归方程为：

$$\hat{y}_i=23+9x_i$$

2024 年的某航运企业的需求量为：

$$\hat{y}_i=23+9\times6=77$$

关于回归置信区间的估计问题。用所求的回归方程代表的回归直线与图 4-7 中诸散点布点拟合程度如何呢？也就是说，对于任意的 x_i 值与 y_i 值在 $\hat{y}_i$ 值上下附近的分布如何？为了衡量回归直线周围数据点的密集程度，我们用数理统计方法来计算置信区间。为了求置信区间，必须求出每个实际值 y_i 与 $\hat{y}_i$ 的关系，即求出标准差：

$$\delta=\sqrt{\frac{\sum_{i=1}^{n}(y_i-\hat{y}_i)^2}{n}}$$

式中，y_i 为实际值，$\hat{y}_i$ 为预测值，n 为历史数据点的个数。

现将表 4-6 中 2011—2015 年的实际值与回归直线预测值标准差计算如表 4-7 所示。

表 4-7　标准差

年度	x_i	y_i	$\hat{y}_i=23+9x_i$	$(y_i-\hat{y}_i)$	$(y_i-\hat{y}_i)^2$
2019	1	30	32	-2	4
2020	2	50	41	9	18
2021	3	40	50	-10	100
2022	4	60	59	1	1
2023	5	70	68	2	4
合计	$\sum_{i=1}^{5}x_i=15$	$\sum_{i=1}^{5}y_i=250$	$\sum_{i=1}^{5}\hat{y}_i=250$	$\sum_{i=1}^{5}(y_i-\hat{y}_i)=0$	$\sum_{i=1}^{5}(y_i-\hat{y}_i)^2=127$

故有：

$$\delta=\sqrt{\frac{127}{5}}=\sqrt{25.4}=5.04$$

如果在正态分布的条件下，预测值 $\hat{y}_i$ 的实现范围在 $\hat{y}_i\pm2\delta$ 之内的概率为 95.8%，在 $\hat{y}_i\pm\delta$ 内的概率为 68.3%，则 2024 年预测值为 77 的可能性有多大呢？这可以从以下计算求出。当 $77\pm2\times5.04=87.08$ 或 66.92，$77\pm5.04=82.04$ 或 71.96，这表明，2024 年预测值在 66.92 与 87.08 范围内的概率为 95.8%，在 71.96 与 82.04 范围内的概率为 68.3%。这样计算使我们进

一步明确了 2016 年需求量实现的可能性,并可以采用相应的措施加以控制。简单的控制方法,就是在距回归直线 $\hat{y}_i = 23 + 9x_i$ 为 2δ 处做上、下两条平行线,如图 4-8 所示。

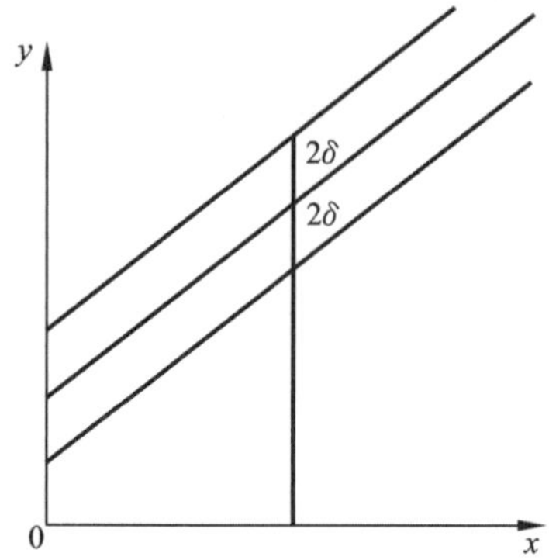

图 4-8　预测控制频带图

如果代表这些需求量的点落在 $y_i \pm 2\delta$ 的上下限频带内,并交替在回归直线的上下出现,这表明需求量情况处于回归直线 $\hat{y}_i = 23 + 9x_i$ 的有效范围内。如果有两个点落在区间之外,或者连续有三个以上的点都在一侧,则说明失控,必须重新进行计划或预测。

(3)BP 神经网络方法。

BP(back propagation)网络是 1986 年由 Rumelhart 和 McCelland 为首的科学家小组提出的,是一种按误差逆传播算法训练的多层前馈网络,是目前应用最广泛的神经网络模型之一。

人工神经网络(artificial neural network,ANN)是一门涉及数学、物理学、脑科学、心理学、认知科学、计算机科学、人工智能等学科的新兴交叉科学。它力图模拟人脑的一些基本特性,如自适应性、自组织性、高度并行性、鲁棒性和容错性等智能信息处理功能,对于正确描述非线性问题具有十分重要的实际意义。同时善于联想、概括、类比和推理,能够从大量的统计资料中分析提炼实用的统计规律。

BP 神经网络(back propagation NN)是一种误差反向传播多层神经网络,考虑到既满足精度要求,又提高学习效率,采用三层的 BP 网络。BP 网络采用误差反向传播学习算法(error back propagation),简称 BP 算法。BP 神经网络输入层、隐含层及输出层的节点数分别为 n、p、q,作用函数为非线性的 Sigmoid 型函数,一般采用 $f(x) = 1/(1+e^{-x})$,样本数为 m,输入模式向量为:$A^k = (a_1^k, a_2^k, \cdots, a_n^k)$,$k = 1, 2, \cdots, m$,对应输入模式的希望输出向量为:$Y^K = (y_1^k, y_2^k, \cdots, y_q^k)$,隐含层节点 j 的输出 b_j^k 为:

$$b_j^k = f\left(\sum_{i=1}^{n} w_{ij} a_i^k - \theta_j\right),\quad i = 1, 2, \cdots, n,\quad j = 1, 2, \cdots, p$$

式中,w_{ij} 为输入层到隐含层的连接权,θ_j 为隐含层的阈值。对应的输出层节点 t 的输出 c_t^k 为:

$$c_t^k = f\left(\sum_{i=1}^{p} v_{jt} b_j^k - \gamma_t\right),\quad t = 1, 2, \cdots, q$$

式中,v_{jt} 为隐含层到输出层的连接权,γ_t 为输出层的阈值。根据实际输出 c_t^k 与希望输出模式 $Y^K = (y_1^k, y_2^k, \cdots, y_q^k)$,计算输出层各单元的一般化误差 d_t^k。

$$d_t^k = (y_t^k - c_t^k),\quad t = 1, 2, \cdots, q$$

网络学习的目标是使误差函数 E_k 最小,E_k 的定义如下:

$$E_k = \sum_{t=1}^{q} (d_t^k)^2 / 2$$

利用梯度下降的方法,求出 w_{ij}、θ_j、v_{jt}、r_t 的调整量:

$$
\begin{cases}
\Delta w_{ij} = \beta a_i^k \left[\sum_{t=1}^{q} d_t^k c_t^k (1-c_t^k) \right] b_j^k (1-b_j^k) \\
\Delta \theta_j = -\beta \left[\sum_{t=1}^{q} d_t^k c_t^k (1-c_t^k) \right] b_j^k (1-b_j^k) \\
\Delta v_{jt} = \alpha d_t^k b_j^k \\
\Delta \gamma_t = -\alpha d_t^k
\end{cases}
$$

式中，$k=1,2,\cdots,m$，$i=1,2,\cdots,n$，$j=1,2,\cdots,p$，$t=1,2,\cdots,q$、α、β为常量（系数）。其目的是对连接权w_{ij}和v_{jt}进行修正，使误差向反向传播。可以采用变系数的方法对连接权进行修正，以加快网络的收敛速度。

4.4 计划的编制

［任务导入 4–4］

东方电力公司

马利是东方电力公司的总经理。这家公司是美国东部的大电力公用事业之一。这位总经理长期以来相信，有效地编制公司计划，对成功来说是绝对必要的。她花了十多年的时间，一直想方设法让公司的计划方案编制起来，但是成效甚微。在这段对间里，她先后指派 3 位副总经理掌管编制计划，虽然每位副总经理似乎都在努力工作，但是她注意到，个别部门管理人员继续自行其是。他们就发生的问题做出决策，因此，他们对做“救火”的有效工作而自鸣得意。

然而公司似乎在漂泊不定，而部门管理人员的各自决策相互之间总是不一致。主管调整事务的高级管理人员经常催促州委员会准许把电费提高，但无大的进展。因为委员会认为，费用虽然上涨，但是不合理。公共关系的领导不断地向公众呼吁，要理解电力公用事业，但是各社区的用电户认为，电业赚的钱够多了，因此公司应该解决其他问题，而不应该提高电费。负责电力供应的副总经理受到很多社区的压力，要求公司扩大电路把所有输电线路埋入地下，避免出现不雅观的电线杆和线路；同时向顾客提供更好的服务，因为顾客是第一位的，而费用则是第二位的。

应马利女士的要求，一位咨询顾问来公司检查情况。他发现公司并没有真正地把计划做好，编制计划的副总经理和他的职员正在努力地进行研究和预测，并把研究的预测情况提交给总经理，仅此而已。所有部门的管理人员都把这些工作看做是对他们的日常业务不太重要的一般工作，因此对此兴趣不大。

资料来源：叶小明，缪兴锋. 现代管理学基础与应用[M]. 广州：华南理工大学出版社，2005：83-84.

任务分析：

1. 如何让公司有效地制订计划？
2. 如何通过计划使任务能付诸实施？

计划的编制本身是一个工作过程。为了保证编制计划的合理性，要遵循计划编制的程序，必须要采用科学的方法，从而确保计划编制的顺利实现。

4.4.1 计划编制的程序

程序是指规定了如何处理那些重复发生的例行问题的标准方法，程序的实质是对所要进行的活动规定时间顺序，而计划本身是一种重复发生的例常性工作。任何计划工作的程序都经过以下几个相似的步骤：估量机会；确定目标；确定前提条件；拟订可供选择的方案；评价各种备选方案；选择方案；拟订派生计划；编制预算。

1. 估量机会

在编制实际计划之前应该充分估量机会，是计划的一个真正起点。具体内容包括：对计划对象中的各个方面进行现状和历史调查，对未来可能出现的环境变化、机会进行初步分析，形成判断；根据自己的优势和劣势，了解自己利用机会的能力，分析不确定因素发生的可能性和影响程度等。

2. 确定目标

在估量机会的基础上确定计划工作的目标。确定目标应遵循的原则：一方面，目标要具体、可检验。因为计划的制定最终要执行、实施，所以目标要尽可能具体，尽可能定量化，空洞的目标不仅无法指导组织活动，而且无法进行检验。另一方面，目标要简明扼要、易懂易记，便于执行者理解。

确定目标阶段主要注意解决 3 个问题：① 选择目标的内容和顺序；② 选择适当的目标时间；③ 目标要有明确的价值。

3. 确定前提条件

计划工作的前提条件就是计划工作的假设条件，是计划实施时的预期环境。但环境是复杂的，影响因素很多，有完全可以控制的，也有不能控制的。负责计划工作的人员对计划前提了解得愈深刻，并能始终如一地运用它，则计划工作将做得好。认清前提是要对计划有重大影响的主要项目做出预测，所以科学的预测方法对确定前提条件将起到非常重要的作用。

4. 拟订可供选择的方案

确定目标和前提条件以后，就要从现实出发分析实现目标所需解决的问题。要充分发扬民主，群策群力，开阔思路，大胆创新，从各种可行的方案中选出最有希望的若干方案作为备选方案。

5. 评价各种备选方案

根据预测前提和目标来分析各种因素，权衡各种方案。评价备选方案的工作往往是非常复杂的，在评价方法方面，不仅要依靠管理者的经验和判断，还要结合运筹学、数学模型和计算技术等各种手段来进行方案评价，从而使评价方案具有科学性。

6. 选择方案

这是在前面工作基础上做出的关键一步，也是决策抉择阶段。通常从诸多可行方案中选择一个最优方案，选择是在经验、实验和研究分析的基础上进行的。选择时，如果发现两个可取的方案，这里可确定首先采用哪个方案，然后将另一个方案作为备选方案。

7. 拟订派生计划

派生计划就是总计划下的分计划。总计划要靠派生计划来保证，派生计划是总计划的基础。选定一个计划方案后，还要围绕这一计划来制订一系列派生计划。派生计划是由各个职能部门和下属单位制定的，在这一阶段要注意 4 个问题：① 让组织成员了解总体计划的目标、计划前提、指导思想和内容；② 协调各派生计划，使其方向与总体目标一致；③ 各派生计划的工作时间安排得当；④ 组织部门要进行预算，协调资金的使用，以确保计划目标的实现。

8. 编制预算

计划工作的最后一步是把计划转化为预算，使之数字化。预算实质上是资源的分配，预算工作做得好，可以成为汇总和综合平衡各类计划的一种工具，也可以成为衡量计划工作完成进度的重要标准。

4.4.2 计划编制的方法

计划工作的效率和质量，在很大程度上取决于所采用的计划方法。下面介绍两种主要方法。

1. 滚动计划法

滚动计划方法是一种编制具有灵活性的、能够适应环境变化的长期计划方法。这种方法在已编制出的计划的基础上，每经过一滚动期（如以一年或一个季度为一段固定的时期）便根据变化了的环境条件和计划的实际执行情况，对原计划进行修改调整，确保计划目标的顺利实现。每次调整时，保持原计划期限不变，而将计划期限顺序向前推进一个滚动期，使短期计划、中期计划和长期计划有机地结合起来。由于将来影响经济发展的各种因素是很难预测的，而且随着计划期的延长，这种不确定性就越大。所以，如果硬性地按几年以前的计划实施，可能导致巨大的经济损失。滚动计划法可以避免这种不确定性可能带来的不良后果。具体做法是，用近细远粗的办法制订计划，如图 4-9 所示的 5 年滚动计划[①]。

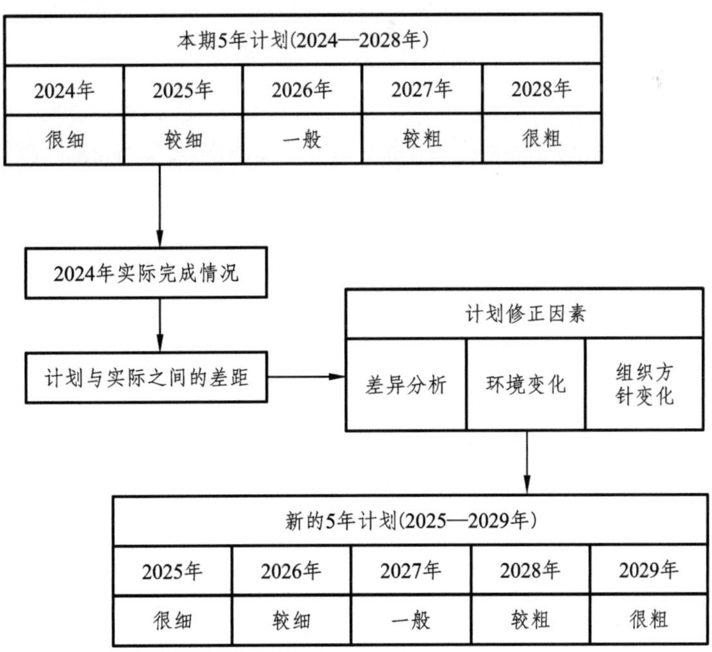

图 4-9 本期 5 年计划（2024—2028 年）

① 蒋运通，傅太平. 管理学[M]. 北京：北京工业大学出版社，2005.

在计划期的第一阶段结束时，要根据该阶段计划的实际执行情况，外部与内部有关因素的变化情况，对原计划进行修订，并根据同样的原则远期滚动。每次修订都使整个计划向前滚动一个阶段。滚动计划方法既适应于长期计划，又适宜于短期计划。

滚动计划的特点：① 计划分为若干个执行期，其中近期行动计划编制详细，远期计划编制相对比较粗略；② 计划执行的一定时期，根据内外环境的变化，对计划进行调整；③ 是一个动态过程，使计划的适应性得到加强。

2. 投入产出法

投入产出法是由哈佛大学的瓦西里·列昂惕夫教授创立的，他于 1936 年发表了投入产出的第一篇论文《美国经济制度中投入产出的数量关系》；并于 1941 年出版了《美国经济结构，1919—1929》一书，详细介绍了“投入产出分析”的基本内容；到 1953 年又出版了《美国经济结构研究》一书，进一步阐述了“投入产出分析”的基本原理和发展。列昂惕夫由此于 1973 年获得第五届诺贝尔经济学奖。

该方法的核心是一张根据调查和统计结果而精心编制的投入产出表，是利用数学的方法对物质生产部门之间或产品与产品之间的数量依存关系进行分析，并对再生产进行综合平衡的一种科学方法。主要依据是各部门经济活动的投入与产出之间的数量关系。投入就是将人力、物力投入生产过程，在其中被消耗，这是生产性消费。产出就是生产出一定数量和种类的产品。它以最终产品作为经济活动的目标，从整个经济系统出发确定达到平衡的条件。

投入产出分析的步骤：① 根据统计资料，编制投入产出表；② 计算各部门之间的直接消耗系数和间接消耗系数；③ 根据每个部门对最终产品的要求，计算各部门应达到的状况，并依此来编制综合计划。

4.5　目标管理

［任务导入 4-5］

商务助理目标管理

一、案例背景

近年来某科技公司的业务迅速扩张，商务活动日益频繁。为了更好地支持销售团队，公司决定为每位销售经理配备一名商务助理。李 × 作为一名新晋商务助理，需要迅速适应岗位，协助销售经理完成各项商务任务。为了提高工作效率，李 × 决定实施目标管理。

二、目标设定

1. 短期目标：在入职后的一个月内，熟悉公司业务流程、掌握商务礼仪、提高沟通协调能力，为销售经理提供基本的商务支持。

2. 中期目标：在入职后的三个月内，深入了解公司产品和市场情况，能够独立处理商务文件、安排商务会议和商务旅行，减轻销售经理的行政负担。

3. 长期目标：在入职后的一年内，成为销售经理的得力助手，具备商务谈判和客户关系维护能力，为公司创造更多商业价值。

三、实施过程

1. 熟悉业务与环境：李×入职后，首先向销售经理和同事请教，了解公司的业务流程、团队文化和商务礼仪。同时，她积极参加公司内部的培训课程，提高自己的专业素养。

2. 制订工作计划：为了实现目标，李×制订了详细的工作计划。她每天列出重要任务，按照优先级进行排序，确保高效完成。此外，她还定期与销售经理沟通，了解工作需求和期望，以便及时调整工作计划。

3. 提升技能与能力：李×利用业余时间学习商务英语谈判技巧和客户关系管理等方面的知识。她还主动请缨参加重要的商务活动，以便在实践中锻炼自己。

4. 寻求反馈与改进：李×定期向上级和同事征求反馈意见，了解自己的不足之处，并制订改进计划。她始终保持谦虚好学的态度，努力提升自己的综合素质。

四、成果与评估

经过一年的努力，李×成功实现了各个阶段的目标。她熟悉了公司的业务流程，掌握了商务礼仪，提高了沟通协调能力，能够独立处理商务文件、安排商务会议和商务旅行，还在多次商务谈判中展现出过人的谈判技巧和客户关系维护能力。销售经理对李×的工作表现给予了高度评价，认为她是团队中不可或缺的得力助手。

五、总结与反思

通过目标管理，李×在商务助理岗位上取得了显著成绩。她认为目标管理的关键在于设定明确可衡量的目标，并制订切实可行的实施计划。同时，保持积极的学习态度和持续的自我提升也是实现目标的重要因素。在未来的工作中，李×将继续运用目标管理的方法，不断提高自己的职业素养和综合能力，为公司创造更多价值。

任务分析：

1. 理解目标管理的内涵。
2. 分析目标管理的优点。

目标管理既是一种组织管理模式，也是一种管理思想和管理哲学的体现，它的形成经历了较长的时期，是由众多管理思想大师一起完成的，而美国管理大师彼得·德鲁克（Peter Drucker）就是他们之中搭上最后一块积木的人。[①]他于1954年在《管理实践》中最先提出了“目标管理”的概念。他认为并不是有了工作才有目标，而恰恰相反，有了目标才能确定每个人的工作。所以必须将“企业的使命和任务，转化为目标”。我国目标管理研究者邹金宏的代表作有《如何实现目标》和《目标管理》，他创办了目标管理研究机构，提出了倡导均衡式与兼顾品质等“新目标管理”理论，弥补了德鲁克时代目标管理中的一些不足，对目标管理理论的发展起到推动作用。

管理者通过目标对下级进行管理，当组织目标确定后，必须对其进行有效分解，从而将组织目标转变成组织各个部门及个人的分目标。管理者根据分目标的完成情况对各个部门及个人的分目标进行考核、评价和奖惩，从而进行有效的目标管理。

目标管理是运用系统的方法，将组织的整体目标转换为组织部门和成员的目标，通过层层落实和采取保证措施，有效、高效率地实现分目标，以达到组织整体目标实现的过程。

① 杨宇．德鲁克目标管理理论评述[J]．中国高新技术企业，2010（3）：88.

4.5.1 目标概述

1. 目标的定义

目标是个人、部门或整个组织所期望的成果，是使命的具体化，是一个组织在一定时间内奋力争取达到的所希望的未来状况。每一个组织都有自己的目标。目标是组织的基本特征，表明一个组织存在的意义。

2. 目标的性质

从管理学的角度看，组织目标具有独特的属性，通常称为“SMART”特性：明确性（specific）、可度量性（measurable）、可实现性（achievable）、目标之间关联性（revelant）、时间限定性（timeout）。因此组织在制定目标时，必须把握好目标的这些属性，有利于目标的实现。

3. 设定目标的程序

从总目标发展分解为各阶层目标的整个过程，可用目标金字塔表示。上端为组织的总目标，顺此而下，三角形逐渐扩大，最后完成组织各层次目标的制定。目标的层次图可用图 4-10 表示[①]。

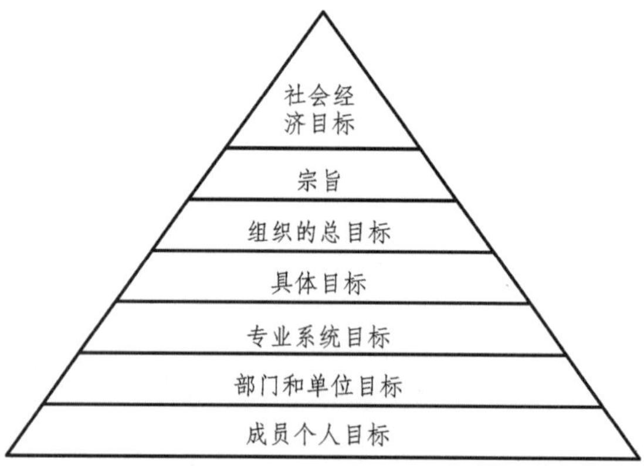

图 4-10 目标的层次图

目标设定的程序从理论上来说，应该有由上而下、由下而上、由上而下和由下而上相结合的方式。

（1）由上而下。

由上而下目标设定程序是组织总目标制定后再分解到每个部门及员工个人的过程，强调把组织的整体目标转化为组织和个人的具体目标。所以对员工个人来说，目标管理提出了明确的个人绩效目标，员工对他所在组织的绩效可以做出明确而具体的贡献。

（2）由下而上。

由下而上目标设定程序是指由组织员工根据自身的情况上报个人的目标计划，组织根据上报计划汇总，进而形成组织总体目标的过程。如果所有人都实现了各自的目标，组织的整体目标也就能够实现。

① 刘璇，贾亚东. 管理学基础[M]. 上海：上海财经大学出版社，2009.

（3）由上而下和由下而上相结合。

目标设定的程序应该是先由上而下，将总目标分解为部门目标及员工个人目标；在分解的过程中，组织采用组织与员工双方由上而下和由下而上相沟通的方式，动态地逐级累积达到部门目标与总目标的预期成果。

4. 目标的作用

目标的作用主要表现在 4 个方面：① 目标能够指明管理的工作方向，起导向作用；② 目标能起到激励作用，通过目标的实现，员工能实现其自身的价值，产生成就感和满意感，更能激发员工的潜在能力和工作激情，有利于组织目标的实现；③ 目标在组织中能起到凝聚作用，正是组织和个人共同利益的纽带把组织成员紧密地凝聚在一起，以实现组织目标、部门和个人目标的有机统一；④ 目标的系统化、指标化，能起到评价绩效的客观标准作用，凭主观印象的臆断是不客观、不科学的，只有通过明确的目标体系量化考核，才能更加科学地对部门及员工进行正确的绩效评价。所以在管理实践中，将员工目标的各项考核指标具体化，是实现组织目标的根本保证。

4.5.2 目标管理的成因及过程

1. 目标管理的概念

彼得·德鲁克为目标管理的发展和使之成为一个理论体系作出了重大贡献。他于 1954 年在《管理的实践》一书中正式提出了目标管理的概念，之后又提出“目标管理和自我控制”的主张。

目标管理就是以目标为导向，以人为中心，以成果为标准，运用系统的方法，将组织的整体目标转换为组织部门和成员的具体目标，通过层层落实分解，采取一定保障措施，使组织和个人取得最佳业绩，以达到组织整体目标实现的过程。组织成员亲自参加工作目标的制定来实现员工的自我控制。由于这种管理制度特别适用于对主管人员的管理，所以被称为“管理中的管理”。

目标管理是一种管理系统，包括目标制定、组织结构优化、管理运行、协调控制、方案预算等一系列动态过程。在组织目标分解的过程中，往往采用组织与员工双方由上而下和由下而上沟通的方式，通过动态地逐级累积，从而达到部门目标与总目标的预期成果。

通过工作目标的制定来实现员工“自我控制”，这种用员工“自我控制”管理代替压制性管理，可以通过自我激发，使员工在工作过程中充满工作激情，实现其自身的价值。

2. 目标管理的成因

目标管理的出现和发展，有以下两个方面的主要原因：① 管理的内在驱动力，推动了目标管理的形成和发展，如何使组织目标与个人目标的一致性和矛盾性达到最大程度的和谐，是目标管理出现、存在和发展的内在驱动力；② 业绩评价的需要。组织对员工的成果不能凭管理者的主观臆断，而是要通过科学合理的目标体系量化考核，从而实现员工的“自我控制”。

3. 目标管理的特点

目标管理的指导思想上是以 Y 理论为基础的，与传统管理方式相比有鲜明的特点，表现在目标、人、成果等方面。

（1）建立链式目标体系。

美国马里兰大学的早期研究发现，明确的目标会有更高的业绩，而且高水平的业绩是与更高的目标相联系的。

目标管理要将组织的整体目标逐级分解成各单位、各员工的分目标。

在目标分解过程中，要明确权、责、利对等，采用组织与员工双方由上而下和由下而上相沟通的方式，形成协调统一的目标体系。

（2）重视人的因素。

目标管理的目标不像传统目标设定那样由上级给下级设定目标，而是用员工参与的、民主的、自我控制的方式决定目标，通过上下协商方式来完成，把个人需求与组织目标结合起来的管理制度，充分重视人的因素。上级与下级的关系是相互平等、相互尊重、相互依赖、相互支持的，下级员工在承诺目标和被授权之后常常表现为自觉、自主和自治的行为。

（3）重视成果。

目标管理以制定目标为起点，以目标完成情况的考核为终点。组织部门、成员对照预先设立的目标进行业绩评价考核，用鼓励自我评价和自我发展的方法，激励员工更高的工作热情。工作成果成为评定目标完成程度的标准和评价绩效的唯一标志。管理者不去过多干预、监督下属完成目标的过程，而是更多地注重与下级的沟通和协调。

4. 目标管理的基本过程

由于各个组织活动的性质不同，目标管理的步骤可以不完全一样，一般来说有以下步骤：

（1）建立一套完整的目标体系。

首先要建立一套完整、科学的目标体系。这项工作从组织的最高主管部门开始。最高主管人员分析组织内外部环境，确定在未来某时期内本单位的战略目标，然后由上而下逐级分解目标。在一般情况下，组织层次越高，目标设置的完成时间越长。

上下级的目标之间通常表现为“目的—手段”的关系；上一级的目标，需要用一定的手段来实现，这些手段就成为下一层次的目标，按级从上向下逐级递推，直至作业层的作业目标，从而构成链式目标体系。

制定目标需要事先拟定一些指导方针，还应当采取协商上下级沟通的方式，鼓励下级主管人员根据基本方针拟定自己的目标，再报上级审核批准。

目标制定要做到目标体系与组织结构相吻合，部门与员工的目标和责任相对应，还要注重上级管理者与下级员工协商，鼓励下属管理人员制定出适度合理又切实可行的基本目标。

（2）组织实施。

目标一旦确定下来，上一级主管人员就要下放一部分权力给下一级管理人员，上一级主管人员则去思考一些战略性和综合性的问题。目标任务主要靠下级管理人员自我控制去完成。上一级领导如果事事躬亲，则与目标管理的原则和宗旨相悖，如过多的干涉，则不能获得较好的目标管理效果。

上一级的管理也不能放任自由，更多地对下级加以指导与协助，主要抓好目标链的协调衔接问题，努力创造良好的工作环境等，切实保障组织管理目标的如期实现。

（3）检查和评价。

对于各级目标的完成情况，要事先规定期限，并根据目标方案进行定期检查。下一级首先进行自我评估，提交书面报告；然后上下级一起考核目标完成情况，并根据评价结果进行奖罚。检查的依据是事先确定的目标或阶段性成果。如发现差距，就要及时采取措施进行弥补，以免影响组织目标的实现。经过评价，目标管理进入下一轮循环过程。这样经过“设定目标→组织实施→检查和评价→再重新设定目标”周而复始的过程，使组织目标得以完全实现。

5. 目标管理的优点及局限性

目标管理既有优点，也有不足，在管理活动中，应该因势利导，充分利用它的优点为管理活动提供好的思路和方法，但同时也要注意这种方法本身存在的不足之处，要提前防范。

（1）目标管理的优点主要有以下几个方面：

① 提高了管理的效率。

目标管理以最终结果为导向，这一特点要求各级管理人员更注重管理活动的时效。为了保证目标的实现，各级管理人员必然运用自己的经验、能力、科学的方法和手段来解决目标实现的方法及途径，有利于导致管理水平的提高。目标管理对组织目标的度量和分解，便于考核，能使责任更明确，会使控制活动更加有效，所以目标管理能带来良好的绩效，提高管理的效率。

② 有利于目标任务的明确。

目标管理将组织的整体目标转换为组织部门和成员的目标，所以各级部门、管理人员都有自己部门的明确目标，由各级管理人员和工作人员去承担完成任务的责任，每个目标都有明确负责。这时各级部门的管理人员成为专心致志于自己目标的人，将自己的思想纳入计划之中，使自己的目标与组织的目标相一致，使自己的主动性、积极性、创造性被极大激发，使目标管理工作有更多的灵活性和创新空间。

③ 有利于加强监督控制。

目标管理要求各级部门、管理人员的责任更明确，而目标管理活动检查和评价各级目标的完成情况，要根据事先规定的期限，对目标方案进行定期检查和监督控制。组织内包括总目标和各个部门及员工的目标有一套可考核的目标评价体系，使组织的管理活动有据可依，监督和控制就有了准绳。通过对目标实施的成果与原预订的目标对照比较，来分析计划在实施中出现的与目标的偏差。此时就要进行目标管理监督控制环节，只有加强监督控制，才能使目标的实现有切实保障。

（2）目标管理的局限性主要有以下几个方面：

① 管理目标比较难确定。

目标管理能否取得成效的关键在于确定明确的目标。但在实际管理活动中，有的管理目标可以确定，如生产任务型的管理活动，一般来说可明确目标，因为可以对其进行计量考核；而行为导向型的管理活动可考核的目标难以确定，如许多项目团队的工作目标的完成往往是靠该项目内的全体人员的共同协调来完成的，这时则难以量化考核指标等。

② 目标具有短期化行为。

在实行目标管理的组织中，确定的目标很少有超过一年的，常常是一季度或甚至更短，这是组织环境的变化特性决定的。这时各级管理人员很难做出长期的目标承诺。短期目标会导致短期行为，常常以损害长期利益为代价。为了防止目标短期化行为的发生，上一级主管人员应该以长远战略目标的眼光来明确组织的各级管理目标，并采取相关限制性措施应对可能出现的短期目标行为。

③ 目标修改具有不灵活的特点。

目标管理要取得成效，必须保持其具有一定的明确性。但是，计划是面向未来的，而未来存在许多不确定性因素，如果目标管理过程中，组织的环境发生了重大变化，管理者不得不对目标进行修正，有时会导致组织管理的混乱。原目标的制定是上一级管理者与下一级部门及人员之间通过磋商来确定的，改变它不是轻而易举的事。轻易修改对管理人员来说有时会难以承受，并且修改也要耗费较多的时间和精力。这种目标修改不灵活的特点，常常会迫使主管人员不得不中途停止目标修改管理活动。

[项目小结]

本项目介绍了计划的含义、类型及作用，阐述了计划与决策之间的关系；对计划的任务及“5W1H”内容做了简要介绍，重点讲解了预测的方法、计划制订的程序及比较常见的计划编制方法，最后对目标管理的概念及成因过程做了介绍。学习本项目后，加深了学生对计划有关知识的理解，让学生掌握了实际编制计划的方法，具备了开展计划工作的初步能力。

[同步测试]

一、单选题

1. 计划工作的核心是（　　）。

A. 制定预算　　B. 确定前提
C. 预测　　D. 决策

2. 计划工作的限定性因素，是指制订计划时考虑的限定因素（　　），则计划目标的实现越有保证。

A. 越稳定　　B. 越少
C. 越多　　D. 越波动

3. 目标管理的特点是（　　）。

A. 强调监督　　B. 强调过程控制
C. 权力集中　　D. 参与试管理

4. 目标管理最突出的特点就是强调（　　）。

A. 过程管理和全面控制　　B. 成果管理和自我控制
C. 计划与执行相分离　　D. 自我考评和全面控制

5. 按计划内容分类的计划是（　　）。

A. 长期计划　　B. 年度计划
C. 专项计划　　D. 上层管理计划

二、填空题

1.（　　）也被称为数字化的计划。

2.（　　）是对未来行动的规划，是为实现组织目标而对未来行动所做的综合统筹安排。

3.（　　）是通过对客观事实的历史和现状进行调查及分析，运用科学的方法推测未来，由已知去推测未知，从而揭示客观事实未来发展的趋势和规律。

4. 按不同的研究对象进行分类，预测可分为经济预测、(　　) 和社会政治预测。

5. (　　) 是建立在统计学、数学、系统论、控制论、信息学、运筹学、计量经济学等学科基础上，运用数学模型进行预测的方法，其特点就是要依靠大量的历史数据资料作为预测的依据。

三、判断题

1. 计划是对未来行动的规划，是为实现组织目标而对未来行动所做的综合统筹安排，是未来组织活动的指导性文件。 (　　)

2. 指令性计划是由上级主管部门下达的，只具有参考作用的计划。执行单位可根据自己的实际情况，决定是否按指导性计划工作。 (　　)

3. 因果分析法是分析两个以上变量之间关系的数学方法，即从事物变化的因果关系出发来进行预测。 (　　)

4. 时间序列预测法对按时间排列起来的过去资料，经过分析其变化规律，建立数学模型来预测事物未来状态的方法，适用于短期预测。 (　　)

5. 滚动式计划方法是一种编制具有灵活性的、能够适应环境变化的长期计划方法。 (　　)

四、简答题

1. 阐述计划工作的概念。

2. 计划工作包括哪几方面的内容?

3. 如何划分计划类型?

4. 预测在计划工作中的作用是什么?

5. 目标管理的成因是什么?

6. 讨论计划制订得好是否一定能带来效益的增长。

五、案例分析

目标管理

某机床厂从××××年开始推行目标管理。为了充分发挥各职能部门的作用，充分调动1 000 多名职能部门人员的积极性，该厂首先对厂部和科室实施了目标管理。经过一段时间的试点后，逐步推广到全厂各车间、工段和班组。多年的实践表明，目标管理改善了企业经营管理，挖掘了企业内部潜力，增强了企业的应变能力，提高了企业素质，取得了较好的经济效益。

按照目标管理的原则，该厂把目标管理分为 3 个阶段来进行。

第一阶段：目标制定阶段。

1. 总目标的制定。

该厂通过对国内外市场机床需求的调查，结合长远规划的要求，并根据企业的具体生产能力，提出了××××年“三提高”“三突破”的总方针。所谓“三提高”，就是提高经济效益、提高管理水平和提高竞争能力；“三突破”是指在新产品数目、创汇和增收节支方面要有较大的突破。在此基础上，该厂把总方针具体化、数量化，初步制订出总目标方案，并发动全厂员工反复讨论、不断补充，送职工代表大会研究通过，正式制定出全厂××××年的总目标。

2. 部门目标的制定。

企业总目标由厂长向全厂宣布后，全厂就对总目标进行层层分解，层层落实。各部门的分目标由各部门和厂企业管理委员会商定，先确定项目，再制定各项目的指标标准。其制定依据是厂总目标和有关部门负责拟定、经厂部批准下达的各项计划任务，原则是各部门的工作目标值只能高于总目标中的定量目标值。同时，为了集中精力抓好目标的完成，目标的数量不可太多。为此，各部门的目标分为必考目标和参考目标两种。必考目标包括厂部明确下达目标和部门主要的经济技术指标；参考目标包括部门的日常工作目标或主要协作项目。其中必考目标一般控制在2～4项，参考目标项目可以多一些。目标完成标准由各部门以目标卡片的形式填报厂部，通过协调和讨论最后由厂部批准。

3. 目标的进一步分解和落实。

部门的目标确定以后，接下来的工作就是目标的进一步分解和层层落实到每个人。

（1）部门内部小组（个人）目标管理。其形式和要求与部门目标制定相类似，拟定目标也采用目标卡片，由部门自行负责实施和考核。要求各个小组（个人）努力完成各自目标值，保证部门目标的如期完成。

（2）该厂部门目标的分解是采用流程图方式进行的。具体方法是：先把部门目标分解落实到职能组，任务级再分解落实到工段，工段再下达给个人。通过层层分解，全厂的总目标就落实到了每一个人身上。

第二阶段：目标实施阶段。

该厂在目标实施过程中，主要抓了以下3项工作。

1. 自我检查、自我控制和自我管理。

目标卡片经主管副厂长批准后，一份存企业管理委员会，一份由制定单位自存。由于每一个部门、每一个人都有具体的、定量的明确目标，所以在目标实施过程中，人们会自觉、努力地实现这些目标，并对照目标进行自我检查、自我控制和自我管理。这种自我管理，能充分调动各部门及每一个人的主观能动性和工作热情，充分挖掘自己的潜力。因此，完全改变了过去那种上级只管下达任务、下级只管汇报完成情况，并由上级不断检查、监督的传统管理办法。

2. 加强经济考核。

虽然该厂目标管理的循环周期为一年，但为了进一步落实经济责任制，即时纠正目标实施过程中与原目标之间的偏差，该厂打破了目标管理的一个循环周期只能考核一次、评定一次的束缚，坚持每一季度考核一次和年终总评定。这种加强经济考核的做法，进一步调动了广大职工的积极性，有力地促进了经济责任制的落实。

3. 重视信息反馈工作。

为了随时了解目标实施过程中的动态情况，以便采取措施、及时协调，使目标能顺利实现，该厂十分重视目标实施过程中的信息反馈工作，并采用了两种信息反馈方法。

（1）建立“工作质量联系单”来及时反映工作质量和服务协作方面的情况。尤其当两个部门发生工作纠纷时，厂管理部门就能从“工作质量联系单”中及时了解情况，经过深入调查，尽快加以解决，从而大大提高了工作效率，减少了部门之间的不协调现象。

（2）通过“修正目标方案”来调整目标。内容包括目标项目、原定目标、修正目标以及修正原因等，并规定在工作条件发生重大变化需修改目标时，责任部门必须填写“修正目标方案”提交企业管理委员会，由该委员会提出意见交主管副厂长批准后方能修正目标。

该厂在实施过程中狠抓了以上3项工作，因此，不仅大大加强了对目标实施动态的了解，而且加强了各部门的责任心和主动性，从而使全厂各部门从过去等待问题找上门的被动局面，转变为积极寻找和解决问题的主动局面。

第三阶段：目标成果评定阶段。

目标管理实际上就是根据成果来进行管理，故成果评定阶段显得十分重要。该厂采用了“自我评价”和上级主管部门评价相结合的做法，即在下一个季度第一个月的10日之前，每一部门必须把一份季度工作目标完成情况表报送企业管理委员会（在这份报表上，要求每一部门自己对上一阶段的工作做出恰如其分的评价）。企业管理委员会核实后，也给予恰当的评分。如必考目标为30分，一般目标为15分。每一项目标超过指标3%加1分，以后每增加3%再加1分。一般目标有一项未完成而不影响其他部门目标完成的，扣一般项目中的3分，影响其他部门目标完成的则扣分增加到5分。加1分相当于增加该部门基本奖金的1%，减1分则扣该部门奖金的1%。如果有一项必考目标未完成则扣至少10%的奖金。

该厂在目标成果评定工作中深深体会到：目标管理的基础是经济责任制，目标管理只有同明确的责任划分结合起来，才能深入持久，才能具有生命力，从而获得最终的成功。

资料来源：西北师范大学“管理学原理”精品课程“案例库”。

思考：

1. 增加和减少员工奖金的发放额是实行奖惩的最佳方法吗？除此之外，你认为还有什么激励和约束措施？

2. 你认为实行目标管理时培养完整严肃的管理环境和制定自我管理的组织机制哪个更重要？

3. 在这个实行目标管理的案例中，你认为现今环境下还应该做哪些修正？

［项目训练］

拟订一份未来个人发展计划[①]

一、任务目标

掌握用滚动计划法实际编制计划的方法。

二、任务内容

1. 列出你未来5年的个人发展目标（如学习目标、就业目标、生活目标等），并以此制订相应的5年计划。

2. 采用滚动计划法来实施这一工作，并根据实际情况检验和调整原有计划。

三、任务方法

1. 滚动计划法采用近细远粗的办法，即近期计划尽可能地详尽，远期计划的内容则较粗；在计划期的第一阶段结束时，根据该阶段计划执行情况和内外部环境变化情况，对原计划进行修订，并将整个计划向前滚动一个阶段；以后根据同样的原则逐期滚动。

2. 密切结合自身情况和条件，使计划更加切合实际；使长期计划、中期计划和短期计划相互衔接，保证能根据环境的变化及时进行调节；增强了计划的弹性，从而提高了自身的应变能力。

3. 与小组其他成员分享。

① 杨强. 管理学基础[M]. 北京：中国人民大学出版社，2010：144-145.

四、材料准备

笔、纸等。

五、考核要求

考核项目	操作要求	配分	得分
制定个人5年发展目标	小组每位成员列出你未来5年的个人发展目标，书面材料、全面完整	20	
采用滚动计划法来制定计划	采用滚动计划法来制订个人计划，书面材料、全面完整	50	
小组分享	将自己的个人计划与小组成员分享	20	
团队精神	发言积极，乐于与同学分享成果	10	

六、任务提示

滚动计划法是一种将短期计划、中期计划和长期计划有机结合起来，根据近期计划的执行情况和环境变化情况，定期修订未来计划并逐期向前推移的方法。要完成此项任务，我们给出以下建议：

1. 关于个人发展目标制定的建议。

结合自己的SWOT分析表，列出自己在学校学习或学校毕业后5年内最想实现的个人发展目标（如学习目标、就业目标、生活目标等）。

2. 采用滚动计划法制订计划的建议。

滚动计划法的具体做法是：在计划制订时，同时制订未来若干期的计划，但计划内容采用近细远粗的办法，即近期计划尽可能地详尽，远期计划的内容则较粗；在计划期的第一阶段结束时，根据该阶段计划执行情况和内外部环境变化情况，对原计划进行修订，并将整个计划向前滚动一个阶段；以后根据同样的原则逐期滚动。

3. 可以参照以下的滚动计划图示来制订计划（见图4-11）。

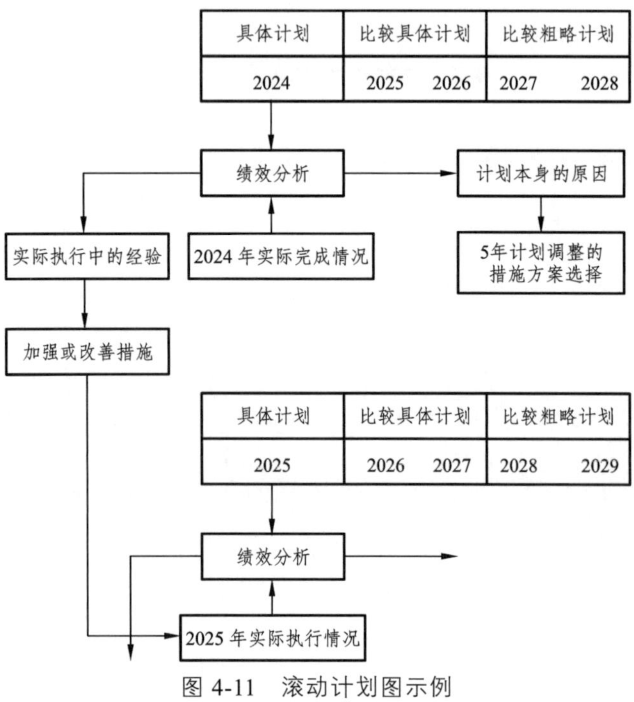

图4-11 滚动计划图示例

项目5 组 织

学习目标

1. 掌握组织的含义。
2. 了解组织的类型及作用。
3. 掌握组织结构设计的程序。
4. 理解管理幅度与管理层次的含义。
5. 了解人员配备的概念及原则。
6. 理解人员配备的工作内容。
7. 了解管理人员的来源。
8. 掌握管理人员选聘的程序和方法。
9. 理解管理人员培训和考评的内容。
10. 了解组织文化的含义及功能。
11. 理解组织文化建设的步骤。

5.1 组织概述

［任务导入 5–1］

组织管理案例

在当今竞争激烈的商业环境中，组织管理成为企业成功的关键。一个高效的组织管理可以帮助企业更好地实现目标，提高生产效率，增强竞争力。

首先，让我们来看一个成功的组织管理案例，谷歌公司。作为全球知名的科技公司，谷歌的成功离不开其卓越的组织管理。谷歌在管理方面有着许多独特的做法，如鼓励员工创新、提倡开放式沟通、实行扁平化管理结构等。这些做法使谷歌成为一个高效、灵活的组织，员工们可以更好地发挥自己的创造力，推动公司不断创新发展。

其次，让我们来看一个组织管理失败的案例，诺基亚公司。诺基亚曾经是手机行业的领军企业，但由于其管理层的官僚化、决策缓慢等问题，公司在智能手机时代失势。诺基亚的组织管理没有及时适应市场变化，导致了公司的衰落。这个案例告诉我们，组织管理必须与时俱进，及时调整管理策略，以适应不断变化的市场环境。

从以上两个案例可以看出，组织管理对企业的重要性。一个好的组织管理可以激发员工的工作热情，提高工作效率，促进企业的持续发展。而一个糟糕的组织管理则可能导致企业的衰败，让企业错失发展机会。

那么，如何进行有效的组织管理呢？首先，企业需要建立清晰的组织结构和明确的管理制度，确保每个员工都知道自己的职责和权利。其次，企业需要重视员工的培训和发展，激励员工不断提升自己的能力和素质。此外，企业还应该注重团队建设，营造良好的工作氛围，提高员工的凝聚力和创造力。

综上所述，组织管理对企业的重要性不言而喻。一个好的组织管理可以帮助企业更好地应对市场竞争，实现持续发展。因此，企业需要重视组织管理，并不断完善管理制度，激发员工的工作热情，共同推动企业发展。

资料来源：组织管理案例[OL]. (2023-12-26)[2024-1-6]. https://wenku.baidu.com/view/3f6e245887254b35eefdc8d376eeaeaad1f316b8.html?_wkts_=1714642865686&bdQuery=%E7%BB%84%E7%BB%87%E6%A1%88%E4%BE%8B&needWelcomeRecommand=1.

任务分析：

1. 分析组织管理的重要性。
2. 如何有效地进行组织管理？

组织是管理的第二大职能。高效率协调运转的组织无疑是实现管理目标的前提条件。无论是一个工商企业，还是一非营利性的机构或国家机关，它们都是由计划职能确定组织目标，并对实现目标的途径做出科学的决策，对包括人、财、物和信息等资源，在一定空间和时间范围内进行合理有效的配置。这需要以“组织”为纽带的机构来保证对环境的适应性，对集体活动进行分工协作，以保证各项工作朝着一个目标有序地进行。组织机构设计、人员配置是否合理，组织面临环境的变化是否调整和变革等，都直接关系到组织目标是否得以实现。组织目标的实现必须依靠组织的活动来贯彻落实，组织工作做得好，可以形成集体力量的汇聚和放大效应，组织工作做得不好，就非常容易变成“一盘散沙”，所以组织是管理的一项非常重要的职能。

5.1.1　组织的概念

1. 组织的含义

美国社会学家高斯认为，组织是通过各种功能和责任的配置，促进完成一些共同的目标的人为设置。而社会系统学派创始人巴纳德认为，由于生理的、物质的、社会的限制，人们为了达到个人和共同的目标必须合作而形成群体就是组织。也有的学者认为，组织是为了实现某种目标，而由具有合作意愿的人群组成的职务或职位的结构。

以上几种对组织内涵的界定基本相同。这说明人们在集体活动中需要合作的必要性。所以组织是人们为了实现某种目标而形成的群体或集合，可以区分为静态的组织实体和动态的组织工作。

就组织的静态概念而言，组织是为了有效地配置有限的资源、发挥某些特定的功能，在分工合作基础上构成的权责体系。可以从 3 个方面来理解这一定义：第一，既定目标。组织目标是组织存在的前提，组织是靠共同目标联系起来为了达到共同目标组合起来的形式。第二，既定分工。组织的基本特征是信息交流和协作配合，没有分工与合作也不能称其为组织，只有分工与合作才能产生效率。第三，既定秩序。组织有不同层次的权力与责任制度，组织成员有明确的职权、职责和组织关系。

从动态的角度看，组织职能是建立与推动组织运行的过程。在组织目标确定的情况下，将实现组织目标所必须进行的业务活动进行整合，根据管理幅度原理划分管理层次和部门，授予它们相应的责权，合理配置组织的资源，使组织运行协调高效。

2. 组织要素

组织要素是组成组织系统的最基本单位。组织要素一般包括以下几个方面：

（1）目标。

目标是组织存在和发展的基础，是组织不可或缺的要素，任何组织都是为了实现一定的目标而建立的，没有目标的组织是不存在的。

（2）人员与物质设施。

组织为实现特定的目标，常把人们结合在一起组成相对独立的社会单位。所以人员是组织的纽带。组织的领导与员工建立良好的人际关系，才能使组织系统协调有序地向着组织目标的方向运行，所以说人员是组织运行的前提条件，而物质设施为组织目标实现提供保障。

（3）结构、制度与职责。

组织中每个人在系统中所处的位置以及相应的职权形成了职务结构，主要靠组织行为准则、规章制度来保障。组织分工和合作后，赋予每个部门及员工个人的权力及责任，应该做到责权对等，不同职务的人承担不同的责任和行使不同的权力，以达到组织目标实现的目的。

（4）信息。

巴纳德从社会大协作系统的角度认为，信息交流是组织的基本要素之一。管理组织内部及内部与外部的联系，主要靠信息联系。组织要有一套组织传递和沟通信息的办法及渠道。只有有效的信息沟通，才能保证组织的高效运转。

5.1.2 组织的类型

1. 按组织结构的严密程度分类

按组织结构的严密程度，可分为正式组织和非正式组织。

（1）正式组织。

正式组织是指在组织设计中，为了实现组织的总目标，依法或依规章制度的有关规定建立的明确规定组织成员的职责范围及相互关系的功能结构。组织有一整套章程、编制或其他正式制度、规范等，对组织成员具有一定的约束力。例如，企业的销售部门、生产部门、财务部门、人事部门等都是正式组织。

正式组织具有以下几个方面的特征：第一，正式组织有明确的组织目标和组织规范；第二，正式组织通过组织方针、政策、规则、制度等对组织成员起影响作用，并约束组织成员的行为，具有强制性的特点；第三，正式组织具有程序化的特点，包括组织设立的程序化，组织解散的程序化，组织运作的程序化等。

正式组织必须包括以下几个系统：第一，职能化系统，有助于实行专业分工；第二，激励系统，能够引导成员自觉地作出贡献；第三，权力系统，促使集体成员去接受决定；第四，决策系统，为组织的发展指引方向。

（2）非正式组织。

在实际生活中，人与人之间不仅存在正式往来关系，还存在非正式往来关系。非正式组织是指在正式组织内部，由于成员在性格、气质、爱好、兴趣、地理位置关系等方面较为接近，在相互交往基础上形成的，比一般成员关系更为密切的小团体组织。非正式组织具有自然形成的特点，不是经过程序化而成立的，没有固定的编制和明文规定，甚至没有固定的组织边界和组织形式，仅有权威和领袖，有潜在的规范，主要是为了满足成员间的心理、情感等需要。非正式组织所产生的人际关系，对企业行为识别的潜在影响很大。例如，企业中的业余合唱团、足球队等都是非正式组织。

非正式组织的优点是，成员有表达自己思想的机会，有利于沟通，能提高员工的自信心和士气，减少紧张感。如果利用得好，可以为组织目标的实现发挥重要作用。但是，非正式组织的目标与组织的目标有时不一致，这时非正式组织就成为组织目标实现的障碍，管理者要采取相对应的策略与措施以防止非正式组织对整个组织的利益产生不良影响。例如，组织内的小道消息，可能是谣传，也可能是准确的消息，管理人员要认识到小道消息不可避免，尽量利用它来传递准确的消息，以对正式信息渠道进行补充。

2. 按组织的社会关系分类

按组织的社会关系，可分为政治组织、经济组织和文化组织。

（1）政治组织。

政治组织是指安排分散的人或事物使其具有一定的系统性或整体性,即组合成行为系统，建立配合关系的过程。这里主要指人们在政治领域中的组合形式，包括政党组织、立法与司法组织、军事组织等。政治组织较经济组织而言，出现得相对较晚，随着阶级的产生，政治组织才正式形成。

（2）经济组织。

经济组织是社会组织的基础，是在经济关系的基础上建立的，按一定方式组织生产要素进行生产、经营活动，以经济活动为其中心任务的单位，包括生产组织、交通运输组织、金融组织、工商企业组织、服务组织等。随着社会生产力的发展和社会分工的细化，经济组织得以不断发展。

（3）文化组织。

文化组织是为维护社会模式，满足人们的各种文化需要为目标，从事各种文化活动的社会团体，主要包括各种教育组织、科研组织、文化组织和医疗卫生组织等。

3. 按组织的形态分类

按组织的形态，可分为实体组织和虚拟组织。

（1）实体组织。

组织的最初形态就是实体组织，实体组织是一般意义上的组织。实体组织是指为了实现某组织目标，经由分工与合作，及不同层次的权力和责任制度而构成的有机集合系统，如学校、政府、医院等。实体组织具有 3 个基本特点：第一，功能化，具有完成组织活动所需的全部功能；第二，内部化，依靠自身的功能、各种资源来完成组织目标活动；第三，集中化，能将各种功能和资源集中在组织中，具有时空的连续性等。

（2）虚拟组织。

虚拟组织是社会发展到一定阶段的产物。特别是计算机信息网络出现后，虚拟组织得到了全方位的发展。所以虚拟组织是一种区别于传统组织，是以信息技术为支撑的人机一体化的组织。虚拟组织的特征是，以现代网络技术、信息存储技术、人工智能产品为依托，实现传统组织所具有的职能和目标。在形式上，没有固定的地理、空间、时间限制，组织成员通过高度自律和高度的价值取向来实现组织和自身的价值目标。

虚拟组织不同于实体组织，其虚拟性主要体现在如下几个方面：

首先，组织结构的虚拟性。虚拟组织一般不具有法人资格，虚拟组织的结构是网络型的，其管理跨度较大。

其次，组织人员的虚拟性。虚拟组织的构成人员一般不归属于该组织。

再次，办公场所的虚拟性。虚拟组织基本上没有集中的办公场所，在保证工作绩效的前提下，没有固定的地理、空间、时间限制，办公场所可在办公室内，也可以在自己家中，也可以在旅途中。

最后，核心能力的虚拟性。企业的核心能力是获得竞争优势的决定因素。虚拟组织通过信息网络来与其他组织联系，依靠网络形成网络核心能力。

4. 按组织的权威基础分类

按组织的权威基础，可分为强制性组织、功利性组织和自治性组织。

（1）强制性组织。

强制性组织是指采取法定或威逼等手段，强制人们必须服从的社会组织，是按外部法定权力强制人们必须服从的组织，如集中营、监狱、劳教所、精神病院等。

（2）功利性组织。

功利性组织是指以报酬、物质利益为基础，以功利或报偿的方式作为管理和控制部署的主要手段来赢得人们服从的组织，如企业、银行、保险公司等，主要通过经济手段，诸如调整薪水、奖金等手段对其成员进行控制。

（3）自治性组织。

自治性组织是指在自愿的基础上，遵守组织的宗旨、自主开展活动、人员自愿加入和服从的组织，如工商协会、同乡会、教会等。

5. 按组织对环境的适应性分类

按组织对环境的适应性，可分为机械式组织和有机式组织。

（1）机械式组织。

机械式组织，也称官僚行政组织，是综合使用传统组织设计原则的自然产物，是以高度复杂化、高度正规化和高度集权化为特征的一种组织，具有严格的结构层次和固定的职责，决策时常采用集权形式。机械式组织有正式的沟通渠道，采取正式的等级体系进行协调和沟通，追求的主要目标是稳定运行中的效率使工作变得简单化、常规化、标准化、专业化，组织的非人格化特征增强。机械式组织注重对任务进行高度的劳动分工和职能分工，以客观的不受个人情感影响的方式挑选符合职务规范要求的合格的任职人员，并对分工以后的专业化工作进行严密的层次控制，同时制定出许多程序、规则和标准。注重纵向、上下级之间的沟通，主管部门依靠制定、下达规则条例、指示和命令来进行管理。

（2）有机式组织。

有机式组织，也称适应性组织，呈低复杂性、低正规化和分权化特点。它是一种松散、灵活、具有高度适应性的组织。它因为不具有标准化的规则条例，是一种松散的结构，能根据需要迅速地做出相应的调整。这种组织的结构一般有任务工作组、矩阵制等。例如，给计算机工程师分配一项项目任务，组织就无须告诉他如何做，可以依靠职业标准来指导他的行为。

有机式组织呈现出以下特点：① 工作没有固定的规定和分工；② 个人的任务可通过与其他人的协调来不断调整，强调多方位、多层面的合作；③ 信息共享；④ 分权决策；⑤ 重视组织成员对组织任务的完成和承担的义务及职责等。

5.1.3 组织的作用

管理中的组织职能，是管理职能中的一项重要职能。组织的作用，绝不仅仅是为了简单地把个体力量集合在一起。如果一个组织的内部结构不合理，会造成信息不畅、指挥不灵、人浮于事，以致难以完成组织目标。在社会系统内部，对资源的组织不同，就会造成不同的功效。它对于组织的成效、组织目标的实现具有十分重要的意义。组织的基本作用可以概括为以下几个方面：

1. 凝聚力量

社会中单个的人对于自然界来说，力量太渺小了。草原上的猎狗之所以不惧狮子这个百兽之王，是因为猎狗们娴熟地发挥了组织的力量，可以在适者生存的自然环境中与狮子分享由狮子捕获的猎物。这说明组织是凝聚个体力量的源泉。同样在人类的发展史上，人类的组织产生于人类的生产斗争和社会斗争。当个人力量无法达到所期望的目标时，就需要和组织内的其他人合作，联合起来共同行动。长期的实践告诉我们，正是由于组织的存在，才把分散的力量汇集成整体，如同涓涓细浪汇成江河，形成澎湃的波涛。

2. 资源整合

组织的资源包括物力、人力、财力、信息等资源，如何让有限的资源发挥良好的成效，这是组织管理者必须思考的问题。组织要有合理的结构和机制，这是组织资源合理配置的前提。在组织内，不是简单地将人力加在一起，而是正如古希腊学者亚里士多德提出的命题："整体大于各个部分的总和。"即组织的整合作用，使人力之间进行合理的分工和协作，从而将产生"1 + 1>2"的效应。

3. 激　励

组织是连接组织管理者与员工的桥梁，通过组织机构，管理者与员工建立了一种相辅相成、平等交换的关系，组织能给员工提供某方面需求的功能，如物质、精神方面的需求。

组织通过物质、精神方面的激励，激发员工的工作积极性，培养员工的集体荣誉感和对组织的忠诚度，从而满足人们的物质和心理需求，使人们在组织中可以获得安全感，满足社会交往的需要，得到自尊和自信等，实现员工个人的价值，从而提高员工的工作效能，促进组织目标的实现。

5.2 组织结构及设计

[任务导入 5-2]

一个新产品设计组的遭遇

近来，上海 LX 缝纫机厂的杨厂长一直在思索着一个问题：如何合理设置企业内部的组织机构。他觉得 LX 厂这两年来在 JHl4-1 型新产品投产前一系列生产技术准备工作中所碰到的扯皮、推诿、踢皮球等现象，充分反映出该厂在机构设置、职责划分等方面所存在的问题。要从根本上改变这种状况，看来非得动“大手术”不可。杨厂长准备参照兄弟厂的改革经验，针对厂 JHl4-1 型项目在准备工作中所暴露出来的问题，着手进行本厂组织机构的改革。

JHl4-1 型多功能民用缝纫机是该厂研究所 1983 年设计完成的一种新产品，经样品评审，当年即被评为市新产品开发优秀奖。然而，JHl4-1 型从样品完成之日起在批量生产问题上就一直多灾多难，历尽坎坷。

众所周知，新产品从样品试制成功到成批投入生产还有很长的一段时间，还有很多生产技术准备工作要做。该厂在对市场需求状况进行大量调查、分析的基础上，根据成批生产的需要，于 1984 年年初开始着手制订 JHN-1 型缝纫机扩大生产的措施方案（以下简称为“扩措”方案）。

着手制订“扩措”方案时，首先碰到的问题是该方案由谁来主持拟定。当时，总工程师办公室的于主任正忙于其他工作而抽不开身；分管技术开发的另一位工程师由于种种原因也不想参与该项目工作。在这种情况下，刚调到工程师办公室负责抓全面质量管理的副总工程师自告奋勇地承担了“扩措”方案的拟订工作。在拟订过程中，凡涉及的各种零部件工艺与生产能力核定等工作均由他按车壳、字件、供漆、装配等大类分别邀请这些部门的几位工程师来参与制订。

同年 3 月，厂领导、公司、局及市级有关部门逐级审批了该厂的“扩措”方案。市有关部门决定拨给 468 万元投资以扩建厂房和添置设备，并且要求该厂的全部生产技术准备工作务必在 1986 年完成，1987 年正式投产，年产量要求达到 5 万台。

市里的支持给 JHl4-1 型的“扩措”方案注入了兴奋剂，但同时也增加了新的压力。要知道，该厂原先老产品的年产量已达 130 万台，各部门的生产能力均已饱和。在这种情况下，要搞这样大的新产品投产项目确实有一定困难。因此，杨厂长决定，专用设备的设计还是采用成立“会战组”的老办法向各部门抽调设计人员，并责成刘总工程师全权负责。对于厂部的这一决定，各部门意见纷纷。

车间普遍反映，厂部向车间调人，没有道理。理由是近年来技术科里陆续分来了许多大学生，这些工作应由他们来承担。再说总工程师办公室的几位不也可以参加吗？总之，车间生产任务太紧，因此，一无多余技术人员可支援，二无空闲设备可提供。

有关科室反映，这个“扩措”方案事先没征求他们部门的意见，现在要实行也不关他们的事。其中，技术科明确表示，既然他们没有参加制订“扩措”方案的资格，现在厂部就别想从技术科抽到人。

面对这样的局面，刘总工程师可真是费了九牛二虎之力，最后才在人事科的配合下，强行抽调了8位同志，勉强组成了一个专用设备设计组。设计组的组长由分管基建设备的朱副厂长担任，副组长由吴工程师担任。设计组不归属任何部门，它归属厂长领导。

设计组一成立，就遇到了第三个矛盾，那就是设计人员的工作条件问题。设计组急需添置必要的办公桌椅、绘图台、绘图工具、计算器等物。但购物申请单送到财务科就被退回了。理由是：设计组无具体归属部门，按财务制度规定不能立卡。就连吴工程师请朱副厂长签字后，财务科也不肯通融。无奈，朱副厂长只得将矛盾提交厂长办公会议讨论。经研究，大家认为对财务科的意见还是应该尊重的。既然工艺设备的设计与厂房扩建属于同一个新产品上马项目，那就不妨将设计组挂在基建科名下。但明确规定，基建科只负责该组的行政领导，而技术问题一律归技术科负责。工作条件问题几经周折总算落实了。

然而设计组面对这样一个“扩措”方案，在进行设备设计以前，还需要进行必要的工艺细化。也就是说，对每个零件都要制订出一个具体的工艺文件（包括工艺图纸、工序步骤以及各工序的工艺技术参数等）。但要完成工艺细化工作，设计组的8位同志却力不从心。这是因为：第一，设计组11位同志原来都不是搞工艺的；第二，产品的工艺问题本来就属于技术科的职责范围。这样，此事就理所当然地应该由技术科来加以解决了。但是，技术科科长一口回绝，竟连一点商量的余地都没有。当然，他自有他的道理：首先，总工程师办公室在起草这个“扩措”方案时就没有征求过技术科的意见。其次，技术科的人调走的调走，抽走的抽走，留下的一部分在回炉学习，一部分是刚分来的大学生，一时还不能派上用场，还有几位女同志，连应付日常工艺文件的修订都来不及，哪有力量再插足设计组的事！于是副组长老吴只好又一次将矛盾上交。接着就在设计组、厂长、技术科之间开始了为期3个月的争论。最后，杨厂长只得下达行政命令：工艺设计和设备设计合并在一起，全由设计组承担。这下可把老吴急坏了。因为本组的同志不熟悉工艺，实在无力完成这项工作。经过反复阐明这个道理，最后才算达成了君子协定：由设计组根据“扩措”方案中的工艺方案会同JHl4-1型产品车间的主任及工艺员、原先几位参加拟订“扩措”方案的工程师、厂部主管工艺的负责人一起讨论，对工艺方案逐条进行细化。同时还商定，由设计组负责起草工艺文件，但设计组不负技术责任。工艺文件完成后先由参与“扩措”方案拟订工作的几位工程师签字审核，再由厂JHl4-1型产品车间主任批阅同意，最后由技术科审定。

就这样，设计组东拼西凑，花了约一个半月时间才在各方面的配合下对各零部件的加工工艺、烘漆工艺及装配工艺逐一分组进行了细化工作。

必要的工艺文件完成以后，就是设备设计的调研阶段。按理，设备的设计任务书应由设备的使用部门——新产品车间提出。因此，新产品车间的技术主任理应参加设备设计的调研工作。但JHl4-1型产品车间的主任在调研开始的第一天就郑重声明：厂长派他去，他不得不去，但要他参与JHl4-1型这个项目中设备设计方案的拟订是不可能的，因为他自始至终没有参与过这个项目的工作。再说这么大的项目理应由刘总工程师负责。刘总不负责，说明厂里根本就不重视。既然如此，他又何必瞎起劲呢？由于新产品车间迟迟不肯拿出设计任务书，故在调研工作结束后，设计组仍不能及时进行设备设计。矛盾只好又一次上交给杨厂长。

杨厂长为此也搞得焦头烂额。但是，时间不等人，如果1986年年底完不成该项目投产前的各项生产技术准备工作，按协议规定厂方要负罚款责任。于是，厂长最后只好决定由设计组根据调查研究所得的资料，根据零件的加工及装配等工艺特点，自行提出具体的设计任务和要求。又经过了几个月的奔波、周折，具体的设计工作总算能在图板上进行了。

鉴于技术科在这个项目上始终采取不介入的态度，厂长最后决定，把设计组全部归口于基建科领导。对于将设计组挂在基建科，争议也颇多。因为基建科一般只搞厂房的设计、施工和三废的处理等。现在还要它负责设备设计上的技术问题，这一点确实也太难为基建科了。难怪基建科科长表示，设计组挂在基建科不合情理，按理应该挂在技术科。既然厂长这样安排，他就只能管行政领导而不过问有关设计方面的各种技术问题。

设计工作至今还在进行着，可是进度如何，大家心中也都不清楚。不是吗，由于整个过程历尽磨难，已浪费了不少时间，而要完成全部工作，不知道要浪费多少宝贵的时间。而且，即使图纸设计完以后，随之而来的审核工作还要让杨厂长再次费神。因为整个设计图纸的审核工作将由设计组组长、负责该项目的朱副厂长承担。可朱副厂长原先一直是负责生产的，转来管基建设备的时间还不长，让他审核，恐怕又有许多难处。

资料来源：杨先举. 工商企业管理案例[M]. 北京：中国人民大学出版社，1994：144-149.

任务分析：

1. 分析组织在管理中的作用。
2. 如何合理设置企业组织机构。

5.2.1 组织结构的概念

组织结构是随着社会发展而发展的，个体劳动者和手工作坊不存在组织结构问题。个体劳动者根据自己的情况安排时间和资源的分配，手工作坊一般只是几个人的分工协作，即使是小规模的生产企业的管理活动也是靠主管人员的经验安排组织经营活动。但是在一个拥有成千上万人的现代化企业中，没有组织结构问题是不可想象的，现代化企业的高级主管人员不能像小规模的生产企业主管人员那样事事躬亲。如何合理设置组织结构，使组织的生产经营活动更有成效是组织必须解决的问题。

关于组织结构的定义，有多种表达方式。如百度百科中，组织结构是指，对于工作任务如何进行分工、分组和协调合作。组织结构是表明组织各部分排列顺序、空间位置、聚散状态、联系方式以及各要素之间相互关系的一种模式，是整个管理系统的框架。组织结构是组织的全体成员为实现组织目标，在管理工作中进行分工协作，在职务范围、责任、权利方面所形成的结构体系。而 MBA 智库百科则从广义和狭义两方面进行了定义，狭义的组织结构，是指为了实现组织的目标，在组织理论指导下，经过组织设计形成的组织内部各个部门、各个层次之间固定的排列方式，即组织内部的构成方式。广义的组织结构，除了包含狭义的组织结构内容外，还包括组织之间的相互关系类型，如专业化协作、经济联合体、企业集团等。国内学者黄建春认为，组织结构是由组织内部的部门划分、管理层级、单元排列、空间位置、权责关系、沟通方向和方式构成的，并加以制度化的有机整体。组织结构是规定组织中的分工与协作关系的基本框架。[①]学者李雨昕认为，组织结构是这个合作体系的架构及权责的展现，一个健康的企业组织结构应该体现完善的管理幅度和管理层级、合理的分工、高效的信息沟通机制以及权责分明的业务流程。[②]也有学者认为，组织结构是组织在相对静止状态下各部分、各要素之间的联系方式以及相互关系所构成的模式。还有的学者认为，组织结构是

① 黄建春. 管理学[M]. 重庆：重庆大学出版社，2017.
② 李雨昕. 北京热力集团输配分公司机关组织结构优化研究[D]. 北京：北京邮电大学，2023.

组织中划分、组合和协调人们的活动和任务的一种正式的框架。它体现了组织各部分的排列顺序、空间位置、聚集状态、联系方式以及相互关系。无论是自然界还是社会领域，事物的结构在一定程度上决定了其功能和效能。社会化大生产的企业组织也是如此，由于系统内部分工和协作关系的不同，组织的效能会表现出巨大的差异。尽管对组织结构定义的表达稍有差别，但都强调了组织结构的几个特性，可从以下几个方面把握其内涵：

第一，强调组织目标的分工、分组和协调合作，决定组织的功能和效能。

第二，完成组织分目标活动的优化组合，形成组织部门或单位，规定了彼此间的权责关系。

第三，组织框架应该随环境的变化呈现动态的特性，有利于适应性组织成长。

第四，它在组织管理系统中，对人流、物流、信息流起框架支撑作用。

5.2.2 组织结构类型

从理论上讲，组织结构形式可能有很多种，但在现代社会组织中，经常使用的组织结构形式有：直线型、职能型、直线—职能型、矩阵型、事业部型、超事业部型、虚拟组织、网络组织等。

1. 直线型组织结构

这是一种最古老的也是最简单的组织结构形式，又称线性组织结构形式，其特征是由上级主管直接指挥下属，组织中的各种职位均按垂直系统直线排列，形成自上而下唯一的一条权责线。最初在军事系统中得到广泛应用，是以统一指挥和直接管理原则为中心而建立的。

直线型组织形式如图 5-1 所示。企业上级管理者直接管理下属，一切生产经营活动都是由上一级管理人员进行指挥与管理，没有专门的参谋人员或机构，上级的指令层层下达，下属按上级的意见办事，并向垂直主管汇报工作情况。

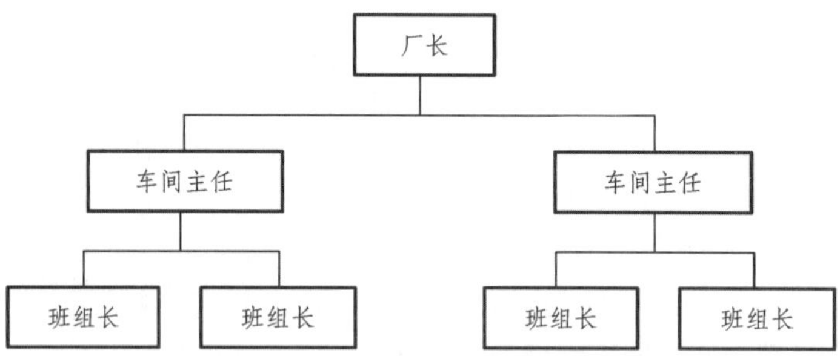

图 5-1　直线型组织形式

直线型的优点是结构简单、决策迅速、指挥统一、责任明确、权责分明、便于监督，反应灵活，工作效率比较高，管理费用低等。所以，这种组织结构形式目前还在不少单位中继续存在，如部队。

直线型的主要缺点：① 没有对管理工作进行专业化分工；② 要求管理者精明能干，具有多种管理专业知识和生产技能，这常常很难做到；③ 组织内部缺乏横向协调关系。所以，这种组织结构形式一般只适用于管理任务简单、生产力水平相对比较低的小型企事业单位。

2. 职能型组织结构

职能型组织结构是在“科学管理之父”泰勒所提出的“职能工长”基础上演化而来的。

在职能型组织结构下，各级部门单位除主管负责人外，还有一些职能机构（见图 5-2）。其特点是采用专业分工的职能管理者代替直线型的全能管理者。如在厂长下面设立职能科室和人员，协助厂长从事职能管理相关工作。要求行政主管把相应的管理职责和权力交给相关的职能机构，各职能机构就有权在自己业务范围内向下级部门单位发号施令。因此，下级部门负责人除了接受上级主管领导外，还必须接受上级各职能机构在其专业领导领域的指挥。

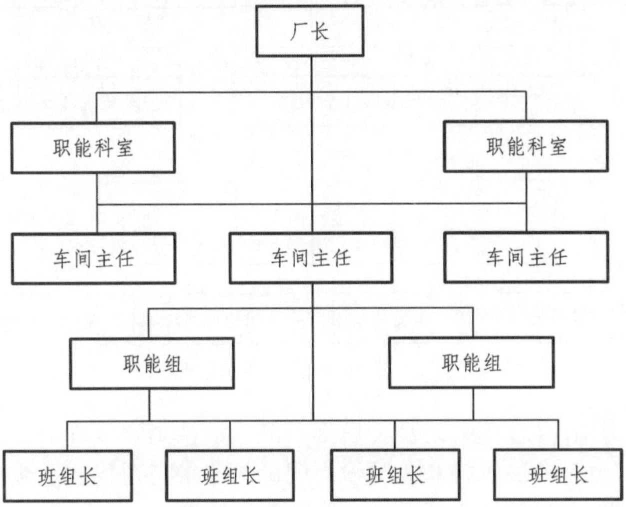

图 5-2　职能型组织形式

职能型的优点是，每个管理者只负责一方面的业务，有利于发挥专业人才的作用；缩短了管理程序，减少了管理环节，提高了专业化程度；管理工作比较精细，有利于更深入地指导下级工作；职能机构的作用发挥得好能减轻直线领导人员的工作负担，也可以弥补各级领导管理能力的不足。

职能型的缺点是，容易造成多头领导，“上头千条线，下面一根针”，有时让下级无所适从，从而削弱统一指挥；还有的职能机构功能有时重叠，造成相互干涉，难以协调，造成管理活动的混乱。

这种组织结构多见于医院、高等院校、设计院、会计师事务所等组织。

3. 直线—职能型组织结构

直线—职能型组织结构，也称直线—参谋型组织结构，它是对职能型组织结构的一种改进，组织中需要各种专业人员（参谋人员）的帮助，以解决各类复杂的业务经营问题（见图 5-3）。与职能型组织结构的区别是，职能机构和人员按专业化原则，从事组织的各项职能管理工作。但对职能部门主管的权力做出一定的限制，他们只有出谋划策的建议权，只能进行业务指导，而不能对下级人员发号施令。

直线—职能型组织结构既保留了直线型组织结构形式的优点，又吸收了职能型的长处，因而成为现代组织中最常见的一种组织结构形式。

直线—职能型组织结构的优点：① 坚持了直线指挥原则，上级主管领导对下属部门是唯一的行政领导，具有指挥和管理的职权。② 充分发挥了职能部门的作用。职能部门只在业务上负有指导、控制、协调的权力和责任，而没有领导权力。③ 职能部门如与下级部门在业务管理活动中发生矛盾，由主管领导予以协调和解决，能发挥各职能部门的积极性和主动性，有利于管理水平和管理效率的提高。

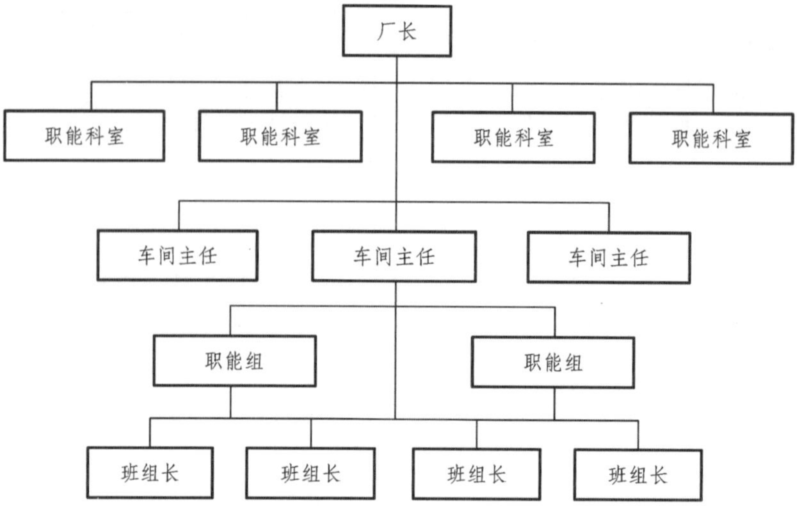

图 5-3　直线—职能型组织形式

直线—职能型组织结构的缺点：① 下属部门的主动性和积极性会受到束缚，整个组织系统的适应性较差；② 由于参谋机构和人员没有明确的要求与责权，不利于发挥他们专业化的管理水平；③ 职能部门之间的协作性基础较差，职能部门的许多工作要直接向上层领导报告请示才能处理，加重了上级领导的工作负担。

4. 矩阵型组织结构

矩阵型借用了数学中的矩阵概念，是在传统的直线—职能型的垂直领导基础上，再增加一种横向的按项目划分任务的管理系统。矩阵型组织结构模式把事业部型与职能型组织结构的特征结合起来，即纵向按“指挥—职能”的领导关系，横向遵循“项目—目标”的领导关系。当横向项目为一项以上时，纵横交叉重合起来，就组成了一个组织矩阵。矩阵型组织结构的高级形态是全球性矩阵型组织结构，目前这一组织结构模式已在全球性大企业（如杜邦、雀巢、菲利普等）组织中运作。

矩阵型组织结构的特点是根据某具体业务的需要把各种不同背景、不同技能、不同知识、不同部门的人员集合起来，成立临时工作项目工作小组，任务完成后小组就解散。参加工作小组的成员，在工作业务方面接受原单位或部门的上级垂直领导，而在执行具体任务方面，又要接受项目工作小组负责人的领导。矩阵型组织结构示意图如图 5-4 所示。

矩阵型组织结构的优点：第一，横向关系协调加强了不同部门之间的配合和信息交流，加强组织的协调性和整体性；第二，便于集中各种专业知识和技能，组织各种专业人员，提高了管理组织的灵活性、机动性，具有机动灵活、适应能力强等特点；第三，在一个组织中平衡协调能力强，可加快工作进度，从而提高管理的效率；第四，可避免各部门的重复劳动，一个人可同时参加几个工作小组，提高了人员的利用率，可缩减成本开支；第五，管理方法和管理技术可以更加专业化，有利于开发新产品、新技术和激发组织成员的创造性；第六，工作小组领导人对项目的最终效益负责，主管领导将任务分给下级，使自己摆脱了许多日常事务，而去考虑全局性的问题和掌握关键性的问题，从而增加了整个组织的效益。

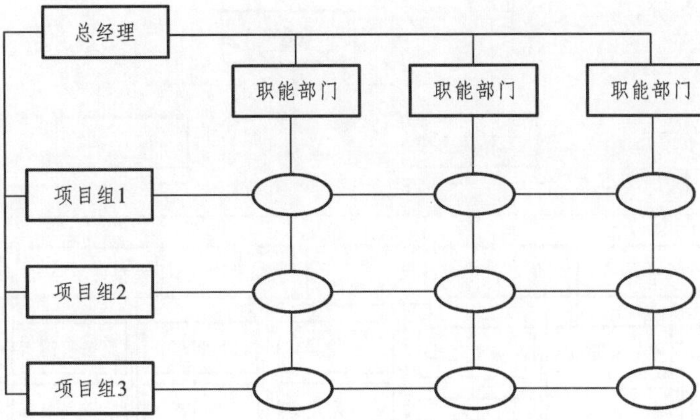

图 5-4　矩阵型组织结构示意图

矩阵型组织结构的缺点：第一，组织结构的稳定性较差，具有一定的临时性，容易导致人心不稳，项目负责人对其管理困难，也没有足够的激励手段与惩治手段；第二，容易造成双重领导，破坏命令统一性原则；第三，组织关系复杂，项目经理过多，机构臃肿，对项目负责人的要求较高；第四，职能部门人员不稳定，给日常管理工作带来不少困难。

矩阵型组织结构是为适应现代化生产而产生的，效率高，适应性强，经济效益好，适用于大型协作项目以及以开发与实验项目为主的科研设计、规划项目、大型运动会组委会、电影制片厂等创新性较强的工作或单位。

5. 事业部型组织结构

事业部型组织结构是在多个领域或地域从事多种经营的大型企业普遍采用的一种组织结构。事业部型最早是由美国通用汽车公司总裁斯隆于 1924 年提出来的，故有“斯隆模型”之称，也叫“联邦分权化”，是一种高度集权下的分权管理体制。美国通用汽车公司在公司总部下增设了一层半独立经营的机构——事业部，这些事业部均有自己独立的产品和市场，实行独立核算，但服从公司总部的统一管理。它的特点是在多个领域或地域，适用于规模庞大、品种繁多、技术复杂的大型企业，是国外较大的公司所采用的一种组织形式。近几年来，我国一些大型企业集团或公司，如海尔集团、神州数码控股有限公司等，也采用了这种组织结构形式。图 5-5 给出了某数码控股有限公司的事业部型组织机构图。

事业部型在总公司的领导下设立多个事业部，各事业部有各自独立的产品或市场，在经营管理上有很强的自主性，实行分级管理、分级核算、自负盈亏，是一种分权式管理结构。公司总部只保留人事决策、预算控制和监督大权，并通过利润等指标对事业部进行控制。事业部型又称 M 型组织结构，即多单位企业、分权组织，或部门化结构。它必须具有 3 个要素：① 要具备独立的产品或市场，是产品责任或市场责任单位；② 要具备独立的利益，实行独立核算，是一个利益责任单位；③ 是一个分权单位，具有足够的权力，能够自主经营。

事业部型组织结构的最大特点是“集中政策指导下的分散经营”，总公司只保留资金分配、重要人事任免和战略方针等重大问题的决策权力，其他权力尽量下放。事业部成为经营活动的决策中心和利润中心，是独立自主的经营单位。

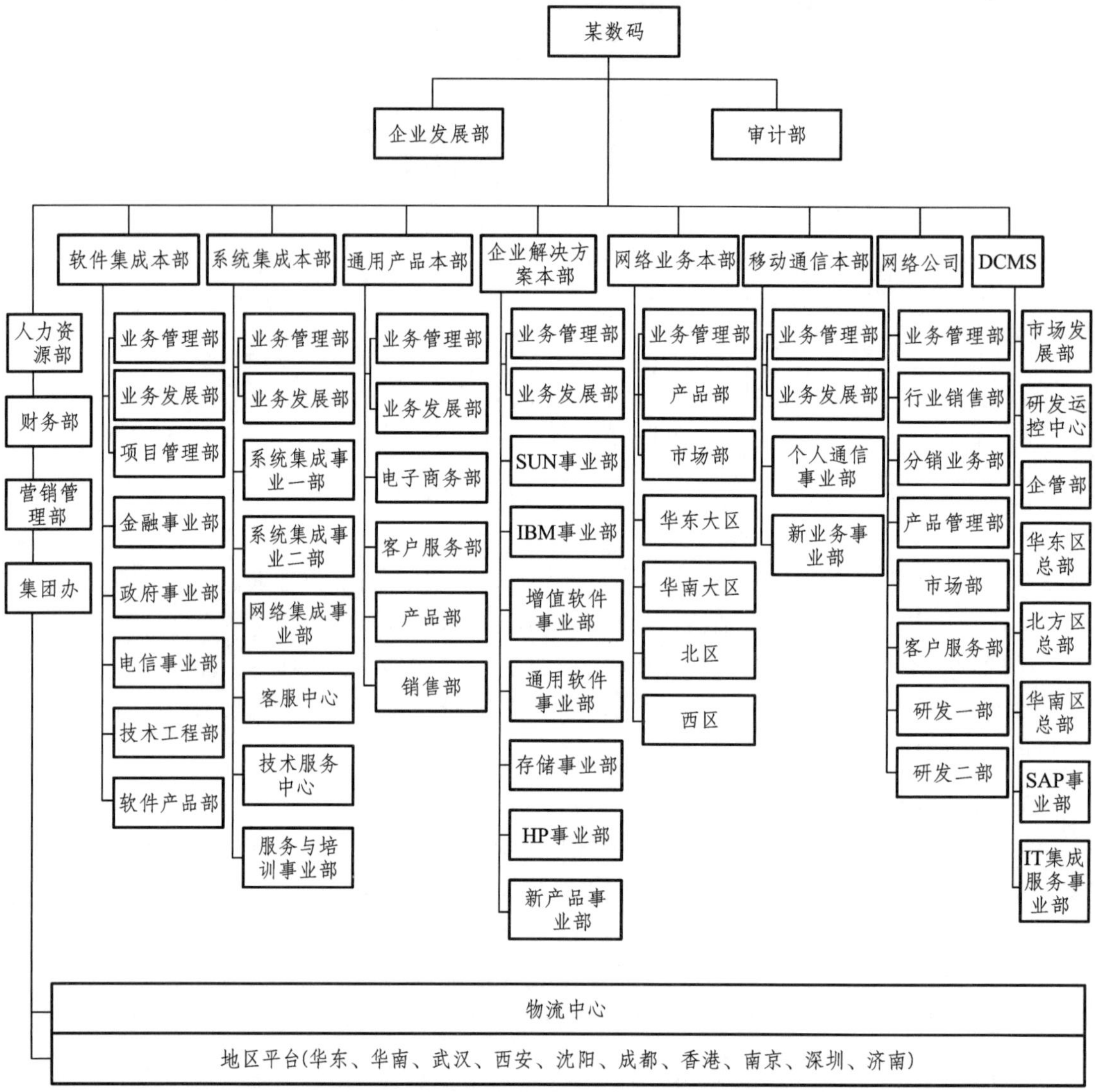

图 5-5　某数码控股有限公司组织结构图

事业部型组织结构的优点：第一，使最高部门摆脱了日常行政事务，成为坚强有力的决策机构，提高了管理的灵活性和适应性，有利于组织对环境变化迅速做出反应；第二，对事业部经理锻炼机会大，有利于培养全面管理人才，为企业的未来发展储备干部；第三，决策层摆脱了日常的具体事务，主要集中精力进行战略决策和长远规划；第四，在各事业部之间展开比较和竞争，有助于克服组织的僵化和官僚化现象而增强企业活力，促进企业的全面发展；第五，有利于发展专业化，提高管理效率，适合现代化大生产的需要。

事业部型组织结构的缺点：第一，需要的管理人员多，一定程度上增加了费用开支，管理成本较高；第二，各事业部利益的独立性，容易滋长本位主义，控制难度大；第三，集权和分权关系处理不当，可能削弱整个组织的协调一致；第四，对公司总部的管理工作要求较高，否则容易发生失控；第五，对公司的全部资源的利用不是很有效。

事业部型组织结构不适合于规模较小的企业。只有当企业规模比较大，而且其下一级单位能够成为一个具有独立的产品、独立的市场，成为利润中心时才宜采用这种组织结构形式。

6. 超事业部型

20 世纪 70 年代中期，随着大型企业的迅速扩张，公司事业部越来越多。例如通用电气公司（GE），自 20 世纪 50 年代初期共分 20 个事业部，到 1967 年增加到 50 多个，而其内部管理却没有理顺，协调起来十分困难，出现了一系列的问题和矛盾。这时组织的协调成本明显加大。于是从 1971 年开始，通用公司在最高领导和事业部之间设立了 5 个超事业部，即执行部，统辖协调所属事业部生产经营活动，由副总经理负责；事业部日常事务决策，向执行部报告副总经理，执行部以加强协调作用。

所以超事业部型又称执行部型。它是在分权的事业部型组织结构的基础上，在组织最高管理层和各个事业部之间增加了一级管理机构，主要负责管辖和协调所属各个事业部的活动，使领导方式在分权的基础上又适当集中。让几个事业部共同研究和开发新产品，从而增强组织活动的灵活性。某国际集团公司的超事业部型结构如图 5-6 所示。

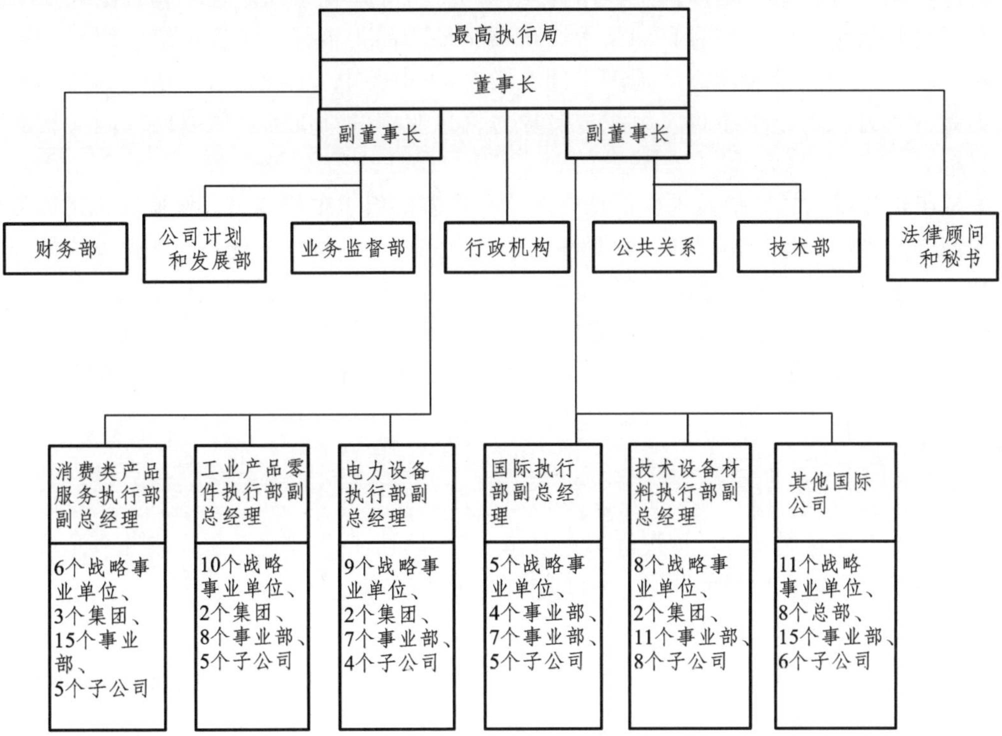

图 5-6　某集团公司超事业部型组织结构图

超事业部型的特点是：第一，更好地协调各事业部之间的关系，利用若干个事业部的力量开发新产品；第二，领导方式在分权的基础上又适当集中，能减轻公司总部的工作负荷；第三，执行部对各事业部进行统一领导和有效管理；第四，超事业部型需要配备更多的人员和支付更多的费用；第五，超事业部型适用于规模很大的公司。

7. 虚拟组织

20 世纪 90 年代以来，随着科技进步和社会发展，世界经济发生了翻天覆地的变化，科学技术的进步特别是信息网络技术的飞速发展推动着经济全球化的进程。人们根据生产、工作和生活的需要，对产品的品种与规格等提出了多样化和个性化的要求，任何一个企业都不能忽视消费者的需求。面对不断变化的市场，为求得生存与发展必须具有高度的柔性和快速反应能力。面对以时间为基础的转瞬即逝的市场机会，企业在以多变和不确定性及全球化趋向为特征的市场环境中寻求生存和发展的同时，就产生了能将知识、技术、资金、原材料、市场和管理等资源联合起来的一种动态组织机制——虚拟企业。

1991年，美国艾科卡（Iacocca）研究所向国会提交了一份题为“21世纪制造企业战略”的研究报告，在报告中富有创造性地提出了虚拟企业的构想，即在企业之间以市场为导向建立动态联盟，以便能够充分利用整个社会的制造资源，在激烈的竞争中取胜。

1992年，William Davidow和Michael S. Malone给出了虚拟企业的定义：“虚拟企业是由一些独立的厂商、顾客甚至同行的竞争对手，通过信息技术联成临时的网络组织，以达到共享技术、分摊费用以及满足市场需求的目的。虚拟企业没有中央办公室，也没有正式的组织图，更不像传统组织那样具有多层次的组织结构。”

由此可见，虚拟组织是以信息技术为支撑的人机一体化组织。它不具有法人资格，其特征是以现代通信技术、信息存储技术、机器智能产品为依托，实现传统组织结构的职能及目标。在形式上，没有固定的地理空间，没有时间限制，也没有组织层次和内部命令系统，而是一种开放的组织结构，组织成员通过高度自律和高度的价值取向共同实现团队的共同目标。

虚拟组织可以依托通信技术、信息资源，从众多的组织中精选出合作伙伴，迅速形成各专业领域中的独特优势，实现外部资源整合，具有强大的结构成本优势和快速反应能力，完成单独一个企业难以承担的市场功能。

虚拟组织的特征大致有以下几个方面：第一，虚拟组织具有较大的适应性，在内部组织结构、规章制度等方面具有敏捷性；第二，虚拟组织共享各成员的核心能力，整合各成员的资源、技术、顾客和市场机会的价值就在于能够整合各成员的核心能力和资源；第三，由一个共同的市场机会结合在一起，虚拟组织中的成员必须以相互信任的方式行动；第四，虚拟组织存在一定的风险。因为虚拟组织是以信息高速公路作为虚拟组织的实现工具，但信息高速公路本身还需要发展完善，虚拟组织本身是一种更加松散的耦合系统，因此对企业活动、信息和技术维持广泛、严格的控制，须承担一定的风险。

8. 网络组织

网络组织是一种典型的虚拟组织，是利用现代信息技术建立和发展起来的新型组织结构，拥有一个较小的中心组织，以一群地位平等的节点为基础，主要从事协调与控制功能，依靠其他组织开展经营活动的组织模式。在网络组织模式中，组织的大部分职能从组织外购买，这给管理当局提供了高度的灵活性。例如，20世纪80年代，IBM公司在不到一年的时间内，开发出PC机，就是借助于微软公司的软件、英特尔公司的CPU实现的。

图5-7是组织管理者将其经营的主要职能外包的一种网络组织模式。它的核心是一个项目管理小组，工作是直接监督公司内部开展的各项活动，并协调研发机构、广告代理商、制造商、销售代理商、管理咨询公司等其他重要职能的外部机构之间的关系。图中的虚线代表这种合同关系。从本质上讲，项目管理小组的管理者将大部分时间都花在协调和控制外部关系上。

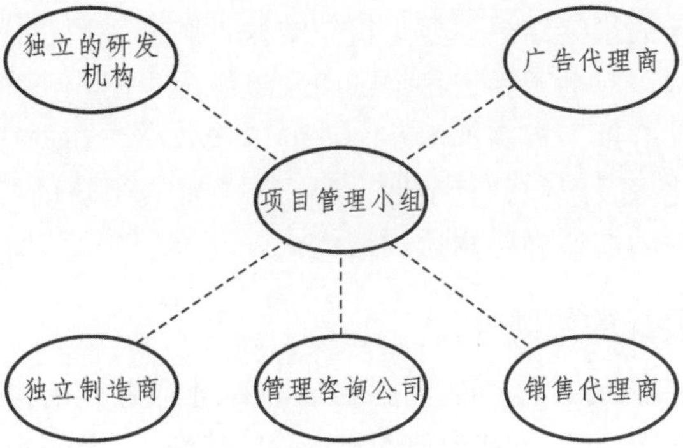

图 5-7　网络型组织结构

网络型组织结构具有如下特点：

第一，个体的地位平等性。网络组织中的每个个体的地位不同于层级组织，网络组织中不存在必然的上级和下属，只有独立的节点。

第二，组织的网络性。网络化组织的中心是小规模内核，为组织提供核心竞争能力。中心内核利用互联网整合外部资源，从而实现迅速而准确的决策。

第三，组织的无边界性。组织更多的呈现无形的界限，往往通过协议，将信息、人才、各种资源及行动落实到最需要的地方。无边界化使企业具有可渗透性和灵活性的边界，以柔性组织结构模式替代刚性模式，网络组织依靠开放性成长，所有游离在网络之外的节点都可以自愿加入组织。

网络型组织结构的优点：① 有助于企业适应快速变化的市场环境；② 能够降低管理成本，提高经济效益；③ 能够借助于外力，提高组织的竞争水平。其缺点：组织的协调性较差，对外部组织控制难度较大。

5.2.3　组织结构设计的概念

美国著名学者钱得勒在《看得见的手——美国企业管理革命》中，提出了“目标决定企业战略，战略决定组织结构”的著名论断。可见组织目标确定以后，必定要调整其发展战略，相应的组织结构设计和调整也是必不可少的，并成为企业战略成功实施的关键保障。

组织结构设计是企业管理的基本前提，企业总体设计的重要组成部分，它是指以企业组织结构为核心的组织系统的整体设计工作。组织设计是一项操作性较强的工作，在企业组织理论的指导下进行，充分考虑了组织内部要素和外部环境，根据组织目标及工作的需要和组织活动的特点，进而对组织结构的组成要素和它们之间的连接方式进行设计，划分管理层次，确定各个部门及其成员的职责范围，选择合理的组织结构形式的过程。具体而言，即根据组织规划的目标，对各项业务活动加以区分和归类，把性质相近的或联系紧密的各项活动加以归并，组建相应的职能部门，进行专业化管理，确定管理幅度和管理层次，明确职权关系，把任务、流程、权力、责任进行有效的组合和协调的活动。

一般来说，组织结构设计有以下几个要点：

第一，组织结构设计是根据组织目标把任务、流程、权力、责任进行有效的组合和协调的活动。

第二，组织结构设计考虑了组织内部要素、组织外部环境。

第三，组织结构设计的最终结果主要是组织结构系统图、职位说明书。

设计合理的组织结构，有助于界定每个部门及组织成员的权责角色，有利于管理者对管理部门进行协调和控制，有助于提高部门及个人的工作效率。在进行组织结构设计时，应注重内外部环境因素的变化以及组织的复杂性，建立一个能自适应的合理机制，以便实现组织机构的再造，使组织机构的功能和协调达到最优化。

5.2.4 组织结构设计的原则

任何组织都是基于一定的目标产生和存在的。在进行组织结构设计之前，先要了解组织的目标，对所需资源和已有资源状况进行科学的分析，以进一步构建合理、科学的组织结构。如果构建不出分工明确、权责清楚、合理高效的组织结构，组织的内在机制就得不到充分发挥。所以构建合理的组织结构非常重要，在设计组织结构时应该遵照一些基本原则。关于设计组织结构时要遵照哪些原则，西方管理学家在长期的企业组织变革的实践活动中曾提出过一些组织设计基本原则，如管理学家厄威克曾比较系统地归纳了古典管理学派泰勒、法约尔、马克斯·韦伯等人的观点，提出了 8 条指导原则：目标原则、相符原则、职责原则、组织阶层原则、管理幅度原则、专业化原则、协调原则和明确性原则；美国管理学家孔茨等人提出了健全组织工作的 15 条基本原则：目标一致原则、效率原则、管理幅度原则、分级原则、授权原则、职责的绝对性原则、职权和职责对等原则、统一指挥原则、职权等级原则、分工原则、职能明确性原则、检查职务与业务部门分设原则、平衡原则、灵活性原则和便于领导原则。

我国的企业在组织结构的变革实践中积累了丰富的经验，也相应地提出了一些组织结构设计的原则，可归纳为如下几点：

1. 任务目标原则

根据组织的目标来构建组织。企业组织设计的根本目的是，为实现企业的战略任务和经营目标服务。所以组织结构的设计工作必须以此为出发点，衡量组织结构设计的优劣，要以是否有利于实现企业目标作为最终的标准。在进行组织结构设计时，首先要明确组织确立的任务目标是什么，要以事为中心，因事设机构、设职务、配人员，人与事要高度匹配，不能以人为中心，因人设职，因职找事。只有围绕组织所要实现的目标来设计组织结构，才是恰当的、合理的、有价值的。

2. 分工协作原则

各部门之间既有分工又有协作。分工是指为实现目标，按照专业化的要求划分工作任务和劳动。现代组织应从业务性质出发，在管理组织之间进行合理的分工，划清责任范围，以达到提高工作效率的目的。在分工的同时，应注意各项专业管理工作之间存在的内在联系，如果只有分工，没有协作，分工就失去了意义，分工和协作是紧密联系的，在合理分工的基础上，各专业部门只有加强协作与配合，才能保证各项专业管理的顺利开展，达到组织的整体目标，所以在组织结构设计时要处理好分工与协作的问题。

3. 统一指挥原则

统一指挥原则就是要在管理工作中实行统一领导，组织各级机构及个人必须服从上级的命令和指挥，形成等级链，只有一个领导，不允许越级指挥，职能机构也无权干涉直线指挥系统的工作。只有这样才能保证命令和指挥的统一，避免多头领导，使组织最高管理部门的决策得以迅速贯彻执行。

4. 有效管理幅度原则

管理幅度是指一个领导者能够直接而有效地领导其下属人数的限度。管理幅度主要受管理组织规模与问题的复杂程度、领导与下属的能力、授权程度和组织沟通渠道的状况等因素影响。它与管理层次呈反向关系。有效管理幅度不是一个固定值，在进行组织设计时，领导人的管理幅度应控制在一定范围，以保证管理工作的有效性，再次在确定企业的管理层次时，必须考虑有效管理幅度的制约。因此，有效管理幅度也是决定企业管理层次的一个基本因素。所以在规模已定的组织中，管理幅度增大可使管理层次减少，加快信息在组织内的传递速度，从而使高层领导在尽可能早的时间内发现问题，以便及时采取措施加以解决。管理层次的减少，有利于节省管理费用，但这易受上一级主管的个人精力、知识、经验条件的限制。也就是说，上一级主管的能力强，可以适当地增加管理幅度，所以在保证管理有效性的前提下应尽量扩大管理幅度。

5. 权责一致原则

正如法约尔说的："职权是发布命令的权力……，职责是对结果所负的责任，两者应予平衡，不能让一方胜过或强于另一方。"强调权责对等，因为权力和责任是相辅相成的。分工使组织内有了明确的任务，相应地也具有了任务所要求的责任。承担了一定的责任，就要有与责任相当的权力，这就是权责对等的原则。所以权责对等原则，顾名思义就是说职权与职责必须一致。有责无权或权力过小，容易打击成员的积极性、主动性和创造性；有权无责或责任过小，容易造成滥用权力，产生瞎指挥、官僚主义等危害，给组织带来浪费和损失。只有权责对等，才能避免组织中的人浮于事、责任推诿、效率低下等问题的出现。权大责小或责大权小对组织来说都是很危险的。在管理活动过程中，因为任务和情况的变化，上级主管临时将权力授给他的下属，称为授权。各级主管在布置任务时，一定要授予相应的权力，同时要明确相应的责任，防止在管理活动过程中因权责分离而使组织效能受到损害。

6. 集权与分权相结合的原则

集权与分权是指决策权在层次间的分配程度。企业组织设计时，既有必要的权力集中，又有必要的权力分散。所谓集权就是组织的决定权大部分集中在上层，集权是大生产的客观要求，有利于保证企业的统一领导和指挥，有利于人力、物力、财力、信息资源的合理分配和使用。所谓分权就是组织的决定权根据职务上的需要分散到组织内的各层次。分权是调动下级积极性、主动性的必要组织条件。合理分权有利于基层管理人员根据实际情况迅速而正确地做出决策，也有利于上层领导摆脱日常事务管理，集中精力抓组织战略性重大问题。集权与分权是相辅相成的，是矛盾的统一。没有绝对的集权，也没有绝对的分权，只是程度不同。集权与分权相结合的原则，其关键在于分权的度。度的把握取决于组织规模、生产性质、技术种类、管理水平、人员素质以及组织外部环境的变化等综合因素。

7. 稳定性与适应性相结合的原则

任何组织的运行都要有一个自适应过程，所以组织结构随环境而变化，能够继续有序地正常运转，能够根据变化了的环境做出相应的稍许变更，组织要具有一定的弹性和适应性，以保持组织结构的相对稳定性。这需要在组织中有明确的指挥系统、责权关系及规章制度，还要有较好适应性的组织形式、措施和内在的自动调节机制。

8. 精干高效原则

管理机构精干就是机构少，人员精，有较高的工作效率和工作质量。为了获得更高的效益，科学合理的组织结构设计应该是使组织以较少的人员、较少的层次、较少的时间达到比较理想的管理效果，做到精干高效。如果组织结构设计得不合理，势必导致组织管理机构臃肿，层次繁多，人浮于事，管理效率低下。

5.2.5 组织结构设计的依据

1. 组织战略

组织结构与组织战略是紧密联系在一起的，必须相互匹配，并且结构要服从战略的需要。组织结构为战略的实施以及组织目标的实现提供了必要的前提。

如果最高管理层对组织的战略做出重大调整，那么就必须对组织结构做出相应的修改和调整，以此来适应战略的变革。战略对组织结构的影响表现在：① 影响管理职务的设计；② 影响管理职务以及部门之间的关系。

2. 组织环境

企业的外部环境一般包括宏观环境和微观环境，宏观环境主要涉及人口环境、经济环境、自然环境、政治环境、社会文化环境等。微观环境一般由企业的供应商、竞争者、相关企业、顾客、社会公众等构成。任何组织都存在于这样的环境中，组织外部的环境对内部的结构形式产生一定程度的影响。组织结构要随着环境的变化来设计和调整。组织外部环境对组织内部结构的影响主要表现在 3 个不同的层次上。第一，对组织的职务和部门的影响。组织与外部存在的其他社会子系统之间存在分工的问题，决定了组织内部的工作内容，因而设立的职务和部门就不一样。第二，对部门关系的影响。外部环境不同使组织中各项经营活动完成的难易程度不同，决定了组织部门相对重要程度不同。第三，对组织结构总体特征的影响。外部环境是否稳定也会影响组织结构。在稳定的经营环境中，适合采用规范化、集权化的组织结构，即机械式的组织结构。一般来说，处于相对稳定环境中的组织都采用这种机械式的组织结构。实行这种形式的组织单位，往往采用规章制度、权威式的领导和高度的专业化来安排组织的经营活动。在环境多变的经营环境中，组织部门的权责关系和工作内容需要做出适应性的调整，应该采用分权化的结构形式，使组织具有弹性，以做出快速反应应对多变的环境。组织采用的这种结构形式就是有机式组织结构。这种组织结构形式，一般适用于处在不稳定或不可预测环境下的组织。因为环境不稳定，要求其组织结构具有动态性，权责关系和工作内容需要经常做出适应性调整。

3. 技　术

组织的经营活动需要利用一定的技术和物质手段来进行。技术直接影响组织活动的效果和效率，对组织活动的内容划分、职务的设置和工作人员的素质要求都会产生影响。例如，组织内信息技术充分运用，提高了组织的工作效率，企业管理信息系统的应用，必定会改变生产、销售、财务、办公等一系列的企业生产经营活动的工作形式和性质，这时需要新型的呈现扁平化的趋势来适应。可见，技术是决定组织结构的重要因素之一。

4. 组织规模

英国管理学家伍德沃德等对英国南部的 100 多个公司进行调查研究发现，一个组织的组织结构设计与其本身规模的关系为：第一，组织规模越大，工作就越专业化；第二，组织规模越大，标准操作化程序和制度就越健全；第三，组织规模越大，分权的程度就越高，同时专职管理人员数量增加。

我们将伍德沃德等的结论概括为：组织规模影响着组织结构的复杂程度、规范化程度、组织结构中的集权和分权 3 个方面的问题。

所以说规模是影响组织结构的一个不容忽视的因素。组织的规模往往与组织的发展相联系，伴随着组织的发展，组织经营活动的内容、人数越来越多，规模会越来越大，因此组织的结构也需要随之调整。

5.2.6 组织结构设计的任务

设计组织的结构是执行组织职能的一项基础工作。组织设计的任务是提供组织结构图和编制职务说明书。

有史可考的第一张组织结构图很可能是在 1854 年由纽约铁路公司的总裁丹尼尔·麦卡伦（Daniel McCallum）编制的。

组织结构图，是展示雇员、职权和群体关系的一种图表，可以把这看作一种逻辑关系，形象地反映了组织内各机构、岗位上下左右相互之间的关系。组织结构图中用“框”表示职位或者部门，用“线”表示逻辑关系。一般包括公司名称、标题、发布的日期及版本、结构图主体、说明及备注、修改记录、制作部门、制作人、批准人员签名等内容。

在历史上，组织结构图的诞生被认为是西方工业社会从自然的人治管理向企业化管理转变的一个重要标志。

职务说明书一般以文字的形式，要求能简单而明确地指出：该管理职务的工作内容与性质、职责与权力、与组织中其他部门和职务的关系，要求担当该项职务者所必须拥有的基本素质、学历、学位、技术知识、处理问题的能力、工作经验等条件。

要做好组织结构系统图设计和职务说明书编写工作，设计人员要完成以下 3 方面的工作步骤：

（1）职务设计与分析。

职务设计与分析是组织结构设计最基础的工作。它是在对目标活动逐步分解的基础上，设计组织内从事各类生产经营活动所需的职务类别和数量，分析担任每个职务的人员所拥有责任和权限以及任职者应具备的素质要求。

（2）部门划分。

法约尔认为，部门划分是为了用同样多的努力生产出更多更好的产品的一种分工。根据各个职务之间工作内容的性质以及职务间的相互关系，遵循某一原则或规范，将整个管理系统分解成若干个相互依存的基本管理单位，就形成了部门。部门是指组织中不同的区域、部分或分支，该部门的管理者，有权处理本部门的相关业务。

（3）组织结构的形成。

在职务设计和部门划分的基础上，根据组织的现有人力资源，调整并平衡各部门、各职务的工作量，按照组织设计的要求，进行人员设计，配备相应数量和质量的人员，以使组织机构合理配置。

人员设计就是管理人员的设计。企业结构本身设计和规范设计，都要以管理者为依托，并由管理者来执行。因此，按照组织设计的要求，必须进行人员设计，配备相应数量和质量的人员。最后再根据部门工作的性质和内容，规定各管理部门之间的职责、权限及协调关系，使各管理部门、各职务形成一个严密的组织结构。

5.2.7 组织结构设计的程序

一般来说，组织设计是在分析组织结构的影响因素基础上，明确组织目标，对组织职能进行分解和整合，构建组织框架，确定岗位职务以及相应的职责和权限，通过保障措施的设计保证组织设计的实际运转，并且要进行程序化的反馈，以确保组织设计的科学有效过程。所以组织设计必须遵循如下程序：

（1）分析组织结构的影响因素，确定组织目标。影响组织结构的因素有企业环境、企业规模、信息沟通等。如果企业面临的环境复杂多变，应该给中下层管理人员较多的经营决策权和随机处理权；如果企业面临的环境是稳定的，可以把管理权较多地集中在企业领导手里，设计比较稳定的组织结构。如果企业规模小，管理工作量小，组织结构也相应简单；如果企业规模大，管理工作量大，需要设置的管理机构多。组织能否获得足够的信息以及能否及时地利用信息，也是决策高形结构与扁平结构的重要条件之一。通过对组织结构的影响因素分析，来确定组织的战略目标，明确组织目标实际是构思组织结构的前提条件。

（2）任务分解和综合。根据所选的组织结构模式，把总任务分解成相对独立的具体任务，形成一个个分目标，将组织划分为不同的、相对独立的部门。

（3）构建组织结构。为各个部门选择合适的部门结构，进行组织机构设置，完成组织纵向管理层次划分和横向管理机构划分的任务，将各个部门组合起来，形成特定的组织结构。

（4）设计岗位职务以及相应的职责和权限，同时也就明确了它们彼此之间的相互关系，确定组织内部的协调方式和控制手段。

（5）进行人员配备，确定组织人员结构，依照岗位需要，选聘相应人员，并进行岗位培训，保证上岗人员与岗位职能要求相一致。

（6）运行检测和评估反馈。要对组织运行进行跟踪控制，依据执行中的反馈信息，根据环境的变化，适当地调整组织结构，使其不断完善。

5.2.8 组织结构设计的内容

1. 职务分析与设计

对一个组织来说，组织结构的确立以及各职位的职责、权力、关系的划分是组织中最基础的工作。

职务分析在职务管理中占有基础地位。一个企业的职务分析状况和成果，影响企业的职务分量、不同职务的价值评定、职务之间的等级和晋升方式，影响组织结构是否能合理优化，直接组织目标是否得以顺利完成。

职务分析的任务，首先，是职务工作描述，说明职务工作的实际状况。要广泛地收集和整理职务工作信息，从内容、形式、关系等不同侧面，对职务进行全面深入的调查，把握职务的真实状况。其次，工作分析重点要使职务工作规范化，说清职务应该干什么。一项是描述职务在做什么的状态，另一项是找到职务与目标之间的联系，合理界定职务工作的内容与形式。最后，就是要对职务任职资格进行设计。职务任职资格是关于人的分析，要运用人事测量学、人际心理学等进行研究，制定合理的方法，科学地评定人的素质特征。

职位设计是将若干个工作任务组合起来形成一项完整的职位。任务组合的方式不同而呈现不同职位，这些不同的组合方式则形成了各种职位设计方案。

职务分析与设计结果是为每一个职位编制“职务说明书”。

职务说明书是根据某项职务工作的物质和环境特点，对职位人员必须具备的生理和心理需求进行详细说明，它是职务分析的结果，常常以书面文件形式存在。

职务说明书在工作指导、工作监督、对人员进行选拔培训和对组织进行业务流程再设计等方面被广泛应用，因此职务工作分析对于组织结构设计等管理活动有着非常重要的作用。

［案例］

下面给出北京 BK 控股有限公司副总经理职位说明书范例（见表 5-1）。

表 5-1　北京 BK 控股有限公司副总经理职位说明书

<table>
<tr><td rowspan="5">职位基本信息</td><td>单位名称</td><td colspan="3">北京 BK 控股有限公司</td></tr>
<tr><td>机构性质</td><td colspan="3">国有企业</td></tr>
<tr><td>职位名称</td><td colspan="3">副总经理</td></tr>
<tr><td>职位级别</td><td colspan="3">企业领导人副职</td></tr>
<tr><td>直接上级</td><td colspan="3">总经理</td></tr>
<tr><td>职位概述</td><td colspan="4">1. 负责基金的设立、发行、备案、变更等事项，进行基金的日常运营管理；
2. 协助总经理开展投融资业务拓展和运作</td></tr>
<tr><td rowspan="2">职位职责</td><td colspan="2">职责描述</td><td>责任程度</td><td>关键绩效指标</td></tr>
<tr><td colspan="2">1. 与政府相关部门沟通与协调，根据政府部门的动态，建议公司的基金、项目投资申报。
2. 负责基金的设立、发行、备案、变更等事项，进行基金的日常运营管理。
3. 协助总经理开展公司投融资业务的市场拓展和项目运作，带领团队进行投融资项目的筛选，尽职调查、商务谈判、可行性分析论证工作。
4. 完成总经理委派的其他临时性工作</td><td>分管责任</td><td>1. 基金管理；
2. 协助总经理开展投融资业务拓展和运作</td></tr>
<tr><td>职位权限</td><td colspan="4">1. 参加公司办公会等行政会议；
2. 对公司行政、业务重要工作提出建议；
3. 对公司中层干部的任免提出建议；
4. 代表公司与政府部门和客户等进行沟通与协调</td></tr>
</table>

2. 组织结构设计

1）组织横向结构设计

组织横向结构设计涉及组织的管理与业务部门的划分问题，横向分工的结果是部门的设置。分工的不同，形成的管理部门以及各个部门之间的关系也不同。

（1）部门的定义。

部门是指组织中主管人员为完成规定的任务有权管辖的一个特殊的领域。管理部门的划分是在横向分工的基础上进行的，将整个管理系统分解成若干个相互依存的基本管理单位，就形成了部门。

（2）部门划分的原则。

随着组织发展壮大，其职能越来越多，分工越来越细，就必须对部门进行合理的划分。在组织设计方面，高层管理者需要考虑设置多少个管理部门，每个职能部门的职责权限是什么。部门划分就是对组织中各项任务的分配与责任的归属进行明确，使组织分工合理，优化组织结构，降低组织和经营成本，从而有效地实现组织的目标。

部门划分在划分中应该遵循以下原则：

① 目标实现原则：组织部门的设计要以目标的实现为出发点，当某一职能与两个以上部门有关联时，应将每一部门所负责的部分加以明确规定，以确保目标的实现。

② 精简原则：力求维持最少的部门，可以降低组织的经营成本，达到精干高效的目的，增强企业的竞争力。

③ 弹性原则：部门设置应具有灵活性，划分部门应随环境的变化随时增加新部门，或撤销原有部门，或合并部门，或设立临时性部门，应随业务工作具体情况而定。

④ 任务平衡原则：每个部门职务的指派应达到平衡，避免忙闲不均，工作量分摊不均情况，否则易引起组织部门产生不平衡感，会影响组织部门的绩效。

⑤ 督查与执行部门分立原则：考核和检查业务部门的人员，不隶属于受其检查评价的部门，检查部门应具有独立性，从而保证检查人员的公正性和客观性，以避免检查人员“偏心”，能够真正发挥在检查职务的作用。

（3）部门划分的方法。

① 按人数划分。这是一种最原始、最简单的划分方法，即每个部门规定一定数量的人员，由主管人员指挥完成一定的任务。军队中的师、团、营、连即是用此方法划分的。它是将一定数量的人员划归一个管理者领导，并在管理者的指挥下完成一定的任务。这种划分只考虑人力因素，在企业基层组织的部门划分中使用较多，如每个班组人数的确定。因此，在现代高度专业化的社会中有逐渐被淘汰的趋势，但是在现代社会的某些场合，尤其是在基层的部门划分中仍然适用。

② 按时间划分。这种方法也常用于基层组织划分，是在正常的工作日不能满足工作需要时所采用的一种划分部门的方法。如许多工业企业由于设备不能停止运转等原因，按早、中、晚三班制进行生产活动，那么部门设置也应是三套。如交通收费站、电信服务平台、医院等组织也采用这种轮班制的方法来进行部门划分，主要适用于那些正常的工作日不能满足市场需求的企业。

按时间划分的优点：有利于连续提供服务和进行生产，有利于使设备、设施等得到最充分的利用。

其缺点是：夜间可能缺乏监督，协调和沟通比较困难，人员长时间得不到休息，容易疲劳，以致影响工作效率。

③ 按职能划分。

这种方法是根据生产专业化原则，以工作或任务的性质为基础来划分部门的，是组织设计中最广泛采用的一种基本方法，几乎所有组织都存在这样划分的组织结构。这些部门分为基本的职能部门和派生的职能部门。基本的职能部门处于组织机构的首要一级，在每一个基本职能之内进一步细分就形成派生的基本职能。这些部门由于各种组织从事的业务不同，名称也就不同。例如：制造业使用的是生产部门、销售部门、财务部门；商业分别称为采购部门、销售部门和财务部门；而铁路系统则称为运行部门、运输部门和财务部门；如果是医院或学校则均没有生产和销售部门。

按职能划分部门的优点：遵循了分工和专业化的原则，有利于充分调动和发挥企业员工的专业才能，有利于提高人员的使用效率，同时简化了培训工作，为上级主管部门提供了进行严格控制的手段。

其缺点：各职能部门容易从自身利益和需要出发，忽视与其他职能部门的配合，各部门横向协调差，容易使人们过度局限于自己所在职能部门而忽视组织整体目标。

④ 按产品划分。

这种方法划分的部门是按产品或产品系列来组织业务活动的。一般能够发挥个人的技能和专长，部门内部上下关系易协调，发挥专用设备的效率，有利于部门内的协调。各部门主管人员将注意力集中在特定产品上，有利于产品的改进和生产效率的提高。

优点：有利于采用专门设备，促进协调，并能最大限度地发挥工作人员专业技能和知识的作用，也有利于产品和服务的改进及发展；能够明确利润责任，便于最高主管把握各种产品和产品系列对总利润的贡献；有利于产品经营核算和部门绩效评估，对提高部门管理者的工作责任心十分有效；有利于锻炼和培养独当一面的总经理型人才。

缺点：由于部门拥有较大的自主权，容易各自为政、独霸一方，容易忽视全局利益和整体目标；要求部门主管具有全面的管理能力，各产品部门的独立性较强而整体性较弱，各产品分部需要保持职能部门或人员，使部门重叠和管理费用增加了，加重了主管部门在协调和控制方面的困难。

⑤ 按地区划分。

按地区划分部门是普遍采用的一种方法，这种方法更适合于分布地区分散的组织。组织在空间分布上涉及地区广泛，并且各地区的政治、经济、文化、习俗等存在差别并影响企业的经营管理，这时就要将某个地区或区域的经营业务工作集中起来，组织成部门，委派主管人员负责，其目的是调动各个地区的积极性，从而取得区域化经营的优势效益。目前政府行政机关、银行、海关等组织基本上是按地区划分的。

这种方法的优点：因地制宜，提高部门的工作效率，取得地方化经营的优势效益。

其缺点：机构重复使管理费用增加，总部对地方控制难度较大，需要更多的具有全面管理能力的人员；由于上级对下属部门的控制比较困难，也就容易出现部门之间各自为政的现象；最高层主管对各部门控制有难度，地区之间协调起来也比较困难。

⑥ 按设备划分。

设备划分法是一种划分部门的基本方法，如医院的放射科、心电图室、脑电图室、超声波室，以及学校的图书馆、企业的信息处理中心等。

这种方法的优点：能够经济地使用设备，充分发挥设备的效益，充分发挥设备的能力和专业技术人员的特长，便于设备的维修和材料供应，有利于上级主管的监督管理。

其缺点：容易强调局部利益而忽视组织的整体目标。

其实，部门划分本身不是目的，而是对组织进行设计的一种方法。由于任何一种部门划分方法都有侧重点、优点和缺点，在组织部门设计过程中，要结合组织的环境和形势，综合运用以上方法，取多种方法的优点，尽可能地避免缺点，设计出合理的组织部门，以实现组织的管理目标。

2）组织纵向结构设计

组织纵向结构设计的任务就是确定管理幅度和管理层次，以便反映组织纵向分工关系。

（1）管理幅度。

人类社会早期，生产力十分低下，社会分工极其简单，基本的生产劳动是劳动者本人，也就没有组织可言。随着生产力的进一步发展，劳动的方式逐渐由个体向群体发展，一项工作往往需要多人分工协作，这种分工协作关系比较简单。但随着现代化企业的形成，组织规模越来越大，管理者与被管理者的关系越来越复杂，这里上一级主管人员想有效地领导下属，就必须考虑究竟能直接有效领导多少下属的问题，即管理幅度问题。

管理幅度又称“管理跨度”或“管理宽度”，是指一名主管人员能够直接有效地监督、管理其直接下属的人数的多少。当超过这个限度时，管理的效率就会随之下降。在超过了管理宽度的情况下，就必须增加一个管理层次。上级直接领导的下级人员多，则管理幅度大；反之，则管理幅度小。

影响管理幅度的因素很多，这些因素都会影响管理人员管辖下属人员的数量。确定科学合理的管理幅度，必须考虑以下影响因素：

① 上下级双方的素质和能力。

管理者的素质是指管理人员自身的性格、智慧、才能、精力、作风等。素质好，综合能力、理解能力、表达能力强的，管理上一级人员比在相同层次、担负类似工作的其他主管人员管辖较多的人员。凡受过良好训练的下属，如有较高的知识水平或专业水平，那么不但所需的监督比较少，而且只需要较少的管理。由于减少了请示汇报的次数，所以增大了管理宽度，反之，则缩小了管理幅度。

② 工作内容和性质。

主管所处的管理层次不同，越接近组织的高层，需要决策的工作量越大，管理幅度要比中层和基层管理人员小。

下属工作的近似程度影响管理幅度，若大致相同，指导下属比较容易，花费时间也较少，管理幅度就可以大一些。

工作计划的完善程度高，有利于下级能及时理解上级的意图与策略，这时管理者的幅度就相对较大。

③ 授权程度。

适当、充分的授权可以减少主管人员与下属之间讨论工作的次数和频率，节约主管人员的时间和精力，以及锻炼下属的工作能力和提高其积极性。反之，则会加重主管人员的工作负荷。充分的授权有利于上级管理者管理幅度的增加。

④ 工作环境和条件。

一般情况下，环境变化得越快，组织中遇到的新问题越多，下属需要经常向上级请示。上一级管理者必须花更多的时间去了解环境的变化，考虑应变的措施。环境的变化会对管理幅度产生影响，使管理幅度减小。

工作条件对管理幅度也直接产生影响，如给上一级管理人员配备助手，有利于分担管理者的一部分精力，可以大大减少主管的工作量，增加其管理幅度；再如运用现代信息设备和手段有利于管理者更多地了解下属的工作情况，从而及时提出建议，有利于扩大管理者的管理幅度。

总之，影响管理幅度的因素是多种多样的。此外，计划的完善程度、沟通的手段、组织沟通渠道的状况、计划的状况、组织的稳定程度以及规章制度是否健全等，都会影响管理幅度。

一般来说，根据一些管理者的经验，如果说每个上层管理者理想的下属人数是 3 ~ 5 人，那么，中层管理者可指挥 6 ~ 9 人，在组织的最低层次的基层管理者可指挥 10 ~ 15 人。

所以组织在确定管理幅度时，应该综合考虑影响因素，必须从实际出发，具体情况具体分析，因地制宜地灵活确定管理幅度。

（2）管理层次。

管理层次是指从最高一级管理组织到最低一级管理组织的各个组织层次。通俗一点讲，就是指管理组织划分为多少个等级。管理者欲有效管理下属，人数不能太多，人数太多会影响工作效率。所以划分层次就很有必要。管理者通过增加层次，把自己的一部分工作委派给下一级人员来完成，从而减轻自己的负担，而自己承担监督和领导下一级的任务。管理层次是描述组织纵向结构特征的一个概念，是组织内部纵向分工的表现形式，每一个管理层次都担负着不同的职责，并且拥有相应的职权。现代管理组织中，管理层次的划分不是绝对的，有的层次较多，有的层次较少，要根据不同的情况来确定。

在组织结构中，不同的管理层次意味着不同的职责和权限，呈“正三角形”状态，从上至下，责权递减，而人数递增。

组织层次是组织的产物。层次多，组织管理费用增加，不易沟通，也使计划和控制活动变得更加复杂。

管理层次的划分情况如下：

① 按照组织纵向职能划分。

一般情况下，根据组织纵向职能来划分层次往往可以分为上、中、下三层。上层又称战略决策层，主要负责制定组织的总体战略及目标方针；中层，亦称经营管理层，主要负责制定各部门目标，拟订计划方案，配置资源，评价活动成果及制定纠偏措施等；下层，又称操作层，主要职能是按既定的计划和程序进行各项工作，保证其完成各项计划和任务。

② 根据有效管理幅度划分。

根据管理幅度和管理层次的关系，在确定有效管理幅度之后，假设上一级主管人员管辖下一级管理人员或作业人员的幅度全部是一样的，于是就可以据此推算具体的管理层次。

例如：一个组织基层操作人员需近 700 人，如果假定管理幅度为 3 时，管理 729 名操作人员就需要 6 层 364 名管理者，组织总人数为 1 093 人。而将管理幅度扩大到 9 时，管理同样数量的操作人员，只需 3 层 91 名管理人员，而组织总人数为 820 人，具体如图 5-8 所示。

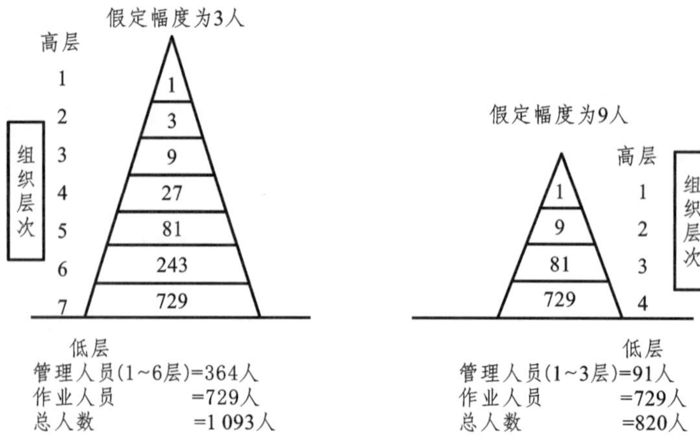

图 5-8 根据管理幅度推算的管理层次图

其实，组织管理层次的管理幅度有时是一样的，其下一级管理人员或作业人员不是呈次幂方式递增的。有些特殊的单位或部门，要根据具体情况，本着高效率的原则，做局部调整。如企业中的研究开发部门就应适当减少层次；而生产部门适当增加管理层次则是必要的。

一般来说，组织的管理层次多，则中层主管职位多，易于集体内的团结，但部门间协调比较困难；而管理层次少，则管理幅度大，主管职务少，监督控制比较困难。到底应该选择哪一种层次结构，要具体分析，看哪一种组织层次划分方案更能满足高效率的要求。

（3）管理幅度与管理层次的关系。

管理幅度与管理层次具有数量上的反向关系。在组织规模一定的情况下，增大管理幅度，就会减少管理层次；反之，减少管理幅度，就会增加管理层次。

按照管理宽度的大小及管理层次的多少，就可形成两种结构：扁平结构和高形结构。扁平结构就是管理宽度大而管理层次少的结构；高形结构则是管理宽度小而管理层次多的结构。

高形结构与扁平结构各有利弊。

高形结构的优点：① 分工明确，管理严密，上下级易于协调，上级可以对下级进行更具体的指导和监督；② 可以给下级提供较多晋升机会。

高形结构的不足之处：① 高形结构管理幅度较小，但层次多，产生的问题也越多，协调工作也急剧增加，管理层次上所花费的设备和开支较多，浪费精力和时间；② 上下级信息沟通时间长，信息容易失真，造成效率下降；③ 上级管理者对下级的控制变得困难，从而影响系统整体优势的发挥；④ 不利于发挥下级人员的创造性。

高形结构一般只有军事机构，并且在战争年代才适合采用，现代企业不宜采用高形结构。现实生活中，也有些机关、企事业单位为了提供更多的等级岗位，设置更多的领导职务，以便让更多的人满意，采用高形组织结构。这是以牺牲效率为代价的。因此，一般来说，为了有效管理，应尽可能地减少管理层次。

扁平结构的优点：① 层次少，有利于缩短上下级的距离，密切上下级关系；② 信息纵向流通快，失真小，有利于主管人员及时掌握情况，效率较高；③ 管理费用少；④ 下属人员有较大的自主权，有利于充分发挥被管理者的积极性和创造性；⑤ 上级领导可以更好地选择和培训有潜能的下级人员。

扁平结构的不足之处：① 上一级的管理幅度大，精力分散，难以对下一级进行深入具体的领导；② 由于管理幅度大，难以进行严密的监督，同一级之间的沟通联系困难；③ 对领导人员的素质要求高，如果能力有限而又缺少管理经验，势必造成管理上的混乱。

尽管扁平结构有这些缺点，目前大多数企业还是偏好扁平结构。相对来说，扁平结构比高形结构的管理效率高。

一个组织只有明确划分组织内的管理幅度与管理层次，才能更好地实现组织战略目标。

5.2.9 集权与分权

集权与分权是组织设计的基本问题。纵向组织设计是将管理权力在不同管理层次之间进行分配。分权和集权是用来描述决策权在组织中或在指挥链上分布情况的一对概念。讨论集权与分权问题之前，我们先要弄清楚权力的内涵。

权力描述的是组织中人与人之间的一种关系，是指个人或群体影响其他个人或群体的行为或信仰的能力。一般分为专长权、个人影响权、制度权等。其中，专长权是指管理者因具备某种专门知识或技能而产生的影响能力；个人影响权是指因个人的品质、社会背景等因素而赢得别人尊敬与服从的能力；制度权是指与管理职务有关的由管理者在组织中的地位所决定的影响力。

在组织管理中，需要将权力进行集中或分散，从而形成集权和分权。

在组织管理中，集权和分权是相对的，绝对的集权或绝对的分权都是不可能的。

集权是系统地将决策权集中于较高层次主管的过程。

分权原则由英国的洛克首先提出，后由法国的孟德斯鸠完成，就是决策权在组织系统中较低管理层次的程度上的分散。

1. 影响集权或分权程度的主要因素

（1）决策的重要性。

决策者在决策过程中，力求节约财力、物力、人力和时间，以节约成本，追求最佳的经济效益。所以对组织来说，影响经济效益的重大决策宜采用集权的方式，反之则采用分权。决策的重要性是影响集权或分权程度的重要因素之一。

（2）组织规模。

组织规模大，组织结构中管理层次部门越多，决策数目多，协调、沟通及控制不易，宜于分权；相反则宜于集权。

（3）组织的历史。

一个组织的成长历史也是决定组织是集权还是分权的因素之一，若组织是由小到大扩展而来的，则采用集权方式；若组织是由联合或合并而来的，则应该分权为宜。

（4）企业管理水平和干部素质。

企业管理水平高，各级干部素质好，有责任心和进取心，经验丰富，训练有素，管理能力较强，则可较多地分权；相反则要加强集权。

（5）外界环境影响。

环境较为简单稳定的企业可以提高集权程度。环境越复杂，经营风险越大，分权程度则越大。

（6）控制手段。

通信技术的发展、信息化建设程度、统计方法、会计控制以及其他技术的改进程度越高，相对来说分权程度越高。

在组织经营活动中，权力过于集中容易贻误时机，导致组织领导独断；权力过于分散也会使组织成为一盘散沙。所以要根据具体情况，随机应变，灵活地运用集权和分权，来解决问题。

2. 衡量一个组织的集权或分权程度的标志

（1）决策的频度。

组织中较低管理层次做出的决策频度或数目越多，则分权的程度就越高；反之，则集权程度越高。

（2）决策的幅度。

组织中较低层次决策的范围越广，涉及的职能越多，则分权程度越高；反之，则集权程度越高。

（3）决策的重要性。

如果组织中较低层次做出的决策越重要，决策涉及的费用越多，影响面越广，则分权的程度越高；反之，则集权程度越高。

（4）对决策控制的程度。

如果高层次对较低层次的决策控制程度越低，则分权程度越高；反之，则集权程度越高。

3. 集权的优点和缺点

集权的优点：① 有利于集中领导、统一指挥，令行禁止，提高职能部门的管理专业化水平和工作效率；② 有利于集中力量，攻克难关。

过分集权的弊端：助长组织中的官僚主义，降低决策的质量，缺少弹性和灵活性，适应外部环境的应变能力差，阻碍信息交流，下级不愿承担责任，不利于调动下属的积极性，也不利于培养人才等。

4. 分权的优点和缺点

分权制的优点：① 能够集思广益，更加灵活机动地处理事务；② 充分发挥下一级管理者的主观能动性，激发其责任心，培养其独立工作的能力，分权分工，不易产生独断专行等现象。

分权制的缺点：① 下一级权力过大，容易形成各自为政、本位主义等现象；② 权限过大，会造成上有政策下有对策的局面，不利于组织的发展。

5. 分权的途径

权力的分散可以通过两个途径来实现：组织设计中的制度分权；主管人员在工作中的授权。

制度分权与授权的区别在于：

制度分权是在组织设计中根据组织规模和组织活动的特征，在工作分析、职务和部门设计的基础上根据各岗位工作任务的要求，规定必要的职责和权限；而授权是组织将完成某项工作所必需的权力授给部属人员。

授权是管理者将自己的部分决策权或工作负担转授给下属的过程。第一步就是将任务委派给接受授权的下属；第二步是将完成任务所需的职权授予下属；第三步是要下属承担起对所接受的任务、成果要求和职权的义务。

制度分权与授权的结果虽然相同，都是较低层次的管理人员获得较多的权力，实际上，这两者是有重要区别的。

一方面，授权是将属于上级的权利授予下级，是一个短期性质的行为；而制度分权是将某一部分权力本来就较多地放到下级那里，是一个长期性质的行为。另一方面，授权是上级决定的，而分权是组织权责制度规定的。还有授权以制度分权为前提，制度分权是授权的基础。

一个组织只有经常地授权，才能知道下属处理问题的能力，如果令人满意，才能长期进行制度分权。

5.3 人员配备

［任务导入 5–3］

A 公司软件工程师招聘

A 公司是一家软件开发公司，总经理马 × 一直认为，招聘是很重要的一项工作，如果在这个环节没有选好人，相关的工作就会被延误。他不但注重选人，还很注重通过招聘来造势。有一次他在当地晚报上公开招聘软件工程师 50 人，而且待遇诱人，在业内引起了不小的反响，好多人都认为 A 公司是一家非常有实力的软件公司。

在招聘选拔中，马 × 一向出手准又狠，不看学历，不看简历，第一个环节就是编程。在某市的应届毕业生洽谈会现场，马 × 亲自挂帅，只带一个秘书。别的展位前人头攒动，他这里却门可罗雀。他说，没必要浪费时间，我的第一关起点就要高。考核专业能力后，马 × 还会让求职者跑 3 000 米，坚持不下来的不用，比他跑得慢的不用。他说，干软件开发这一行，没有好的身体不行，没有敢赢的精神不行。在能力和体力之后，马 × 看中的就是诚信。他曾经让求职者替他转交给公司副总一份印有机密字样的文件，之后通过公司的电子眼观察求职者有没有窥视文件的企图。用他的话说，软件开发注重知识产权，我的企业要堂堂正正地赢。

资料来源：王玲，张海雁，宋君远. 管理学项目化教程[M]. 长沙：湖南师范大学出版社，2020：132.

任务分析：

1. 分析人才招聘选拔的意义。
2. 企业应该如何做好招聘选拔工作？

宝洁前任董事长杜普利有句名言："如果你把我们的资金、厂房及品牌留下，把我们的人带走，我们的公司会垮掉；相反，如果你拿走我们的资金、厂房及品牌，而留下我们的人，十年内我们将重建一切。"由此说明，人才是组织最宝贵的资源，人才对组织的发展起到决定性的作用。

人员配备就是要让正确的人员做正确的事。这样才能发挥组织中所有人员的能动性和工作热情，才能更好地实现组织的目标。可以说，人员配备是组织发展的准备，是组织有效活动的保证。

5.3.1 人员配备的概念

人员配备，是指按照一定的方法和程序，对人员进行适当的选择、评估和培养，用合格的人力资源对于组织结构中的职位进行填充，做到人尽其才，事得其人的过程。

可以从以下几个方面来理解人员配备的定义：

（1）配备合适的人员，充实组织的各项职务，以保证组织活动的正常进行，进而实现组织的既定目标。

（2）人员配备有一套完善的程序和方法，如招聘的程序和方法有小组讨论法、工作模拟法等，管理人员培训的方法有工作轮换、设置助理职务和临时职务等。

（3）人员配备是一个过程，包括确定目标、分析现状、招募、选拔、安置、提拔、考评、奖酬、培养等活动。

（4）人员配备最有效的方式是让正确的人做正确的事。

5.3.2 人员配备的原则

为了谋求人与事的优化组合，人员配备过程中必须遵循以下基本原则：

（1）经济效益原则。

企业是以经济效益为目的，还要与社会效益与生态效益相统一，组织人员配备计划的拟订要以保证这些效益的提高为前提，使组织正常运转。

（2）因事设岗原则。

因事设岗就是让员工的选聘以实际情况为出发点，根据所需配备人员的职位性质，以职位对人员的实际要求为标准来选拔人才。要充分用人之长，使人员越是处在最能发挥其才能的职位上，就越能使组织获得最大的收益。

（3）职务明确原则。

只有职务明确，人员配备才有依据，才能让合适的人员去充实这些职务，做到因事设人、人尽其才、才尽其用，充分发挥各人的特长。只有了解人员在组织中某个特定职务的相对重要性及其任务，才能更合理地考评人员的绩效，才能有目的地对人员进行培训。

（4）责权利对等原则。

责权利对等就是要让组织成员有足够的权力从而担当他应负的责任，同时应当得到与其权、责相应的待遇，要把责任制、考核制、奖惩制三者有机地结合起来，才能使组织成员有明确的任务，负明确的责任，通过衡量绩效，并能够在物质利益上反映出来。只有这样才能充分调动组织人员工作的积极性，人才开发也才有内在的推动力量。

（5）公开竞争原则。

只有进行公开竞争，组织才有可能选到最合适组织的人才。空缺的职务应该对任何人都开放，做到公开、公平、公正。公开竞争无论对组织内部或外部的人都应一视同仁、机会均等。

（6）量才使用原则。

量才使用就是根据每个人的能力大小安排合适的岗位。因为不同的岗位，需要不同能力的人才与之相适应，岗位不同，对人的能力要求是有差异的。考察候选人才能力的高低，更重要的是要考察其潜能。只有把合适的人安排在合适的岗位，组织活动才能产出最好的绩效。

（7）程序化、规范化原则。

员工的选拔和录用必须遵循一定的标准及程序。只有严格按照规定的程序和标准办事，才能选聘到真正的人才，而不能凭主管人员的主观臆断，否则必定会浪费组织资源。

5.3.3 人员配备的工作内容及程序

人员配备的内容包括：确定人员配备计划、岗位分析与设计、人员选拔、制定和实施人员培训计划、工作绩效考核等几项内容。

1. 确定人员的配备计划

人员配备是在组织设计的基础上进行的，确定人员的配备计划主要确定人员的需要量和职务类型。

2. 岗位分析与设计

岗位分析，就是要分析工作的各构成因素，并将分析结果制作成工作说明书和岗位责任制。主要工作涉及分析特定岗位性质任务、职责权限、岗位关系、劳动条件和环境、员工需具备的资格条件、制定工作说明书等。一般要经过 3 个阶段：① 准备阶段任务：了解情况，建立联系，设计岗位调查方案，规定调查的范围、对象和方法；② 调查阶段任务：根据调查方案，对岗位进行调查研究；③ 总结分析阶段任务：分析调查结果，撰写工作说明书、岗位规范。

岗位设计就是要设计每个岗位的任务、责任、权力以及与组织中其他岗位的关系。岗位设计必须遵循几个原则：① 明确任务目标；② 合理分工协作；③ 责权利相对应；④ 因事设岗。

具体设置岗位时要注意几个方面的问题：① 资源配置是否合理，横向、纵向管理是否协调，有没有必要进行组织架构调整或改革；② 所有岗位的责任和目标是否明确、具体；③ 岗位设置的数目是否符合最低数目要求；④ 各个岗位上下左右的关系是否协调、有效；⑤ 每个岗位的工作内容是否充实和饱满。

岗位设计的主要内容包括工作内容、工作职责和工作关系的设计 3 个方面。

3. 人员选拔

为了保证担任职务的人员具备职务要求的知识和技能，必须对组织内外的候选人进行选拔，做出最恰当的选择。人员选拔指通过各种方法、技术及考核面试，将选择范围逐步缩小，最终确定合格人员。

这种程序大致由被选人员资料分析、一般能力的标准化测试，以及职务胜任力的情景模拟测验等几个环节构成。

在人员测评实践中，人们总结和开发出了一系列方法技术。对这些技术的合理选择和使用，将会大大提高人员测评效率。其中，行政能力测试、公文筐测试、无领导小组讨论，是应用得最多的方法技术。

4. 制订和实施人员培训计划

员工培训是指组织为了使员工获得或改进与工作有关的知识、技能、态度和动机，有计划地组织员工学习和训练，达到提高员工的知识和技能，改善员工的工作态度，激发员工的创新意识的目的，从而使员工能胜任本职工作的人力资源管理活动。

培训既是为了实现组织与成员个人的目标，也是为了适应组织技术变革、规模扩大的需要。其必要性表现在 3 个方面：① 知识经济信息社会的挑战；② 日益严峻的社会问题强化培训需求；③ 行政改革与行政发展的现实要求等。

5. 工作绩效考核

工作绩效考核是指考评者对照绩效标准，采用一定的考评方法，评定员工的工作任务完成情况、员工的工作职责履行程度等，并且将上述评定结果反馈给员工的过程。工作绩效考核又称业绩考评或考绩。考评的目的：① 通过确认工作执行人员的绩效达成水平，而决定奖惩、分配奖金、提薪、调职、晋升等人力资源管理决策；② 通过考核及其对考核结果的合理运用，如奖惩和待遇调整等方式，达到激励员工努力工作的目的。

下面给出××事业单位岗位说明书（见表 5-2）。

表 5-2　××事业单位岗位说明书

单位名称（盖章）：　　　　　　　　　　　　编写日期：　　年　　月　　日

<table>
<tr><td colspan="2">内设机构名称</td><td>公共信息处
公共信息资源部</td><td>岗位名称</td><td>高级网站设计与制作</td></tr>
<tr><td colspan="2">岗位类别</td><td>专业技术</td><td>岗位等级</td><td>八级</td></tr>
<tr><td>工作职责</td><td colspan="4">承担网站设计制作维护、应用系统开发及技术支持工作。负责单位网站部分信息维护及技术支持</td></tr>
<tr><td>工作任务</td><td colspan="4">1. 承担××网站主页的设计制作维护；
2. 相关厅局网站设计制作及应用系统开发等工作；
3. 承担单位网站的技术支持工作；
4. 参与××项目的系统开发和部分设计工作；
5. 指导其他人员设计方面的工作；
6. 部门领导交办的其他事项</td></tr>
<tr><td>工作标准</td><td colspan="4">1. 工作积极，办事及时，能按时保质保量地完成部门领导交代的工作任务；
2. 网站的设计工作能被受众喜欢，符合网站主题要求；
3. 承担的网站信息维护工作的错误率低于 2%；
4. 参与开发的项目按时交工，符合项目要求</td></tr>
<tr><td>任职条件</td><td colspan="4">1. 具备××市岗位设置管理有关规定的基本任职条件和××地区（或行业）规定的任职条件；
2. 具有本科以上文化程度，具有一定的美术功底和两年以上平面设计经验；
3. 具备工程师资格，在下一级专业技术岗位有两年以上工作经历；
4. 熟练使用 PHOTOSHOP、FLASH、DREAMWEAVER 等相关设计软件，了解 Web 新标准和熟悉目前流行的网络新技术；
5. 有较强的事业心、责任心，能吃苦耐劳，沟通协作能力强，有团队精神</td></tr>
</table>

5.3.4　管理人员的来源

管理人员的来源应根据组织的实际情况，通过外部招聘或内部提升选拔确定。

1. 外部招聘

外部招聘是组织根据一定的标准和程序，从组织外部的众多候选人中选拔符合空缺职位工作要求的管理人员的过程。

从外部招聘来的人员一般是组织急需的人员，尤其是那些起关键作用的人员。外部招聘可以通过广告、就业服务机构、学校、组织内成员推荐等途径进行。外部招聘的新员工通常不能立即上岗，一般要通过一段时间的培训。外部招聘人员的最好来源随行业、企业和地理位置而变化。有些组织会招聘一些有实际工作经验的外部人员，但是高校毕业生往往是组织招聘最多的来源，因为高校毕业生有无可比拟的潜力。

（1）外部招聘具有以下几个方面的优点：

第一，外部招聘人员具有“外来优势”，没有历史包袱，可迅速打开工作局面。

第二，能够为组织带来新鲜空气。外部招聘是一种有效的与外部信息交流的方式，新员工能够带给组织不同的经验、理念、方法以及新的资源，使组织在管理、技术方面都得到完善和改进，避免了近亲繁殖的弊端。

第三，有利于平息和缓和内部竞争者之间的紧张关系，可避免组织内没有提升到的人的积极性受挫。

第四，人员来源广泛，有选择余地，能招聘到更多优秀人才，可以为组织节省大量内部培养和培训的费用。

第五，可以产生鲶鱼效应。外聘人才给组织原有员工施加压力，形成危机意识，激发斗志和潜能，带动整个组织成员一同进步。

（2）外部招聘有许多局限性：

第一，外聘干部不熟悉组织的内部情况，应聘者对组织的历史和现状不了解，需要有一个了解和熟悉的过程。同时也缺乏一定的人事基础，因此需要一段时期才能适应。

第二，由于信息不对称，往往造成筛选难度大，而且外部招聘人员要进行培训，对组织而言，花费成本较高。

第三，可能由于外聘人员的稀缺性特征而待遇较高，会影响组织原来的薪酬激励体系。

第四，如果组织中有胜任的人未被选用，则从外部招聘会使他们感到不公平。外聘干部的最大局限性莫过于对内部员工的打击，使内部员工的士气或积极性受到影响，可能挫伤有上进心、有事业心的内部员工的积极性和自信心，或者引发内外部人员之间的冲突或内部人员外流现象。

2. 内部提升

许多未来职位所需的员工可能已经在为组织工作，目前许多组织会采用人才储备的方法解决因组织规模扩大而急需人才的组织人员短缺的问题。

内部提升是指从组织内部提拔那些能够胜任的人员来充实组织中的各种空缺的、更大责任的、更高职务的职位。目前许多组织都赞成从内部选拔提升人员。内部提升是组织内部员工职业生涯发展的一种途径，组织要运用内升制度来激励员工为组织的目标奋斗。

（1）内部提升有许多优点，主要表现在以下几个方面：

第一，有利于鼓舞士气、提高工作热情，起到激励员工、鼓舞员工士气的作用，形成积极进取、追求成功的氛围，调动组织成员的积极性。内部提升制度给每个人带来希望，能够给员工提供更多的成长空间，组织成员感到有提升的可能，使其有一个良好的工作情绪。因此，内部提升制度能维持内部员工对组织的忠诚，使那些有发展潜力的员工更能自觉地积极地工作，以促进组织的发展。

第二，组织对候选人的情况比较了解，长处和弱点都比较清楚，可以全面深入地考察和评估。因此，一般来说，有利于保证选聘工作的正确性。

第三，有利于被聘者迅速开展工作。被聘者对组织的历史、现状、目标以及现存的问题比较了解，能较快地胜任工作，工作起来要比外聘者得心应手，从而能迅速打开局面。

第四，有利于吸引外部人才。良好的内部提升机制，使员工凭借自己的知识和能力，能迅速地提升到较高的管理层次，会给新来者提供良好的发展前景，有利于外部的人才应聘到这样的组织中。

第五，因为从内部培养和选拔人才，招聘的直接成本比较低，效率比较高，也有利于新选聘上的内部员工更快地进入角色，有利于发挥组织的效能。

（2）内部提升有许多局限性：

第一，容易造成近亲繁殖现象。由于组织成员习惯了组织内的环境，容易墨守成规，缺少创新理念，不利于组织的发展。

第二，会挫伤员工的积极性。组织内部的选拔人数毕竟有限，内部员工竞争会使有的工作业绩很高的员工不能提拔到管理岗位上来，没有被提升的员工的积极性将会受到一定程度的挫伤，甚至导致人才的流失。

第三，如果组织内部提拔的人员不能满足岗位职责的要求，这时组织会失去从外部引进人才的机会，这对组织的发展是不利的。

第四，会引起同事的不满。特别是当水平相当的同事竞选同一职位时，落选的员工往往会产生不公平感，不利于组织人员的团结与合作。

从以上对主管人员选聘途径的讨论来看，组织选聘无论是外部招聘，还是内部提升，都并非十全十美，而是各有优缺点。在实际工作中，要根据组织的具体情况而定，因地制宜地选择选聘的途径。

5.3.5 管理人员选聘的程序与方法

1. 管理人员选聘的程序

首先要根据组织结构设计的工作描述和职位说明书，确定该职位的关键指标。录用标准确定之后，必须根据这一标准通过各种方法、技术及考核面试，将选择范围逐步缩小，选择和确定合适的员工。

管理人员选聘的程序是根据一定标准并采用特定方法，对备选人员进行分析、识别和选拔的过程。

这种程序大致由被选人员资料分析、一般能力的标准化测试、职务胜任力的情景模拟测验等几个环节构成。

（1）资料分析。

对通过各种方式收集到较充分的备选人员的材料进行初步筛选，以挑出初步的候选人。常用的初步筛选方法：① 阅读和分析求职申请表；② 收集整理个人传记性材料；③ 阅读和证实推荐信；④ 阅读个人简历和自荐信。

（2）标准测试。

资料分析以后，对应聘人员进行素质能力的一般性标准测试，包括两方面内容：① 一般性考查；② 专门性测试。

一般性考查包括安排初次见面和一般能力测验。专门性测试包括个人品格测试和个人能力测试等，根据某些特殊职务的要求，可能还要进行字迹分析、测谎和基因扫描分析。

（3）情景模拟。

经过上两轮测试合格的候选者面临与实际工作紧密相关的情景模拟测试来观察求职者在特定职位上的实际工作能力，以便判断他是否能胜任所申请的职位。

按照与实际工作情况的一致程度划分，情景模拟可以分为样本操作和试用考察。

2. 管理人员选聘的方法

在人员选聘测评实践中，常常使用行政能力测试、公文筐测试、无领导小组讨论等方法技术。

（1）行政能力测试。

行政能力测试是一种检验人们一般能力的测评方法，用来测试应试者与拟任职位相关的知识、技能和能力，主要用于测试职位候选人，以标准化考试的方式揭示人们与工作业绩有关的心理潜能，主要包括数量关系、判断推理、常识判断、言语理解与表达、资料分析 5 个方面。

[案例]

建筑虽然起源于防寒、祛暑、荫蔽、安全等实用的生活要求，但在建筑史上，人类对解决生活实用而付出的合作劳动却远远不如对非实用方面付出的多。宫殿、庙宇、祭坛、陵墓、教堂、纪念碑、园林等，这些全部或基本上服务于精神生活的建筑，其成就远远超过了住宅、作坊、堡垒等服务于物质生活的建筑。建筑形式、建筑风格的演变，往往是一代社会物质生活和精神生活最敏感的见证，在西方，人们形象地称建筑是“石头写成的历史”。

思考：人们形象地称建筑是“石头写成的历史”，其原因是下面哪一项？

A. 建筑凝聚着人类物质生产的巨大劳动，是人类自觉改造客观世界的直接结果

B. 建筑服务于精神生活成就突出，其形式、风格的演变，常是一代社会物质生活和精神生活的见证

C. 建筑是一个重要的审美对象，而对其具体观照会获得更多的美学感受

D. 建筑服务于精神生活，也服务于物质生活，两者都包含历史的审美因素

[解析] 答案为 B。根据文意，“建筑形式、建筑风格的演变，往往是一代社会物质生活和精神生活最敏感的见证”，是该段文字的中心思想，也是称建筑为“石头写成历史”的原因。

（2）公文筐测验。

公文筐测试，又叫文件处理测试、篮中训练法，是考察管理决策能力的一种测评形式。将被评价者置于特定职位或岗位的模拟环境中，由评价者提供一批该岗位经常需要处理的文件和信息，要求被评价者在一定的时间和条件下处理完毕，并且还要以书面或口头的方式说明这样处理的原则和理由。

2005 年 6 月 15 日新华每日电讯，湖南省公开选拔厅局级干部尝试采用“公文筐测验”这一新模式。此次应试者模拟的角色是大学校长，摆在他们面前的是 11 份急需处理的文件。每份文件都是一个棘手问题，如离休职工医疗费用问题、职工家属工作调动问题、学校收费

问题等。应试者在两小时内，不但要拿出对每份文件的处理意见，还要说明处理的理由和依据。这一新模式主要考察应试者对两难情况能否全面分析，并迅速做出判断，提出应对措施。

公文筐测试的具体过程如下：

① 根据具体情况选择适当的测试场地。

② 准备好测试所用的各种材料。

③ 安排进入考场，宣布测试中的注意事项。

④ 开始测试。假定被试者接替某个管理人员的工作，在其办公桌上堆积着一大堆亟待处理的文件，包括信函、规章制度、报告、电话记录和备忘录等，它们分别来自上级和下级、组织内外部，涉及各种典型问题和工作指示、日常琐事和重要事件等。所有这些信函、记录和急件，都要求被试者在两三个小时内处理完毕，填写行为理由问卷，说明自己为什么要这样处理。

⑤ 监督被评价者测试。

⑥ 测试结束回收答题纸。

⑦ 主试人把不同被试者的处理结果逐一分类，予以评分。通过测评活动，主试人观察被试者对文件的处理是否有轻重缓急之分，是否能有条不紊地加以处理并适当地请示上级或授权下属，处理过程中是否拘泥于细节和杂乱无章，据此测评被试者的组织、计划、分析、判断、决策、分派任务的能力，以及对于工作环境的理解和敏感程度。

公文处理的测评方法具有便于操作、效率高等特点。

（3）无领导小组讨论。

无领导小组讨论是指由一组应试者组成一个临时工作小组，每组 4 ~ 8 人不等，讨论给定的问题，如奖金的分配、任务分担、干部提拔等，最后要求形成一致意见，并做出决策，以书面形式汇报。讨论过程并不指定谁是负责人，也不指定受测者应坐的位置，让受测者自行安排组织。

主试人一般坐在讨论室隔壁的暗室中，通过玻璃洞或电视屏观察整个讨论情形，倾听组员们的讨论内容，观测考生的组织协调能力、口头表达能力，辩论的说服能力等各方面的能力以及自信程度、进取心、情绪稳定性、反应灵活性等，看谁善于驾驭会议，善于集中正确意见，并说服他人达成一致意见。目的就在于考察应试者的表现，尤其是看谁会从中脱颖而出。

5.3.6 管理人员的培训

一个企业要想适应不断变化的环境，只有建立起学习型的组织，有的放矢地对员工进行培训，从而提升企业的整体核心竞争力。管理人员的培训工作做得好，是企业可持续发展的永恒动力。

1. 管理人员培训的定义

管理人员的培训，是指组织在将组织发展目标和员工发展目标相结合的基础上，通过教学、案例分析或实际操作等方式，改进与工作有关的理念、知识、技能、态度、动机、行为模式等，从而使其按照组织的要求和发展目标，使员工能胜任本职工作的人力资源管理活动。

2. 管理人员培训的作用

（1）培训能使员工对企业文化和企业目标有深刻的理解，从而增强员工对企业的认同感。

（2）通过培训能使员工了解岗位的要求，提高员工的职业素养和专业技术水平。

（3）培训能改进员工的工作行为，提高员工综合素质。

（4）培训有助于保持管理人员的工作激情，拓宽员工视野，增强自信心，从而激发更高的工作热情。

（5）培训是一种有效的管理手段。培训能融洽管理者与员工的关系，提高员工的自觉性，有利于促进员工观念的转变，能达到规章制度所达不到的管理效果。

3. 培训的内容

培训的具体内容一般包括以下几个方面：

第一，政治思想教育。让员工具有高觉悟的政治思想和高尚的道德情操。

第二，企业的文化、价值观教育。让新员工知道企业鼓励什么、追求什么、反对什么。

第三，介绍企业的经营历史、宗旨、目标、规模和发展前景；介绍企业的经营范围、主要产品、市场定位、目标顾客、竞争环境等；介绍公司的规章制度和岗位职责；介绍企业内部的组织结构、权力系统，各部门之间的服务协调网络及流程，有关部门的处理反馈机制；介绍企业的安全措施；介绍企业员工行为和举止规范。

第四，业务培训。让新员工熟悉并掌握完成各自本职工作所需的主要技能和相关信息，从而迅速胜任工作。

4. 管理人员培训的方法

知识的更新和补充可以通过集中脱产或业余学习的方法来完成。培养能力与改变态度的培训方法有以下几种：

（1）工作轮换。

工作轮换就是让受训者在预订的时期内变换不同的工作岗位，让他们轮流在公司生产经营的不同环节工作，以帮助他们了解各种工作的知识，熟悉公司不同岗位的工作经验，培养新进入企业的年轻管理人员或有管理潜力的未来的管理人员。工作轮换，不仅可以丰富受训者的技术知识，提升管理能力，掌握组织业务管理的全貌，而且可以培养组织成员的协作精神，有利于处理好局部与整体的关系。

职务轮换包括非主管工作的轮换，主管职位间的轮换等。

非主管工作的轮换主要针对组织的基层第一线，目的在于使受训者了解组织最基层的各类业务活动及这些活动的基本特点、基本过程。这种轮换的时间一般不长，参加轮换的人多为刚从组织外部招聘来的人员。

主管职位间的轮换是指组织的同一层次上的主管职务在各个不同部门间轮转，目的是使作为培养对象的主管人员，在不同的职务部门学习实际的管理经验，从而提高全面管理技能，积累在不同管理部门的经验，胜任较高层次上的管理工作。

（2）设置助理职务。

在一些高层的管理层次上设立助理职务，能减轻高层领导的管理负担，使之从繁忙的日常管理中脱出身来处理组织重大的决策问题，对担当助理职务的人员也是一种能力的锻炼。助理职务通过处理实际工作，积累高层管理的经验，从而有助于个人的成长。

（3）临时职务与彼得原理。

彼得原理：英国幽默大师劳伦斯 J. 彼得研究发现“在实行等级制度的组织里，每个人都崇尚爬到能力所不逮的层次”。组织中经常有些管理人员提升后不能保持原先的成绩，因此可能给组织带来效率的大滑坡。

当组织中某个主管因某种原因而使某个职务在一定时期内空缺或组织有意识地安排这种空缺时，让受培训者临时担任这项工作职务。

临时职务可以使受训者体验高层管理工作，并在代理工作中充分展示或迅速弥补他所缺乏的管理能力。设立代理职务不仅是一种培训管理人员的方法，而且使组织效率得以提升，避免给组织带来不利的影响，防止“彼得现象”的产生。

5.3.7 管理人员的考评

1. 管理人员考评的定义

管理人员的考评就是人力资源管理部门根据被考核的工作性质、岗位职责、目标和任务，通过评估和研究，运用切实可行的科学考评方法和技术，对管理人员的德、能、勤、绩进行全面的科学考核评定。

2. 管理人员考评的意义

管理人员考评的意义主要有 4 个方面：

（1）为确定管理人员工作报酬提供客观依据，优质优酬。通过人事考评，根据管理人员的工作态度、努力程度、实际表现等因素来确定工作报酬。

（2）为人事调整提供依据。

（3）为管理人员培训提供依据。

（4）通过考评，有效促进组织内部的沟通，把合适的人放到适宜的岗位上。

3. 管理人员考评的原则

（1）全面性与合理性。

在设计考核项目时，要运用科学的方法和手段，分析员工行为及工作成果的特点，对德、能、勤、绩等进行全方面考评。

（2）统一性与具体性。

进行绩效考评必须注意“公正、公开、公认”的要求。

（3）实用性与操作性。

把考核的项目分解成一个个可以具体度量的指标才便于度量。

（4）系统性和规范性。

只有建立了合理的、相对稳定的考评制度体系，才有操作的依据。

4. 管理人员考评的内容

管理人员考评的内容主要包括德、能、勤、绩 4 个方面。

（1）德。

德，即品德、道德，是人的精神境界、道德品质和思想追求的综合体现。概括地说，是指工作人员的政治思想品德以及遵纪守法、廉洁奉公、遵守职业道德和社会公德的情况。具体来说，由 4 个方面构成：政治品德、伦理道德、心理品德和职业道德。不同时代、行业对德有不同的标准。在考核工作人员之“德”时，关键是考核其政治品德和职业道德。

（2）能。

能，即能力或才能、才干、本领，是指人的能力素质，是人认识世界和改造世界的能力。工作能力由一般能力和特殊能力两方面的能力组成。在考核工作人员之“能”时，关键是考核其本职岗位的业务专业技术能力、管理能力的运用和发挥。对不同的职位，在能力评估过程中应各有侧重，区别对待。

（3）勤。

勤，是指尽力尽责，勤奋不怠，甘于奉献的工作态度，它主要体现在组织纪律上，如工作的积极性、纪律性、责任心和出勤率等。对勤的评估不仅有量的衡量，也有质的评估，即是否以满腔的热情，积极、主动地投入工作。是不是有积极的工作态度和强烈的事业心；工作中是否一丝不苟；平时是否肯学肯钻、任劳任怨等都是“勤”的具体表现。在考核工作人员之“勤”时，主要考核工作态度、勤奋敬业精神和劳动工作纪律等情况。

（4）绩。

绩，是指员工的工作业绩，是综合反映个人工作能力、水平和努力程度的标志，包括完成工作的数量、质量、经济效益。表现在工作效率、工作方法、工作效益等方面取得的成绩，在企业中岗位、责任不同的人，其工作业绩的评估重点也有侧重。在考核工作人员之“绩”时，主要是考核其履行职责情况，完成工作任务的数量、质量、效益、成果的水平等。

5. 管理人员考评的程序

组织中对管理人员考评的过程可以分解成以下 5 个步骤：

（1）制订考评计划。

预先做好明确考评目的、对象和内容，安排考评时间、程序和方法，确定考评人员等工作。

（2）考评前的技术准备。

包括制定考评标准、选择设计考评方法与工具、选择考评人员。

（3）实施考评。

按考评标准进行考评、测定与记录等工作。

（4）分析考评结果。

分析考评表的可靠性，在确认可靠的基础上综合各考评表的打分，得出考评结论，并对考评结论的主要内容进行对照分析。

（5）反馈考评结果。

考评结果应及时反馈给有关当事人，可以通过上级主管与被考评对象进行考评沟通。最后还要对考评结果进行归档，以备在以后的人事决策时使用。

6. 管理人员考评的方法

人们在实践的基础上总结了很多管理人员考评的方法，其中行为锚定法、关键业绩指标法等，是实践中较常用的方法。

行为锚定法是一种以工作行为典型情况为依据进行考评的方法。其基本思路是：描述职务工作可能发生的各种典型行为，对行为的不同情况进行度量评分，在此基础上建立锚定评分表，作为员工绩效考评的依据，对员工的实际工作行为进行测评打分。行为锚定法的程序：① 记录关键事件；② 进行整理和规范化表述；③ 系统全面地进行比较；④ 进行形式设计，建立最终的锚定评分表。

关键业绩指标法，指通过确立关键业绩指标来提高绩效考评的信度与效度。这一办法的关键是建立合理的关键业绩指标。一般来说，使用关键业绩指标的考评方法，要研究组织内部各种工作流程的输入和输出情况，找出关键参数并加以衡量，然后概括、整合、量化处理，如此才能合理地确定绩效考核的关键指标。

关键业绩指标法符合一个重要的管理原理，即“二八原理”。在一个企业的价值创造中，80%的工作价值是由 20%的关键行为完成的，因此只要抓住 20%的关键行为对之进行分析和衡量，就抓住了绩效改进的重心。如果对员工的每一项工作行为都加以考核，不仅操作起来很困难，而且由于主次不分，也难以取得好的效果。

5.4 组织文化

［任务导入 5-4］

海尔企业文化

第一代（1990-07）：

时代背景：海尔高质量的品牌形象深入人心。

（1）海尔精神：无私奉献，追求卓越。

之所以强调“无私奉献”是因为在当时的政策环境下，企业激励自主权受限，无法自主激励员工，需要全员的奉献精神；“追求卓越”表达了海尔人“要么不干，要干就要争第一”，永不自满、永远进取、永远创新的精神境界。

（2）海尔作风：迅速反应，马上行动。

面对市场机会，海尔人要争分夺秒，要“迅速反应，马上行动”。日事日毕、日清日高的 OEC 管理法是对海尔作风的最好诠释。

第二代（1996-07）：

时代背景：二次创业，创出属于中国人的国际名牌。

（1）海尔精神：敬业报国，追求卓越。

从“无私奉献”到“敬业报国”，奋斗拼搏的精神没有变，但更体现了海尔人要用最好的产品和服务来回报用户、回报社会、回报国家，激励海尔人为祖国奉献一个世界级的中国品牌。

（2）海尔作风：迅速反应，马上行动。

第三代（2005-12-26）：

时代背景：海尔达到千亿规模，克服大企业病的难题。

（1）海尔精神：创造资源，美誉全球。

“创造资源”本质上是创新。与国际顶级企业相比，当时的海尔还不具备资源优势，但在创新的旗帜下，海尔可以而且能够创造资源，形成自己的核心竞争力；“美誉全球”是海尔全球化品牌战略阶段的更高目标。在全球各地满足当地用户需求，从知名度到美誉度，是海尔创世界名牌的根本内涵。

（2）海尔作风：人单合一，速决速胜。

“人单合一”是手段，“速决速胜”是目的。每个员工都要与市场精准结合，然后以速度取胜，达到速度和精准度的有机统一。

第四代（2016-12-26）：

时代背景：2016 年被称为物联网元年。

（1）海尔精神：诚信生态，共享平台。

“诚信生态”呼应了物联网“体验经济”。“诚信”是物联网时代最关键的竞争力。孤立的企业难以实现全流程的诚信，也无法创造用户最佳体验，企业必须演进成生态系统。“共享平台”呼应了物联网“共享经济”。“共享平台”体现在两方面：内部共享创业平台、外部共享生态圈。

（2）海尔作风：人单合一，小微引爆。

“人单合一”是诚信、共享的必要条件。“小微引爆”强调小微要持续自以为非，不断创新突破。

第五代（2019-12-26）：

时代背景：海尔进入生态品牌战略阶段。

（1）海尔精神：诚信生态，共赢进化。

共赢进化，体现了区块链“去中心化的用户自信任”。用户也是生态中的创造者，与生态共赢进化，从而与生态建立起信任关系。

（2）海尔作风：人单合一，链群合约。

链群合约，体现了区块链“去中介化的价值自传递”。在链群合约里，所有节点，都融合在一起为用户创造价值，并共享增值。

资料来源：企业文化[OL]. (2022-04-25)[2024-11-05].https://www.haier.com/about-haier/culture/.

任务分析：

1. 企业文化的内涵分析。
2. 分析海尔企业文化成功的因素。

5.4.1 组织文化的含义

组织文化是指组织在长期的生存和发展中形成的，为本组织多数成员共同遵循的最高目标、价值标准、基本信念和行为规范的总和。它是组织成员共有的价值观体系，是理念形态文化、制度行为形态文化和符号形态文化的复合体。

组织文化是一种客观存在。组织成员在长期的共同活动中，必然会形成一些独特的行为方式、独特的风俗习惯，以及蕴藏其中的独特的价值观念。一般包括组织的最高目标和宗旨，共同的价值观、作风及传统习惯、行为规范和规章制度、组织价值观的物质载体等内容。组织文化结构一般由观念层、制度行为层和器物层组成。观念层是组织文化的核心和主体，包括最高目标、组织核心价值观、组织哲学、组织精神、组织风气、组织道德、组织宗旨等；制度行为层包括一般制度、特殊制度和组织风俗；器物层又称符号层，是组织文化在物质层次上的体现，是群体价值观的物质载体，包括标志、厂容厂貌、设备特色、建筑风格等。

5.4.2 组织文化的功能

1. 导向功能

导向作用即把组织成员的行为动机引导到组织目标上来。组织目标是引导成员统一行动的旗帜，一种集结众人才智的精神动力，它能够使组织成员自觉地为实现组织目标而努力工作，甚至愿意做出个人牺牲。

2. 凝聚功能

优秀的组织文化是一种极强的凝聚力量，是连接组织成员之间感情的纽带。它使组织成员凝聚在组织的周围，把个人的思想感情和命运与组织的命运紧密联系起来，对组织产生深远的认同感，形成强烈的整体意识，乐于将自己的聪明才智奉献给组织，与组织同命运、共呼吸。

3. 激励功能

组织文化的核心是确立共同价值观念，有利于组织目标与个人目标的结合。优秀的组织文化都会产生一种尊重人、关心人、培养人的良好氛围，会让组织自觉地产生一种朝气蓬勃、开拓进取的良好风气，从而激发组织成员的工作热情，形成一种良性的激励环境和激励机制。

4. 整合功能

组织文化共同的核心价值、经营理念、管理理念可以整合到组织人力资源、物力资源、财力资源、知识资源、社会资源等中，从而形成强大的合力。

5. 辐射功能

组织文化具有辐射功能。人们通过标志、厂容厂貌、设备特色、建筑风格等物质载体，展示组织的深层次的价值观和外在形象，扩大组织在社会上的影响力。

优秀的组织文化，可以引导组织发挥出巨大的潜在能量，起到内聚人心、外塑形象的作用。

5.4.3 组织文化建设

组织文化建设，是指组织有意识地发扬其积极的、优良的文化，克服不良文化过程，亦即使组织文化不断优化的过程。

组织文化建设一般有 3 个步骤：

1. 文化诊断

文化诊断就是通过深入的调查研究，了解组织目前现实存在的文化现状，找出存在的问题及原因，提出合理化建议，使组织文化健康有序的发展。文化诊断的成果是形成“组织文化现状调研报告”，主要采用访谈、座谈、问卷调查、典型案例解剖等方法和手段。

文化诊断可采用两种方式：一种由组织内部人员进行诊断；另一种是请组织外部人员进行诊断。

2. 文化设计

在文化诊断基础上，进行文化设计环节。

文化设计的主要任务是根据组织发展战略，兼顾组织历史传统和目前的文化现状，设计出包括观念层、制度层、器物层的完整的组织文化体系。

文化设计中，设计者要具有战略眼光、哲学思想、管理知识和深厚的文学功底。文化设计时，要考虑民族文化、行政文化等方面的因素，在继承原来组织文化的基础上寻求理念创新，体现组织文化的独特个性和深厚底蕴。

3. 文化实施

依据文化设计的结果，进行组织文化的实施。要对组织文化进行变革和创新，要将抽象化的设计理念转化为具体的行为方式。

文化实施一般由 3 个阶段构成：① 解冻阶段，在组织内部营造舆论，批判陈旧观念，继而破坏现有文化的格局；② 变革阶段，主要内容有：观念和制度的创新与变革、行为习惯的破旧立新及组织器物层的更新和建设工作；③ 再冻结阶段，新的观念、制度、行为规范、物质环境等确定下来，形成新的意识形态、组织风气，使崭新的价值体系占主导地位。

文化实施方案的主要内容：确定组织文化体制的领导实施机构；编写组织文化手册，对员工进行培训；建立责任制度；搞好组织文化的传播网络；建立奖励和惩罚制度；制定计划和预算，并付诸实施；制定配套措施等。

[项目小结]

本项目首先阐述了组织的定义、组织类型及作用；其次重点介绍了组织结构的设计问题，包括组织结构的概念、原则、依据、任务、内容、集权与分权等，着重讨论了管理幅度与管理层次的关系；再次对人员分配问题进行了讨论，涉及人员分配的概念、原则、工作内容及程序、管理人员的来源、管理人员的选聘程序与方法、管理人员的培训、管理人员的考评等；最后对组织文化进行了介绍，主要内容有组织文化的含义、功能及组织文化建设等。

[同步测试]

一、单选题

1. 直线型组织结构的优点是（　　）。

A. 联系简捷　　B. 部门间协调较好

C. 专业分工较细　　D. 不会发生较多失误

2. 判断一个组织分权程度的主要依据是（　　）。

A. 管理幅度管理层次增加　　B. 命令权的下放程度

C. 按地区设置多个区域性部门　　D. 设置多个中层的职能机构

3. 一般来说，管理层次所拥有的能够确定集权或分权程度的权力是（　　）。

A. 审批权　　B. 组织权

C. 计划权　　D. 决策权

4. 管理幅度是指主管人员（　　）。

A. 直接而有效地指挥和管理下级部门的数量

B. 指挥和管理的全部下目的数量

C. 直接而有效地指挥和管理下属的数量

D. 职责与权力的范围

5. 管理层次少而管理幅度大的扁平式组织结构的优点是（　　）。

A. 信息纵向流通快，管理费用低　　B. 上下级易于协调

C. 管理严密　　D. 分工明确

二、填空题

1.（　　）组织结构多适用于规模较大的一些公司等组织。

2. 管理层次受到组织规模和管理幅度的影响。它与组织规模呈（　　）比，在组织规模已定的条件下，它与管理幅度呈（　　）比。

3.（　　）是指组织在长期的生存和发展中所形成的，为本组织多数成员共同遵循的最高目标、价值标准、基本信念和行为规范的总和。

4. 按组织结构的严密程度可分为：（　　）和非正式组织。

5. 一般来说，集权或分权的程度常常根据各管理层次拥有的（　　）情况来衡量。

三、判断题

1. 正式组织是指在组织设计中，为了实现组织的总目标，依法或依规章制度的有关规定建立的明确规定组织成员的职责范围及相互关系的功能结构。（　　）

2. 直线—职能型组织结构在军事系统中得到广泛应用，是以统一指挥和直接管理原则为中心而建立的。（　　）

3. 网络型组织结构是一种典型的虚拟组织，是利用现代信息技术建立和发展起来的新型的组织结构。（　　）

4. 集权与分权是指决策权在层次间的分配程度。（　　）

5. 组织结构图是展示雇员、职称和群体关系的一种图表，可以把这看作一种逻辑关系，形象地反映了组织内各机构、岗位上下左右相互之间的关系。（　　）

四、简答题

1. 简述组织的含义。

2. 简述组织结构的概念。

3. 简述组织结构设计的程序。

5. 简述集权与分权的含义。

6. 简述管理幅度与管理层次的关系。

7. 简述管理人员选聘的程序与方法。

8. 试述组织文化的含义。

五、案例分析

金氏建设发展有限公司

某个星期一上午，金氏建设发展有限公司每月例会正在进行。总经理金×对公司几个部门在处理最近一起电梯安装质量事故中表现出的推诿扯皮表示气愤。这已经不是第一次了，而且客户还闹到了上海 SL。在座的几位经理依次谈了各自的看法，都觉得责任不应该由自己承担，烂摊子不应该由自己来接。最后还是总经理决定，先不问谁的责任，由维保部门解决客户的问题，同时也交给企管部一个任务，就电梯业务部门的组织调整拿出意见。

金氏公司的主营业务是上海 SL 电梯的销售和安装、美国 KL 空调的销售和安装等。前一年，电梯销售代理收入和电梯安装维保工程收入约占公司总收入的 83%，利润占 90%以上。公司近 200 名员工中一大半是电梯业务部门的。

电梯的销售是公司电梯业务流程的开始，销售人员和客户签订代理销售合同时，要尽量同客户签订与金氏公司的安装合同。电梯的安装和维保服务，是一项技术性较强但不需太多人手的工作，其中维保服务更是这样。一台电梯通常只需 3～4 人即可安装，而维修保养可以

1人兼数台电梯。只要掌握了技术，2～3人就可以开一家公司。省内这样的小公司很多，但金氏公司的规模最大，4人一组的安装队就有20队。

企管部主管所有内部制度的建立和实施。财务部主管财务核算和管理，同时与企管部共同负责计划工作。总经办负责内政事务和外部联络。

电梯维保部是从电梯安装部分出来的。金×在各地考察发现，电梯的维保服务会取代安装工程成为电梯业务未来的主要支柱，所以才分出一部分人设立新部门，同时也是为了解决人事矛盾。这一部分人如果离开公司的话，马上就会被竞争对手网罗去。金×也想将公司的架子搭得更大，以大公司的形象来推动业务的开展。

这次的质量事故是这样的。某年某月，客户NY大酒店共安装了3台十层站VVVF型电梯，开业不久就出现电梯关人事件，1台电梯不运转，其余2台毛病不断。客户打电话到公司，销售人员告诉对方，安装方面的问题找安装公司；安装部的人告诉客户，在电梯经劳动局验收以后，维保工作按公司规定由维保部负责；维保部则认为质量问题出在安装过程中，不是单纯的维保服务工作。在企管部过问这件投诉时，三方都认为该客户是想拖欠安装款，只要不催收款，对方就不会投诉。但不久，公司接到上海SL 3台电梯安装质量检测结果的传真，要求公司迅速解决。安装质量检测报告列出了16条不合格项目，其中10条是安装和验收不负责造成的；公司内部的验收由维保部负责，显然安装和维保部门都有责任。客户对销售部的不满更大，本来合同是同销售部的人签订的，出了问题却以公司内部分工不同推卸责任，让客户去同不熟悉的人和机构打交道。客户对此十分气愤，因而直接投诉到上海SL。

例会结束第二天，企管部开会讨论组织机构改革方案。会上提出两种解决方案：

一是维持现状。现有的组织机构虽然有缺点，但是已经运行了较长时间，如果改变又需要一段磨合时间。况且，组织变动必然带来人事的变动，安排不好会打击一部分业务骨干的积极性，公司因为这样的人事变动造成人才流失不是没有出现过。从表现出来的问题来看，主要是机构中的人缺乏协作意识和客户至上意识造成的，可以加强对部门间的协作考核来解决这个问题。

二是合并机构。现有将电梯业务的流程分为三部分的方法，显然是人为地制造矛盾，可以将与电梯有关的三个部门——销售、安装和维保合为电梯分公司。这样协作问题在内部就好解决了，公司以前就是这样设置的。此外，这种设计方法也适合公司现在的发展方向，即以电梯业务为龙头，向空调、建材等房地产开发的配套领域发展。分公司的数目是总经理十分关注的方面，他认为公司的架子搭得越大对公司各方面的业务开展就越有利。

有些人担心这个方案在总经理那里会受阻。第一，如果建立电梯分公司，现有人员的安排将是个大问题，没有人可以担任这样一个分公司的经理。第二，经过多次痛苦教训，金×在公司内部严格控制电梯工程人员和销售人员的工作范围，因为既懂电梯销售又懂得工程的人，很快就会离开公司，成为公司的竞争者。以前将电梯部拆成三个部，不能不说很大程度上是出于这方面的考虑。

会议决定将这两种方案在下月的例会上都提交给总经理，由总经理决定。

资料来源：邵冲．管理学概论[M]. 3版．广州：中山大学出版社，2005：148-149.

思考：

1. 金氏公司几个部门在工作中互相推诿的主要原因是什么？
2. 企管部在讨论组织机构改革方案时考虑的主要问题是什么？
3. 你倾向企管部提出的哪一个方案？为什么？

［项目训练］

企业组织结构设计

一、实训目的

通过对企业的组织结构设计，学生能掌握组织结构设计的概念、原则、依据、任务、内容等，着重处理好管理幅度与管理层次的关系，使学生初步掌握组织结构设计的实践能力。

二、任务内容及要求

1. 将班级分成若干个小组，先调查当地一家中小型企业，了解企业当前的组织结构情况，明确由哪几个部门组成，每个部门的负责人及工作人员情况，结合职务说明书，搞清楚他们的工作职责。

2. 根据该企业的组织目标和宗旨，企业的内外环境及企业自身内部情况，分析组织结构的优势及缺点。

3. 将企业的各项业务活动加以区分和归类，组建相应的职能部门，并确定管理幅度和管理层次，明确职权关系，对任务、流程、权力和责任进行有效的组合和协调，重新设计组织结构。

三、实训考核

1. 学生写出企业调研情况的调研报告。

2. 写出企业组织结构设计过程。

3. 学生需填写实训报告。其内容包括：实训项目；实训目的；实训的任务内容及要求；实训过程；实训总结；实训评语（由教师填写）等。

项目 6　领　导

学习目标

1. 掌握领导的含义、作用。
2. 了解领导者类型及领导者权力的构成。
3. 掌握领导特质理论、领导行为理论及权变理论。
4. 掌握领导艺术的概念。
5. 了解领导艺术的内容。

马克思曾指出:“一切规模较大的直接社会劳动或共同劳动，都或多或少地需要指挥，以协调个人的活动，并执行生产总体的运动。它不同于这一总体的独立器官的运动所产生的各种一般职能，一个单独的提琴手是自己指挥自己，一个乐队就需要一个乐队指挥。”由此可以看出，领导的职能对组织工作来说至关重要。

组织建立的最初原因就是对组织资源进行协作以便集中力量实现组织的目标，组织使命的完成离不开领导者，正是领导者的指挥、协调与激励，才使组织目标得以充分的保障，而领导工作的成效在很大程度上取决于领导艺术和自身的素质。领导工作是一项较为直接、具体的管理工作，通过领导职能可以对组织进行有效的管理。

6.1　领导与领导者

[任务导入 6-1]

张瑞敏、柳传志和李东生个人素养的共性

海尔、联想和 TCL 在各自领域都有良好的业绩和口碑，它们的领导人张瑞敏、柳传志和李东生，在个人素养方面也有许多共性可以分享。

首先，他们都有远大的志向。海尔是从亏损 147 万元起步的，联想是 20 万元起步的，TCL 是 5 000 元起步的。能够在激烈的市场竞争中脱颖而出，把传统的大企业和外企甩在身后，是一件非常不容易的事。张瑞敏、柳传志和李东生不断地为自己及企业提出新的目标和方向，从单一产品到多元化经营，从国内名片到国际名牌，从一个落后的国有企业逐渐发展成为上市公司，他们前进的脚步没有丝毫的迟疑和退却。

其次，他们都具有充足的自信心和深厚的责任感。1989 年，张瑞敏面对冰箱市场普遍降

价的局面，决定海尔不降价反而提价 12%；柳传志在国际品牌大军压境时不甘心只做代理，决定建立自有 PC 品牌，最终将“惠普”打败；李东生总是后发制人，异军突起。海尔响亮地打出“海尔，中国造”的口号，联想提出“世界的联想”，TCL 要做“世界级的企业”。强烈的爱国主义精神，使企业的凝聚力得到增强。

再次，他们都非常重视学习、实践和总结。张瑞敏不仅对孙子兵法、易经、道德经等传统文化了如指掌，还委托在海外工作的同事帮助收集最新的管理书籍，使他能掌握世界最新的管理动向；李东生和 TCL 的高层养成了互相赠送管理书籍的习惯，有时同一种书会收到两三本；柳传志特别喜欢读企业家传记，并结合自己的体会细细捉摸，梳理自己的管理思路。

最后，这三位企业家都能以身作则。张瑞敏要求员工上班打考勤卡，他自己也坚持打卡上班，没有专车，没有专用食堂；李东生要求员工上班穿西装，他自己在上班和公众场合永远西服革履，出差轻车简从；柳传志至今还像个中科院的学者。三位企业家的办公室不约而同地都不大且相当俭朴。

资料来源：陈京. 组织行为学[M]. 北京：机械工业出版社，2023.

任务分析：

1. 理解领导的特性。
2. 分析海尔、联想和 TCL 公司取得成功的原因。

6.1.1 领导的概念

领导是一种管理职能活动，在企业组织中，董事长、厂长、经理、部门主管等不同的称呼均属于领导的范畴。关于领导的概念，很多管理学家和学者都给出了不同的定义。

美国学者孔茨认为，领导是一种影响力，是影响人们心甘情愿地和满怀热情地为实现群体目标努力的艺术或过程。领导是一种影响过程，即领导者和被领导者个人的作用、特定的环境相互作用的动态过程。

美国学者斯托格狄认为，领导是对组织内群体或个人施加影响的活动过程。

美国管理学家泰瑞认为，领导是影响人们自动地为达到群体目标而努力的一种行为。

美国学者戴维斯认为，领导是一种说服他人热心于一定目标的能力。

我国学者杨文士认为，领导是使人们或组织心甘情愿地、群策群力地为实现目标而努力施加影响的活动过程，它不仅使人们乐意工作，而且使他们热情并信心十足地去工作。

我国学者周三多认为，领导是指管理者利用组织赋予的职权和个人具有的能力去指挥、命令、影响、引导职工为实现组织目标而努力工作的活动过程。

关于领导的定义可以说是不胜枚举，但对领导的内涵认识基本相同，都是从以下几个方面进行了阐述。

（1）领导者实施领导职能的目的影响被领导者实现组织的目标，通过指挥、命令和影响等方式引导下属为组织的目标而努力。

（2）领导包含领导者和被领导者两个方面。领导者一定要与所领导的群体或组织的其他人员发生联系，所领导的群体或组织的其他人员就是被领导者，没有被领导者也就谈不上领导者。正是领导者与被领导者的关系的存在，才使组织的运行畅通。

（3）领导是一种过程，是通过指挥、命令和影响他人的行为来完成组织目标的活动过程。

（4）领导者能对被领导者产生各种影响。领导者拥有影响被领导者的能力，一方面是组织赋予的职位权力，另一方面是领导者个人的影响力，即个人魅力，这种影响力是追随、自觉、认同、非制度化力量。领导者要将两种权力结合使用，如果使用不当，会使被领导者产生逃避和反抗行为，对组织活动不利。

从上述几点认识到，领导的内涵包括 5 个要素：领导者、被领导者、客观环境、职权和行为。因此我们将领导定义为：领导就是在一定的社会组织和群体环境中，通过指挥、命令、个人魅力影响、激励等手段引导组织内群体或个体积极主动地为实现组织或群体的目标而努力工作的一系列管理活动过程。

领导实质上是一种对下属的影响力，能处理好人际关系。领导职能有效性的核心内容就是领导者影响力的大小及其有效程度，组织赋予职位权力常常会让下属屈从，而真正对下属产生深远影响的是领导者的素质及个人魅力。领导职能与前面的计划与组织职能的不同之处是，领导职能是要处理好人与人之间的关系，要正确地认识自己与他人，自己与群体、组织的关系。只有充分协调好人与人之间的关系，组织活动才能有条不紊地进行，组织目标才能实现。

正确认识领导的职能，还应该注意以下两个方面：

首先，权力在领导者和被领导者间的分配是不平等的。这种不平等往往表现为领导者的权力更多是组织赋予的。即使领导者个人素质及个人魅力不足，组织赋予的职位权力也会让下属屈从。一个良好的领导者应该充分认识到这一点，在获得组织赋予的权力后，更多地应该提高自己的修养和素质，要靠个人魅力把组织成员紧紧地吸引到自己的身边来，使下属心甘情愿地、热心地为实现组织或群体的目标而努力。

其次，领导与管理的区别。两者的共性在于：一方面，两者都是一种通过影响组织成员的协调活动，以实现组织目标为目的；另一方面，两者的权力都是组织层级的岗位设置的。两者的区别在于：一方面，管理是建立在合法的强制性权力基础上的对下属的命令行为。而领导除了命令行为外，还有影响力和专家权力影响行为等。另一方面，管理的职能包括领导，领导只是管理活动过程中的一个环节，组织中的领导行为仍属于管理活动的范畴。领导为组织的活动指明了方向，管理则为组织的活动提供了方法和手段。

6.1.2 领导的作用

领导主要有指挥、协调和激励三方面的作用。

1. 指挥作用

在集体活动中，指挥作用是一面旗帜，需要有智力超常、胸怀全局、高瞻远瞩、运筹帷幄的领袖式旗手，帮助下属认清所处环境，指明活动的目标、手段和达到目标的途径，也就是要给下属指点迷津，明确组织活动方向。领导者只有身先士卒，用自己的实际行动带领下属为实现企业的目标而努力，才能真正发挥出指挥的作用。

2. 协调作用

计划的制订、组织机构的建立、进行人员配备等，各项职能都要靠人来完成。同样，领导职能也离不人的协调作用，也就是协调组织内外各种关系和活动，如人、财、物、信息、时间等组织资源的关系，化解组织面临的人们在思想认识上发生的各种分歧、行动上出现偏离目标的矛盾现象，使组织的全体成员向着组织的目标迈进。

3. 激励作用

在现代企业中，领导者要创造性地运用领导职能激励员工的内在需求和动机，特别是当人们在学习、工作和生活中遇到困难或挫折，某种物质的精神的需要得不到满足时，可以采取激励手段来排忧解难，让他们在物质和精神上得到满足，从而激发他们更高的工作热情、自信心、高昂的士气，始终要把员工与组织整体紧紧地团结在一起，使广大员工自觉地为组织做出贡献，这是领导工作的核心。

6.1.3 领导者素质

［案例］

公元228年春，诸葛亮领兵北伐曹魏。蜀军兵精将勇，号令严明，加上攻敌不备，一时之间关中大震，形势对蜀军有利。魏明帝曹睿亲自坐镇长安，派名将张颌领兵西拒诸葛亮。街亭成为两军必争的关隘之地。蜀将马谡熟读兵书，谈起军事理论，头头是道，与诸葛亮大谈兵法，深受诸葛亮赏识。

当时，马谡任军事参议官。他主动向诸葛亮请缨，并立下军令状，作为先锋驻守街亭。但是马谡好纸上谈兵，又刚愎自用，十分骄傲和固执。他既不遵循诸葛亮的部署，也不理睬副将王平的劝阻，弃城不守，舍水上山，建寨驻守。魏将张颌先将蜀军包围在山上，切断水源及粮道。蜀军大乱，马谡斩首了几个临阵退缩的士兵，严厉约束，也难以稳定军心。断水几天后，张颌再督军大举进攻，蜀军大败、马谡逃走，街亭失守。结果，蜀军攻魏的进军路线被堵，丧失了迅速大举进攻魏国据点的有利时机，诸葛亮只好引兵回蜀，第一次出兵祁山终告失败。

战后，诸葛亮论功过行赏罚，痛斩失街亭的马谡。他亲自到灵堂祭奠，痛哭流涕，并抚养马谡的老母与子女，就如马谡在世一般。蒋琬对诸葛亮说："天下未了，杀戮智谋之士，岂不可惜吗？"诸葛亮流着泪回答说："孙武之所以能够无敌于天下，在于执法公正严明。如今大事未了，战争不过刚刚开始，就因人而使军法受到破坏，那么我们用什么讨伐曹贼呢？"诸葛亮挥泪斩马谡之后，对在街亭之战中有功的王平予以封赏。诸葛亮忆及刘备逝世前所言"谡言过其实，不可大用"，又对比街亭之战，引咎自责。他上书后主刘禅，自贬三级，并做了检讨。从此加紧在蜀治政整军，以备再次北伐。

资料来源：苏慧文，姜忠辉. 管理学原理与案例[M]. 青岛：青岛海洋大学出版社，1999：299-300.

思考：

1. 你认为诸葛亮是一位成功的领导者吗？为什么？

2. 一名成功的领导者应该具备什么素质？

组织内领导者的权力一方面是组织赋予的，另一方面是领导者的影响力。如果领导者的个人魅力非凡，则能对他人产生吸引力。所以作为一名领导者，为了引导组织成员向着组织的目标前进，更要提高自己的修养和素质。虽然由于不同层次的领导者的作用不同，领导者的素质要求也不同，但是个人素质是决定领导效果的关键因素。

一般认为，一个非凡的领导者，在政治、业务和身体等方面要有过硬的素质。

1. 政治素质

政治素质是人的综合素质的核心，它是指人们在政治社会化的过程中所具有的政治理想、政治信念、政治态度和政治立场等内在品质，是人们从事社会政治活动所必需的基本条件和基本品质。人的政治素质的高低是社会政治文明发展水平的重要标志。

社会主义体制下的现代化企业领导必须具备良好的政治素质，在大是大非问题上有正确的价值判断和伦理观念，要有正确的世界观、价值观和人生观，要树立一系列全新的现代管理观念，要有系统观念、战略观念、信息观念、时间观念、人才观念、竞争观念、质量观念、创新观念、法制观念、效益观念等理念，要有强烈的事业心、高度的责任感、民主作风和正直品质，要有顽强的意志、远大的志向、坚定的信念和强烈的责任感，要有实事求是、敢为天下先的创新精神，以提高自己的政治思想和道德情操修养，形成良好的思想作风和工作风格，正确地看待事物、分析问题和决策工作。

2. 业务素质

主要是领导者应具备管理现代化企业的知识和技能。

领导者一方面应该掌握基本的业务知识：主要有社会主义市场经济的基本运行规律和基本理论，组织管理的基本原理、方法、程序及专业管理的基本知识，如经济学、管理学、心理学、人力资源学、组织行为学、社会学等。

另一方面要具备业务技能知识：① 分析问题，解决问题的分析、判断与概括的能力；② 组织、指挥、协调和控制的能力；③ 领导者的专业技能。

除了具备管理现代化企业的知识和技能外，还要求领导者具有求真务实，脚踏实地的精神，还要从群众利益出发，踏实做事，真诚做人，要树立人才至上的观念，量才而用，任人唯贤，唯才是举，对事业总是充满着热忱和活力，追求卓越，在决策时能审时度势，不断激发出激情和创造力，为组织目标奋斗。

3. 身体素质

身体素质是人体在运动、劳动和日常活动中，在中枢神经指挥、调节下，身体各器官系统功能的综合表现，如力量、耐力、速度、灵敏、柔韧等机体能力。身体素质的强弱，是衡量个人体质状况的重要标志之一。

作为组织系统的指挥者，领导者担负着组织、指挥组织活动的重任。领导是一种科学性和艺术性高度结合的活动，需要足够的智慧，也需要消耗大量的体力。所以对身体素质也提出了较高的要求。因此，领导者必须有强健的身体、充沛的精力，以便能胜任繁重的工作。

如今，知识经济日新月异，技术进步一日千里，市场竞争愈演愈烈，这对领导者提出了更高的要求。高素质的领导者，能推动组织变革，不断创新，不断适应新的环境变化。

6.1.4 领导者的类型

组织中领导者的类型按不同的角度可划分为多种类型，如从制度权力的集中度，可分为集权式领导者和民主式领导者；按思维方式，可分为维持型领导者、变革型领导者、战略型领导者和领袖魅力型领导者。

（1）按制度权力的集中度，可分为集权式领导者和民主式领导者。

① 集权式领导者。集权就是指领导者把管理的制度权力进行集中的行为和过程。而集权式领导者就是指把管理的制度权力牢固地进行控制的领导者。控制的权力如奖励权、强制权和收益的再分配权、人事权等。所以对下属而言，受控制的力度较大。当组织面临复杂多变

的环境，集权有利于降低决策成本，能应对突发事件。但组织内长期处于集权的状态，则会造成领导者的一言堂，不利于下属职业生涯的发展，有时也会造成领导权力的失控。

② 民主式领导者。民主式领导者的特征是向下属授权，鼓励下属参与组织的决策活动，主要靠领导者个人的专长权和个人魅力来对下属实施影响，有利于权力在组织内的配置，下属能在工作中实现自身的价值，所以能充分调动下属工作的积极性。不足之处是，当组织面临复杂多变的环境时，由于长时间的民主讨论会造成组织机会的丧失。

（2）按思维方式，可分为维持型领导者、变革型领导者、战略型领导者和领袖魅力型领导者。

① 维持型领导者。维持型领导者往往通过明确组织角色和任务要求，指挥下属向着既定的目标活动。他们依照组织的管理职能，按部就班，有条不紊地按照惯例推行组织工作。这种领导者重视绩效内容，如计划、日程和预算，对组织有使命感，严格遵守组织的规范，但缺点是没有创新意识，墨守成规，组织缺乏灵活性。

② 变革型领导者。变革型领导者为了实现组织的目标，常常通过自身的行为表率，对下属需求的关心来优化组织内的成员互动。领导者与下属通过对组织愿景的创造和宣扬，营造适应性变革的氛围，从而富有效率地完成组织目标。领导者常常采用理想化影响力、鼓舞性激励、智力激发、个性化关怀等策略，引导、激励下属超越个人利益，为了团队的目标而相互合作、共同奋斗。

③ 战略型领导者。战略型领导者，是指具有战略思想，善于战略思维，具有战略能力，掌握战略艺术，制定战略决策，指导组织开拓未来的高层决策者。战略领导者将领导的权力与组织的内外资源相结合，实现组织战略目标，对组织的价值活动进行动态调整，抢占未来商机领域的制高点。战略领导者一般是指组织的高层管理人员，尤其是首席行政长官，还包括企业的董事会成员、高层管理团队和各事业部的总经理等。

④ 魅力型领导者。魅力型领导者，是指具有高度自信并且信任下属，对下属有高度期望，有理想化的愿望，以及使用个性化风格的领导者。他们往往具有震撼力的力量和气质，领导者有着鼓励下属超越他们预期绩效水平的能力，具有创造变革氛围的能力，热衷于提出新奇的、富有洞察力的想法，充分发挥个人特质来影响、激励和推动下属勤奋工作。他们善于雄辩，技巧高超，具有感召力，能激励和鼓舞下属并能把甘冒风险和创新等价值观逐渐灌输到下属组织。

6.1.5 领导者的权力构成

权力是领导职能实施的前提和基础，没有权力的领导者也就无法尽到责任和完成使命。权力的本质就一个人借以影响另一个人的能力。权力的实质是依赖关系，美国学者斯蒂芬P. 罗宾斯（Stephen P. Robbins）认为：“它是依赖的函数。例如，B 对 A 的依赖性越强，则在他们的关系中 A 的权力就越大。”

权力有广义和狭义之分。狭义的权力指职务权力。职务权力，是领导者占有领导职位而形成的权力，是由组织赋予的，为实现组织目标在实施领导的过程中对被领导者施行的强制性支配和控制力量。广义的权力除了职务权力外，还包括个人权力，即个人的影响力。所谓影响力，就是领导者在与他人交往中有效地影响和改变他人心理、行为的能力。前者是组织授予并受法律支持的，后者是由领导者的个体素质所引起并由群众认可的，两者的辩证统一，构成了领导权力的基础。

所以一个成功的领导者要善于把握两点：① 关于正确运用职务权力和个人权力，两者缺一不可；② 要重视发挥、培育自己的个人影响权和专长权，也要在多方面满足被领导者的要求、意愿和需要。

领导者只有合理地使用强制性影响力，提高自己的自然影响力，将两者有机结合和统一，才能提升领导权威，充分得到被领导者的拥护和支持。

根据弗伦奇和瑞文在《社会基础权力》中的说法，权力可分为强制性权力、奖赏性权力、法定性权力、专家性权力和感召性权力。

1. 强制性权力

强制性权力，又称惩罚权或处罚权。它是建立在人的心理惧怕基础上的，如果不服从就可能产生消极的结果，通常指可施加扣发工资或奖金、批评、降职乃至开除等惩罚性措施的权力，是通过组织中正式结构中职位所获得的对他人具有管辖性的权力。领导者在使用强制性权力时要因时适地发挥好它的职能，要防止出现强加于下属不愿意也没有能力完成的事情的情况。

2. 奖赏性权力

奖赏性权力是领导者根据下属的功过表现情况，对其进行奖励的权力。采用这种权力常常给下属提供奖金、提薪、表扬、升职和其他任何令人愉悦的精神方面的奖励等。奖赏性权力的关键是，奖赏内容与被领导者的需求相一致，才能产生良好的效果。这是领导者对其下属进行统辖和控制的重要手段。

3. 法定性权力

法定性权力，是组织内部各管理职位所固定的法定权力，它代表一个人通过组织中正式层级结构中的职位所获得的权力。

4. 专家性权力

专家性权力，是指专家所具有某些专门知识、特殊技能或知识，这日益成为权力的主要来源之一。如果领导者以其知识和经验使下属尊重他，那么下属就会在一些问题上服从于他的判断和决定。

5. 感召性权力

感召性权力的基础是对领导者个人特质的认同。它是一种无形的难以用语言来表达的权力，是下属对领导者的超人的个人魅力的一种敬仰、一种欣赏，与领导者个人的品质、魅力、经历、背景等相关，这种权力更能无条件地激发员工对领导者的忠诚和热情，更加忘我地为组织奉献。

这 5 种权力中，前 3 种是与组织中的职位紧密联系的，因此又称职位权力，后两者是与个人的素质、品德与能力相联系的，因此又称个人权力。

领导者应该充分理解每一种权力的内涵，要想使自己带领的团队有所作为，就要充分运用这 5 种权力。

6.2 领导理论

［任务导入 6-2］

刘 × 的领导方式

刘 × 从西部的一所财经大学拿到会计专业的学士学位后，到一家大型的会计师事务所贵阳办事处工作，由此开始了他的职业生涯。9 年后，他成了该事务所最年轻的合伙人。事务所执行委员会发现了他的领导潜能和进取心，遂指派他到遵义开办了一个新的办事处。其最主要的工作是审计，这要求员工具有高度的判断力和自我控制力。他主张员工之间要以名字直接称呼，并鼓励下属参与决策制定。

不久后，刘×又被安排到乌鲁木齐办事处当主管。他采取了他在贵阳遵义工作时取得显著成效的同样的管理方式。他上任后，更换了几乎全部 25 名员工，并制订了短期的和长期的客户开发计划。为了确保有足够数量的员工来处理预期扩增的业务，很快办事处有了约 40 名员工。但在贵州成功的管理方式并没有在乌鲁木齐取得成效，办事处在一年时间内就丢掉了最好的两个客户。刘×马上意识到办事处的人员过多了，因此决定解聘前一年刚招进来的 12 名员工，以减少开支。

他相信挫折只是暂时性的，因而仍继续采取他的策略。在此后的几个月时间里又招聘了 6 名员工，以适应预期增加的工作量。但预期中的新业务并没有接来，所以又重新削减了员工队伍，13 名员工离开了乌鲁木齐办事处。伴随着这两次裁员，留下来的员工感到工作没有保障，并开始怀疑刘×的领导能力。事务所的执行委员会了解到这一问题后，将刘×调到昆明办事处。在那里，他的领导方式显示出很好的效果。

资料来源：金春，张念萍，王素霞. 管理学项目化教程[M]. 成都：四川大学出版社，2016.

任务分析：

1. 理解领导理念的内涵。
2. 本案例运用了哪种领导理论？

［案例］

鹦鹉

一个人去买鹦鹉，看到一只鹦鹉前标着：此鹦鹉会两门语言，售价二百元。另一只鹦鹉前则标着：此鹦鹉会四门语言，售价四百元。该买哪只呢？两只都毛色光鲜，非常灵活可爱。这人转啊转，拿不定主意。突然他发现一只老掉了牙的鹦鹉，毛色暗淡散乱，标价八百元。这人赶紧问店主：“这只鹦鹉是不是会说八门语言？”店主说：“不。”这人奇怪了：“那为什么又老又丑，又没有能力，会值这个数呢？”店主回答：“因为另外两只鹦鹉叫这只鹦鹉为老板。”

注释：真正的领导者，不一定自己有多强的能力，只要懂信任，懂放权，懂珍惜，就能团结比自己更强的力量，从而提升自己的身价。相反许多能力比较强的人却因为过于完美主义，事必躬亲，认为什么人都不如自己，最后还是成不了优秀的领导者。

资料来源：刘璇，贾亚东. 管理学基础[M]. 上海：上海财经大学出版社，2009.

从 20 世纪 30 年代开始，领导理论的研究在美国开始兴起。领导理论的发展主要经历了领导特质论、领导行为论和领导权变论 3 个阶段。

6.2.1 领导特质理论

在杰克·韦尔奇执掌美国通用电气公司期间，人们常常这样描述他：自信、富于创新精神、坚定、雷厉风行……这些特点均指特质。

领导特质理论着重研究领导者的人格特质，着重找出杰出领导者所具有的某些共同的特性或品质。

英国人类学家和遗传学家弗朗西斯·高尔顿于 1869 年在其著作《遗传的天才》（*Hereditary Genius*）里第一次提出领导特质学说，他认为，领导特质是家族遗传的特质，也即领导者的特质是天生的。

为了选拔和预测的需要，以便发现、培养和使用合格的领导者，到 19 世纪末 20 世纪初，学者们对领导特质问题进行了较为系统、科学的探讨，陆续出现了各种各样的领导特质理论。

美国学者比尔·伯德曾发现用于区别领导者与非领导者的特质主要有智力、主动、幽默感和外向 4 种。美国学者西拉季和华莱士提出领导者的特质表现在身体特点、社会背景、智力、个性、任务定向和社会技能 6 个方面。美国管理协会认为管理人员应该具备 20 种能力：工作效率高；有主动进取精神，总想不断改进工作；逻辑思维能力强；富有创造精神；有很强的判断能力；有较强的自信心；能帮助别人提高工作能力；能以自己的行动影响别人；善于用权；善于激发别人的积极性；善于利用谈心做工作；热情关心别人；能使别人积极而又乐观地工作；能实行集体领导；能自我克制；能自行做出决策；能客观地听取各方面的意见；对自己有正确的估价，能以人之长补己之短；勤俭艰苦，具有灵活性；具有技术和管理方面的知识。彼得·德鲁克在《有效管理者》一书中提出，一个优秀的管理者必须具备 5 项主要习惯，即善于处理、利用时间的习惯；善于分清工作主次的习惯；善于做出有效决策的习惯；善于确定工作努力方向的习惯；善于发现和用人所长的习惯。美国管理学家台赛利认为，有效的领导者应具有 8 种个性特征和 5 种激励特征，其中 8 种个性特征，即才智；首创精神；督察能力；自信心；适应性；决断能力；性别；成熟程度。5 种激励特征为：对工作稳定的需求；对金钱奖励的需求；对指挥别人的权力需求；对自我实现的需求；对事业成就的需求。日本企业界要求领导者具有 10 项品德和 10 项能力，见表 6-1。①

表 6-1　领导者的 10 项品德和 10 项能力

10 项品德	10 项能力
1. 勇气	1. 洞察能力
2. 热情	2. 思维决策能力
3. 果断	3. 判断能力
4. 公平	4. 规划能力
5. 利润欲望	5. 创造能力
6. 公私分明	6. 解决问题的能力
7. 责任感	7. 调动积极性能力
8. 使命感	8. 培养下级能力
9. 进取心	9. 劝说能力
10. 忍耐性	10. 对人理解能力

① 文大强，陈荣中. 企业管理原理[M]. 上海：复旦大学出版社，2005.

这些领导特质理论观点认为，领导者的个人特质是天生的，而不是后天造就的，这种观点还是有一定的片面性。

6.2.2 领导行为理论

领导行为理论主要研究领导者的行为，应该做什么和怎样做才能使工作更有效，强调通过领导活动对组织成员施加影响来完成组织任务。从 20 世纪 40 年代后期起，许多研究者开始研究领导者的实际行为。该理论主要有勒温模式、利克特的 4 种领导方式、领导行为四分图论、管理方格理论。

1. 勒温模式

库尔特·勒温（Kurt Lewin）在 1939 年运用专制型、民主型和放任型 3 种领导风格进行了一个领导行为理论的经典实验，来研究和探讨领导风格类型对群体行为及团体效率的影响。专制风格方式主要是领导者对下属的活动进行强有力的控制并且自己制定决策、政策目标等，主要凭借发号施令和实施奖惩的权力进行领导，与下属较少接触和沟通；民主风格则是领导者很少行使权力直接控制下属，领导者在做出决策、采取行动之前，听取下属意见，强调团队参与原则，由相关人员集体讨论制订决策和行动方案；而放任型领导风格是领导者对于各种活动彻底参与很少，甚至完全不管，给下属极大自由度，让其自主设定工作目标和决定实现目标的手段，自行处理工作事务等。

研究结果表明：专制风格使团体的工作效率较高，但成员间的人际关系很差；在民主型领导风格下，团体工作效率最高，对工作比较满意，民主风格相对其他两种领导方式来说对于团队的整体绩效更为有益；放任型领导风格固然使人际关系不错，但工作效率最低，而且对领导者并不满意。这项研究的重要性在于它强调了领导者的行为对于追随者的绩效的影响。

2. 利克特的 4 种领导方式

美国密西根大学的伦西斯·利克特（Rensis Likert）教授经过长达 30 年之久的研究，提出了领导的 4 种基本行为方式。

（1）专制权威式。

采用这种领导方式的领导者非常专制，很少信任下属，决策权仅限于最高层，偶尔兼用奖赏来激励人们，激励也主要采取惩罚的方法，沟通采取自上而下的方式。

（2）温和专制式。

采用这种方式的领导者对下属有充分的信任和信心，采取奖赏和惩罚并用的激励方法，有一定程度的自下而上的沟通，向下属征求一些想法和意见，也向下属授予一定的决策权，但领导者仍牢牢地掌握着控制权。

（3）协商式。

这种方式的领导者对下属抱有相当大但又不是充分的信任，主要采用奖赏的方式来进行激励，沟通方式是上下双向的，常设法采纳下属的想法和意见；采用奖赏，偶尔用惩罚和一定程度的参与，在制定总体决策和主要政策的同时，允许下属部门对具体问题做出决策，并在某些情况下进行一定程度的协商。

（4）参与式。

采用这种方式的领导者对下属在一切事务上都抱有充分的信心与责任，总是从下属处获取设想和意见，并积极采纳，在目标确定上，常常组织群体参与，更多地注重上下级之间以及同级之间的沟通，鼓励各级组织做出自己的决策。

利克特认为："专制权威式"是极端专制的领导系统，效果最差。"温和专制式"下级工作主动性差，效率有限；"协商式"执行决策时，能获得一定的相互支持；"参与式"上下级有充分沟通，相互信任，感情融洽，上下级都有积极性。

3. 领导行为四分图理论

领导行为四分图理论是美国俄亥俄州立大学斯托格蒂和沙特尔于 1945 年提出的一种领导行为方式理论。他们将领导行为分为两个维度，分别称为结构维度和关怀维度。结构维度是指领导者更愿意界定和建构自己与下属的角色，以达成组织目标。关怀维度是指领导者尊重、关心下属的看法和情感，更愿意建立相互信任的工作关系。

两个维度可以组合成 4 种领导模型，即高结构—高关怀；高结构—低关怀；低结构—高关怀；低结构—低关怀。4 种领导行为方式可用图 6-1 表示。

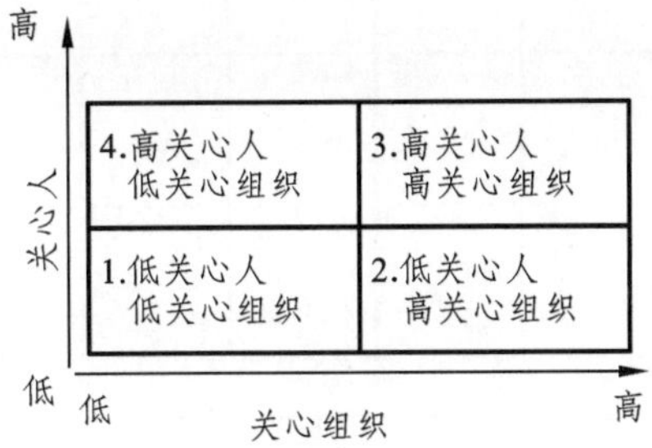

图 6-1　领导四分图

其中"1"是低组织低关心人的领导者，对组织对人都不关心，又不重视组织效率，一般说来这种领导方式的效果较差。"2"是高组织低关心人的领导者，以工作任务为中心。"3"高组织高关心人的领导者，对工作对人都比较关心，既能保证任务的完成，又能充分满足人的需要，是最理想的领导行为。这种领导方式的工作效率最高，效果较好。"4"是低组织高关心人的领导者，是以人为中心的领导方式，大多数较关心领导者与下级之间的合作，重视互相信任和相互尊重的气氛，较少地关心组织效率。

4. 管理方格理论

管理方格理论是在领导行为四分图理论基础上，1964 年由布莱克和莫顿提出的管理方格理论。他们设计出了一幅巧妙的两维坐标图，即"管理方格图"，横坐标上各有 9 个不同的刻度，表示对人或生产（任务）的不同关心程度，从而产生了 81 种不同的领导方式，界定了管理行为的范围，其中有 5 种典型的组合状态，反映出 5 种典型的领导方式。管理方格图如图 6-2 所示。

1-1 型管理：贫乏型（放任型）管理。为完成工作和保持组织士气所需要的最低限度的努力。这种方式下的领导者对员工表现出极度的漠不关心，管理者既不关心人，也不关心任务或生产领导者，根本没有发挥领导的作用，自己也以最低限度的努力来完成必须做的工作。

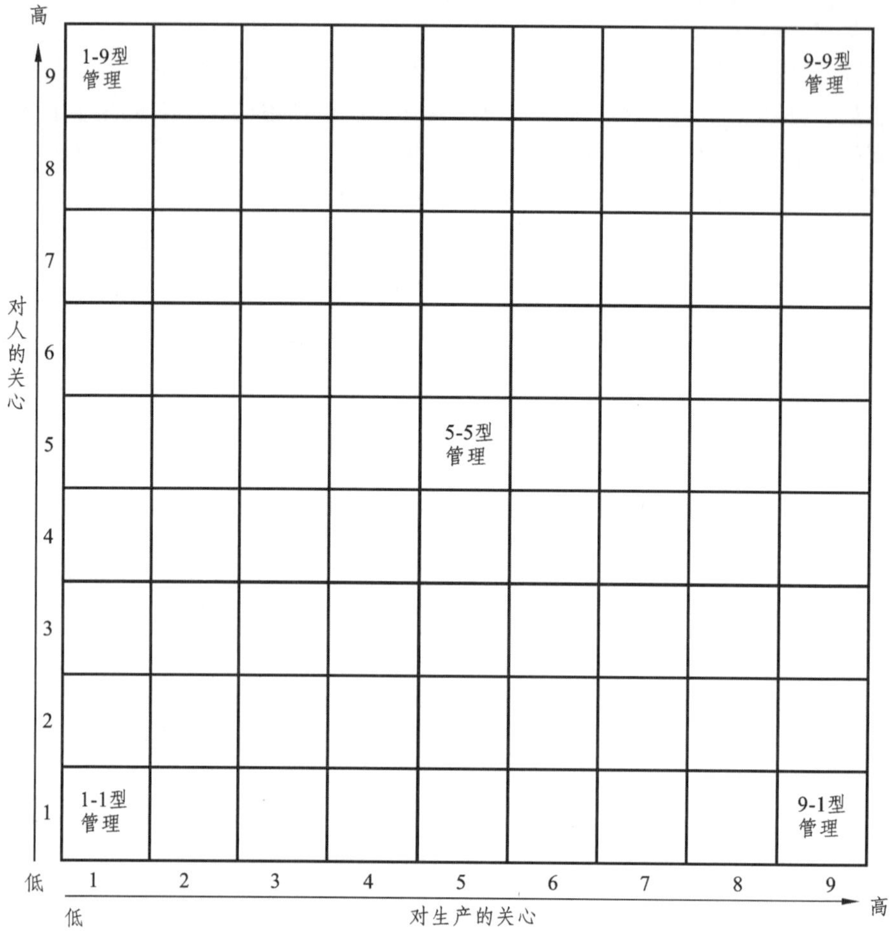

图 6-2　管理方格图

1-9 型管理：俱乐部型管理。管理者非常关注职工的情况，支持、关心和体谅职工，较少关心任务、组织效率、规章制度、指挥监督等，是一种以员工为中心的领导方式的极端情形。

5-5 型管理：中间型管理。领导者是中庸之道型，对人的关心度和对生产的关心度能够保持平衡，通过在工作要求和维持士气之间的平衡取得适当的成绩，但缺乏革新精神，在激烈的竞争中难以取胜。

9-1 型管理：任务型管理。管理者只关心生产与工作效率，不注重人的因素，对人却漠不关心，很少注意员工的士气和能力发展。

9-9 型管理：团队型管理。管理者与员工因在组织目标上有共同利害关系而互相依赖，同时又互相信任和尊重，表现为对生产、员工的士气与满意度都表现出高度的关心，努力使员工个人的需要和组织的目标最有效地结合起来。

从上面 5 种典型的领导方式来看，9-9 型管理是最有效的管理，这种管理风格能提高组织绩效，使员工满意度提高，但在现实中要达到这样一种理想的状态并不容易。这种对人的关心与对任务的关心的领导风格的观点在管理实践中仍具有十分重要的意义。

6.2.3 权变理论

20 世纪 60 年代以来，许多管理学家、心理学家认为领导行为的效率不仅取决于领导者的特质和行为，而且也取决于领导者所处的具体环境。有效的领导是由领导者、被领导者和环境条件三者决定的。用公式表达：有效的领导 = f（领导者，被领导者，环境）。

权变领导理论理论研究者认为，不存在一种普遍适用的万能的领导方式，有效的领导方式是结合具体情景，因时、因地、因事、因工作环境的不同而变化，不同的工作环境需要不同的领导方式。没有最好的领导模式，只有最合适的领导模式。其代表有领导行为连续统一体理论、菲德勒的权变领导模型、领导生命周期模型（情境理论）、路径-目标理论、领导者-参与模型等。

1. 领导方式的连续统一体理论

该理论是由美国管理学家坦南鲍姆（R.Tannenbaum）和施密持（W.H.Schmidt）于 1958 年提出的，认为领导行为是包含各种领导方式的连续统一体，是多种多样的。在专制型和民主型中间还有多种领导方式，也就是存在着多种过渡式领导方式，它们组成了领导行为连续统一体。领导者根据具体情况，考虑各种因素来选择合适的领导方式。其中两个极端是独裁的领导方式和民主的领导方式，中间则是多种过渡式领导方式（见图 6-3）。

以领导为中心 ………………………………………… 以下级为中心

领导者运用职能				下级享有的自由度		
领导者做出并宣布决策	领导者做出并推销决策	领导者做出决策但允许提疑问	领导者做出初步的决策，交下属讨论修改	领导者提出待决策的问题，征求意见后做出决策	领导者规定决策界限，让团队做出决策	领导者允许下属在规定的界限内做出决策

图 6-3　领导行为连续统一体

从左至右，领导者运用职权逐渐减少，下属的自由度逐渐加大，从以工作为重逐渐变为以关系为重。这种方式因领导者授予下属权力大小的差异而发生连续性的变化。下面列举了 7 种有代表性的领导风格：

（1）领导者做出并宣布决策。

（2）领导者做出并推销决策。

（3）领导者做出决策，允许下属提出疑问，并予以解答。

（4）领导者做出初步的决策，交下属讨论修改。

（5）领导者提出待决策的问题，征求意见后做出决策。

（6）领导者规定决策的界限，让团体做出决策。

（7）领导者允许下属在规定的界限内做出决策。

坦南鲍姆与施密特认为，应当根据个体情况考虑各种因素，选择适当的领导方式。需要考虑的最重要的因素有以下 3 个方面：

管理者方面的因素，包括领导者的价值观、背景、教育、知识、经验、对下属的信任程度等。

下属方面的因素，包括下属是否准备承担决策的责任；下属是否对问题感兴趣；下属对组织目标的理解和认识的程度等。

环境因素，如组织的价值准则、环境的复杂程度、目标、结构和组织氛围、技术、时间压力和工作的本质、问题的性质等。

2. 菲德勒的权变领导模型

美国管理学家菲德勒（F. K. Fiedler）通过研究影响领导方式选择的权变因素及其形成的领导工作情境特征，并提示其之间的对应关系，以实现领导的有效性，提出了有效领导的权变理论。

（1）设计最不喜欢的共事者（least-preferred co-worker，LPC）问卷，监测领导的基本领导风格。

菲德勒认为，影响领导成功的关键因素之一是领导者的基本领导风格。在问卷中，通过领导者对其从工作绩效角度考虑挑选出来的最不愿意共事者的人品特征的评价，如果领导者对下属的评价多使用善意的词句，即在 LPC 问卷表上打高分，则反映该领导者的领导方式趋向于关系导向型；反之，如果回答者评价这位最难共事者大多用含敌意的词句（即在 LPC 问卷表上打低分），则反映该领导者的领导方式趋向于任务导向型。

（2）确定情境类型。

把领导工作所面临的环境状况具体分解为领导与成员的上下级关系、任务结构、职位权力 3 个方面情境因素，并根据 3 个方面情境因素的不同组合，归纳出 8 种不同类型的环境条件。

① 领导与成员的上下级关系。

领导与成员的关系是指领导者受到下级爱戴，对于下属信任、信赖和尊重的程度以及下级情愿追随领导者的程度。如果管理者与群体成员之间能够相互尊重、相互支持、相互信任、密切合作，则关系是好的。程度越高，领导者的权力和影响力就越大。相反，不被员工喜欢或信任的领导者，只有依靠命令才能完成任务。

② 职位权力。

职位权力是指领导者所处的职位能提供的权力和权威对下属的影响程度。职位权力越大，更容易得到他人的追随，群体成员遵从指导的程度越高，领导的环境也就越好；反之，则对下属的影响程度小。

③ 任务结构。

任务结构是指对工作任务规定的明确程度。如果这些任务越明确，而且下属责任心越强，则领导环境越好，工作的质量就比较容易控制，每个组织成员的工作职责也容易描述清楚；反之，则领导环境就越差。

（3）领导者与情境的匹配。

菲德勒将 3 种情境因素组合成 8 种情况。3 种条件都具备或基本具备，是环境较好的领导情境（即图中的情境 1、2、3）；3 种条件都不具备，是环境较差的领导情境（即图中的情境 8）；在环境较好和环境较差两种情况下，采用“任务导向型”的领导方式比较有效；对处于中间状态的环境中等情境（即图中的情境 4、5、6、7），则采用“关系导向型”的领导方式比较有效。菲德勒权变领导模型如图 6-4 所示。

上下级关系	好				差			
任务结构	明确		不明确		明确		不明确	
职位权力	强	弱	强	弱	强	弱	强	弱
情境类型	1	2	3	4	5	6	7	8
情境特征	有利			中间状态				不利
有效的领导方式	任务型			关系型				任务型
领导首要目标	工作			人际关系				工作

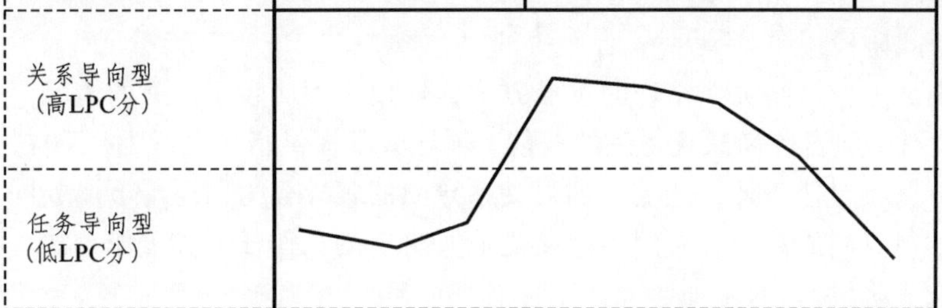

图 6-4　菲德勒权变领导模型

3. 领导生命周期理论

领导生命周期理论是由卡曼（A. K. Karman）首先提出的，后由保罗·赫塞和肯尼思·布兰查德发展的行为情境理论。这一理论的特点是，不仅考虑领导者的风格，而且考虑下属的“成熟度”，强调下属的权变因素。成熟度就是指下属对自己直接行为负责任的意愿和能力。它由工作成熟度和心理成熟度两项构成。工作成熟度是指个人工作的知识和技能。工作成熟度高的人能独立完成其工作而不需要别人的指导。心理成熟度是个人做事的意愿和动机。心理成熟度高的人要靠自我的内在动机来激励。

赫西和布兰查德认为，成功的领导是通过针对下属的意愿和成熟程度选择正确的领导风格来获得的。

随着下属由不成熟向成熟过度，领导行为应当按高工作-低关系→高工作-高关系→低工作-高关系→低工作-低关系逐步推移。这种推移变化形成了领导方式的生命周期，如图 6-5 所示。

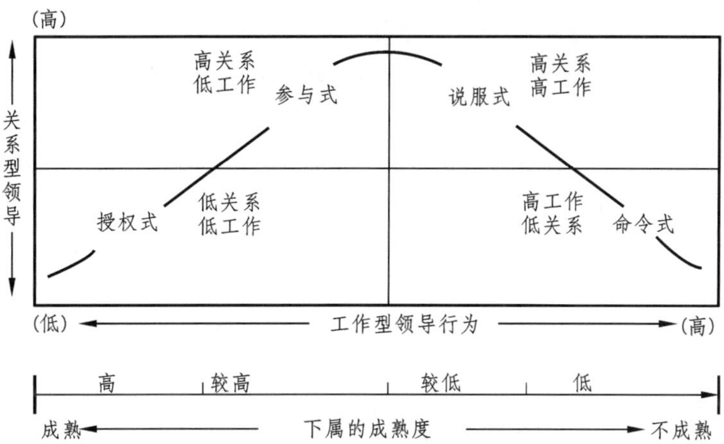

图 6-5　领导生命周期模型

领导生命周期理论将领导行为分为工作行为和关系行为两方面，又将这两方面分为高、低两种情况，从而得出了4种特定的领导行为：命令、说服、参与和授权。其具体含义如下：

（1）命令式阶段。

这是体现高工作、低关系结合的领导方式，适用于下属成熟低的情况。在员工进入组织的最初阶段，领导者应该采用任务导向的领导风格，可以采取单向沟通形式，告诉员工组织中的规则和运作程序，指导他们怎样进行工作。

（2）说服式阶段。

这是体现高工作、高关系结合的领导方式，适用于下属较不成熟的情况。这时下属愿意担负起工作责任，但目前尚缺乏足够的技能。领导者既提供指导性行为，又提供支持性行为。领导者除向下属布置任务外，还需要加强关系导向的领导行为，还与下属共同商讨工作如何开展，比较重视双向的沟通，说服下属接受他所决定的工作任务和工作方法。

（3）参与式阶段。

这是体现高关系、低工作相结合的领导方式。这时下属的工作成熟度得到提高，他们开始产生更高的成就动机，开始积极寻求承担更大的责任。领导者要支持下属按自己的想法发挥其工作能力，要给下属提供便利条件与沟通，而不给予过多的指示和约束。

（4）授权式阶段。

这是体现低工作、低关系结合的领导方式，适用于下属心理上和工作上成熟度较高的情况。这时下属具有较高的自信心，有能力并且有意愿来承担工作责任。领导者的任务就是授权，只起监督的作用，通过授权鼓励下属自主做好工作。

情境领导模型提供了一种动态的领导风格模型。强调对于不同成熟程度的员工，应采取不同的领导方式，对于不成熟的、未经训练的下属，应给予更多的管理、控制和监督；而对成熟、有能力、负责任的员工，只要有较松的控制和一般的监督，就能发挥其潜力。领导者必须创造条件帮助下属从不成熟向成熟转化。

4. 路径-目标理论

路径-目标理论由多伦多大学的组织行为学教授罗伯特·豪斯（Robert House）最先提出，后来华盛顿大学的管理学教授特伦斯·米切尔（Terence R. Mitchell）也参与了这一理论的完善和补充。它的基础是俄亥俄州立大学的领导研究与激励的期望理论。路径-目标理论的基本观点是，领导者的工作是帮助下属达成他们的目标，并提供必要的指导和支持，以确保各自的目标与群体或组织的总体目标相一致。

路径-目标理论假设存在4种有关的领导行为：指导型领导、支持型领导、参与型领导和成就导向型领导。

（1）指导型领导。

这种领导者对下属需要完成的任务进行说明，能为下属制定出明确的工作标准，并将规章制度向下属讲清。

（2）支持型领导。

这种领导者对下属很友善，更多地考虑职工的要求。对下属的态度友好，关注下属的福利和需要，对下属真诚帮助，尊重下属。

（3）参与型领导。

这种领导邀请职工参与决策和管理。一起探讨工作，征求他们的想法和意见。

（4）成就导向型领导。

这种领导鼓励下属将工作做到尽量高的水平，领导者为职工树立挑战性的目标，并表示相信职工能达到这些目标。

豪斯认为，高工作和高关系的组合，不一定是最有效的领导方式。领导方式的选用要根据领导方式同权变因素的恰当配合来考虑。豪斯提出的权变因素主要有两个方面：① 员工的个人特点，如职工的受教育程度、业务能力、对成就的需要、领悟能力、愿意承担责任的程度等。② 工作环境，包括工作性质、正式权力结构、非正式组织等。当工作属于常规性或任务明确具体，易于执行时可选择参与型领导方式，放手让下属去完成任务；反之，当工作任务不明确、职工无所适从时，领导者帮助他们对工作做出明确安排和分工，提出要求并对完成方法给予指导。

豪斯认为领导人的职能包括 6 个方面：① 唤起员工对成果的需要和期望；② 对完成工作目标的员工增加报酬，兑现承诺；③ 通过教育、培训、指导，提高员工实现目标的能力；④ 帮助员工寻找达成目标的路径；⑤ 排除员工前进道路上的障碍；⑥ 增加员工获得个人满足感的机会，而这种满足又以工作绩效为基础。

5. 领导者-参与模型

1973 年维克多·弗罗姆（Victor Vroom）和菲利普·耶顿（Phillip Yetton）提出了领导者-参与模型。该模型用一系列权变因素的问题来分析领导的情境，以此来决定领导合适的风格。他们提出 12 项权变因素：质量要求；承诺要求；领导者的信息；问题结构；承诺的可能性；目标一致性；下属的冲突；下属的信息；时间限制；下属的分布范围；动机—时间；动机-发展。

他们提出了 5 种典型的领导方式。

独裁Ⅰ（AⅠ）：领导者根据当时能够获得的信息，自行做出决策。

独裁Ⅱ（AⅡ）：领导者从下属那里获得必要的信息，然后自己做出决策。他们向下属索要信息时，可能向下属说明问题，也可能不说明。在决策中，下属的任务是向领导者提供必要信息而不是提出或评估可行性解决方案。

协商Ⅰ（CⅠ）：领导者以个别接触方式而不是以群体会议的方式，让下属知道问题，获得下属的意见或建议，然后由领导者自己做出决策。决策可以反映下属的意见，也可以不反映。所做出的决策可能受到或不受下属的影响。

协商Ⅱ（CⅡ）：领导者与下属集体讨论有关问题，收集他们的意见和建议，然后由领导者自己做出决策。决策可能受到下属影响或不受到他们的影响。

群体决策（GⅡ）：领导者与下属集体讨论问题，和下属作为一个群体，共同提出和评估备选方案，力图对解决方案达成共识。

模型的领导风格和权变因素构成了一个从集权型（AⅠ、AⅡ）到协商型（CⅠ、CⅡ）再到参与型（GⅡ）领导方式的连续统一体。

6.3 领导艺术

［任务导入 6-3］

领导艺术案例分析

领导艺术是指领导者在组织中运用的一种艺术性的管理技能。在现代社会中，领导艺术已经成为组织管理中不可或缺的一部分，一个优秀的领导者必须具备出色的领导艺术。下面我们将通过分析几个领导艺术的案例来深入探讨领导艺术的重要性和应用。

首先，我们来看一个成功的领导艺术案例——乔布斯。乔布斯是苹果公司的创始人之一，他以其卓越的领导艺术成为商界的传奇人物。乔布斯的领导艺术主要体现在以下几个方面：首先，他具有极强的创新意识和前瞻性的眼光，能够准确把握市场趋势和消费者需求，带领团队不断推出具有颠覆性的产品。其次，乔布斯善于激发团队的创造力和潜力，他能够为团队树立明确的目标，并以自己的激情和信念感染团队成员，使他们全身心投入到工作中。最后，乔布斯具有出色的沟通能力和人际交往能力，他能够与团队成员和合作伙伴保持良好的关系，有效地协调资源，推动项目的顺利进行。

另一个成功的领导艺术案例是杰克·韦尔奇，他曾经是通用电气公司的 CEO。杰克·韦尔奇的领导艺术体现在他对组织文化的塑造和管理上。他倡导的“以人为本”的管理理念，使通用电气公司成为一个充满活力和创新的组织。杰克·韦尔奇注重激励员工的潜力和能力，他鼓励员工敢于创新和挑战传统，使公司在激烈的市场竞争中始终保持领先地位。此外，杰克·韦尔奇还非常重视团队建设和人才培养，他通过建立有效的激励机制和培训计划，使公司的员工保持高度的工作热情和创造力。

最后一个案例是马云，阿里巴巴集团的创始人。马云是一位优秀的领导者，他的领导艺术主要体现在他对于企业愿景和文化的塑造上。马云提出的“让天下没有难做的生意”理念，激发了无数创业者的激情和创造力。他注重企业的使命和价值观的传承，通过自己的言行和企业的实际行动，塑造了阿里巴巴积极向上、开放包容的企业文化。马云还非常重视团队的建设和管理，提倡“以人为本”的管理理念，注重员工的职业发展和个人成长，使阿里巴巴成为一个充满凝聚力和创造力的企业。

通过以上几个成功的领导艺术案例，我们可以看到，优秀的领导者不仅需要具备出色的管理能力，更需要具备卓越的领导艺术。领导艺术不仅包括领导者的个人魅力和影响力，更重要的是领导者的情商和人际交往能力。只有具备了优秀的领导艺术，领导者才能够有效地激励团队，推动组织的发展和创新。因此，我们应该认真学习和借鉴这些成功领导者的领导艺术，不断提升自己的领导能力，成为一名优秀的领导者。

资料来源：领导艺术案例分析[OL].(2023-12-26)[2024-11-6]. https://wenku.baidu.com/view/c99738a0677d27284b73f242336c1eb91a3733f7.html?_wkts_=1731902385096&needWelcomeRecommand=1&unResetStore=1&ILK=17319024-0121-9177-0973-721944161408.

任务分析：

1. 分析有效的领导方式的内涵。

2. 领导的艺术性表现在哪些方面？

6.3.1 领导艺术的概念

领导不只是一种行为过程，也是一种艺术。什么是领导艺术，学者们众说纷纭。不同的人处境不同，对领导艺术的理解也不同。

H. 艾伯斯（1961）认为，领导艺术是“在于不使下属知道而操纵摆布他们”。

P. F. 德莱克（1986）认为，领导艺术是“把人们的眼界抬到一个更高的视角，把人们的能力提到一个更高的水平，把人们的个性发展到超越平常的界限”。

G. A. 科尔（1994）认为领导艺术是“一个团体内的打气过程，在某种形势下，某个人对其他人加以影响，使他们自愿为完成团体任务而做出贡献”。

我国学者周三多认为，领导艺术是一门博大精深的学问，其内涵表现在“干领导的本职工作、善于同下属交谈、争取他人的友谊和合作、做时间的主人”等方面。[①]

蒋运通，傅太平（2003）将“领导艺术”定义为建立在领导者知识和经验基础上的领导技能。领导者为了实现组织目标，巧妙运用权力，有效地影响被领导者，调整各种关系和矛盾，改变领导内在、外在环境的各种技巧、手段和特殊方法。它本质上是对领导科学的纯熟运用。它是领导者智慧、学识、才能、素质、作风、气质、个性、品质、影响力、吸引力、经验的综合反映和在领导过程中的体现。[②]

王勇（2010）认为，“领导艺术就是指以最有效的方法达到影响下属、群众，使之积极行动，为达到组织目标而努力”[③]。

刘承宗（2013）认为，领导艺术可以简略看作在领导活动过程中领导者凭借自己的特质，高效地发挥领导能力的一种体现。[④]

杨仕梅（2017）认为，领导艺术是指领导者以一定的智慧、学识、经验、能力为基础，以领导者应普遍遵循的领导原则为准则，在领导活动中熟练运用的富有创造性的领导思维方式和行之有效的领导策略，以及各种独特、灵活、恰当的领导方法和技能。[⑤]

张兴祥（2023）谈习近平善用“四智”领导艺术，即“集智”组建研究团队，“借智”加强学习与虚心求教，“引智”邀请专家学者直接参与，“启智”参观考察、学习借鉴国际经验。[⑥]

MBA 智库百科认为，领导艺术是指在领导的方式方法上表现出的创造性和有效性。一方面是创造，是真善美在领导活动中的自由创造性。“真”是把握规律，在规律中创造升华，升华到艺术境界；“善”就是要符合政治理念；“美”是指领导使人愉悦、舒畅。另一方面是有效性，领导实践活动是检验领导艺术的唯一标准。

这些定义的基本内涵是一致的，包含了领导艺术以下几个方面的含义：

（1）领导艺术是领导者个人素质的综合反映，是因人而异的。

（2）领导艺术要根据情况变化，对领导方法进行灵活性、创造性的运用。

（3）领导艺术同工作实践密切相关，实践是领导艺术的基础。

---

① 周三多，陈传明. 管理学原理[M]. 南京：南京大学出版社，2006.

② 蒋运通，傅太平. 管理学[M]. 北京：北京工业大学出版社，2003.

③ 王勇. 领导艺术中哲学思想的体现[J]. 法制与社会，2010（2）：290.

④ 刘承宗. 小学校长领导艺术的研究[D]. 长沙：湖南师范大学，2013.

⑤ 杨仕梅，李晓楠，曾霞. 管理学[M]. 北京：北京理工大学出版社，2017.

⑥ 张兴祥，郑钧予. 习近平在厦门探索建设自由港的思想方法和工作方法——兼谈习近平善用“四智”的领导艺术[J]. 厦门特区党校学报，2023（6）：7-14.

（4）领导艺术是对某一特殊、偶然情况下所面临的问题做出的决断，不可模仿。

（5）领导艺术能给人以美感，是智慧、学识、方法、才能、素质、作风、胆略、气质、个性、品质、影响力、吸引力、经验的综合反映。

领导者要实行有效的领导，除了要掌握基本的领导方法外，还要有高超的领导艺术，要善于在错综复杂的矛盾中抓住主要矛盾，把领导艺术演绎得出神入化，从而创造性地完成各项领导工作。

6.3.2 领导艺术的内容

领导艺术贯穿于领导过程的每个环节。领导艺术的内容十分丰富，但目前尚无统一的定论。

一般来说，领导艺术的内容包括决策艺术、协调艺术、授权艺术、用人艺术和激励艺术等。

1. 决策艺术

正确地进行决策，是领导者工作的核心内容。在决策前要注重调查研究，特别是要对组织内外部环境进行科学的分析，既要抓住问题的主要矛盾，又要善于听取群众的呼声，不打无准备之仗。在决策过程中要充分发扬民主，吸取群众的智慧，善于调动群众的积极性，要有明辨是非的洞察力、判断力、想象力、洞察力、应变力，要善于抓住机遇，做到统筹兼顾，把握关键，运筹帷幄，决胜千里。决策后要抓好实施，做到言必信、信必果，绝不能使决策方案朝令夕改。

2. 协调艺术

协调能力是领导者必须具备的能力。协调不仅要掌握一些基本方法，更重要的是懂得协调的艺术和技巧。同时，协调还可以提高组织效率，减少资源的浪费，有利于组织的稳定，能使组织的全体人员思想统一到组织目标上来，是组织目标得以实现的重要保障手段之一。

协调主要应处理好领导者同上级、平级、下级的关系。

对上级领导尊重而不恭维，服从而不盲从，恪尽自己的职责而不能权力越位，对领导布置的工作要创造性地执行，要主动多向领导请示汇报工作完成情况，在汇报过程中也要善于表达自己的见解和想法。

对待平级同事，要做到以诚相待，相互尊重，相互学习，要有一颗宽容、谦让之心。

对待下级要做到公正、平等、民主、信任，不摆领导架子，应通过谈心、交心等方式来处理问题，要与下属保持深沉、持久、真挚的关系，赤诚相见，对下属不分亲疏，爱护团结，要尊重下属的人格尊严，以礼相待，尊重下级的进取精神，维护下级的积极性，更多地关心、体贴和信任下级员工。

要成为一名善于协调的领导者，必须以自己的一言一行做出表率，提高修养，要有虚怀若谷的胸怀，对待同事要以诚相待、循循善诱，工作中要有魄力，非凡的个人魅力也能使协调工作事半功倍。

3. 授权艺术

诸葛亮为蜀国的基业事事亲为，鞠躬尽瘁，死而后已，但其实他并非是一个好的领导者。一名成功的领导者，并不需要事事亲为，而是要将自己一定的职权授予下属去行使，通过适当的授权，让下级充分发挥积极性和创造力。领导者的主要工作是对下级进行适当的指导与监督。领导者在授权时，应该明确所授工作任务的目标、职责和权力。

4. 用人艺术

用人是领导者工作的重中之重。用人也要讲究艺术，要善于用人所长，扬长避短，合理使用人才，充分发挥员工的聪明才智，把合适的人安排到合适的岗位上，量尽其才，从而有利于组织的发展。领导者在用人的过程中，还要知人所爱、帮人所爱、成人所爱，充分发挥每个人的特长、专长，让组织成员能在更适合自己的发展空间里去施展才华。

5. 激励艺术

对下属给予适时的表扬和激励，会帮助他们成为一个特殊的人。可见，激励对激发一个人的潜能是多么重要。一个有效的领导者要善于经常适时、适度地激励下属，从而调动下属的工作积极性。

领导者首先要掌握激励的一般原则和方法，要遵循物质激励与精神激励相结合原则，内在激励与外在激励相结合原则，正激励与负激励相结合原则，按需激励原则，组织目标、个人目标相结合原则。员工会更注重精神激励，以实现自身的价值。其中，精神激励有目标激励、内在激励、形象激励、荣誉激励、兴趣激励、参与激励、感情激励、榜样典型激励法等，领导者要结合员工的具体精神需求，进行适当的精神激励，再辅以适当的物质激励，以起到鼓舞士气、挖掘潜力、提高组织功效的作用。

[项目小结]

领导就是领导者通过先行、沟通、指导、灌输和奖惩等手段对人们施加影响的过程，从而使人们积极主动地为实现组织或群体的目标而努力。组织的管理者通过有效的领导，使组织成员完成组织的预期目标。在本项目中，先介绍了领导的含义、作用、领导者素质、类型及领导者权力构成；接着对领导特质理念、领导行为理论及权变理论进行了阐述；最后介绍了领导艺术的概念和领导艺术的内容。本项目的学习，能帮助学生树立领导理念，初步培养学生提高自身权威与有效运用权力的能力。

[同步测试]

一、单选题

1. 有领袖魅力的领导者的关键特点中不包括（　　）。

A. 坚定的信念　　B. 过分的自信

C. 环境敏感性　　D. 远见

2. 领导艺术的内容不包括（　　）。

A. 管理艺术　　B. 决策艺术

C. 协调艺术　　D. 授权艺术

3. 管理幅度是指主管人员（　　）。

A. 直接而有效地指挥和管理下级部门的数量　　B. 指挥和管理的全部下属的数量

C. 直接而有效地指挥和管理下属的数量　　D. 职责与权力的范围

4. 下面哪一个不是领导的主要作用？（　　）

A. 指挥　　B. 协调

C. 组织　　D. 激励

5.（　　）是组织内部各管理职位所固定的法定权力，它代表一个人通过组织中正式层级结构中的职位所获得的权力。

A. 法定性权力　　B. 奖赏性权力

C. 专家性权力　　D. 强制性权力

二、填空题

1. 所谓领导就是指（　　）、带领，引导和鼓励部下为实现目标而努力的过程。

2.（　　）是指领导者更愿意界定和建构自己与下属的角色，以达成组织目标。

3. 菲德勒将领导环境具体化为 3 个方面：（　　）（　　）（　　）。

4. 库尔特·勒温在 1939 年运用（　　）、民主型和放任型 3 种领导风格进行了一个领导行为理论的经典实验，来研究探讨领导风格类型对群体行为和团体效率的影响。

5. 9-9 型管理：（　　）。管理者与员工因在组织目标上有共同利害关系而互相依赖，同时又互相信任和尊重，表现为对生产、员工的士气与满意度都表现出高度的关心，努力使员工个人的需要和组织的目标最有效地结合起来。

三、判断题

1. 魅力型领导者是指具有高度自信并且信任下属，对下属有高度期望，有理想化的愿望，以及使用个性化风格的领导者。（　　）

2. 职务权力就是领导者在与他人交往中有效地影响和改变他人心理及行为的能力。（　　）

3. 领导生命周期模型中，体现高工作、高关系结合的领导方式是说服式阶段。（　　）

4. 领导者应具备管理现代化企业的知识和技能，这是领导素质中的“业务素质”。（　　）

四、简答题

1. 什么是领导？领导的作用是什么？

2. 试论述管理方格理论？

3. 菲德勒模型的环境条件是什么？

4. 领导艺术的内容有哪些？

五、案例分析

怎样做领导

名牌大学的 3 个大学生毕业后，各奔前程，少有来往，某天在党校学习时不期而遇。想不到由于工作的需要，他们都被推上了领导岗位，分别在 3 个局担任局长。B 约 A、C 两位老同学星期日到家一叙。老同学聚会，自然而然地谈起了各自走马上任后的情况。

A 说，他上任后做的第一件事是，分头召集机关处室负责人的座谈会，通过这种座谈形式，让大家了解自己，也让自己熟悉各处室负责人，从而对局内的整体情况有个大概了解。

B 与 A 的情况不同，他选择的第一件事是，与局领导班子的其他成员逐个谈心，向他们了解局里的情况，同时也谈了自己新上任的一些想法，借以沟通思想，使彼此有所了解，为今后顺利开展工作打下了基础。

C 走马上任后的第一件事是，通过多种渠道、采取各种形式，广泛地开展调查研究，在较短的时间内，基本上掌握了该局的历史、现状，以及当前面临的问题，同时与上下左右沟通了思想，建立了感情，密切了相互之间的联系。

A 与 B 两人对 C 的做法很感兴趣。C 接着说，他上任后的第二件事是，要求全局各处室，群策群力，拿出“两制一规范”的方案。所谓“两制”，就是岗位责任制、奖惩制；所谓“一规范”，就是职位分类规范。

C 亲自挂帅抓这项工作，他与各处室领导密切配合，分工合作，出主意，想办法，制定了岗位责任制、奖惩制、职位分类规范。由此让大家明确，局机关是为基层服务的。通过“两制一规范”的制定，局机关全体成员各司其职，各负其责，减少了扯皮现象，克服了官僚主义，提高了工作效率，做到了优胜劣汰、奖罚分明。这样逐步建立起一支素质好、技术过硬、清正廉洁、效率高、有实绩的干部队伍。

C 上任后的第三件事是，提议创办一张名为“快讯”的小报，他与大家一起讨论办报方针和信息输入、信息输出渠道等事宜。通过讨论，小报编辑人员明确了这是一张信息快报。还要求编辑人员及时传递在国外书报杂志中看到的有关新技术、新知识、新书目。其中，涉及经济、科技、规划、管理等新动向的信息，要及时反映给局领导。

谈完后，3 位老同学展开了热烈的讨论。

资料来源：刘宁杰，莫柏预. 管理学辅导用书[M]. 北京：中国财政经济出版社，2005.

思考：

1. A、B、C 3 位局长上任后，A、B 两人通过接触领导，C 通过各种形式广泛调查研究，开始各自上任后的第一件事。你认为哪种方式最好？

2. 根据你的认识，A 和 B 借鉴 C 的经验，上任后应该做的第二件事是什么？

3. 总结 C 的经验，你认为哪一条经验最主要？

4. 从管理知识和实际经验来看，你认为 C 上任后做的 3 件事中哪一件是最根本的？

5. A、B、C 3 位局长之所以都被推上局级领导岗位，不是偶然的。对上述案例中提供的信息进行分析，你认为哪一个原因最重要？

6. 如果你也参加 3 位局长的讨论，从领导的职能出发，你认为 C 在做完 3 件事之后还应该做的一项工作是什么？

［项目训练］

如果我是领导者①

一、实训目的

1. 培养领导者的素质，分析解决管理一般问题与复杂问题的能力。

2. 培养运用领导理论、领导艺术，调动员工积极性的能力。

3. 培养学生演讲口才和锻炼胆识。

二、实训内容

1. 掌握领导理论和领导艺术的运用。

① 陈世艳，徐银富. 管理学实训教程[M]. 广州：暨南大学出版社，2006：74-75.

2. 以模拟公司为单位，以演讲的方式产生领导者。

3. 学生在课下对本公司情况进行深入了解，然后撰写演讲稿。

4. 在模拟公司演讲，然后选出公司的领导者。

三、方法与要求

1. 整个实践过程一定要贯穿领导理论和领导艺术的主要内容。

2. 深入研究模拟公司成员的情况及目前公司存在的问题。

3. 演讲稿必须包括领导者应具备的素质和能力，以及公司存在的问题和解决方法，采取的领导方式，给企业带来的效益等。

4. 演讲后，教师组织学生评论和小结。

四、实训考核

1. 每个学生上交一份演讲稿。

2. 教师和模拟公司的领导者对各成员的演讲稿共同评估打分。

项目 7　激　励

学习目标

1. 了解激励的概念、原则、作用、类型、过程和方法。
2. 理解动机、需求和行为之间的关系。
3. 掌握物质激励、感情激励和工作激励方法。
4. 掌握内容型激励理论、过程型激励理和调整型激励理论。

7.1　激励概述

［任务导入 7-1］

老门卫制服上的金别针

圣诞节快要到了。北欧航空公司总经理杨·卡尔松悄悄地叫来秘书，吩咐他去订做一批纯金西服别针，做工一定要精良，并要求将做好的西服别针在圣诞节前夕分别寄到公司员工的配偶手中。

代表团在北欧航空公司总部考察访问得知了这件事情。这一天我们在总部大楼的门口，看到一位大约 50 多岁的老门卫的制服上别着这样一枚别针。我就问他：你拿到这枚别针时是什么感觉？老门卫说那是圣诞节的前几天，我像往常一样下班回到家，一开门，没想到我的老伴从房间里冲了过来，搂着我就是几个狂吻，并大声说："汤姆，你真棒！"她的眼睛里闪动着泪花。我不明白发生了什么事。老伴激动地说："汤姆，你看看桌子上是什么？"我看到桌子上放着一个精致的小盒子，盒子里摆放着一枚金光闪闪的别针。盒子里还有一张小纸条，上面写道：

尊敬的托玛逊太太：

感谢你一年来对托玛逊先生工作的全力支持，使北欧航空公司的工作取得了很大成就。我谨代表我个人向你表示衷心的谢意。

杨·卡尔松

这天晚上，我和老伴一边喝着酒，一边聊着。我们说了很多，最主要的话题就是，明年我该怎样做才能不辜负总裁的期望。我们决定：只要公司一天不辞退我，我就尽最大的努力做好自己的工作。

代表团所有人都静静地听着，思考着其中的道理和秘密。

资料来源：中南大学“管理学”精品课程网站，http://netclass.csu.edu.cn/jpkc2011/CSU/ %E7%AE%A1%E7%90%86%E5%AD%A6/anli11.html.

任务分析：

1. 理解激励的内涵。
2. 分析激励的作用。

7.1.1 激励的概念

当你在生活中迷茫或遭遇挫折的时候，我们不妨来感悟一下名人激励的话语：冬天已经到来，春天还会远吗（雪莱）；人只有献身于社会，才能找出那短暂而有风险的生命的意义（爱因斯坦）；人生应该如蜡烛一样，从顶燃到底，一直都是光明的（萧楚女）。我们也许能从中获取生活的信心和力量，使自己成为一种积极向上、追求高尚的人，也能体会到激励对生活的意义。

激励本身有激发和鼓励的意思，激励原本是心理学中的概念。在心理学中，激励是指激发人的动机的心理过程，从而调动人的积极性。当人在思想、行动上努力进取的心理动力受到激励时，人的意识活跃水平、情绪振奋程度和意志力强度等方面会处于自觉、主动的心理活动状态，从而导致人们行为效率的提高。

斯蒂芬 P. 罗宾斯把激励定义为：“通过高水平的努力实现组织目标的意愿，而这种努力以能够满足个体的某些需要为条件。”

把激励这一概念引进管理中，则赋予了新的含义。在管理学上，激励是人力资源的重要内容，就是组织通过设计适当的奖酬制度和创造良好的工作环境，以一定的行为规范为手段，采用信息沟通的方式来激发员工的工作动机，引导、保持和改进组织成员的行为，从而调动员工的积极性和创造性，以实现成员和组织目标的系统活动。

这一定义包含以下几方面的内容：

（1）激励的最终目的是实现成员与组织的目标。

（2）良好的奖酬制度和工作环境是激励得以实施的保障。

（3）对员工的动机激励强化要从奖励和惩罚两个方面并举。

（4）信息沟通贯穿于激励工作的始末，有效的信息畅通，才能使激励工作目标得以实现。

可以说，有效的激励会满足员工的生理或社会、物质或精神的需要，从而更大限度地点燃员工的工作激情，能使员工产生超越自我和他人的欲望，并发挥内在的潜力，为组织的目标奉献自己的力量。

7.1.2 激励的基本原则

员工激励政策存在风险性，有可能给组织带来正面的影响，也有可能带来负面的影响。只有科学地制定激励机制，才能使组织绩效得以提高。所以在制定和实施激励政策时，要遵循一定的原则，从而提高激励的效果。

1. 目标结合原则

在激励机制中，要善于向员工将目标描绘成形象而生动的美好愿景，要设立明确而坚定的个人目标和组织目标，要使组织目标与个人目标方向保持一致，将组织目标与个人目标结合，从而满足员工的个人需要，使激励收到良好的效果。

2. 物质激励和精神激励相结合的原则

物质激励是基础，精神激励是根本。有竞争力的薪酬才是激励员工的利器，而精神激励更能激发人的潜能，两者的有机结合，能起到良好的激励效果。在激励的过程中，应充分考虑激励对象的具体情况，灵活地运用两种激励方式。物质激励是短期行为，而精神激励是长期行为，一般情况应逐步过渡到以精神激励为主。

3. 正激励与负激励相结合的原则

正激励就是对员工符合组织目标的期望行为给予肯定、承认、赞扬、奖赏、信任的激励艺术。而负激励与正激励相对，就是对员工违背组织目的、行为不符合组织目标或社会需要时，给予惩罚或批评的激励方式。其主要目的是使不符合组织规范的行为减弱和消退。负激励主要有：警告、纪律处分、经济处罚、降级、降薪等。在负激励面前，组织管理者要以身作则，负激励的执行不能产生偏差，因为负激励的实行难度比正激励更大，实行不好会导致组织管理者的权威受损。单纯的正激励或单纯的负激励的效果肯定都不好，应该强调正激励用于强化正确的行为，负激励用于避免错误的行为的再次发生。正激励和负激励作为两种相辅相成的激励类型，它们从不同的侧面对人的行为起强化作用。

4. 按需激励原则

激励的起点是满足员工的需要，所以按照马斯洛的需求层次论的原则，要分析员工的具体需求，不同员工的需求可能不同，即便是同一位员工，在不同的时间或环境下，也会有不同的需求。所以，激励要因人而异，因时而异。例如，对于目前经济处于拮据的员工来说，金钱激励能产生最大的效用；而对长期在外从事销售工作的员工来说，奖励一些假期让他与家人团聚，可能比奖金更有吸引力；对渴望上进的新员工来说，则希望有更多的机会出去学习培训深造。所以在管理实践中，要采用合适的激励方法，针对不同的情况，有针对性地采取不同的激励措施，从而收到良好的激励效果。

5. 公平合理性原则

公平合理性是员工管理中一个很重要的原则，只有公平、公正、合理的激励机制才会让员工努力奋发向上。要做到公平公正地对待每一位员工，取得同等成绩的员工，一定要获得同等层次的奖励；同理，犯同等错误的员工，也应受到同等层次的处罚。要建立对事不对人，建构公平合理的激励机制，以使公平合理性得到保障。管理者在处理员工问题时，一定要有一种公平的心态，不应有任何偏见和喜好，要一视同仁，才能有利于维护组织各项规章制度。只有公平合理，才能使员工感觉自己付出劳动所得的报酬与他人付出的劳动的报酬是相对公平合理的，所以管理者应当研究和重视组织内以及组织外相关人员激励的公平合理性。

6. 时效性原则

要把握激励的时机，激励越及时，越有利于调动员工的工作积极性，使其创造力有效地发挥出来。当员工表现出不凡的成绩时，要及时给予激励，员工会继续加倍努力，以达到并超过预期的目标，否则等待的时间越长，奖励的效果越可能打折扣。激励要打铁趁热，否则铁炼出了，却是一堆废钢。如果下属员工工作中出现了一些差错，也应尽可能当场指正，而不能背后议论，秋后算账。所以在管理实践中，应该做到“赏不愈时”，及时、准确地把握激励时机非常重要。

正确地运用激励原则，可以提高激励的效果。在管理实践中，激励原则的运用应注意到以下几个方面的因素：① 要准确地把握激励时机；② 要相应采取激励频率；③ 要恰当地运用激励程度；④ 要正确地确定激励方向。只有这样才能提高激励的效果。

7.1.3 激励的作用

一般来说，激励有如下几个方面的作用：

1. 激励可以调动员工的积极性，提高工作效率

罗曼·罗兰说过：“一切生命的意义就在于此——创造的刺激。”管理学的无数案例也表明，只有运用激励手段，才能激发员工的工作积极性。激励是一个企业成功经营的重要因素之一。人作为最活跃的生产要素，其积极性是推动企业进步的重要力量。一个组织中如果常听到员工的抱怨与不满，工作热情不高，工作效率就像一枚棋子，不推不动，其现象产生的根本原因是该组织缺少激励机制。组织应该有一套科学合理的竞争上岗、晋升职务、培训深造等激励措施，使员工的需要得到满足。所以激励手段必须针对员工的需要，才会产生积极的效果。好的激励手段应该引导员工的需要向高层次发展，以便员工在更高层次上实现自我价值。这样必然会激励员工的潜能，增强其主人翁意识，形成一个良好的组织氛围。所以一个组织的工作效率，在很大程度上取决于人们的积极性和能力的发挥程度。正是通过一系列激励手段来刺激调动人们的积极性和创造性，才提高了组织的工作效率，而工作效率的提高也是组织效益提高的根本途径。

2. 激励可以开发员工潜能

人的潜能是蕴藏于人体内的潜在能力，平常在人的行为活动中尚未显露，但这种潜能的确是存在的，在适当的环境作用下，一经发掘便会释放出巨大的能量。

古今中外，有许许多多平凡的人正是由于充分发掘自身的潜能而成就了不平凡的事业。沈从文先生 14 岁高小毕业，后来成为我国现代著名作家、历史文物研究家；大名鼎鼎的爱迪生也没有大学学历，却是举世闻名的美国电学家和发明家；罗炳辉是从奴隶到将军的中国工农红军和新四军高级将领、军事家等。这说明我们每个人身上都蕴藏着巨大的潜能，如果把这些潜能挖掘出来，必会成就一番事业。

在管理实践中，我们要充分挖掘每一位员工的潜力。例如在激励过程中，要充分汲取广大员工的智慧。索尼公司鼓励每一位员工对产品提出任何意见，在这种良好的组织环境中，正是由于员工的参考式管理，才有了随身听的诞生，这是挖掘潜力非常成功的典范。所以管理者在决策过程中要注重员工的“参与激励”。员工的参与程度越深，他们的工作积极性越高。长此以往，每一位员工的潜力在组织中就能得以充分发挥，就能形成一个具有亲和力、向心力的高效组织。

3. 激励可以提高员工的素质

提高员工素质的途径主要有两个：培训和激励。激励就像一个杠杆，控制和调节员工的行为。组织要树立模范，使激励成为提高员工素质的推动力。海尔集团总裁张瑞敏在车间视

察时，看到一个工人绕线的速度比别人快几倍，便将这种绕线方法以这名工人的名字命名。这种激励使这名工人感到自豪，同时也使其他员工看到，模范人物就出在自己的身边，只要出色地完成工作，人人都可以当模范。[①]对组织而言，要有一套完善科学的激励机制，做到奖罚分明，激励当先，有助于员工明确奋斗方向，认识自身的差距，努力提高业务素质和工作水平，形成自我发展的机制，促进员工素质的提高，有利于促进整个组织素质的有效提升。

4. 激励有利于吸引组织所需人才

有句名言说得好：得人才者得天下。人才是企业的灵魂，激励则是企业制胜的法宝。对于一个组织来讲，是否在激烈的市场竞争中立于不败之地，关键在于人才。人才是企业最宝贵的生产要素，离开了人才，企业就成了无水之源。所以组织往往从理念上营造尊重知识、尊重人才的环境，建立科学的激励机制，给人才提供良好的物质和生活条件，通过各种优惠政策，丰厚的福利待遇，给人才创造自我发展、发挥自我能力的机会，从而吸引组织所需的人才。可见，有效的激励机制可以使企业吸引到更多的优秀人才。

7.1.4 激励的类型

1. 物质激励与精神激励

物质激励是指运用物质手段使受激励者在物质需要上得到满足，从而进一步调动其积极性、主动性和创造性的激励方法。按照马斯洛的需求层次理论，物质需要是人的第一需要，所以物质激励是激励的主要模式。物质激励有奖金、奖品等。

精神激励是指精神方面的无形激励，主要内容有向员工授权，对工作绩效的认可，晋升制度，提供学习、发展提升自己的机会，弹性工作时间制度，职业生涯发展道路等。它是调动员工积极性、主动性和创造性的有效方式之一。

物质激励作用于人的生理方面的需要，而精神激励作用于人的心理方面的需要。两者都是人们产生某种动机，导致某种行为的主要源泉。精神激励和物质激励紧密联系，互为补充，相辅相成。只有将精神激励和物质激励相结合，才能收到事半功倍的效果。

2. 正激励与负激励

有关正激励与负激励的定义在“7.1.2 激励的基本原则”中已进行了阐述。这两种激励都是对人的行为进行强化，他们之间是反向关系。正激励是对行为的肯定，而负激励是对行为的否定。在管理实践中，正如前面原则所说，最好将正激励与负激励相结合起来。组织应该多使用正激励，少用负激励，正确的行为用正激励去强化，错误的行为只能用负激励去避免。另外，还要避免“零激励”现象的产生，不能出现干好干坏一个样的局面。

3. 内激励与外激励

内激励是指由内酬引发的、源自工作人员内心的激励。它是指工作任务本身的刺激，即在工作进行过程中所获得的满足感。如果特殊任务能让员工发挥其所长，实现自身的价值，那么这种内酬能较持久地维持员工积极的工作动机。而外激励是指由外酬引发的，是在工作任务完成之后或在工作场所外所获得的满足感，与工作任务本身无直接关系。比如有的员工在工作中取得了较好的成绩，可能会得到表扬、晋升、提薪、奖励等，它的特征是与内激励

① 杜明科. 运用荣誉激励提高员工素质[J]. 中国邮政，2004（1）：43.

相对应，而由外酬引发的外激励则难以持久。

7.1.5 激励的过程

人们未得到满足的需要是产生激励的起点，由需要而引起动机，进而导致某种行为的产生。

需要是指客观的刺激作用于人们的大脑所引起的个体缺乏某种东西的状态。而动机是引起个人行为并维持该行为，将此行为导向满足某种需要的欲望、愿望、信念等的心理因素。行为是人的有机体对外界刺激做出的反应，通过一连串动作实现其预定目标的过程。

动机是在需要基础上产生的，需要引起动机。需要转变为动机必须满足两个条件：① 需要到一定强度，产生满足需求的愿望；② 需要目标的确定。而动机导致行为，动机是行为产生的直接动力，行为是动机的外在表现，人的行为却是由最强烈的动机引发和决定的。

产生动机的内在原因是人自身没有满足的需要，而外在原因是作用于人的身心的外在刺激。动机、需求和行为之间的关系如图 7-1 所示。

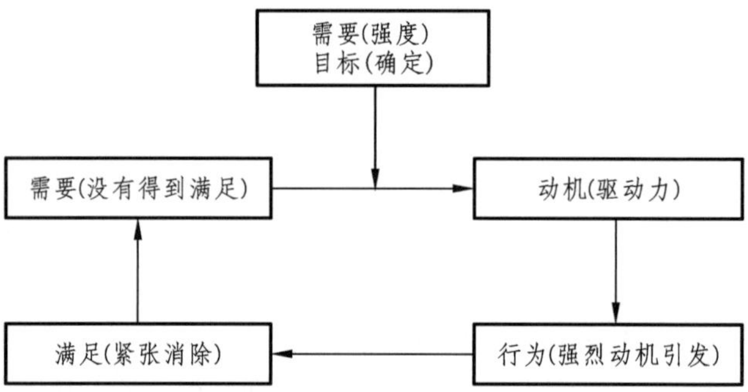

图 7-1　动机、需求和行为之间的关系

组织目标的实现最终取决于组织成员的个人绩效，而绩效往往取决于组织的激励机制。就是要通过激励来对员工动机进行激发、强化，改造、改进员工行为，从而为实现组织目标服务。

美国组织行为学家坎贝尔（J. P. Campbell）提出一个著名的公式①：

绩效 = f（能力水平，技术水平，对任务的理解，努力于某一工作的选择，努力程度的选择，坚持努力的时间，个体不能控制的有利和不利条件）

将这一公式化为一般形式：

绩效 = f（主客观条件）

假设客观条件已具备，只计主观条件并筛选出其中的关键因素，即能力和激励，则有：

绩效 = 激励 × 能力

组织激励过程首先要诱发和刺激员工未被满足的需要。例如通过组织宣传，营造激励氛围，刺激员工的心理需要，进而使其处于紧张的状态，使之产生内在的动力，组织通过激励措施解除其紧张状态使之心理需要得以满足，进而激励其更高层次的需要，再激励。这样周而复始，使之与组织绩效一起呈螺旋式上升。

① 陈维政，余凯成，黄培伦. 组织行为学高级教程[M]. 北京：高等教育出版社，2004.

7.1.6 激励的方法

激励的方法一般包括物质激励、精神激励和工作激励 3 个方面。

1. 物质激励

正如物质、生理需要是人的最基本需要一样，物质激励是人本管理的基础。在各种激励措施中，不可否认物质激励有重要作用。很难想象一个得不到物质保证的组织单位，能使劳动者的积极性得到持久发挥。任何成功企业都充分注重物质激励，重视改进和提高职工的生活条件，真正关心职工的生活，不论在什么情况下，物质都是基础，是前提。①

有关“物质激励”的概念见“7.1.4 激励的类型”。

在现代企业管理中，物质激励是以薪换心，是最基本而见效又最快的方法。作为一般等价物的金钱，其数量多少直接决定了我们的消费能力和生活质量，所以它是员工最根本的需求之一。在经营管理史上，首先用高薪赢得高效的是亨利·福特。作为福特汽车公司的奠基人，亨利·福特引进流水线来生产汽车。这种生产方式要求工人身体素质好、出勤率高、工作努力。为了选拔到这样的工人，福特决定每天支付 5 美元的工资。而当时美国的平均日工资水平大约是 2 美元，于是有人预言福特疯了，如此高的工资水平将使福特破产。但随后的实践证明，福特的高工资政策取得了显著的成效。5 美元的日工资使福特工厂外面的求职者排起了长队，让福特选拔到了最优秀的工人，从而确保了工人的出勤率和稳定性，使生产率大大提高。②

运用物质利益激励法，应注意以下几个问题：① 在物质激励方法中，最重要的一点是要建立起一个合理的好的薪酬制度，使业绩考核评定达到公平公正，使绩效与报酬直接挂钩，努力营造激励的氛围。② 进行物质激励时，要辅之以精神激励。如果一味地进行物质激励，会产生边际效用递减现象，长此以往达不到激励的目的，所以再辅以精神激励，把人们的追求引向更高的境界。

2. 精神激励

当员工的物质需求得到满足后，会有更高层次的精神追求，以得到精神的满足。对组织来说，这时要运用精神激励的方法。

精神激励就是内在激励，是指精神方面的无形激励。人的精神活动非常独特，除了生存必不可少的物资需求外，还有尊重需要和自我的需要。精神激励是调动员工积极性、主动性和创造性的有效方式之一，其主要包括以下几个方面：

（1）感情激励。

感情是影响人们行为最直接的因素之一，任何人都有渴望各种情感的需求。对于员工而言，除了基本的物质需求外，还有获得情感的关怀和激励的需要。一个有效的管理者在善于运用物质利益激励法的同时，还必须善于运用感情激励法。

感情激励就是领导者从员工的感情需要出发，通过情感上的关心、尊重、信任等手段来满足员工这种精神上的需求，建立起一种亲密和友善的情感关系，以情感沟通和情感鼓励作为手段，达到激发员工的工作热情、调动起员工的积极性的激励机制。

在感情激励的管理实践中，日本企业在运用感情激励法调动员工劳动积极性方面取得了成功，值得我们借鉴。感情激励要求组织要多关心员工的精神生活，满足员工的精神需要，

---

① 刘向红. 企业员工激励的作用及其方法[J]. 广西电业，2005（9）：25-28.

② 许澎. 浅议激励的作用及方法[J]. 中共郑州市委党校学报，2008（1）：59.

努力营造一种相互信任、相互支持、互敬互爱、团结融洽的组织氛围。

（2）榜样激励。

提起雷锋，许多人都能联想到歌曲《学习雷锋好榜样》。这首歌以其特有的旋律和激情，感染着一代又一代人。雷锋精神，就是无私奉献，它是一盏明灯，一面旗帜，是我们事业取得成功的动力，永远值得我们学习。这种榜样的力量是无穷的。

榜样激励法就是指领导者选择在实现目标中做法先进、成绩突出的个人或集体，加以肯定和表扬，使组织目标形象化，号召要求大家学习，从而激发团体成员积极性，提高组织绩效的激励方法。

在组织中，绝大多数员工都是力求上进而不甘落后的。如果有了榜样，员工就会形成你追我赶、力争上游的组织氛围，从榜样成功的事业中得到激励。正是有了榜样，才使广大员工有了方向、有了赶超的目标。

在管理实践中，要树立榜样，要激起员工“别人行，我也行”的积极尝试成功的欲望，使员工以榜样为目标，产生模仿心理，满足其积极进取心理的需要。这样就会有一份自信、一股动力，推动员工不断向更高的目标迈进并持续完善自我。

使用榜样激励法时应该注意以下几点：① 选出成绩突出、品德高尚、作风正派的成员作为榜样，注意纠正打击榜样的歪风。② 要对榜样的事迹广为宣传，形成良好的学习榜样的组织氛围。

（3）荣誉激励。

荣誉是组织对个体或群体的崇高评价，是满足人们自尊需要，能激发人们为组织奋力进取。在管理实践中，对于一些工作表现突出的先进员工，给予相应的荣誉奖励，是很好的精神激励方法。

荣誉激励采用表扬、奖励、经验介绍等手段，对做出特殊工作成绩的员工给予晋级、提升、评选模范先进等荣誉，以不断鞭策荣誉获得者继续努力，对其他员工产生感召力，从而激发组织员工形成比、学、赶、超的组织氛围的激励方法。荣誉激励就是给有贡献的员工一种荣誉称号。这种激励方法具有成本低、效果好的特点。

荣誉激励是企业激励机制的一个重要方面，是企业精神文明建设、思想政治工作、人本管理的重要内容之一。近年来，受“一切向钱看”错误思潮的影响，不少企业存在重物质激励、轻精神（荣誉）激励的做法。因此，有必要就新时期荣誉激励对提高员工素质的作用进行全面分析，研究探讨实施途径和方法，为企业构建全面的激励机制奠定基础。[①]

组织中所设的荣誉称号有劳动模范、十佳员工、服务明星、先进工作者、精神文明标兵等。

在进行荣誉激励时要注意以下几个方面的问题：① 要坚持公平、公正的原则；② 要尽量避免采用投票选举的方式产生先进模范；③ 先进模范要有量化的硬性标准；④ 选举过程及结果要公开、透明，并进行公示。这样选举出来的先进模范才能让员工心服口服。

（4）尊重激励。

尊重是指以平等的态度、真挚的感情对待他人。尊重是一种最人性化的激励方法，是加速员工自信力爆发的催化剂。组织上下级之间的相互尊重是一种强大的精神力量，有利于团队精神和凝聚力的形成。

尊重包括自尊和尊人。

---

① 杜明科. 运用荣誉激励提高员工素质[J]. 中国邮政，2004（1）：42.

自尊就是自我尊重，表现为人对自我行为的价值、能力和尊严的认可，是对获得信心、能力、本领、成就、独立和自由等的理性感悟，更是对自己的自尊心、坚毅力、韧性、品行的信心与肯定。这种员工更能得心应手地处理好工作及生活中的问题，显现出充分的自信而富有灵活性，从而获得其他员工的敬重。一般来说，员工之所以愿意积极努力地工作，是想通过自尊做出的创造性的成绩来得到他人的尊重。

尊人，是指尊重他人。第一，要对他人信任，让员工在一定的责权范围内决定其工作方法，给他们合理的自主权，参与管理决策等。使员工感觉到自己在组织中的价值，从而受到激励。第二，要尊重员工的人格、自尊心、进取心、好胜心、独立性等。第三，还要对员工的合理化建议，取得的成绩，以及日常工作给予充分的肯定和支持。企业领导者对员工尊重，就要以礼相待，认真倾听员工的意见，积极采纳员工的合理化建议，关心员工的工作和生活，以平等的态度对待员工。

在管理实践中，必须要有良好的尊重的氛围，让每一位员工学会自尊和尊人，那么尊重就会使广大员工产生出一种由衷的自豪感，从而激发出他们为组织工作的热情。

3. 工作激励

为了调动员工工作的积极性，管理者应该给员工设置具有内在意义和挑战性的工作，使员工实现其自身价值。

（1）目标激励。

目标是组织对个体的一种心理引力。目标是行动所要得到的预期结果，是满足人的需要的对象。目标具有诱发、导向和激励行为的功能，调节人的行为。

“伟大的目标产生巨大的动力。”目标作为一种诱因，具有引导和激励的作用。马尔兹博士说，人类的自动诱导装置是在无意识世界之中运动的，所以不要抱怨“努力无用”，应该设定可能达到的目标，然后在脑子里形象化地描绘目标达到和满足后自己的姿态。[①]适当的设置目标，能够激发人的动机，调动人的积极性。

目标激励就是确定适当的目标，来激发人的动机、引导人的行为，达到调动员工积极性的目的，使员工的个人目标与组织目标紧密地联系在一起，以激励员工的积极性、主动性和创造性的激励方法。

目标设置要合理、可行，要设置总目标与阶段目标。总目标可使员工感到工作有方向，阶段性目标可使员工感到工作的可行性和合理性。

目标激励要让员工参与，多听取员工的意见，发挥员工的聪明才智，激发员工创造性思维的火花，以满足员工实现自我价值的需要。只有广大员工对工作产生强大的责任感，目标激励才会产生强大的效果。

目标激励时要注意如下几点：① 目标明确具体，个人目标尽可能与组织目标一致；② 目标科学合理，难度适中，人们通过努力能达到；③ 应既要有近期的阶段性目标，又要有远期的总体目标；④ 达到目标后，激励要及时。

（2）培训激励。

当今是知识爆炸的时代，信息化、数字化、网络化等知识更新速度不断加快，组织员工要跟上时代的步伐，就要不断地充电学习，其中培训就是一种主要手段。

① 陶世平. 浅谈激励的作用和方法[J]. 科学咨询（教育科研），2010（3）：33.

培训激励具有十分重要的意义。① 有利于增强培训效果；② 有利于培训的持续开展；③ 有利于培育员工终身学习的理念；④ 有利于构建学习型企业。

培训成为一种激励，就是要激励那些对工作做出一定成绩的员工采用深造、出国培训等激励措施，使他们的能力和水平得到进一步的提高，以实现员工的自我价值。

培训激励需要注意以下几个方面的问题：① 体现公平、公正的原则。要根据员工的绩效考核，对做出优秀绩效的员工进行优秀培训，从而激励优秀员工的内在动力，激励没有培训的员工努力进取，以获得培训的机会。② 要有创新的手段。要随环境的变化，不断地改变激励的方式。因为同一种刺激多次重复，时间长了就没有刺激作用了，激励的效用就会大打折扣。

（3）参与激励。

现代人力资源管理的实践和研究表明，员工都有参与管理的要求和愿望。所谓参与型激励，就是管理者在决策过程中，要善于启发员工出主意、想办法、献计献策，以激励员工的智慧和创造力。参与激励是一种重要的角色激励，就要促使组织中每个成员都能从理智、情感和行为上加入管理过程。员工参与企业的管理决策，可以改善员工人际关系，发挥员工的聪明才智，实现员工的自我价值，从而提高组织效率。

通过参与，员工认为“我是公司的主人”，形成职工对企业的归属感、认同感，进而激励员工所有的潜能，满足自尊和自我实现的需要。日本和美国有关统计数据表明，参与管理可以将经济效益提高 50%以上。

参与对组织发展和完成组织目标的效用：① 参与可以使管理者进一步开发员工的潜力；② 由于集群众的智慧，俗话说“三个臭皮匠，胜过一个诸葛亮”，下属员工集体的洞察力、判断力往往胜过领导个人，从而提高决策的质量与可行性；③ 由于员工的参考，所以决策方法在实施的过程中能得到员工的积极拥护；④ 有助于改善领导者与下属员工的关系，在参考管理的过程中，通过互相信任，互相交流，共同协商，共同决策，从而形成良好和谐的组织氛围。

参考式决策的质量明显高于个人决策，所以参考激励作用是巨大的。企业领导者应认识到激励的重要意义，在工作中充分利用参考激励的方法提高员工的工作积极性，提升企业竞争力，让企业在激烈的竞争中立于不败之地。

7.2 激励理论

［任务导入 7-2］

停发的奖金

一家 IT 公司的老板，每年中秋节都会额外给员工发放一笔 1 000 元的奖金。

但几年下来，老板感到这笔奖金正在丧失它应有的作用，因为员工在领取奖金的时候，反应相当平和，每个人都像领取自己的薪水一样自然，并且在随后的工作中也没有人会为这 1 000 元表现得特别努力。既然奖金起不到激励作用，老板决定停发，加上行业不景气，这样做也可以减少公司的一部分开支。但停发的结果却大大出乎意料，公司上下几乎每一个人都在抱怨老板的决定，有些员工明显情绪低落，工作效率也受到不同程度的影响。

老板很困惑：为什么有奖金的时候，没有人会为此在工作上表现得积极主动，而取消奖金之后，大家都不约而同地指责、抱怨，甚至消极怠工呢？

资料来源：江延球，荀海鹏，周小平. 管理学项目化教程[M]. 南京：河海大学出版社，2018.

任务分析：

1. 该案例涉及什么激励理念？

2. 如何运用激励理论提高员工的工作积极性？

7.2.1 激励理论概述

要想使组织成员能够为共同目标而勤奋工作，这就需要领导者了解和掌握员工的动机与需要，并运用适当的方法来激励。如通过提升员工发展空间和职业发展生涯等，影响员工的内在需求和动机，引导和强化员工为组织目标而努力，使每一个员工都保持旺盛的工作热情。就需要领导者来为员工排忧解难、激发和鼓舞员工的斗志，发掘员工积极进取的动力。随着现代工程心理学和管理心理学的出现与发展，现代管理学中的激励理论逐步丰富和完善起来。

激励理论是行为科学中用于处理需要、动机、目标和行为四者之间关系的核心理论。提高激励水平的一条重要研究途径是对激发动机的探索。相应的研究成果大致可以归纳为 3 大类：① 内容型激励理论；② 过程型激励理论；③ 调整型激励理论。

内容型激励理论着重对引发动机的因素，即激励的内容进行研究；过程型激励理论着重对行为目标的选择，即动机的形成过程进行研究；调整型激励理论又称行为改造，着重对达到激励的目的，即调整和转化人的行为进行研究。[①]

激励作用是指领导者通过为下属主动创造能力发展空间和职业发展生涯等行为影响下属的内在需求和动机，引导和强化下属为组织目标而努力的行为活动。怎样才能使每一个职工都保持旺盛的工作热情，最大限度地调动他们的工作积极性呢？这就需要有通情达理、关心群众的领导者来为他们排忧解难、激发和鼓舞他们的斗志，发掘、充实和加强他们积极进取的动力。

7.2.2 内容型激励理论

内容型激励理论主要有马斯洛的需要层次理论、赫兹伯格的双因素理论、麦克利兰的成就需要理论、奥尔德弗的 ERG 理论等。

1. 马斯洛的需要层次理论

需要层次理论，也称“基本需求层次理论”，是行为科学的理论之一，由美国人本主义心理学家亚伯拉罕·哈罗德·马斯洛（Abraham Harold Maslow）于 1943 在《人类激励理论》一文中提出。

马斯洛的需要层次理论把人的需要分为生理需要、安全需要、社交需要、尊重需要和自我实现需要 5 个层次。后来他又把人的需要分为 7 个层次，即生理需要、安全需要、社交需要、尊重需要、求知需要、求美需要和自我实现需要，如图 7-2 所示。[②]

（1）生理需要。

这是人类维持自身生存的最基本要求，是各种需要的基础，包括饥、渴、衣、住、性方面的要求。一旦生理需要得到相对满足，人的注意力就会集中到更高层次的需要上。

---

① 余凯成. 组织行为学[M]. 大连：大连理工大学出版社，2002.

② 张德. 组织行为学[M]. 北京：高等教育出版社，1999.

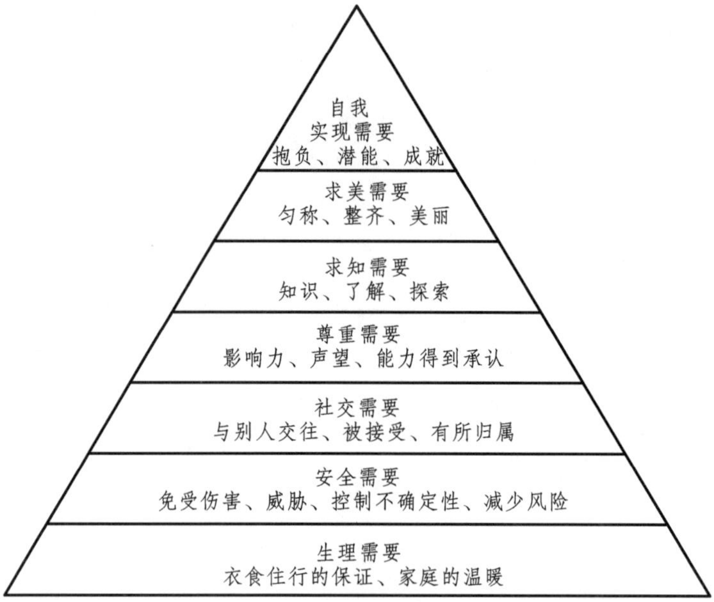

图 7-2　马斯洛的需要层次理论

（2）安全需要。

这是人类要求保障人身安全、丧失财产威胁、避免疾病、工作安全、免受失业的需要。马斯洛认为，整个有机体是一个追求安全的机制，主要是通过强身健体、安全设备、医疗保险和失业保险等措施来得到满足。

（3）社交需要。

这种需要包括与人交往、友谊、爱情、归属及接纳等方面。员工希望交流沟通形成群体，渴望得到关心、支持和友爱。员工需要伙伴之间、同事之间的关系融洽或保持友谊和忠诚，都希望得到爱情，希望爱别人，也渴望接受别人的爱，也希望成为群体中的一员，并相互关心和照顾。

（4）尊重需要。

员工都希望自己有稳定的社会地位，要求个人的能力和成就得到社会的承认。自尊需要是希望别人承认自己，对自己的成绩、人品、才能给予肯定，希望自己享有一定的社会声望，注重上级对自己工作的肯定和提升职位等。

（5）求知需要。

人有知道、了解和探索事物的需要，而对环境的认知则是好奇心的结果。求知需要坚忍不拔的毅力，书山有路勤为径，只有不断探索才能获取真知，通过求知使自己充满信心，体验到自己的价值。

（6）求美需要。

人都有追求匀称、整齐和美丽的需要，重视艺术欣赏价值，获得美的精神享受，并且通过由丑向美的转化而得到精神上的满足。

（7）自我实现需要。

这是最高层次的需要。当上述需要均基本得到满足时，实现个人理想、抱负，发挥个人的能力以最大限度地完成与自己能力相称的一切事情的需要。这种需要往往要通过对挑战性工作的胜任感和在创造性活动中得到的成就感来自我实现。自我实现的需要是在努力实现自己的潜力，努力使自己越来越成为自己所期望的人。

马斯洛认为，对一般人来说，需要像阶梯一样从低到高，按层次逐级递升，但这样的顺序不是完全固定的，是可以变化的。一般来说，某一层次的需要相对满足了，就会向高一层次发展，追求更高一层次的需要就成为驱使行为的内在动力。人的行为是由主导需要决定的，对特定的人来说，各种需要并非等量齐观，在不同时期其重要性、强烈程度不同，形成相应的需要层次结构。他还认为，这些需要中生理上的需要、安全上的需要和感情上的需要都属于低一级的需要，通过外部条件就可以满足，而尊重需要和自我实现需要是高级需要，是通过内部因素才能满足；一个国家多数人的需要层次结构，同这个国家的经济发展水平、科技发展水平、文化和人民受教育的程度直接相关。

2. 赫兹伯格的双因素理论

双因素理论又叫激励保健理论、双因素激励理论，是美国行为科学家弗雷德里克·赫茨伯格（Fredrick Herzberg）提出来的。

赫茨伯格考察了一群会计师和工程师的工作满意感与生产率的关系，通过采访，他积累了影响这些人员对其工作感情的各种因素的资料，表明存在两种性质不同的因素，在研究了调查结果后提出了激励的双因素理论。

赫兹伯格发现，使职工感到满意的原因有工作成就感、工作本身具有挑战性、负有较大的责任、工作成绩得到认可、职业能得到发展方面等。这类与工作本身相关的因素得以改善，能够激励职工的工作热情，从而提高劳动生产率。赫兹伯格把这类与工作本身相关的因素称为激励因素。赫兹伯格发现，造成职工不满意的原因有公司政策、监督制度、人际关系、工作环境、地位、生活条件等。这类与环境相关的因素改善，只能消除职工的不满、怠工、消极情绪，但不能使职工变得非常满意，更不能激发他们工作的积极性。赫兹伯格把这一类与外界环境相关的因素称为保健因素。

这两类因素如表 7-1 所示。

表 7-1　保健因素与激励因素

保健因素	激励因素
工资	工作的成就感
公司的监督制度	工作中得到认可和赞赏
公司的政策	工作职务上的责任感
上下级关系	工作本身的挑战性和兴趣
同事之间的关系	工作的发展前途
工作的保障	个人成长和提升的机会
工作环境	
职务	
地位	

双因素理论告诉我们，既要注意物质利益和工作条件等外部环境因素，更要注重与工作本身相关的因素，注意工作的合理安排，注重对人的精神鼓励，更多地给予表扬和认可，注

意给予人成长和提升的机会。

3. 麦克利兰的成就需要理论

美国哈佛大学教授大卫·麦克利兰（David Meclelland）认为，组织因配备了具有高成就动机需要的人员从而成为高成就组织的行为比把人员安置在高度竞争性的岗位上产生的高成就组织的行为更重要。通过对员工的成就需要的大量研究，得出这种的结论：成就需要具有挑战性，能引发员工的快感，增加奋斗精神，对行为起主要要影响作用。由此提出了成就需要激励理论。麦克利兰认为，人们在生理需要得到满足以后，还有3种需求：成就需要、权力需要和归属需要。成就需要激励理论的前提假设是，这些需要是后天获得的，它们在个体中如何达到平衡也是因人而异的。

有成就需要的人对胜任和成功有强烈的要求，成就需要就是对成就的强烈愿望和对成功及目标实现的执着。该理论将成就需要定义为：根据适当的目标追求卓越、争取成功的一种内驱力。这种员工乐意甚至热衷于接受挑战，追求的是个人的成就而不是成功后的报酬，把个人的成就看得比金钱更重要。他们愿意承担所做工作的个人责任，一般喜欢表现自己。成就需要的高低对个人、组织的发展起着特别重要的作用。

具有较高权力欲的人，对施加影响和控制表现出很大的兴趣。权力需要是影响和控制他人的愿望。有着强烈权力需要的人，会有较多的机会晋升到组织的高级管理层，这样的人一般寻求领导者的地位，喜欢争辩、健谈、直率、善于提出问题、具有雄辩的口才等。权力需要常常表现为一把“双刃剑”，一种是不利的“个人化权力”，组织可以进行建设性改进，使它转化为一种积极的“社会化权力”。

具有归属和社交需要的人，通常从友爱、情谊、人际社会交往中得到欢乐和满足，喜欢被他人喜欢和接受，喜欢保持一种融洽的社会关系，喜欢合作而不是竞争的环境，享受亲密无间和相互谅解的乐趣，希望成员间彼此沟通和理解，随时准备安慰和帮助危难中的伙伴，高度服从群体规范，忠实可靠。

麦克利兰认为，具有高度成就需要的人对组织有重要的作用。组织拥有这样的人越多，发展就越快，就越能取得更好的经济效益。据麦克利兰的调查，英国在1925年时拥有高成就需要的人数在25个国家中名列第5位，当时英国确实是一个兴旺发达的国家。1950年再做调查时，英国拥有高成就需要的人数，在39个国家中名列第25位，事实上第二次世界大战以后的英国也确实在走下坡路。他还认为，可以通过教育和培养造就出高成就需要的人。①一个国家、一个企业是否拥有具有强烈成就需求的人才，是事业能否兴旺发达的主要因素之一。

所以在管理实践中，管理者要创造适当的工作环境来提高员工的成就需要，赋予员工一定程度的自主权和责任感，使其工作更具挑战性。这对于培养企业管理人员具有较大的实际意义。

4. 奥尔德弗的ERG理论

ERG理论是美国耶鲁大学的克雷顿·奥尔德弗（Clayton. Alderfer）根据已有试验和研究，于20世纪70年代，在马斯洛提出的需要层次理论的基础上，进行了更接近实际经验的研究，提出的一种新的内容型激励理论。奥尔德弗认为，人们共存在3种核心的需要，即生存（existence）的需要、相互关系（relatedness）的需要和成长发展（growth）的需要，因而这

① 李宏，杜学忠. 组织行为学精华读本[M]. 合肥：安徽人民出版社，2002.

一理论被称为 ERG 理论。ERG 理论就是生存—相互关系—成长需要理论的简称。

奥尔德弗把人的需要归为以下 3 类：

（1）生存需要。

生存需要是指全部的生理需要和物质需要，如衣、食、住、行等，以及组织中的报酬，包括工作环境和条件的基本要求等。这一类需要大体上与马斯洛的需要层次理论中的生理和部分安全需要相对应。

（2）相互关系需要。

相互关系需要是指人与人之间的相互关系、联系的需要。这种社会和地位需要的满足是在与其他需要相互作用中形成的，与马斯洛的需要层次理论中的安全需要、社会需要、尊重需要部分相对应。

（3）成长需要。

奥尔德弗把成长发展的需要独立出来。成长需要是指一种要求得到提高和发展的内在欲望，包括马斯洛的需要层次理论中的尊重需要的内在部分和自我实现需要的特征。发展需要激励员工创造性地有效地改变自身和环境，要求充分发挥个人潜能、有所作为和成就，它的满足来自个人能力的充分发挥或者拓展新的能力。

各种需要之间的内在联系：① 各个层次的需要得到的满足越少，则这种需要就越被人们所渴望。② 较低层次的需要者越是能够得到较多的满足，则较高层次的需要就越渴望得到满足。③ 较高层次的需要得不到满足或满足得越少，则开始追求较低层次的需要。④ 需要层次上的满足的上升趋势，由低到高的顺序也并不一定那样严格，可以越级上升。ERG 理论还提出了一种叫作“受挫—回归”的思想，当某一更高等级的需要层次受挫时，那么作为替代，某一较低层次的需要可能会有所增加。

很多人认为，这一理论比马斯洛的需要层次理论更切合实际，在管理工作中有很大的启发意义。因此，ERG 理论比马斯洛的需要层次理论更为有效。

7.2.3 过程型激励理论

过程型激励理论主要研究从动机产生到采取行动的心理过程，也就是要研究人们的行为是怎样产生的，是怎样向一定方向发展的，是怎样使该行为保持下去以及怎样终止该行为的过程，主要是找出对行为起决定作用的某些关键因素，弄清这些因素之间的相互关系，以达到预测和控制人行为的目的。过程型激励理论中影响较大的是弗罗姆（V. H. Vroom）的期望理论、亚当斯（John Stacey Adams）的公平理论和洛克（E. A. Locke）的目标设置理论等。

1. 期望理论

期望理论是美国心理学家弗洛姆在其 1964 年出版的《工作与激励》一书中提出来的。

期望理论有 4 种基本前提：① 行为是个体和环境相互作用的结果；② 组织内部的个体决定如何行动；③ 人们有不同的需求和目标，不是所有的人都会被相同的事情所激励；④ 个体做决定建立在行为是否导致所追求的结果的基础上。

弗洛姆认为，只有当人们预期到某一行为能够带来既定的结果，并且这种结果对他有足够的价值，这时才会采取特定的行动，以达到组织的目标。

个人决定采取何种行为与这种行为能够带来什么结果对他来说是否重要有关，人们就是根据行为结果的价值和觉得这种行为可以有把握地达到某种结果来决定其是否采取某种行为。

根据期望理论的研究，激励水平的高低取决于期望值和效价两个因素。

用公式表示：

$$激励力量 = 效价 \times 期望值$$

其中，激励力量，即动机的强度，表明个人愿意为达到目标而努力的程度。效价是目标实现后，个人对目标价值大小的主观估计，反映了个人对某一结果的偏爱程度。期望值是达到组织目标的可能性大小，以及组织目标达到后兑现个人要求可能性大小的主观估计。个人一般是根据过去的经验来判断一定行为能够导致某种结果的可能性大小，如果他认为目标是完全可能实现的，那么期望值为 1；反之，如果认为此目标根本不可能实现，则期望值为 0。一般情况下，期望值往往介于 0 ~ 1。

该公式说明，人们有了某种需要，促使人们用行为去实现目标。当目标还没有实现时，这种需要就变成一种期望，从而调动人的积极性，推动人们去实现目标。激励力量是两个变量的乘积，随着期望值和效价的动态变化不同而不同，通常有 5 种情况：① 期望值和效价均低，则激励水平也低；② 期望值高，效价低，则激励水平仍低；③ 期望值低，效价高，则激励水平还是低；④ 期望值和效价均为中，则激励水平为中；⑤ 期望值和效价均高，则激励水平也高。

只有当期望值和效价都比较高时，才会产生较大的激励效果。只有当员工认为自己的努力可以取得较好的业绩，较好的业绩又可以带来奖励，且这种奖励对本人具有较大吸引力时，激励作用才会最大化。所以在管理实践中要处理好 3 个关系：① 努力与绩效的关系。管理者应该与员工商定工作任务、工作目标、员工需要以及完成特定工作后员工个人的成长机会等，目标设置要把握好度，要让员工经过努力能达到，这样才能激励员工工作的动力。② 绩效与奖励的关系。员工经过努力做出一定的成绩，要与奖励挂钩并及时兑现，只有这样才能激励员工更高的积极性。③ 奖励与满足员工需要的关系。要针对员工的具体情况，了解组织成员的不同需要，力争采取效价最高的奖励或激励措施来满足员工的经济、精神及工作的需要，以取得最佳的激励效果。

2. 公平理论

公平理论又称社会比较理论，是美国心理学家约翰·斯塔希·亚当斯（John Stacey Adams）在《工人关于工资不公平的内心冲突同其生产率的关系》（1962 年，与罗森鲍姆合写）、《工资不公平对工作质量的影响》（1964 年，与雅各布森合写）、《社会交换中的不公平》（1965 年）等著作中提出来的一种激励理论。该理论的前提假设是，工作激励的一个主要影响因素是个体对所得报酬是否公平、是否公正的估价。该理论认为，员工的激励程度来源于对自己、参照对象的报酬、投入的比例的主观比较感觉，工资报酬分配的合理性、公平性及其对人们生产积极性的影响。

该理论的基本要点：人的工作积极性不仅与关心报酬的绝对量有关，而且与人们对报酬的分配是否感到公平更为密切，也就是既关心自己的报酬与投入的比率与本人过去的收支比率或与他人的收支比率相比较，进而对公平与否做出判断；是否公平直接影响职工的工作动机和行为；人们往往通过纵向比较和横向比较来判断其所获报酬的公平性。

所谓纵向比较，就是把自己现在所获报酬与所付出的努力之比同自己过去的所获报酬与所付出的努力之比进行比较。如果前者大于或等价于后者，便觉得公平合理，这时员工就会继续保持工作的积极性。如果前者小于后者，员工则会用降低产量和质量等消极办法来消除不公平感，进而影响工作效率。

一般情况下，人们使用横向比较较多。所谓横向比较，就是将自己所获报酬与所付出的努力之比值，与其他人相比来判定其所获报酬是否公平或公正。

它可用下列公式表示：

$$\frac{OP}{IP}=\frac{OC}{IC}$$

其中，OP 为自己对所获报酬的感觉；IP 为自己对个人所做投入的感觉；OC 为自己对他人所获报酬的感觉；IC 为自己对他人所做投入的感觉。

这里的投入主要包括体力、脑力消耗，知识、技术水平，工龄长短，能力高低，工作态度等；报酬主要包括工资、奖金、津贴、培训、晋升、名誉和地位等物质、精神报酬奖励。

根据公式两边的比值大小进行比较，会出现 3 种情况：① 如果 $\frac{OP}{IP}=\frac{OC}{IC}$，人们会认为两者关系是公正的或是公平的，保持原有的工作积极性和努力程度。② 如果 $\frac{OP}{IP}>\frac{OC}{IC}$，员工一般会自觉增加投入量。但久而久之，他会重新估计自己，觉得他确实应当得到那么高的待遇，于是可能产量便又会回到过去的水平。③ 如果 $\frac{OP}{IP}<\frac{OC}{IC}$，这时员工有不公平感产生，进而影响工作效率。员工会对组织的激励措施不满，可能会要求增加自己的收入或减小自己今后的努力程度，以获得心理上的平衡。调查和试验结果表明，不公平感的产生，绝大多数是这种情况产生的。

这时员工选择的与自己进行比较的参照类型有以下几种：任期较短的员工可能由于缺乏信息，往往依赖于自我的经验；任期较长的员工一般是与自己同职位的同事做比较；而高层次的员工往往与组织外的群体做比较。

公平理论的基本观点在日常生活中是普遍存在的，但组织的管理者在实际运用中却很难把握。公平本身有很多原因：① 它与个人的主观判断有关；② 员工个人所持的公平标准不同；③ 它与绩效的评定有关。这些现象会使公平理论操作起来有一定的难度。

为了避免职工产生不公平的感觉，管理者要营造一种公平合理的气氛，更多地注意实际工作结果与个人所得之间的公平合理性，使员工产生一种主观上的公平感。管理者首先要制定公平的奖酬体系，应把组织成员的工作绩效与他应得的报酬紧密挂钩，以消除不公平感，使员工保持心情舒畅，充分发挥员工的才能和潜力。另外，还要及时了解员工的心理状况，以引导员工正确认识自己与他人，从而调动组织成员的工作积极性。

3. 目标设置理论

美国马里兰大学管理学兼心理学教授爱德温·洛克（Edwin A. Locke）和休斯在研究中发现，外来的刺激通过目标来影响动机，目标能引导活动指向与目标有关的行为。在一系列科学研究的基础上，于 1967 年最先提出目标设置理论（goal setting theory）。目标设置理论认为，目标是行为的最直接的动机，设置合适的目标会使人产生希望达到该目标的成就需要，因而对人有强烈的激励作用。

目标设置理论就是根据目标难度和具体目标，在目标激励的作用下，使人们的行为朝着一定的方向努力，并将自己的行为结果与既定的目标相对照，及时进行调整和修正，从而能实现目标并对目标的实现情况进行一定的评价。[①]

目标有两个最基本的属性：明确度和难度。

目标对绩效直接产生的影响，可用如图 7-3 所示的模型表示。

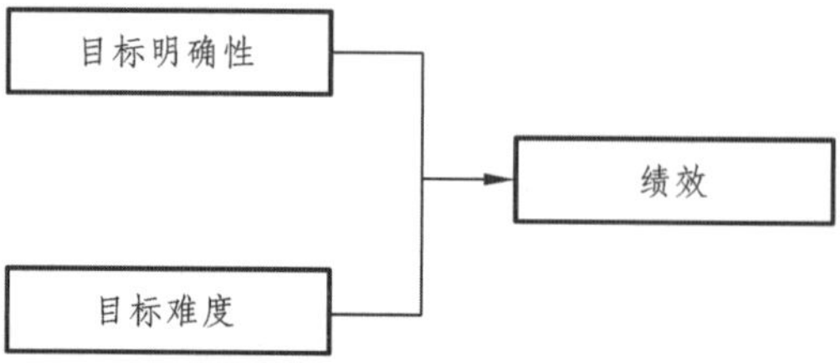

图 7-3　目标设置理论的基本模式

在目标设置理论的基本模式中，从明确度来看，目标设定得明确，便于评价个体的能力。很明显，模糊的目标不利于引导个体的行为和评价他的成绩。因此，目标设定得越明确越好。事实上，明确的目标本身就具有激励作用。因为人们有希望了解自己行为的认知倾向。对行为目的和结果的了解能减少行为的盲目性，提高行为的自我控制水平。另外，目标的明确与否对绩效的变化也有影响。也就是说，完成明确目标的被试的绩效变化很小，而目标模糊的被试绩效变化则很大。这是因为模糊目标的不确定性容易产生多种可能的结果。[②]目标难度是指目标设置必须具有挑战性，必须经过努力才能完成。

目标设置理论指出，目标通过 4 种机制影响绩效：① 目标引导人们把注意和努力直接指向与目标相关的行为，远离与目标无关的行为。② 高目标比低目标更能激发人的积极性，促使人们为此付出更多的努力，从而提高绩效。③ 目标影响行为的持久性。给被试者一个较难的任务目标，如果让被试者自己限定时间，他们往往会把时间限定得较长，使自己在单位时间内的工作强度不至于太大。但是，如果给他们一个时间期限，此期限很短，他们就会提高工作效率，尽量在限定时间内完成任务。④ 目标通过唤起人们的工作动机，激发人们去发现与任务相关的知识、去运用与任务相关策略的方式间接地影响人们的行为。[③]

目标设置研究的一些结论：① 面临任务目标时，人们会自觉地使用与目标相关的知识和技术；② 如果目标的执行不是直接地应用知识和技术，那么人们会将过去所获得的类似背景中的知识和技术运用于当前情景；③ 如果被分配的任务是全新的，人们会刻意地发展策略来促成目标的实现；④ 自我效能感高的人比自我效能感低的人更可能会去发展有效的任务策略；⑤ 当人们面对复杂任务时，通过激励他们尽量做好比建立明确的困难的任务目标策略更有效。⑥ 人们接受了适当策略的训练后，具有明确的高级小目标的人比那些具有其他类型目标的人更可能会去使用这些策略，因此他们的绩效得到了提高。然而，如果这些策略是不适当的，那么复杂的目标比容易的目标更会导致较低的绩效。[④]

目标设置时需要注意以下几个方面的问题：① 目标要可以观察并且可以测量。② 员工设置目标的过程中，需要充分酝酿、再三斟酌，尽量使员工参与目标设置。这样设置的组织目标才能激发组织成员的动机。③ 积极做好目标的反馈，有利于员工及时发现问题，调整方

---

① 吴瑕. 目标设置理论研究综述[J]. 科教导报，2010（1）（中）：91.

② 张美兰，车宏生. 目标设置理论及其新进展[J]. 心理学动态，1999（2）：36.

③ 庞淑芬. 目标设置理论对知识型员工的激励作用[J]. 北方经贸，2009（6）：108.

④ 王华，王光荣. 目标设置理论在企业员工工作激励中的应用[J]. 安康师专学报，2005（2）：34.

向，从而更好地实现目标。

7.2.4 调整型激励理论

调整型激励理论又称行为改造理论，重点研究激励的目的，调整和转化人的行为，主要包括斯金纳的强化理论、海德的归因理论和亚当斯的挫折理论等。

1. 强化理论

强化理论是美国心理学家和行为科学家斯金纳（Burrhus Frederic Skinner）等提出的一种理论，又称行为修正理论。

这一理论是从动物的实验中得出来的。斯金纳开始将强化理论用于训练动物，后来用于人的学习上，发明了程序教学法和教学机。现在强化理论被广泛地应用在激励和人的行为改造上。强化理论只讨论刺激和行为的关系，是以学习的强化原则为基础的关于理解和修正人的行为的一种学说。所谓强化，从其最基本的形式来讲，是指对一种行为的肯定或否定的后果（报酬或惩罚），它至少在一定程度上会决定这种行为在今后是否会重复发生。①

斯金纳认为，无论是人还是动物，为了达到某种目的，都会采取一定的行为。当这种行为的后果对他有利时，这种行为就会在以后重复出现；不利时，这种行为就会减弱、消失，从而避免这种结果。这就是环境对行为强化的结果。所以管理者可通过对工作环境和员工行为结果的系统管理来修正员工行为，使其符合组织的目标。

根据强化的性质和目的，强化可分为正强化、负强化和自然消退 3 种类型。

（1）正强化。

当人们采取某种行为时，能从组织那里得到某种令其感到愉快的结果，这种结果反过来又成为作用人们趋向或重复此种行为。正强化就是奖励那些组织上需要的符合组织目标的行为。

正强化的手段主要有：奖金、对成绩的认可、推荐信、表扬、改善工作环境和人际关系、休假、优秀绩效评估、晋级提升、加薪、安排担任挑战性的工作、给予学习和成长的机会等。

（2）负强化。

负强化指通过某种不符合要求的行为所引起的不愉快的后果，对该行为予以否定和惩罚，从而削弱这种行为。因此，员工为了取消或避免不希望的结果而对自己的行为进行约束。

惩罚是负强化的一种典型方式，即在消极行为发生后，以某种带有强制性、威慑性的手段使其符合组织的规范。

负强化的手段主要有：批评、行政处分、经济处罚、处分、降级，甚至开除等。例如“杀鸡儆猴”就是负强化。

（3）自然消退。

自然消退是指在一定时间内对于行为不给予强化，以表示对该行为的轻视或某种程度的否定，久而久之，行为会自然下降并逐渐消退，即对员工行为的“冷处理”，目的是减少和消除不期望发生的行为。

强化理论具体应用时要注意以下几个方面的问题：① 经过强化的行为趋向于重复发生；② 要依照强化对象的不同采用不同的强化措施；③ 分阶段设立目标，还要将目标进行分解

① 朱益晓. 浅析斯金纳强化理论在员工激励中的应用[J]. 市场周刊（理论研究），2009（8）：116.

成许多小目标，完成每个小目标都要及时给予强化；④ 及时反馈，通过某种形式和途径，及时将工作结果告诉行动者，以取得最好的激励效果；⑤ 管理者要注意正强化比负强化更有效，应当重点放在积极的强化上。惩罚往往会对员工的心理产生不良的副作用，但必要时也要对不好的行为给以惩罚，做到奖惩结合。

强化理论在激励和人的行为的改造方面已被广泛应用，取得了较好的效果。但管理者也应该认识到它的不足之处，主要是强化理论只注重外部因素或环境刺激对行为的影响，忽略了人的内在因素和主观能动性对环境的反作用。

2. 归因理论

归因理论的创始人是社会心理学家 F. 海德，他在 1958 年出版的《人际关系心理学》一书中阐明了归因理论的主要思想。[①]归因是指观察者为了预测和评价被观察者的行为，对环境加以控制和对行为加以激励或控制，而对被观察者的行为过程所进行的因果解释和推论。[②]归因理论是关于人的某种行为与其动机、目的和价值取向等属性之间逻辑结合的理论，用来说明和分析人们行为活动的因果关系。归因理论侧重研究个人用以解释其行为原因的认知过程，是一种行为改造理论。

归因理论研究的基本问题如下：

（1）对人们心理活动的归因。他指出，人的行为的原因可分为内部原因和外部原因。内部原因是指存在于行为者本身的因素，是主观条件，如需要、信仰、信念、情绪、兴趣、性格、态度、能力、动机、努力程度等；外部原因是指行为决定于外部环境因素，如社会条件、他人的期望、奖励、社会舆论奖惩、指示、命令，企业的设备、天气的变化、工作的难易程度等。

（2）对人的行为的归因。根据人的行为和外在表现来推论其心理活动。

（3）行为的期望与预测。根据人的过去和现在的典型行为及其结果，来推断预测在某种条件下将会产生什么样的行为。

归因理论认为，人们对过去的成功或失败主要归结于 4 个方面的因素：① 努力，即个人努力程度大小对成功或失败的影响。假如把失败归因于自己的努力程度不够，则可能增强今后的努力方向。② 能力，即个人能力大小对成功或失败的影响。如果个人把失败和挫折归因于能力低，则不会增强今后的努力。③ 任务难度，假如把失败和挫折归因于工作任务重、难度大等稳定性因素，则可能降低行为者的自信心和努力程度。④ 机遇状况，即机遇状况的环境是影响失败和挫折的因素。假如把失败和挫折归因于不稳定的外部环境因素，一般不会影响人的积极性，可能增强今后的努力程度。其中，努力和能力属于内因，而任务难度和机遇则属于外部原因。

凯利的归因理论认为，归因由 3 个方面的信息确定：① 行为是否与大众相同，即大众性；② 行为是否始终一贯，即一贯性；③ 行为是否与其他刺激引起的反应有所区别，即区别性。他在 1973 年提出，可以使用 3 种不同的解释说明行为的原因：① 归因于从事该行为的行动者；② 归因于行动者的对手；③ 归因于行为产生的环境。[③]

① 张中仁. 西方归因理论的应用研究[J]. 锦州师范学院学报（哲学社会科学），1992（2）：123.

② 陈坤，黄舸. 浅谈管理中的归因理论[J]. 现代商业，2010（2）：93.

③ 曹倩琴. 浅析归因理论发展及影响[J]. 景德镇高专学报，2010（3）：38.

著名的归因理论家维纳则重点探讨了成就情境中的归因问题。他经过大量的实证调查发现，大多数人在进行成败归因时最可能归结为这 4 种原因：能力、努力、工作难度和运气。然后，他用实验方法验证了人们在不同归因风格下的情绪反应和动机状态，如把成功归于内在因素（能力、努力），使人感到自豪和满意；把成功归于外在因素（难度、运气），使人感到惊喜和感激；把失败归于内在因素，使人感到内疚和无助；把失败归于外在因素，使人感到气愤和敌意。①

维纳认为，归因的基本原则是寻求理解和寻找事件的原因，认为人的各种行为活动的各种结果都可以从由成功到失败的方向考察。所以他的研究一般着重于人的成就行为和行为的归因后果。②

归因理论在管理工作中的应用有助于了解人们的归因倾向，掌握人们归因的规律。组织的管理者运用归因理论可以帮助员工总结工作中的经验和教训，找出员工工作的成败与得失的原因，从而更有效地调动员工的积极性，提高工作绩效。

3. 挫折理论

挫折理论是由美国心理学家亚当斯提出来的。挫折是指个体从事有目的活动，在环境中遇到障碍或干扰，使其需要和动机不能获得满足时的情绪状态。挫折是每个人都会遇到的普遍现象，但挫折之后的心理和行为反应却有很大的不同。挫折理论就是研究挫折后的心理、行为反应的理论。③它主要在个人的目标行为受到阻碍后，采取措施将消极性行为转化为积极性行为，从而调动员工的积极性。

（1）挫折产生的原因。

心理学家认为，引起挫折的原因是多种多样的，人们受挫折的程度也各不相同，一般可概括为如下两个方面：客观原因和主观原因。

一方面是客观方面的原因引起的挫折。由客观原因所引起的挫折指外界因素阻碍人们达不到目标而产生的挫折，主要有自然的因素，如空间限制、时间限制、天灾人祸、生老病死、意外事故等，也有社会的因素，如个人在社会中受到的政治的、经济的、种族的、宗教的、道德的、法律的、家庭的及风俗习惯等。

另一方面是主观方面的原因引起的挫折。由主观原因引起的挫折也叫个人内因性挫折，主要是个人自身条件的限制而引起的挫折，如知识、学历、容貌、经验、身材、健康、生理缺陷等带来的限制。

（2）受挫后对待挫折的态度。

由于个体差异等原因，人们遭受挫折后，对待挫折的态度一般表现为积极的态度和消极的态度。积极的态度对待挫折是理智的态度，消极的态度对待挫折是非理智的态度，一般有攻击、冷漠、退化、忧虑、固执和妥协等特点。

一方面是以积极的态度对待挫折。挫折可增加个体的心理承受能力，吸取教训，将悲愤等消极因素化为积极动力，坚持原有目标或改变目标或策略，从逆境中重新奋起，加倍做出努力。

另一方面是以消极的态度对待挫折。挫折也可使人们处于不良的心理状态中，出现负向情绪反应，有时还会采取攻击、冷漠、幻想、偏执、忧虑、固执、妥协等消极方式而导致不安全的行为反应，甚至使受挫折者丧失自信，自暴自弃，精神颓废，一蹶不振等。

---

① 陈爱吾. 归因理论在人力资源管理中的应用[J]. 技术经济，2003（11）：28.

② 傅永春. 归因理论形成和发展[J]. 内蒙古师范大学学报（哲学社会科学版），1993（1）：49-50.

③ 高贤峰，李永春. 现代组织行为学[M]. 北京：中国财政经济出版社，1997.

（3）应对挫折的措施。

管理者应该充分重视管理中职工的挫折问题，采取防范措施，以避免挫折心理给员工本人和组织安全生产带来的不利影响。应对挫折的措施主要有以下几点：

第一，管理者要研究挫折理论，要对挫折现象有充分的认识，平时要做好员工心理疏导工作，应该成立心理咨询机构，开展心理保健和咨询，消除或减弱挫折心理压力，给受挫的人以帮助、理解、关怀和温暖，及时为员工排忧解难。

第二，要引导广大员工树立积极的人生观、价值观，正确地对待生活工作中的挫折，帮助员工用积极的行为适应挫折。

第三，通过培训、学习、深造等方式提高员工的工作能力和技术水平，以减少挫折发生的可能性。

第四，改善员工的工作环境，以减少挫折的客观因素。

第五，建立员工发泄怨气的机制，倾听职工的抱怨申诉，通过深层次的沟通，使员工的紧张情绪得以缓解。

［项目小结］

激励是指激发人的动机和内在动力，鼓励人朝着所期望的目标采取行动的心理过程，是管理者工作中的重要内容。本项目首先对激励的概念、原则、作用、类型做了初步介绍，对激励内涵有一个初步的认识；接着对激励的过程及激励方法做了重点阐述，加深对物质激励、感情激励和工作激励方法的理解；最后对激励理论做了详细的介绍，其中内容型激励理论、过程型激励理、调整型激励理论是重点。

［同步测试］

一、单选题

1. 激励是诱导人们按照预定的方案进行活动，这是（　　）的观点。

A. 弗鲁姆　　B. 德克

C. 爱金森　　D. 盖勒量

2. 激励过程即（　　）。

A. 需要—动机—行为—绩效　　B. 绩效—行为—动机—需要

C. 动机—行为—绩效—需要　　D. 行为—绩效—动机—需要

3. 有那样一些因素，如果得到满足后则没有不满，得不到满足则产生不满。赫茨伯格将这类因素称为（　　）。

A. 保健因素　　B. 激励因素

C. 精神因素　　D. 物质因素

4. 提出公平理论的是（　　）。

A. 麦格雷戈　　B. 赫兹伯格

C. 弗鲁姆　　D. 亚当斯

5. 激励的方法不包括（　　）。

A. 正激励　　B. 物质激励

C. 精神激励　　D. 工作激励

二、填空题

1. 美国心理学家（　　）提出了需要层次理论。

2.（　　）是美国心理学家亚当斯于1960年代首先提出的，又称社会比较理论。

3. 根据强化的性质和目的，强化可以分成两大类：（　　）（　　）。

4. 根据弗鲁姆的期望理论，激励力 =（　　）×（　　）。

5. 赫茨伯格的双因素，一是激励因素，二是（　　）。

三、判断题

1. 精神激励就是外在激励，是指精神方面的无形激励。（　　）

2. 荣誉激励就是指领导者选择在实现目标中做法先进、成绩突出的个人或集体，加以肯定和表扬，使组织目标形象化，号召要求大家学习，从而激发团体成员积极性、提高组织绩效的激励方法。（　　）

3. 工作激励为了调动员工工作的积极性，管理者应该给员工设置具有内在意义和挑战性的工作，使员工实现其自身价值。（　　）

4. 强化理论是美国心理学家和行为科学家爱德温·洛克等人提出的一种理论。（　　）

5 激励可以调动员工的积极性，提高工作效率。（　　）

四、简答题

1. 什么是激励？

2. 试论述激励过程。

3. 激励有哪些主要方法？各有什么特点？试举例说明。

4. 试比较内容型激励理论、过程型激励理、调整型激励理论的异同点。

五、案例分析

施科长没有解决的难题

施×是FQ油漆厂的供应科科长，厂里同事乃至外厂的同行们都知道他心直口快，为人热情，尤其对新主意、新发明、新理论感兴趣，自己也常在工作中搞点新名堂。

前一阶段，常听见施科长对人嚷嚷说："咱厂科室工作人员的那套奖金制度，我看，到了非改不可的地步了，是彻底的'大锅饭'、平均主义。奖金总额不跟利润挂钩，每月按工资总额拿出5%当奖金，这5%是固定死了的，一共才那么一点钱。具体每人分多少，由各单位领导按每人每月工作表现去确定，要体现'多劳多得'原则，还要求搞什么，'重赏重罚，承认差距'哩。可是谈何容易，'巧妇难为无米之炊'呀！总共就那么一点点，还玩得出什么花样？理论上是说要奖勤罚懒，干得好的多给，一般的少给，差的不给。可是你真的不给试试看？不给不造反才怪呢！结果实际上是大伙基本上拉平，皆大欢喜。要说有那么一点差距，确定分成三等，不过这差距也只是象征性的。照说这奖金也不多，有啥好计较的？可要是一点不给，他就认为这简直是侮辱，存心丢他的脸。唉，难办！一是咱厂穷，奖金拨得就少；二是咱们平均主义惯了，爱犯'红眼病'。"

最近，施科长却跟别人谈起了他的一段有趣的新经历。他说："改革科室奖金制度，我琢磨好久了，可就是想不出啥好点子来。直到上个月，厂里派我去市管理干部学院参加一期中层管理干部培训班。有一天，他们不知从哪儿请来一位美国教授，听说还挺有名，来给咱们做一次讲座。”

“那教授说，美国有位学者，叫什么来着？……对，叫什么伯格，他提出一个新见解，说是企业对职工的管理，不能太依靠高工资和奖金。又说：钱并不能真正调动人的积极性。你说怪不？这倒要留心听听。”

“那教授继续说，能影响人积极性的因素很多，按其重要性，他列出一长串单子。我记不太准了，好像是，最要紧的是‘工作的挑战性’。这是个新名词，照他解释，就是指工作不能太简单，轻而易举地就完成了；要艰巨点，让人得动点脑筋，花点力气，活才有干头。再就是工作要有趣，要有些变化，多点花样，别老一套，太单调。他说，还要给自主权，给责任；要让人家感到自己有所成就，有所提高。还有什么表扬啦，跟同事们关系友好融洽啦，劳动条件要舒服安全啦什么的，我也记不准，记不全了。可有一条我是记准了：工资和奖金是摆在最后一位的，也就是说，最无关紧要。”

“你想想，钱是无关紧要的！闻所未闻，乍一听都不敢相信。可是我细想想，觉得这话是有道理的，所有那些因素对人说来，可不都还是蛮重要的吗？于是对那奖金制度我不那么担心了，还有别的更有效的法宝呢。”

“那教授还说，这理论也有人批评，说那位学者研究的对象全是工程师、会计师、医生这类高级知识分子，对其他类型的人未见得合适。他还讲了一大堆新鲜事。总之，我这回可是大开眼界啦。”

“短训班办完，回到科里，正赶上年末工作总结讲评，要发年终奖金了。这回我有了新主意。我那科里，论工作，就数小李最突出：大学生，大小也算个知识分子，聪明能干，工作积极又能吃苦，还能动脑筋。于是我就找他来谈话。”

“别忘了我如今学过点现代管理理论了。于是先强调了他这一年的贡献，特别表扬了他的成就，还细致讨论了明年怎么能使他的工作更有趣，责任更重，也更有挑战性……瞧，学来的新词儿，马上用上啦。我们甚至还确定了考核他明年成绩的具体指标。最后才谈到这最不要紧的事——奖金。我说，这回年终奖，你跟大伙儿一样，都是那么多。我心里挺得意：学的新理论，我马上就用到实际里来了。”

“可是，小李竟发起火来了，真的火了。他蹦起来说：‘什么？就给我那一点？说了那一大堆好话，到头来我就值那么一点？得啦，您那套好听的请收回去送给别人吧，我不稀罕。表扬又不能当饭吃！’”

“这是怎么一回事：美国教授和学者的理论听起来那么有道理，小李也是知识分子，怎么就不管用了呢，把我搞糊涂了。”

资料来源：北京交通大学“管理学”精品课程网站教学案例，http://col.njtu.edu.cn/jingpinke/06jpsb/jgxy/glx/管理学课程网/管理学课程网/anli/guanlixueanli/glial/6-005.htm.

思考：

1. 案例中所提到的激励理论，是指管理学中的哪个激励理论？按照这个理论，工资和奖金属于什么因素，能够起到什么作用？

2. 施科长用美国教授介绍的理论去激励小李，结果碰了钉子，问题可能出现在什么地方？根据案例提示的情况，说出你的理由。

3. 你认为FQ油漆厂在奖金分配制度上存在的主要问题是什么？可以用什么办法来解决？

［项目训练］

激励方法[①]

一、实训目的

通过实训，学生应掌握激励的方式方法；学会调研、访谈搜集资料，制定符合企业实际的激励制度。

二、基本知识要点

激励是一种力量，给人以行动的动力，使人的行为指向特定的方向。激励的目标是使组织中的成员充分发挥出其潜能。因此，管理者应该在激励理论的指导下，掌握正确的激励方法与技巧，从而使组织的成员热情高涨地去为组织的目标而工作。

（一）有效激励的要求

激励要能最大限度地满足员工的需要、激励员工的士气，在选取合适的激励方式方法时，应注意遵循以下的原则：① 物质利益原则；② 公平原则；③ 差异化和多样化原则。

（二）激励的方法

（1）工作激励。① 设计工作内容要考虑员工的特长和爱好；② 员工的工作目标设定应具有一定的挑战性；③ 工作丰富化。

工作丰富化主要包括以下内容：第一，在不影响工作结果的前提下，由员工去决定工作方法以及程序，给员工一定的自由；第二，每个员工对自己的工作负有明确的责任；第三，及时反馈员工完成工作情况；第四，使员工明确认识自己工作的重要性、对整个组织的贡献；第五，安排员工定期轮换岗位和工种，并参与到某项业务活动的全过程中去；第六，通过给员工安排挑战性的工作，满足员工的成长需要和成就感，从而达到激励的目的。

（2）成果奖励。① 奖品必须能在一定程度上满足员工的需求；② 奖励的多少要与员工的工作业绩挂钩。

成果奖励主要包括以下内容：第一，按绩分配，直接根据工作贡献大小支付报酬；第二，按劳分配，即根据其工作量支付报酬；第三，效益分享，即把奖励员工与员工对组织的贡献直接挂钩；第四，目标考核法，即按照一定的指标或评价标准来衡量员工完成既定目标和执行工作标准的情况，根据衡量结果给予相应奖励。

（3）培训教育，即通过教育与培训，增强员工的工作能力，提高员工的思想觉悟，从而增强其自我激励的能力，是管理者激励和引导下属行为的一种重要手段，主要包括思想教育以及业务知识能力的培训。

三、实训内容、组织方式及步骤

实训内容 1：激励方法运用

实训形式：案例分析

实训步骤：

第一步，实训前准备。要求参加实训的同学，课前查阅相关书籍，初步了解本次实训的理论基础知识。

第二步，以 5～6 人的小组为单位进行资料的讨论和分析，各人充分发表自己的观点。

① 曾宪达，毛园芳. 新编管理学基础实训教程[M]. 杭州：浙江大学出版社，2009.

案例分析 1：

董事长的困境

某公司自成立以来，经营业绩就一直蒸蒸日上，但今年的盈余竟大幅滑落。这绝不能怪员工，因为大家为公司拼命的情况，丝毫不比往年差，甚至可以说，由于人们意识到经济不景气，干得比以前更卖力。

这也就愈来愈加重了董事长心头的负担，因为马上要过年了，照惯例，年终奖金最少加发两个月，多的时候甚至再加倍。今年可惨了，算来算去，顶多只能给一个月的奖金。要让多年来已习惯的员工知道，士气真不知要怎样滑落。

董事长忧心地对总经理说："许多员工都以为最少加两个月，恐怕飞机票、新家具都订好了，只等拿奖金就出去度假或付账单呢。"总经理也愁眉苦脸："好像给孩子糖吃，每次都抓一大把，现在突然改成两颗糖，孩子一定会吵。"

第三步，对小组成员的各种观点进行记录（见表 7-2）。

表 7-2　"董事长激励方面的困境"案例分析记录

<table>
<tr><td>专业班级</td><td colspan="2"></td><td>组别</td><td></td></tr>
<tr><td>记录人</td><td colspan="2"></td><td>时间</td><td></td></tr>
<tr><td>小组成员</td><td colspan="4"></td></tr>
<tr><td rowspan="7">讨论记录</td><td colspan="3">1. 你认为该公司可以采用什么激励方法来解决目前的困境？理论依据是什么？</td><td>成绩</td></tr>
<tr><td>组别 1</td><td colspan="2"></td><td></td></tr>
<tr><td>组别 2</td><td colspan="2"></td><td></td></tr>
<tr><td>组别 3</td><td colspan="2"></td><td></td></tr>
<tr><td>组别 4</td><td colspan="2"></td><td></td></tr>
<tr><td>组别 5</td><td colspan="2"></td><td></td></tr>
<tr><td>组别 6</td><td colspan="2"></td><td></td></tr>
</table>

第四步，各小组选出一名代表发言，对小组讨论分析结果进行总结。

第五步，对小组成员的各种观点进行分析、归纳和要点提炼。教师点评。

实训要求：各小组成员都应学会分析记录，并积极进行讨论，发表个人观点，认真完成实训内容。

实训内容 2：激励方法运用

实训形式：案例分析

实训步骤：

第一步，实训前准备。要求参加实训的同学，课前查阅相关书籍，初步了解本次实训的理论基础知识。

第二步，以 5～6 人的小组为单位进行资料的讨论和分析，各人充分发表自己的观点。

案例分析 2：

晋升难道是错的

朱某是一家房地产公司负责销售的副总经理，他把公司最好的推销员李某提拔起来当销售部经理。李某在这个职位上干得并不怎么样，她下属说李某待人很不耐烦，几乎得不到她的指点与磋商。李某也不满意这份工作：当推销员时，她做成一笔交易就可以立刻拿到奖金，可是当了经理后，她干得是好是坏取决于下属的工作，她的奖金也要到年终才能定下来。人们都说她是“被高度激发了”，她拥有一幢价格昂贵的市区住房，开着高档车，全部收入都用在生活开销上了。李某现在和过去判若两人，朱某被搞糊涂了。

第三步，填写“晋升难道是错的”资料分析发言提纲（见表 7-3）。

表 7-3　“晋升难道是错的”案例分析发言提纲

姓名		专业班级	
学号		成绩	
小组成员			

1. 根据案例所述，谈谈李某为什么会出现这种情况？

---

2. 你认为出现李某这种情况，管理者应该如何做？

实训要求：认真阅读案例，完成实训发言提纲，要求语言流畅、文字简练、条理清晰。

实训内容 3：激励方法使用，并形成企业激励制度

实训形式：调研、访谈

实训步骤：

第一步，实训前准备。由小组自行联系企业，制订并上交实训指导老师访谈计划书。

第二步，小组内进行具体访谈对象分工，部分学生负责对企业人力资源部经理者进行访谈，部分学生负责对企业各个层次的代表进行访谈，并找出员工对企业哪些方面不满，哪些因素是可以激励员工努力工作并为完成企业的目标努力。

第三步，完成企业访谈报告的撰写。

第四步，各实训小组对该企业的激励方法以及制度进行总结，并形成一份更适应该企业的激励制度。

第五步，课堂讨论，实训指导老师点评激励制度的可行性。

实训内容：通过对某企业员工和企业人力资源经理的访谈，了解企业的激励方法，并依据调研和访谈所得资料，分析制定合理的激励制度。

四、实训时间及成绩评定

（一）实训时间

实训内容 1：讨论分析案例 15 分钟，指导老师点评 5 分钟。

实训内容 2：填写案例发言提纲 15 分钟，指导老师点评 5 分钟。

实训内容 3：利用课余时间制订访谈计划书；企业调研、访谈实际用时两小时之内；课堂讨论发言 30 分钟。

（二）实训成绩评定

1. 实训成绩按优秀、良好、中等、及格、不及格 5 个等级评定。

2. 实训成绩评定准则：

（1）是否能利用激励方式方法解决案例的问题，解决方法是否可行合理。

（2）是否能完成企业激励方法以及激励制度现状报告。

（3）是否形成一份符合企业情况的新激励制度。

项目 8 沟 通

学习目标

1. 掌握沟通的含义。
2. 理解沟通的过程及形态。
3. 掌握有效沟通的内涵。
4. 掌握沟通的技巧。
5. 了解人际沟通障碍的因素。

8.1 沟通概述

[任务导入 8-1]

挽回的银行贷款

客户郎某2008年在A银行办理个人住房按揭贷款3笔，贷款金额分别为：23万元、25万元、27万元。2014年年初由于郎某所办企业经营出现问题，资金紧缺，无力正常支付住房月供，A银行客户经理在电话催收无效后，多次上门催收。郎某开始态度较差，经过客户经理耐心分析利弊，郎某的态度有所改善，开始筹措资金配合还款。但由于资金缺口大，还款来源最终没有落实。鉴于郎某所购3套住房一套用于自住，一套用于办公，另一套用于出租的情况，客户经理建议郎某转售出租的房屋。这样郎某既能避免被银行起诉造成损失，还可保证其他两套住房的按揭月供，剩余资金还可用于生意上的周转，银行又能及时收回贷款。郎某同意了银行建议，但苦于找不到合适的买家。客户经理又采取多种渠道联系买家，先后3次协助郎某谈判，终于帮助郎某出售了房屋，摆脱了困境，银行也顺利收回了不良贷款。在此过程中，客户经理还及时向买家宣传A银行业务，成功营销两张信用卡。

资料来源：郎润华，曾庆双，唐亮. 管理学基础[M]. 2版. 重庆：重庆大学出版社，2021.

任务分析：

1. 理解沟通的内涵。
2. A银行客户经理是如何与郎某进行沟通的？

沟通是管理学中的热门话题之一。松下幸之助有句名言："企业管理过去是沟通，现在是沟通，未来还是沟通。"良好的沟通对任何组织的工作绩效都十分重要。沟通就是我们通常所说的信息交流。在管理中，信息交流是一项基础性的、普遍性的工作，在管理工作的各个方面都已得到广泛的应用。如果没有沟通，组织就无法存在，因为组织成员之间要相互传递信息。所以组织成员的分工合作以及行为协调都有赖于相互之间传递信息，否则会给组织运行造成障碍，甚至导致组织失败。

8.1.1 沟通的概念

20 世纪 90 年代以来，信息学的出现和发展，极大地改变了沟通学的理论框架，组织管理沟通才从管理学和心理学的附庸地位中摆脱出来，真正成为一门新兴的独立学科。①

《大英百科全书》对沟通的定义是：用任何方法，彼此交换信息，即指一个人与另一个人之间以视觉、符号、电话、电报、收音机、电视或其他工具为媒体，所从事的交换信息的方法。管理学上，沟通是将某一信息传递给对方，并期望对方做出预期效果的反应的过程。②

《美国主管人员训练协会》把沟通解释为：人们进行的思想或情况的交流，以取得彼此的了解、信任及良好的人际关系。

巴纳德认为，信息沟通就是把组织中的成员联系起来以实现共同目标的手段，尤其在行使领导职能中，沟通的作用特别重要。③

孙国辉等认为，沟通是指信息发送者将某一信息（或意图）传递给接受者，以期取得接受者做出相应反应效果的过程。④

蒋运通等（2005）认为，沟通是信息的传递与理解的过程。它包含两方面的内容：① 信息的传递。沟通必须有信息的发送方和接受方，即信源和信宿。如果信息或想法没有从前者传送到后者，就意味着沟通没有发生。② 传递的信息要被接收方所理解，如果接收方不能理解其所接收到的信息，同样意味着沟通没有发生。完美的沟通意味着，经过传递后被接收方感知到的信息与发送方发出的信息完全一致。⑤

高隽娴等（2008）认为，管理沟通是指在各种管理活动和商务活动中，沟通主体（沟通者）基于一定的沟通背景，为达到一定的沟通目标，在分析沟通客体（沟通对象）的基础上，将特定的信息或思想、观点、态度传递给客体，以期获得预期反应效果的全过程。⑥

韩利红等（2017）认为，沟通是指人与人之间进行信息的传递和理解。⑦

陈浩明等（2024）认为，沟通是指人员之间以易于理解、令人愉快的方式传递信息、思维和情感的过程，以求达到信息通畅、思想一致，保证各项工作安全、高效推进。⑧

以上观念对沟通的内涵进行了界定，具有一定的科学性。综合上述各种看法，我们结合管理实践认为，沟通是人们（或人机）之间借助于符号载体，传递信息、思想与感情及其获取理解、反馈的过程。沟通具有以下几个方面的含义：① 沟通有主体、客体和载体 3 种元素；② 沟通是一个过程；③ 有编码、译码和沟通渠道 3 个环节。

---

① 汪乐宁，陈琰．组织沟通的研究综述[J]．现代商业，2010（30）：147.
② 张伟．浅析管理沟通之研究现状[J]．科技信息，2008（17）：186.
③ 李军．企业内部沟通研究[J]．市场周刊（理论研究），2006（12 下）：185.
④ 孙国辉，吴海帆，高福辉．企业管理原理[M]．北京：中国物价出版社，1997.
⑤ 蒋运通，傅太平．管理学[M]．北京：北京工业大学出版社，2005.
⑥ 高隽娴，张亚军．外资企业跨文化管理沟通研究[J]．商业文化（学术版），2008（8）：8.
⑦ 韩利红，赖应良．管理学[M]．成都：西南交通大学出版社，2017.
⑧ 陈浩明，张占英，陈学宝．核电厂运行人员工作沟通能力提升探索和实践[J]．核安全，2024，23（2）：22-28.

有研究表明：在组织管理中，高级管理人员把大约 78%的时间花在口头沟通上，专业技术人员把 61%的时间花在口头沟通上，在几乎所有的管理层次中，约有 75%的时间花在各类沟通中。可见，沟通在管理中的重要性。

8.1.2 沟通的作用

组织中沟通的主要目的是信息分享、协调和统一员工的行动，使组织的所有行动与组织目标保持一致。在组织活动中，要对组织中的各种活动结果等信息进行测量、监控，才能保证组织目标的顺利完成。如果没有组织内外畅通的沟通和信息分享，组织目标是难以实现的。

沟通的主要作用如下：

1. 效能作用

有效的沟通能使信息在组织内准确可靠而迅速地收集、处理、传递和使用，可以降低管理的模糊性，对组织效能起到至关重要的作用，通过沟通能迅速而明确地告诉员工做什么，如何做，没有达到标准时应如何改进等，起到指导员工的作用，从而降低管理成本，实现资源有效配置，提高管理效能。

2. 协调作用

沟通是协调各个体、各要素，使企业成为一个整体的凝聚剂、催化剂和润滑剂。协调沟通能改善人际关系和组织气氛，能增进组织与员工之间的相互了解和信任，有助于员工的态度和行为向组织所预期的方向转变，从而调动员工的工作积极性。

3. 激励作用

沟通是领导者激励下属，实现领导职能的基本途径。通过组织沟通了解员工的愿望和需要，使员工摆脱内心紧张。组织提供了一种释放情感的情绪表达机制，并满足员工的社交需要，通过沟通使员工得到情感的满足和精神的愉悦，从而激发员工努力工作的动力，使组织目标得以顺利实现。

8.1.3 沟通的过程

人际沟通过程是指一个信息的传递者通过一定的渠道把信息传递给接受者，以获得接受者预期反应效果的过程。

理解沟通过程必须把握以下几个方面的内容：① 要传递的信息是有目的、有计划、有思想的观念信息；② 沟通的过程是一个完整的双向沟通的过程，沟通有发送方和接收方，并且发送方的信息期望得到接受方的理解；③ 沟通过程中包含发送者（编码）、接受者（译码）、噪声、沟通渠道、反馈环节等沟通要素。其中，编码、译码和沟通渠道是沟通联络过程取得成效的关键环节。

沟通是一个复杂的过程，沟通过程的模型可以用图 8-1 反映出来。

我们对沟通过程进行解析一下，信息在发送者与接收者之间传送。信息首先被转化为信号形式，即编码，然后通过媒介物，即沟通渠道，传送至接受者，接受者将收到的信号转译，即解码。由此来看，沟通过程应包括 5 个要素，即沟通过程的要素：发送者、接受者、环境、沟通渠道与介体、反馈环节。

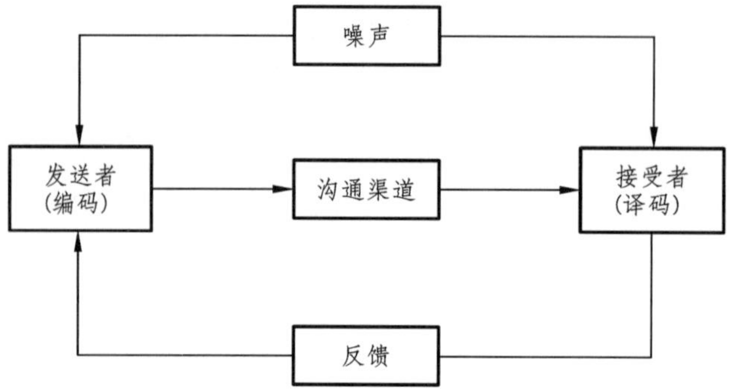

图 8-1　沟通过程

信息发出者是沟通过程的主要要素之一。这里所说的信息是一个广义的概念，包括观点、想法、资料等内容。发送者是指沟通主体，是信息的发出者或来源，是有目的地对沟通客体施加影响的个体或组织。发送者的主要任务是信息的收集、加工及传播。发送者需要向接受者传递信息，并将这些信息编码成接受者能够理解的一系列具有意思的符号。发送者将信息的意义符号化，这是对信息的编码。把信息编成一定的文字等语言符号及其他形式的符号。发送者在编码时受到自身的技能、态度、知识和社会文化系统的限制，在沟通过程中处于主导地位。

接受者是指沟通客体，即发信者的信息传递对象，也包括个体沟通对象和团体沟通对象。接收不是一种单向的过程，这个过程可逆向而行。接受者的主要任务是接收发送者的信息，并理解信息的含义，这就是对信息的译码。与编码恰恰与之相反，译码是接收者在接收信息后，将符号化的信息还原成为发送者的思想，并理解其意义，同时把自己的信息反馈给对方。接受者也受到自身的技能、态度、知识和社会文化系统的限制。所以接受者是沟通过程的出发点和落脚点，具有积极的能动作用。

环境这里主要是指噪声，它是沟通过程中干扰和扭曲信息传递的因素。典型的噪声主要有难以辨认的字迹、电话中的静电干扰、接受者的疏忽大意等，它们会造成信息失真，对沟通效率造成一定程度的影响，使沟通的效率大为降低。因为它是理解信息和准确解释信息的障碍，所以在沟通过程中沟通双方应尽可能地避免噪声对沟通效果的影响。

沟通渠道是沟通介体从发送者传达给接收者的途径。口头交流的通道是空气；书面交流的通道是纸张；电话交流的通道是通信设备；电子网络交流（如 QQ）的通道是网络平台等。我们一般要求沟通渠道能使信息尽可能全、准、快地传达给接受者，它是提高沟通效率的重要环节。沟通渠道很多，如谈心、座谈等。

反馈是接受者将其理解的信息再返送回发送者，以达到发送者对返回信息加以核实和修正的目的，以便达到最好的双向沟通效果。有效反馈的特点表现为：① 反馈要及时；② 要善于倾听；③ 要对接受者充分地信任。

8.1.4　沟通的类型

1. 按沟通的组织结构特征，可分为正式沟通和非正式沟通

（1）正式沟通。

正式沟通是指在群体、组织内部，以正式组织系统为渠道，依据组织明文规定的组织原

则所进行的信息传递与交流。按照组织设计中事先设定好的结构系统和信息流动的路径、方向、媒体等进行，具有沟通效果好、约束力强、信息保持权威性等优点，但也存在形式刻板、信息传播范围受限制，传播速度比较慢等方面的不足。

按照沟通信息的流动方向，正式沟通又可以分成上向沟通、下向沟通、横向沟通等。

上向沟通是下级依照规定向上级进行的信息传递，主要是以正式书面或口头报告形式，主要是沟通信息从组织的底层向较高管理层流动，目的就是让管理者听取员工意见、想法和建议，主要包括工作日志、工作绩效报表、员工提案建议等，是领导掌握员工工作情况的重要沟通方式。但由于信息的不对称，当事人往往会考虑上向沟通的利害关系，会出现报喜不报忧的情况，会导致沟通信息发生与事实不符的现象，这是领导者要注意的方面。

下向沟通是传统组织内最主要的沟通流向，是沿着命令链进行的向下的沟通。一般以命令方式传达上级组织或其上级所决定的政策、计划、建议、指导、通知、命令等。下向沟通是信息从组织的最高管理层开始，通过组织的层次结构由上向下传达到最低层部门及员工个人。这种自上而下的沟通在实行专制式领导的组织中尤为突出。但如果组织结构层次较多，会导致信息在传递过程中失真，这也是领导者应该关注的问题。

横向沟通是指组织中同一层级结构上的具有相对等同职权地位的人之间的沟通。横向沟通通常采取的形式包括会议、备忘录、报告、信函、员工面谈、例行培训等。横向沟通通常发生在工作的求助方面，因为沟通主体与客体是平级关系，所以相互之间威胁性小，有利于各个部门之间增进了解，办事程序得以简化，工作效率得以提高。横向沟通的不足之处是信息量大，易于造成混乱等。

（2）非正式沟通。

20 世纪 30 年代，梅奥在霍桑实验中发现，除了正式组织还存在非正式组织。非正式沟通是相对于正式沟通而言的，它是通过正式组织结构以外的途径进行的信息传递和交流。它不受组织监督，自由选择沟通渠道，这些渠道繁多且无定型，如联欢会、生日晚会等各种形式的非正式的团队活动、同事间的传闻、熟人间的闲谈等。[①]在组织中还存在一些非官方的、私下的沟通，主要是通过个人接触，了解正式场合无法获得的重要情况。心理学研究表明，消息越新鲜、越有影响的人或事，越容易引起人们的谈论和注意。因为非正式沟通不必受规定程序或形式的种种限制，所以非正式沟通交流的信息内容广泛，方式灵活，交流速度快，效率较高，传播一些不便正式沟通的信息，能够满足员工的情感需要。但沟通比较难以控制，信息容易失真、曲解，容易造成“小道消息”，会给组织带来消极的影响，所以管理者应该予以重视，应该正确对待组织中的非正式沟通，充分利用它的积极性的一面，调节好组织中的人际关系，促进组织信息更快、更好、更全面的沟通，但也要克服其消极的一面。

管理者要有 4 个方面的认识：① 要认识到非正式沟通是一种重要的沟通方式，不管你愿不愿意，它在组织中确实存在；② 培养组织成员对组织的信任，培养员工积极的心态，克服非正式沟通对组织的不利影响；③ 组织沟通系统较为开放或公开，是谣言、“小道消息”产生的温床；④ 要充分利用非正式沟通的积极作用，引导非正式组织的舆论导向，使员工从意识上自觉地杜绝小道消息的传播。

① 匡家镇. 试论企业中的非正式沟通[J]. 广西经济，2009（5）：51.

2. 按照信息是否进行反馈，沟通可以分为单向沟通和双向沟通

（1）单向沟通。

单向沟通是指发送者和接受者两方之间的地位不同，实行单方向传递的沟通。一方只发送信息，另一方只接收信息，特点是没有反馈环节。当一个组织只重视工作的快速与成员的秩序时，例如向下级宣讲企业的规章和已决定的政策时，或是员工都知道的例行公事或要传达命令等，宜使用单向沟通的方式。单向沟通具有速度快，信息发送者的压力小等优点，但缺乏反馈机制。因发送者得不到反馈，无法了解对方是否真正收到信息，接受者没有反馈意见的机会，容易产生抗拒心理，从而埋怨传达者，不利于增加接受者的自信心，容易感情用事。

（2）双向沟通。

双向沟通是指发送者和接受者两者之间的位置不断交换，有反馈的信息传递，在发送者和接受者之间进行信息交流的沟通。发送者在信息发出后还需及时听取接受者的反馈意见，进而进行多层次的交流，信息要充分而完备，使双方产生平等感和参与感，从而增加双方的自信心和责任心。当要求工作的正确性高、重视成员的人际关系时，或处理新问题，传递上层组织的决策等，宜采用双向沟通。这种沟通方式有利于树立沟通双方的平等意识，增进双方的情感交流。

8.1.5 沟通的方式

沟通的方式主要有书面沟通、口头沟通、非语言沟通和电子沟通等。

（1）书面沟通，是指以书面文字为媒体的信息传递，信息可以长期保存，具有持久、有形、可以核实等特点，主要包括文件、备忘录、报告、信件、书面合同、组织内发行的期刊、布告栏等。信息传递准确性较高，传递范围比较广泛，书面沟通有充分的考虑时间，所以较周密，逻辑性强，条理清楚。但书面沟通耗费了更多的时间，也不一定能得到及时反馈。

（2）口头沟通，是指采用口头交谈形式，以口语为媒体的信息传递，主要包括面对面的交谈、演说、电话交谈、开会、小组讨论、讲座等。在口头沟通下，能快速传递和快速反馈信息，能在最短的时间里传送信息，并在最短的时间里得到对方的回复。但是，信息经过多人传送的过程中，每个人都以自己的方式解释信息。另外，口头沟通往往带有感情色彩，使信息误差累加，导致信息失真的可能性相当大，还有一个明显的不足是口头沟通不容易保存。

（3）非语言沟通，是指非口头和非书面形式所进行的信息传递，主要方式有：① 体态语言，主要有手势、面部表情等姿势语言，如点头表示同意，摇头表示否定，肩膀微耸表示谈话不投机或者不愿意沟通等；② 无生命特征的信息，如交通路口的红绿灯信号、刺耳的报警声等。在口头沟通中一般都包含了非言语信息，恰当地使用非语言沟通形式可以提高沟通的效果。

（4）电子沟通，是指以电子符号的形式通过电子媒介进行的沟通，主要有电报、录音、录像、电话、电子邮件、网络聊天工具（如 MSN、QQ 等）、视频会议等。特别要强调的是，随着手机 5G 技术的广泛应用，电子邮件、飞信、可视电话等可随时随地地进行电子沟通，以提高人们信息沟通的时效。

8.1.6 沟通的形态

信息沟通网络的基本形态有 5 种：链式、Y 式、轮式、环式和网式，如图 8-2 所示。

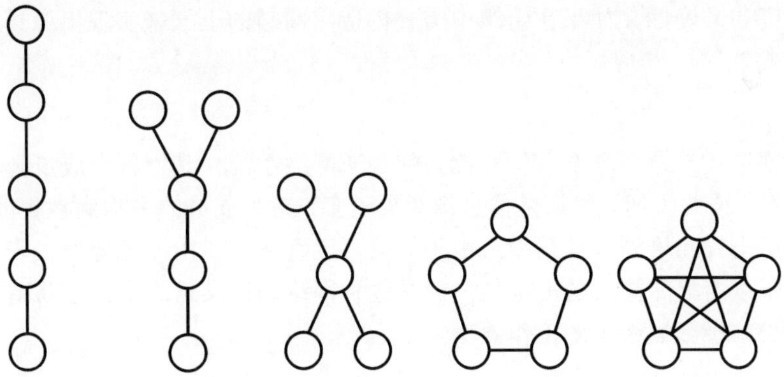

图 8-2 5 种信息沟通的形态

1. 链 式

链式是信息在组织沟通成员间进行单线、顺序传递而形成链条状的沟通网络形态。这是一个平行网络，其中居于两端的人只能与内侧的一名成员联系，居中的人则可分别与两人进行信息沟通。它相当于一个纵向沟通网络，沿组织层次逐渐传递，信息可自上而下，或自下而上进行。成员之间的联系面很窄，信息经层层传递、筛选，各个信息传递者所接收的信息差异，从上至下或从下至上，误差累积比较大，容易造成信息的失真。在管理实践中，如果组织是直线-职权关系且是指挥链系统，则链式沟通网络是一种行之有效的方法。

2. Y 式

Y 式网络中有一个成员位于沟通网络的中心，成为沟通的媒介。他是网络中因拥有信息而具有权威感和满足感的成员。在管理实践中，组织领导、秘书、下级管理人员可以看作是 Y 式沟通网络。秘书处于沟通网络中心地位，所以我们不难理解为何秘书的职位并不高却常拥有相当大的权力。这种网络集中化程度高，解决问题速度快。除了中心人员外，组织成员的平均满意程度较低；缺点是增加了中间的过滤和中转环节，容易导致信息曲解或失真，影响组织的工作效率。

3. 轮 式

轮式是只有一个成员是各种信息的汇集点与传递中心。这种网络中的信息是经由中心人物而向周围多方向传递的，因其结构形状像轮盘而得名。特点是此网络中只有中心人物是各种信息的汇集点与传递点，而其他成员之间没有沟通的渠道。这种网络集中化程度高，解决问题的速度快。主管人员控制能力强，面临着信息超载的负担。但组织成员的满意程度比较低，士气也比较低落。当组织需要进行严密控制，接受紧急攻关任务，要求争取时间和速度的情况下，则可采取这种沟通网络。

4. 环 式

环式可以看作是将链式形态下两头沟通环节相连接而形成的一种封闭式结构，其中，每个人都可同时与两侧的人沟通信息，也就是表示组织中所有成员间都不分彼此地依次联络和传递信息。特点是大家地位平等，不存在信息沟通中的领导或中心人物与下属。优点是组织中成员具有比较一致的满意度，组织士气高昂。不足之处是畅通渠道窄、环节多，很难保证信息沟通的速度和准确性。如果在组织中需要创造出高昂的士气来实现组织目标时，则可采用环式沟通方式。

5. 网　式

网式，又称星式，是一个全方位开放式的沟通网络系统，其中每个成员都可不受限制的信息沟通与联系，彼此了解。优点是信息沟通渠道多，组织成员的平均满意程度高且差异小，有利于提高成员士气和培养合作精神。由于成员可以直接、自由而充分地发表意见，也有利于集思广益，所以能提高沟通的准确性。但是这种网络沟通渠道太多，容易造成混乱，且互相讨论费时太长，会影响组织的工作效率。

8.2 有效沟通及技巧

［任务导入 8-2］

两条“黄鹤楼”引发的思考

某日，一家烟草专卖店里来了一位顾客，拿着两条“红金龙”香烟说：“昨天买错了，要换两条档次更高一些的烟送人，想换两条软盒包装的‘黄鹤楼’，差的钱我再补上。”

营业员解释道：“我们有规定，卷烟售出后是不能退换的。”

顾客说：“我又不是要退货，是要换两条高档烟。”

“对不起，烟一经售出真的是不能退也不能换的。”营业员再次解释道。

“我换成高档烟，你们又没损失，还能赚更多的钱。”

营业员微笑着说：“那不行的，那样会对下一位来买烟的顾客不公平，同时也违背了我们烟行诚信的经营宗旨。”

顾客继续说道：“那怕什么，别人又不知道。”

营业员笑着摇摇头……

顾客一看换不成，随即大发雷霆：“你们这‘售出概不退换’的条款是霸王条款，我要去告你们！”

看到顾客的态度，营业员们先是一惊，随即镇定下来，想到顾客来换烟，没换成心里肯定不悦，这时如果接顾客的话茬，吵起来那就太糟糕了，会严重影响烟行在顾客心目中的形象。想到这些，大家都不知所措。

这时，店长和颜悦色地说：“先生，您先别发火，请这边坐。您来这烟没换成，自己倒先生一顿气，多不合适呀。您来这买的不仅是烟，更多的是一份信任，因此我们要对您负责，保证您买的是从公司直接进货的烟。同样，我们也得对其他顾客负责。烟是种特殊商品，所以我们不能给您换。换您自己也不想买别人退过的烟吧？相信您一定理解我们，这两条红金龙您可以先留着自己抽嘛。”

“我不抽这个牌子的烟。”顾客还在坚持，可语气已没刚才那么生硬了。

"您别急，听我把话说完。您不抽，可以在和朋友聊天时用，那就不必再去买烟了。今天要送人的烟，您不妨再重买两条。"

说话之间，一杯热茶已泡好，茶香四溢，顾客已没有了先前的怒火。后来，店长发现该顾客也是位品茶爱好者，顺势与其谈起了关于茶的话题。临走时，顾客不仅气消了，还买了两条精装"黄鹤楼"，还说有时间再来买点茶送人。把顾客送走后，店里所有的营业员都长出了一口气，无不佩服店长的沟通技能。

资料来源：边文霞，赵丽红. 有效沟通[M]. 北京：机械工业出版社，2014：139-140.

任务分析：

1. 理解有效沟通的内涵。
2. 谈谈有效沟通技巧的作用。

8.2.1 有效沟通的内涵

美国著名学府普林斯顿大学对一万份人事档案进行分析发现："智慧""专业技术"和"经验"只占成功因素的25%，其余75%取决于良好的人际沟通。哈佛大学就业指导小组的调查结果显示，在500名被解职的男女中，因人际沟通不良而导致工作不称职者占82%。①这些现象说明，有效的沟通是竞争力的核心要素。

丁超等（2007）认为，达成有效沟通须具备两个必要条件：首先，信息发送者清晰地表达信息的内涵，以便信息接受者能确切理解；其次，信息发送者重视信息接受者的反应并根据其反应及时修正信息的传递，免除不必要的误解，两者缺一不可。②

何春丽（2010）认为，有效沟通，就是传递和交流可靠性、准确性高的信息或思想的传递和交换的过程。它是组织管理活动中最重要的组成部分，包括两层意思：① 有效沟通首先是信息的准确传递。如果信息没有准确地传递到既定对象，也就没有发生有效沟通。② 信息在传递的过程中还要被受众充分理解。信息接受者要完整地理解收到的信息，要获取事实并分析发送者的价值观、个人态度。③

李香等（2013）认为，有效沟通要求我们在与他人进行沟通时，首先要确立共同的目标，这是实现最佳沟通效果的前提。同时，在沟通过程中，我们不应以自我为中心，而是应该细心考虑对方的感受，这有助于营造更好的沟通氛围，使双方能够实现最佳的沟通效果。④

马乙璇等（2018）认为，沟通技能是指人与人之间通过口头、书写、肢体语言等媒介来收集和发送信息，有效地把自我感受、想法和态度表达出来，也能理解他人的想法、感受和态度。沟通技能涉及很多方面，如简化运用语言、积极倾听、重视反馈、控制情绪等。虽然拥有良好的沟通技能，并不意味着能成为一个好的管理者，但是缺乏沟通技能的提升则会遇到许多麻烦与阻碍。⑤

赵宏明（2023）认为，有效沟通是指交流信息的双方对信息的理解一致或相近，无论接

---

① 姚晓君. 企业管理中的有效沟通分析[J]. 辽宁行政学院学报，2009（11）：61.

② 丁超，丁征恒. 有效沟通的障碍分析[J]. 科技信息，2007（11）：6.

③ 何春丽. 企业内部有效沟通的障碍分析[J]. 经济研究导刊，2010（16）：25.

④ 李香，栗英杰，李伟. 有效沟通是构建和谐师生关系的桥梁[J]. 现代交际，2013（3）：232.

⑤ 马乙璇，邱礼生，曹妍. 高校学生社团组织中有效沟通技能提升研究[J]. 智库时代，2018（51）：80-81.

受者是否认同该信息，只要理解了发送者的意图和思想，即为有效沟通。[①]

以上学者从不同的侧面对有效沟通的内涵进行了界定，具有一定的科学性。我们综合以上主要观点，认为所谓有效的沟通，是通过演讲、对话、讨论、信件等交流方式，准确、恰当地传递和交流主体与客体双方的可靠性、准确性高的信息或思想，达到双方理解并让各方达成共识的过程，包括以下几个方面的含义：① 符合沟通的基本特征；② 信息不仅传递，而且双方都能理解并接受；③ 存在信息反馈的环节，使双方准确地理解对方的信息含义；④ 沟通双方具有一定的沟通技巧或沟通艺术，能恰当地表达双方各自的思想或见解。

8.2.2 有效沟通的原则

1. 明确性

信息传递过程中，必须确保信息本身的明确清晰，所用语言或语义等信息必须是双方共同认可的，有共同理解的基础。如果一方使用深奥的语义，另一方可能不能理解或接受，这就谈不上有效的沟通。所以在沟通过程中，信息发送者一定要考虑信息接受者的理解水平和理解习惯，充分考虑接受者的接收能力，以避免模棱两可、含糊不清、容易产生歧义的言语对有效沟通的影响。

2. 及时性

信息沟通过程中，常因发送者不及时传递或信息表达不清楚，接受者的重视程度不够，或理解能力不够等因素的出现，而贻误了信息沟通的时机，影响沟通的效率。所以信息沟通双方应该充分地认识到只有遵循及时性的原则，才能使双方的沟通和理解效率更高，才能迅速地了解对方的思想及态度。在管理实践中，组织的决策、政策在制定的过程中，更要注重及时地与下级管理人员或员工沟通，从而有利于提高组织运行的效率。

3. 可接受性

“沟通从心开始”，只有发自内心的真诚沟通，才能得到对方的认可和赞同，进而使有效沟通取得最佳效果。在有效沟通的过程中，需要注意以下几个方面的问题：① 要善于倾听，表达对对方的尊重，在态度上要诚恳，交流的时候首先要全神贯注，边听边交流，对对方正确的观点要运用语言、表情、手势等多种形式及时地加以肯定；② 要做到与人为善，要用一颗平等的心来对待沟通客体，交流过程中，要尊重对方的发言，不要不礼貌打断对方，要取得对方的信任，在感情上得到对方的认同和接受。只有这样，沟通的发送者与接受者之间才能建立彼此信任的关系。可以说，良好的人际关系是提高沟通效率的主要手段之一。

4. 准确性

在进行沟通时，沟通双方对信息的传递一定要准确。发送者所用的语言和传递方式能被接受者所理解时，这才是准确的信息。沟通的语言或语义必须是清晰、明确的。要求发

---

① 赵宏明. 有效沟通视角下的专业课堂师生交流策略[J]. 亚太教育，2023（17）：111-113.

送者有较高的语言或文字表达能力，清楚地使用普通话，要对文字进行逻辑上的组织整理。对于接受者来说，必须集中精力，正确理解信息，并准确地将理解的信息反馈给发送者。只有这样才能克服沟通过程中的信息不良障碍，沟通双方才能准确地传递信息，提高沟通效率。

8.2.3 有效沟通的技巧

在管理中，沟通无所不在。拥有了高超的沟通技巧，才能事半功倍；反之，则往往会功亏一篑。无论你是领导还是下级管理人员，或是基层员工，你都需要与人打交道，要运用你的举止、你的语言来打动对方或营造一种氛围。特别是营销工作，更要做好与人交流，学会如何去与对方沟通。沟通的重要技巧是增强倾听技巧，还要学会换位思考，相互信任，相互理解，促进主动沟通等，要使沟通不会流于形式，要更深层次地进行情感的交流，因而必须掌握一些沟通技巧。

1. 学会倾听

倾听是指凭助听觉器官接收语言信息，进而进行思维活动，达到认知、理解的过程。运用积极倾听的方式，来诱导对方发表意见。在倾听的过程中，要尊重对方，不要随意地打断对方的谈话；不要过多地谈论自己的话题，要有足够时间倾听对方的意见，使话题平稳地过渡；要将倾听者作为真挚的朋友看待，要虚心、耐心、诚心和善意为倾诉者排忧解难；学会倾听，是有效沟通的法宝。

2. 运用肢体语言

要通过信息反馈、姿势、表情等方式肯定对方的意见。可以保持目光接触，在沟通过程中，要以真诚的目光，赢得对方的信任。对方通过观察你的眼光来判断你是否在认真倾听，从而敞开心扉，知无不言，言无不尽；在恰当的时候，赞许性地点头，推心置腹地交流也是沟通取得成功的法宝；在倾听过程中，尽量避免常看手表、身体晃动等现象，避免给对方留下不良印象，进而影响沟通。所以学会恰当的肢体语言，有时会收到意想不到的效果。

3. 要有自信的态度

心理学表明，态度决定行为。在人际沟通过程中，作为信息发送者，首先要有自信的态度，只有对自己了解相当清楚，并且充分地肯定自己的员工，沟通效率才会高。人际沟通中要不断审视、认识自己和他人，不要让消极的情绪影响沟通，最重要的是沟通双方都要有自信，要做到坦诚相见，表达真实的自我。

4. 学会换位思考

在沟通过程中，要学会换位思考，自觉转换听者与说者的角色。对对方的观点看法不马上做出评价，进行“移情倾听”。有效的倾听者不应该固定自己的角色，能够使说者到听者再回到说者的角色转换，完成“体谅对方”与“表达自我”，设身处地为对方着想，从而赢得对方的尊重与了解，对方也才能体谅你的立场与好意，从而做出积极的回应。通过换位思考，建立互相信任的沟通基础，有利于沟通效率的提高。

8.3 沟通障碍及克服

［任务导入 8–3］

致命的沟通事故

1990 年 1 月 25 日 19:40，一架阿维安卡 52 次航班在新泽西南海岸 3.7 万英尺[①]高空盘旋。飞机上仍有能维持近 2 个小时的燃料，飞机距离终点站纽约肯尼迪机场不到半个小时的路程。在这个时候，发生了一系列迟延。首先，在 20:00 的时候，肯尼迪机场空中交通控制中心通知 52 次航班飞行员，由于交通堵塞，飞机需要保持原位置盘旋。在 20:45，阿维安卡航空公司副驾驶员向肯尼迪机场提出飞机“燃料即将用尽”。肯尼迪控制中心确认了该信息，但是只有等到 21:24 才能为飞机着陆清理出航道。在这段间隔时间里，飞行员没有向肯尼迪机场传递紧急事件即将发生的任何信息，然而驾驶员却焦急地宣布燃料危机。

52 次航班在 21:24 第一次着陆的努力失败了。飞机超低飞行，可见度不高也造成了不确定的安全着陆。当肯尼迪控制中心向 52 次航班发出第二次试图着陆的新指令时，飞行员再一次提到飞机燃料即将耗尽，但是通知控制中心新安排的航线成功了。在 21:32 的时候，52 次航班的 2 个引擎关闭。1 分钟之后，剩下的 2 个引擎也关闭。21:34，耗尽燃料的飞机在长岛坠毁。机上 73 名人员全部遇难。

当调查人员回放驾驶员录音及与控制中心人员交谈后发现，沟通故障导致了此次灾难的发生。对那天发生的事故进一步的调查，可以解释为什么一个简单的信息既没有得到清晰地传递也没有被准确接收。首先，飞行员一直在强调“燃料即将耗尽!”空中交通控制中心人员告诉调查人员，飞行员常常会使用这个短语。在发生航班延误时，控制人员会假定每次航班都存在燃料的问题。然而，如果飞行员宣称“燃料危急”，控制中心人员将会紧急优先于其他航班指导该航班并及时清理航线使其尽快着陆。正如一名控制中心人员所说的那样，如果一名飞行员“宣称事情危急，我们将不顾所有规定，让他们尽快着陆”。不幸的是，52 次航班的飞行员从未使用“危急”这个词语，以至于肯尼迪控制中心没有真正理解飞行员面对的困境。

其次，52 次航班飞行员的语调并没有向空中交通控制中心人员传达燃料危机的严重性或紧急性的信息。控制中心人员受过训练，能够分辨在该情形下飞行员的语调。尽管 52 次航班的飞行员自身对燃料危机表现出了相当大的关心，与肯尼迪机场控制中心沟通时，他们的语调仍非常冷静和专业。

最后，飞行员和机场的文化背景及传统也可能使 52 次航班的飞行员不愿意宣布发生了紧急事件。在这种情形下，飞行员的专家意见和自尊是非常危险的。宣布正式危急事件要求飞行员完成一系列的文书工作。甚至，如果飞行员被发现在计算航行所需要的燃料方面出现错误，联邦航空局（Federal Aviation Administration）将会吊销其飞行员执照。这些消极后果抑制了飞行员在出现紧急事件时的呼救。

资料来源：渤海大学管理学院“管理学精品课程网站”教学案例，http://www.jznu.edu.cn/news/jingpin/2008shenbao/kecheng/guanlixue/index.asp?sid=60&nid=51&action=listinfo#15-2.

任务分析：

1. 理解分析沟通障碍的表现。

---

① 1 英尺＝0.304 8 米。

2. 怎样克服沟通障碍？

8.3.1 沟通障碍

沟通障碍是指信息在传递和交换过程中，由于受到干扰而使信息的传递失真、被丢失或曲解，而导致沟通受到阻碍的、沟通有效性受到破坏的过程。

沟通障碍一般有个人沟通障碍、组织沟通障碍、信息沟通障碍等。

1. 个人沟通障碍

个人沟通障碍是指在沟通过程中，由于个人的态度、能力、地位、情感、情绪、倾向、价值观、感受、判断力、表达能力等有差别而产生的沟通障碍。个人障碍主要表现为主观障碍、沟通能力的差异、社会地位的差异等方面引起的障碍。

（1）主观障碍。

由于人的性格、气质、态度、情绪、见解等的差异，在沟通过程中，沟通的有效性受个人主观心理因素的制约。对于主管人员来说，如果态度咄咄逼人，势必会在沟通过程中给下级人员造成畏惧感，从而影响沟通的有效性。如果主管人员和下级之间相互不信任，认识不同，见解不同，则会影响沟通的顺利进行。正是由于人的性格、气质、态度、情绪、见解等的差异，对复杂的事物的认识也会不同，往往会从自身利益的角度来考虑问题、认识问题，这也会给正常的沟通带来消极影响。

（2）沟通能力的差异。

沟通能力的差异是指人们发送和接受信息的能力大小。如果双方能力和知识水平差距过大，则彼此理解的差距拉大，形成沟通的障碍。能力的不足会导致如下结果：① 会造成信息的误解，主要是信息表达不清楚，措辞不当，词不达意，没有层次、混乱，无法有效地在沟通双方之间达成理解。② 对语言符号的记忆模糊所导致的信息失真。每个人沟通每个侧面的能力也会有所不同，有的人不善于语言表达，但文字表达能力却很强；有的人口头表达能力很强，但文字沟通能力却比较差。这种沟通能力的差异势必会给沟通带来负面影响。

（3）社会地位的差异。

社会地位的高低对沟通有很大的影响。一般来说，地位相近的人沟通起来更容易，因为地位相近，没有什么顾忌。而如果地位悬殊较大，下级一般不主动找更高的上级去沟通，因为地位高的人在沟通中如果觉得握有大权，易盛气凌人，常常让下属觉得难以沟通。在沟通中，也是地位高的人起主导作用，信息一般是由上向下流动。所以社会地位的差异也是影响有效沟通的主要障碍。领导者要主动、随和地与下属进行平等的沟通，这样对组织发展才会有利。

2. 组织沟通障碍

（1）组织结构因素。

一般来说，信息传递的等级多，机构庞大，内部层次多，从信息源到达目的源的时间越长，信息失真就越大。对一个组织来说，组织的层次结构会对沟通产生一定影响。组织规模的大小也会对沟通产生影响，当组织结构变得更加复杂时，沟通通道增加得会更快。假设组织有 N 个员工，每个员工都与其他员工发生沟通联系，则沟通次数应为 $\frac{N\times(N-1)}{2}$ 次。例如，部门有 6 个员工，代入前面的公式计算，则沟通通道数为 15；如果部门有 15 个员工，则沟通通道数为 105。由此可见，沟通通道数会随着员工数的增加而急剧增加，从而使沟通变得相当困难。如果组织机构过于庞大，会使信息传递失真，影响信息传递的及时性。因而，只有合理的组织结构有利于信息沟通。

（2）组织人际关系。

组织人际关系主要包括沟通成员之间的相互信任、信息来源的可靠程度。有效的信息沟通要以相互信任为前提，组织成员的诚实、能力、热情、客观是信息来源的可靠保障。组织管理者必须恰当地处理人与人之间的关系，使沟通双方相互取得信任，沟通时不带成见，鼓励成员充分阐明自己的见解，真正做到思想和感情上的沟通。组织人际关系不和谐易造成组织成员间的沟通障碍，进而影响组织沟通的效率，这是组织管理者应该引起重视的问题。

（3）组织氛围。

良好的组织氛围是组织成员沟通得以有效保障的基础。组织氛围是在组织成员之间的不断沟通交流和互动中逐渐形成的，并且对员工的行为产生一定的影响。

组织管理者要善于调节组织氛围，要长时期与下属沟通，组织一些集体活动，使整个组织充满轻松的气氛。对组织内不同的声音，不同的意见，要用辩证的眼光来看待。要承认组织内部存在冲突，要使用沟通技巧，解决人际关系冲突问题。

3. 信息沟通障碍

信息泛滥会使沟通变得非常困难，大量无价值的信息会干扰我们的正常沟通。管理人员常常会被“文山会海”所淹没，抓不住工作的重点。对一名管理者来说，最重要的是对信息的过滤。宝洁一句名言：“尽量用一张纸。”说明对信息过滤应做到简明扼要，效果才会最好。

信息过滤过程中，会产生过滤障碍，主要是发送者只挑选满意的信息传递，或对自己有利的信息，而可能把反映事物现状的重要信息剔除。“报喜不报忧”“大事化小，小事化了”就是一种表现。

8.3.2 沟通障碍的克服

1. 沟通要有明确的目的性

沟通者首先要对沟通的内容有正确、清晰的理解。沟通的目的是什么？要下级人员理解什么？对问题的背景，解决问题的方案，决策的理由等做到心中有数。只有确定目标，统一思想，信息才能在发送者与接受者之间畅通与及时反馈，沟通双方才能协调一致，进一步加深理解，提高沟通效率。

2. 创造良好的沟通环境

人际沟通过程中，环境的干扰对有效沟通构成了挑战。要充分考虑沟通的背景、社会文化环境、人的因素等，因为每个人的民族、教育水平、文化观念、家庭和社会环境的不同，造就了每个人独有的个性，因而每个人对同样的问题可能有不同看法，所以一定要创建一个相互信任的沟通环境，建立良好的人际关系，从而有助于沟通。在沟通过程中，要注意东西方文化的差异；要注意人认知上的差异；创造坦率、自由、无拘无束交流的机会；要培养良好的组织氛围，有助于真实地传递信息和正确地判断信息，避免信息的扭曲。

3. 要以情感人

沟通的双方要做到以诚待人，以取得对方的信任并建立感情。人际沟通的目的是达到意见的一致和感情的融洽。缺乏诚意的沟通往往效率不高，只有诚心诚意地去倾听对方的意见，对方也才能把自己内心的真实想法倾诉出来。沟通的双方在沟通的过程中都应该以诚相见，要有坦荡的胸襟，要能够接受对方与自己的不同观点。在沟通过程中，要寻找双方沟通的共同点、彼此都感兴趣的话题，要以朋友式的身份进行交流沟通，以收到良好的沟通效果。

4. 正确地使用语言文字

在沟通过程中，要使用对方易懂的简洁语言，表达要明确，使信息清晰，富于逻辑性；要言之有物，针对性强；要避免含糊的语言，更不要讲空话、套话和废话；非专业性沟通时，少用专业性术语。例如，医生跟某一个护士说："给他打一个IV。"这里的"IV"是医学术语，其实就是打点滴，但病人很难听得懂。如果医生与病人也这样沟通，则易造成信息的不对称，使对方无法理解。所以，正确地使用语言文字对沟通来说非常重要。

5. 学会聆听

善于聆听是指在沟通中，我们不是简单地用耳朵听，而是要用"心"去聆听对方传递出来的信息。聆听是建立相互信任的前提，在聆听的过程中可以走进对方的心灵世界，触摸对方的心灵密码，捕捉有利于打开对方心扉的细微信息。[①]一名好的管理者必须是一个好的聆听者，只有仔细聆听，才能理解信息的含义，聆听是理解信息的先决条件。有效的聆听能增加沟通交流双方的信任感。聆听时要集中精力，与目光与信息的发出者保持接触，适时地提问，发出赞赏性的评价等。只有诚心诚意地去聆听对方的意见，才能使沟通效果最佳。

6. 要善于比喻

沟通是一门科学，也是一门艺术。很复杂的问题用简单的比喻讲出来能达到意想不到的效果。比喻，就是打比方，在说明一个事物时，通过描述或说明另一个事物来达到目的。有人曾问爱因斯坦，什么是相对论。爱因斯坦是这样解释深奥的理论的："你同你最亲爱的人坐在炉子边，一个钟头过去了，你觉得好像只过了5分钟，而如果你一个人孤单地坐在热气逼人的火炉边，只过了5分钟，你却像坐了一个小时。这就是相对论。"用这种生活中的事例来解释说明高深的理论时，我们可以看出比喻在沟通时的魅力。

[**项目小结**]

本项目从沟通内涵的解释出发，阐述了沟通的作用、过程、类型、方式及形态，对沟通有一定的初步了解；接着对有效沟通及技巧进行了阐述；最后对沟通障碍及其克服进行了介绍。通过对本项目的学习，学生能具备良好的人际交往与沟通能力。

[**同步测试**]

一、单选题

1. 有关沟通中，下列说法正确的是（　　）。

A. 鼓励组织中的正式沟通渠道，消除非正式的渠道

---

① 张力娜. 浅析人际沟通障碍产生的原因及对策[J]. 东方企业文化，2010（15）：172.

B. 各种沟通方式只是形式上的不同，其沟通的效率都是差不多的

C. 全通道是沟通网络，可以使每个人都充分沟通，应该予以提倡

D. 小道消息也是一种沟通的形式，管理者应学会利用其为组织目标服务

2. 我们在倾听的同时，应该（　　）。

A. 该沉默时必须沉默　　B. 让别人的事情直接影响你

C. 当你发现遗漏时，出于礼貌应予以回避　　D. 提前做出判断

3. 各种正式的沟通网络中，下列说法正确的是（　　）。

A. 在解决简单的任务时，应该用轮式的沟通网络

B. "Y"式比轮式多一个更高一级的领导者，"Y"式比轮式高级

C. 因链式沟通的员工满意度比轮式的强，应该用链式取代轮式

D. 全通道式沟通的成员满意度最高，应该予以推广

4. 有关沟通中，下列说法正确的是（　　）。

A. 鼓励组织中的正式沟通渠道，消除非正式的渠道

B. 各种沟通方式只是形式上的不同，其沟通的效率都差不多

C. 全通道是沟通网络，可以使每个人都充分沟通，应该予以提倡

D. 小道消息也是一种沟通的形式，管理者应学会利用其为组织目标服务

5. 沟通中常用的迎候语、致谢语等体现了沟通的（　　）。

A. 理解原则　　B. 相容原则

C. 尊重原则　　D. 平等原则

二、填空题

1. 按沟通的组织结构特征，可分为（　　）和非正式沟通。

2. 信息沟通网络的基本形态有 5 种：（　　）、Y 式、轮式、环式和网式。

3. 沟通的方式主要有书面沟通、（　　）、非语言沟通和电子沟通等。

4 沟通过程中存在许多干扰和扭曲信息传递的因素，通常将这些因素称为（　　）。

5.（　　）是指沟通介体从发送者传达给接受者的途径。

三、判断题

1. 沟通是人们（或人机）之间借助于符号载体，传递信息、思想与感情及其获取理解、反馈的过程。（　　）

2. 沟通渠道是沟通介体从发送者传达给接受者的途径。（　　）

3. 沟通可以解决任何分歧达成共识。（　　）

4. 人际沟通过程是指一个信息的传递者通过一定的渠道把信息传递给接受者，以获得接受者预期反应效果的过程。（　　）

5. 轮式可以看作是将链式形态下两头沟通环节相连接而形成的一种封闭式结构。（　　）

四、简答题

1. 简述沟通的内涵及过程。

2. 简述有效沟通的技巧。

3. 什么是沟通障碍？如何克服？

五、案例分析

斯塔福德公司的信息沟通

斯塔福德航空公司是美国北部一个发展迅速的航空公司。然而，最近在其总部发生了一系列的传闻：公司总经理波利想出卖自己的股票，但又想保住自己总经理的职务，这已是公开的秘密。他为公司制定了两个战略方案：一个是把航空公司的附属单位卖掉；另一个是利用现有的基础重新振兴发展。他自己曾对这两个方案的利弊进行了认真的分析，并委托副总经理本杰明提出一个参考意见。

本杰明曾为此起草了一份备忘录，随后叫秘书比利打印。比利打印完后即到职工咖啡厅去，在喝咖啡时比利碰到了另一位副总经理肯尼特，并把这一秘密告诉了他。比利悄悄地对肯尼特说："我得到了一个极为轰动的最新消息。他们正在准备成立另外一家航空公司。他们虽说不会裁减职工，但是，我们应该联合起来，有所准备啊！"这话又被办公室的通信员听到了，他立即把这一消息告诉他的上司巴巴拉。巴巴拉又为此事写了一个备忘录给负责人事的副总经理马西，马西也加入了他们的联合阵线，并认为公司应保证兑现其不裁减职工的诺言。

第二天，比利正在打印两份备忘录时又被路过办公室探听消息的人摩罗看见了。摩罗随即跑到办公室说："我真不敢相信公司会做出这样的事来，我们要被卖给联合航空公司了，而且要大量削减职工呢！"

这消息传来传去，3 天后又传回到总经理波利的耳朵里。波利也接到了许多极不友好，甚至敌意的电话和信件。人们纷纷指责他企图违背诺言而大批解雇工人，有的人也表示为与别的公司联合而感到高兴。而波利则被弄得迷惑不解。

资料来源：河北农业大学"管理学"精品课程网站，http://taihang.hebau.edu.cn/jingpinke/shengji/guanlixue/anlixiti-jxal.asp.

思考：

1. 该公司内存在非正式沟通渠道，是否有可能将之关闭，如何关闭？
2. 你是否也经常充当一个小道消息的传递者，你认为这样做对吗？

[项目训练]

吉泰保险公司[①]

一、目的和要求

明确沟通中存在的障碍，并能提出进行有效沟通的方法。

二、背景材料

人物：

·冷科长，该公司赔偿支付科科长，男，42 岁，工作认真，性格内向；

·牛先生，该公司赔偿支付科分析员，男，38 岁，业务能力强，脾气倔犟。

中午快下班时，公司老板打来电话向冷科长布置了一项紧急任务，并特别强调要在下午 2 点前办好。于是冷科长拦住了正收拾东西要去吃饭的牛先生，让他利用中午时间把这项急件突击做出来。其实，此工作并不复杂，对牛先生一个业务熟手来说，用一点时间就可以完

---

① 朱林. 管理原理与实训教程[M]. 北京：北京邮电大学出版社，2008.

成，可是他却拒绝了。理由是：午休是职工都应享有的权利，况且自己还有私事要在中午去办。为此两人就这样争执起来。

冷科长与牛先生的矛盾由来已久。两年前曾传在该科前任科长调离时，牛先生是科长候选人，他也认为凭自己的能力和经验当之无愧。但上级却从别的科室调来冷科长，他完全是该科业务外行，且性格也不及原科长开朗热情，总是冷冰冰一副正经而严肃认真的样子。冷科长觉得牛先生由于没当上科长对他充满敌意，而牛先生认为冷科长多半提防他这样经验丰富的人。

前一段时间发生了一件事，更加深了他们彼此间的猜疑、隔阂。

事情是这样的：牛先生突然得了感冒，病得不轻，医生让他休息。到了第四天，冷科长打去电话问他病情如何，若好些就尽快上班，因为单位人手紧，工作有积压。但牛先生感觉自己的病还要继续休息几天。恰巧这天天气好，牛先生出去散步被冷科长遇到了，两人因此有了新的误解。

在此后几周，又出了一件事，科里有个高级赔偿分析员的职位出现了空缺。牛先生肯定自己完全可以胜任此职务，便向冷科长提出申请。但被冷科长拒绝了，理由是：此职位除了要求个人的工作能力外，还要求高度的责任心，而在这方面牛先生表现得太一般。

科里的人都为牛先生打抱不平，让牛先生去找老板反映，但牛先生生性倔犟，自己的要求被拒绝后感到非常丢人，不想说什么。只是希望冷科长在这儿待不长，否则就调离，反正不愿再与他共事了。

现在两人的关系越来越僵。

三、训练步骤

第一步，回顾沟通障碍的相关知识点，分析案例中冷科长和牛先生沟通中存在的障碍。

第二步，面对目前的僵局，冷科长应该怎么做才能扭转局面。

第三步，得出结论。

项目 9　控　制

学习目标

1. 掌握控制的含义。
2. 了解控制的作用及其特点。
3. 理解控制的类型及原则。
4. 掌握控制的基本过程。
5. 掌握控制技术和方法。

9.1　控制概述

［任务导入 9-1］

“巨人”的倒下

某集团曾经是我国民营企业的佼佼者，一度在市场上叱咤风云。该企业以闪电般的速度崛起后，又以流星般的速度迅速在市场上沉落。1989 年 8 月，该企业用先打广告后付款的方式，将其研制的 M -6401 桌面排版印刷系统软件推向市场，赚进了第一桶金，奠定了创业基石。1991 年 4 月，该集团新技术公司成立；1993 年 7 月，下属全资子公司 38 个，成为两大民营高科技企业；但 1997 年年初，各方债主纷纷上门，该集团的资金链断裂，负债 2.5 亿元的领导人黯然离开，集团破产。究其原因，主要是内部控制紊乱。集团有董事会，但形同虚设；由于缺乏必要的财务危机意识和预警机制，债务结构始终处于不合理的状态；集团采用的是控股型组织结构形式，各厂属单位（子公司）保持较大独立性的同时，又缺乏相应的财务控制制度，从而使公司违规、违纪、挪用、贪污事件层出不穷，在一定程度上加速了该集团陷入财务困境的步伐；内部监督制度不完善。

任何一个企业的发展过程中，如果没有绩效评估和控制系统作为后盾，盲目地发展就会导致破产。

资料来源：孙宗耀，荆春丽，周鹏. 管理学基础[M]. 北京：北京理工大学出版社，2022.

任务分析：

1. 理解控制的内涵。
2. 阐述控制的作用。

在管理实践中，组织的内外环境每时每刻都在发生动态变化，为了使这些变化和发展与管理者的预期目标相符合，就需要进行控制，对原先制订的计划做出相应的调整。所以控制是管理活动的一个重要职能，它与计划、组织、领导等是相辅相成、互相影响的，被视为管理链的一个重要环节。完整的控制过程包括确立绩效目标和标准、衡量实际绩效、分析绩效偏差原因、纠正偏差 4 个方面的内容。常用的控制技术有进度表和网络计划技术等，控制方法有非预算控制与预算控制等。

9.1.1　控制的概念

罗伯特·维纳（Nobert Wiener）1948 年创立的控制论、我国科学家钱学森教授 1954 年发表的《工程控制论》等对管理学的发展都产生了重要影响。用控制论的思想和方法来分析管理控制问题使人们对管理控制的认识更加深刻而理性。

有关控制的概念在管理学的论著文献中论述相对较少。

罗宾斯将控制解释为，它是确定各个单位和组织自身，是否有力、高效地获得、利用其资源的监控活动的过程，以及在未达到目标时，是否实施改正行动以达到其目标。为了适应变化的条件和补偿以前的错误，行政人员评价了以前和当前的组织活动，而且他们可以采取行动，不仅修正活动中的实际偏差，而且预防偏差出现。

孔茨认为，管理工作的控制职能是对业绩进行衡量与矫正，以便确保企业目标能够实现和为达到目标所制订的计划能够得以实现。

徐国华认为，控制就是检查工作是否按既定的计划、标准和方法进行，若有偏差就分析原因，发出指示，并做出改进，以确保组织目标的实现。

杨文士认为，控制工作职能意指按计划标准来衡量所取得的成果并纠正所发生的偏差，以保证计划目标的实现。

以上学者对管理控制的界定具有一定的科学性，其内涵主要有以下几个方面：

（1）控制的目的是保证组织中的各项活动按计划进行，实现组织的目标。

（2）控制是管理活动过程中一个重要的职能，与计划、组织、领导等密切相关。

（3）要对计划进行调整。因为组织的内外环境动态变化的特征使组织要不断地调整其原来的计划。

（4）控制是通过“监督”“纠偏”“调整”等手段实现的。

（5）控制是一个循环过程。要确立绩效目标和标准，工作中要进行对照检查，发现偏差，分析原因，进行纠正。控制既是一次管理循环的终点，又是新一轮管理循环的起点，并且不断地重复上面 4 个环节，是一个螺旋式的上升调节过程，直至组织目标的实现。

（6）“纠偏”包含两种情况：一方面是按既定的计划标准来纠正计划执行中的偏差；另一方面是修改计划标准，使计划适合于实际情况。

所以，我们给出如下定义：控制是为了保证组织中的各项活动按计划进行，实现组织的目标，通过“监督”“纠偏”“调整”等手段针对组织内外部环境的变化引起的偏差进行调整，使之与既定的计划相符合或修改计划标准，使计划适合于实际情况的过程。

在现代管理实践活动中，控制是保证计划得以实现、保证组织计划与实际运作动态相适应的重要职能，组织环境的变化、成员工作能力的差异、管理权力的分散等因素决定了控制是管理活动中必不可少的一个环节。只有进行适当的控制，才能使计划工作得以实现，进而使组织效率得以提高。

9.1.2 控制的作用

在现代管理中，控制具有重要作用，主要有以下几个方面：

1. 控制有助于保障计划落实

计划是对组织未来的规划，在执行的过程中，会受到组织外部和内部的影响，如竞争对手可能会在这段时间推出新产品，新技术和新材料也会出现，国家的宏观政策调控，组织内部组织结构的变化，人员的流动，工艺的改进等，势必会影响计划的执行、组织目标的实现。这时有效的控制可以帮助管理者预测这些变化,并对由此带来的机会和威胁做出积极的反应。对计划做出适当的调整，使计划适合于实际情况，以避免或减少工作中的损失，为执行和完成计划起到保障作用。

2. 有助于其他管理职能作用的充分发挥

管理的主要职能有计划、组织、领导和控制等，控制与管理的其他职能密切相连，它们形成一个完整的、不可分割的系统。在管理活动中，计划活动选择和确定了组织的目标、战略、政策等，而在计划执行的过程中，经常遇到一些决策和计划时没有考虑到的新因素，通常采取纠正偏差的行动对管理组织的运行状态进行控制，提高组织与环境之间的适应性，以有效地控制降低环境的各种变化对组织活动的影响。进而确立新目标，提出新计划，改变组织机构，保持或提高管理组织的功能，对组织命令信息的传达、信息的流通、资源的配置等进行调整或重新构建，对人员配备和领导方法做出调整等，从而实现组织目标。

3. 提高组织效率，降低成本

组织目标的实现基于人、财、物等资源的充分合理运用，组织系统没有控制是不可想象的。面对多变的市场，复杂的组织关系，只有通过管理控制，合理调节，才使组织人力资源得以合理应用，组织的生产资源减少浪费，复杂的组织活动协调一致地运作，从而使组织运用效率更高。

其实，管理过程处处离不开控制，正是及时、准确地对管理对象进行有效控制，才使组织运行于良性的轨道。

9.1.3 控制的特点

1. 目的性

控制的目的就是在组织活动中监督各职能工作活动，以便促使组织更有效地实现根本目标。主要从组织内部环境或外部环境中获得信息，以任务为考量标准，找出与目标之间的差距，以不断调整和修正行为，从而达成目标。

2. 整体性

系统的整体性主要表现为系统内部诸要素之间及系统与外部环境之间呈现出的一种有机的联系状态。管理控制覆盖组织活动生产要素的方方面面，包括人员士气与作风、资金成本、物料消耗、工艺程序、产品质量、教育培训等。组织的活动基于这样一个整体，具有自我调节的能力。自我调节能力主要有控制组织中人为的不安全因素、组织结构的自适应变化、财务的预测与控制、资源的合理配置与优化、组织的培训与发展等。值得强调的是，管理控制不仅是管理的职责，而是组织全体成员的职责，控制的对象是组织的各个生产要素。

3. 动态性

实施管理不仅是简单地执行计划，还需要根据因素的发展而变动，解决产生和演化的各种矛盾及问题，以不断地对组织计划进行优化和完善。所以，控制是一个动态的过程。管理控制要求提高控制的适应性与有效性，就是要面对外部环境的变化，针对计划中的不足、计划实施过程中出现的新情况和新问题，采用法制、监督、检查、教育、训练等手段，强化组织管理，在此基础上制定统一的标准规范和程序，并对计划不断地进行细化、落实、调整、修改，以进一步完善更新。

4. 人本性

管理控制是对人的控制并由人来执行，人是管理控制的主体，又是控制的主要客体。在管理控制过程中，要以人为本，以赢得员工对组织的认同感和忠诚度。要充分挖掘人的潜能，要有物质激励和精神激励的机制，要提供个人的各种成长与发展机会等措施。这样的管理控制才更高效，才能充分发挥全体员工的创新积极性。

9.1.4 控制的基本类型

控制的类型是多种多样的，从不同的角度可以对控制做出各种不同的分类。根据控制信息获取过程来划分，可以将控制分为前馈控制、现场控制和反馈控制，这是组织中最常用到的控制类型；根据确定控制标准的方法划分，可以分为程序控制、跟踪控制、自适应控制、最佳控制；根据控制的手段来划分，可以分为直接控制和间接控制；根据业务范围来划分，可以分为生产控制、质量控制、成本控制和资金控制等；根据控制的性质划分，可以分为预防性控制、纠正性控制等；根据管理者的控制方式来划分，可以分为集中控制、分散控制、分层控制等。这里我们主要介绍前 3 种分类。

1. 根据控制信息获取过程来分类

根据控制信息获取过程，可以将控制分为前馈控制、现场控制和反馈控制，这是组织中最常用到的控制类型。

[案例]

扁鹊（公元前 407—310 年），战国时医学家。他家兄弟三人都精通医术。一天，魏文王问扁鹊他们家谁的医术最高明，扁鹊不假思索地说，他大哥最好，中兄次之，他最差。文王追问是什么原因。扁鹊说他长兄治病，是治病于病情发作之初，由于大家不知道他事先就能铲除病因，所以他的名气无法传出；而他中兄治病，是治病于病情刚刚开始之时，他手到擒来，所以大家认为他只能治小病，所以他的名气只在乡里；而他自己治病一般是病情严重之时，人们常看到他在病人经脉上穿针管来放血、在皮肤上敷药等大手术，所以就认为他医术高明。

扁鹊的话反映他谦逊的品质，更反映了管理学中的控制问题。他大哥采用的是前馈控制，他中兄采用的是现场控制，而他自己采用的是反馈控制。

（1）前馈控制。

前馈控制又称预先控制或事前预先控制，是一种“防患于未然”的控制。它是在工作开展之前就认真分析研究进行预测并采取防范措施，将可能的偏差在事先就可以解决的控制方法。工作重点并不是控制工作的结果，而是要提前采取各种预防性措施，要掌握及时和准确的信息，并进行仔细和反复预测，把预测结果与目标相比较，并对计划进行修正，预防或尽可能地减少偏差的出现，把偏差带来的损失降到最低程度。事前控制实施要求的条件比较高，但效果好，易于实施。由于计划面临许多不确定因素，即使进行了前馈控制，也不能完全保证结果符合计划要求，所以仍然要对计划执行结果进行检验。俗语“饱带干粮晴带伞”就是一种前馈控制。在管理实践中，如企业为了开发一种新产品，首先对消费者的实际需求进行的市场调查，就属于前馈控制的范畴。

（2）现场控制。

现场控制又称同步控制或同期控制，是一种在工作进行之中同步进行的控制，主要是基层主管人员通过深入现场亲自监督、检查、指导，以保证组织的各项活动按既定的计划进行的控制。其特点是在工作过程中进行，一旦发生偏差，马上予以纠正。现场控制过程中，应注意以下几个问题：① 要授予管理人员相应的权利，使他们根据现场的实际情况迅速做出战术决策；② 对管理者的素质、能力有一定的要求；③ 控制标准要明确和具体。现场控制缺陷主要是管理者会受到时间、精力、业务水平的制约，也会影响被控制者的工作积极性和主动性。在管理实践中，对产品的质量控制，如对产品进行现场抽检，就属于现场控制的范畴。

目前，随着计算机及网络技术的发展，现场控制的含义发生了变化。现场控制可以由计算机来执行。这种实时控制在管理中得到广泛的应用。例如售票系统，通过计算机软件及网络能实时地对发车班次、路线、售票情况进行动态查找。再例如，管理信息系统（MIS）如今在很多企业也得到了广泛应用，通过 MIS 对生产销售、人事、财务等信息进行实时动态管理。

（3）反馈控制。

反馈控制又称事后控制或事后反馈控制，主要是分析工作的执行结果，将它与控制标准相测量、比较、分析和评价，发现存在的偏差，分析其原因和对未来的可能影响，依此采取措施，以防止偏差再度发生，并以此作为改进下一次工作的依据。

但事后控制自身也存在着缺陷：① 实施矫正措施之前，已造成损失；② 时间滞后性。控制的主要作用是要通过总结过去的经验和教训，为未来计划的制定和活动的安排提供借鉴，以确保组织计划的实施进入良性循环的轨道。成语“亡羊补牢”是反馈控制最好的示例。在管理实践中，员工的绩效考评，就属于反馈控制的范畴。

2. 根据确定控制标准的方法划分

根据确定控制标准的方法，可分为程序控制、跟踪控制、自适应控制、最佳控制等。

（1）程序控制。

程序控制就是对经常性的重复出现的业务，要求管理者按规定的标准化程序来完成，以达到控制目标和要求。这是一种预期量预先知道的反馈控制，根据时间先后顺序严格按照预先规定的程序进行，所有的主要业务活动都要建立切实可行的程序。在管理实践活动中，大量的管理工作和生产流程等都属于程序控制。例如，计划编制程序、统计报告程序等按事前规定的程序进行。

（2）跟踪控制。

跟踪控制是管理的一项重要活动，运用跟踪所提供的信息使实际业绩与计划相一致的具体行动，贯穿于管理生命周期的全过程。控制主要着眼于项目的 3 个因素：质量、成本和时间。通过跟踪及时了解计划的实际执行情况，为管理者提供当前真实情况，并判断其是否沿着计划所期望的轨道进行。如果状态偏离了期望的轨道，如工作量或进度偏离了规定值，则应采取纠正措施，改进过程性能，使风险得到有效控制，必要时还要修正计划。例如在项目管理中，项目跟踪活动的主要方式有个人工作周报、项目组周报、召开项目例会、举行里程碑评审等，根据这些跟踪方式来收集的数据，对项目进度进行及时更新，必要时还要对项目计划进行调整。

近年来，随着科技的进步，资产跟踪管理系统应运而生，它能帮助管理部门和财务部门随时动态地掌握资产信息，对资产进行日常核算、盘点等管理工作。例如加拿大 GAO RFID INC 开发了基于 RFID 技术的资产跟踪管理系统，提高了管理的工作效率。

（3）自适应控制。

自适应控制是根据目前已经达到的状态，还有过去的历史，通过学习和总结经验进行控制的方法。企业的生产经营活动面临工作条件和外部环境经常发生变化，管理者要根据过去组织所处的外部环境和内部的状态，及时运用直觉经验和理性判断对计划的实施情况做出判断、修正，以达到预期的目的，从而确保组织目标的实现。

（4）最佳控制。

最佳控制是指在给定的约束条件下，寻求一个控制系统，使给定的被控系统性能指标取得最大或最小值的控制。这里的控制标准是一个最大或最小的值。进行最佳控制必须要具备 3 个条件：① 系统的性能指标；② 约束条件；③ 优化的机制和方法。例如企业的产出利润最大化、生产成本最小化、用最短的运输路线等，就是属于最佳控制的范畴。但要注意的是，在实际管理实践中，优化控制不可能十全十美。例如，企业在经营活动中，既要考虑经济效益，又要考虑生态效益，还要考虑社会效益，相互之间要统一，目标要兼顾；再例如，有的地方政府为了 GDP 指标而不顾环境污染，这两者之间是矛盾的。所以最佳控制有时只能是相对满意的控制。

3. 根据控制的手段来划分

根据控制的手段，可分为直接控制和间接控制等。

（1）直接控制。

直接控制是指由控制者与控制对象进行直接接触而实施的控制方式。直接检查操作者是否按照规定要求执行，操作要求和规则必须完全科学、正确。

管理者的素质越高，就越不需要进行间接控制。他们能应用管理的原理和技术方法，以系统的观点来实施管理，能觉察到存在的问题，并能及时采取纠正措施。例如，作业人员一边观察机械运行状态，一边调整作业计划；上级主管人员对下级任务的指派及完成情况的检查等属于直接控制的范畴。这种控制一边观察成果的反馈，一边采取合理的修正。其优点是：① 通过直接控制，使质量得到保障；② 节约管理成本。缺点是：① 信息太多，要求管理人员的素质更高；② 忽略组织中人的因素，不利于下级员工积极性与主动性的充分发挥。

（2）间接控制。

间接控制是指控制者与控制对象之间不直接接触，而是通过中间媒介行为对下级员工进行的控制方式。这里的中间媒介常常是指适当的授权、运用经济杠杆等。在管理活动过程中，上级主管人员适当的授权不能过度放权，否则会造成管理的失控。间接控制运用适度、策略的管理方式和手段，如运用经济杠杆等方式，来有效地控制下级员工的行为。这样才能更有效地纠正管理上的失误和偏差，增加主管人员的知识经验和判断能力，提高管理的效率。例如，在管理实践中，对产品的质量进行检验，作为管理者来讲，如果更注重的是结果而非过程，就是间接控制。

9.1.5 有效控制的原则

管理的成效往往取决于有效的控制，实施有效的控制一般应遵循以下几个基本原则：

1. 标准原则

标准是指为在一定的范围内获得最佳秩序，对活动或其结果规定共同的和重复性使用的规则、指导原则或特性文件。在管理活动中，需要有明确的控制标准，是控制活动的依据。控制如果没有标准，会受到管理者的个性、经验等主观因素的影响。只有客观、科学的控制标准，而且标准越全面、越具体越好，控制才越有效，才能使管理过程中出现的偏差得以有效的控制，弥补人的主观因素的局限。控制的标准必须是合理的而且能够达到的，不能太高，否则对员工会起到消极作用。制定标准是一项复杂性很强的工作，直接关系到组织与广大员工的利益，要做到实事求是，制定出来的标准就应该富有挑战性，能够激励员工。

2. 适时原则

一个完善、有效的控制系统必须能提供及时的信息。在未出现偏差之前，就能够预测出现偏差的产生原因并采取对策；在有效控制时，一旦发生偏差，能够迅速发现并及时纠正，从而把损失降低到最低限度。如果信息过时，则是毫无用处的，所以管理控制的适时原则要求组织运用现代计算机技术，建立管理信息系统（MIS），使管理者及时动态地掌握组织的人、财、物等资源的状况，及时地做到防患于未然。

3. 关键性原则

在管理控制过程中，把计划活动过程中起关键作用的因素称为关键因素，它的干扰作用最大，并且最急需解决，只有控制了关键因素，控制才能取得成效，才能控制住全局。关键性原则体现在控制过程中抓主要矛盾的辩证思想，对整个衡量工作过程和结果影响较大的因素有重点目标、关键技术、宏观政策等。只有抓好关键因素，才能掌握系统整体运行状态，才有利于发现问题，及时纠正，起到控制一点而控制全局的功效。

4. 灵活性原则

在管理活动中，计划在实现目标的过程中不会是一帆风顺的，在执行中经常遇到意外情况，管理者就要做出相应的对策，保持或改变控制对象的某种状态，要实现预期目标，就需要在设计管理控制系统和进行控制工作时保持一定的灵活性，要随时根据企业内外部条件的变化，调整控制的方式、方法和标准，以适应各种不利的变化，或利用各种新的机会，整个控制体系能够随环境的改变而动态地更新。要通过预测产生偏差的影响因素，拟订纠偏方案，使计划保持一定的弹性，以应对突发环境变化及故障的出现，使管理控制富有成效。

5. 经济性原则

经济性原则是指通过控制所获得的价值必须大于它所消耗的费用。控制活动要考虑投入产出，要努力寻求以较少的投入取得最佳效果的控制方式。这是一条基本原则，不符合这个原则，管理者的控制活动就失去了意义。它与最佳控制相对应，指在一定约束条件下，使给定的系统的产出达到最大或最小值。管理者要对控制条件、控制技术与方法、控制手段等做出正确的决策，采用最小的控制成本，达到最佳的经济效益。经济性原则要求，纠正偏差的成本应该小于偏差本身带来的损失，从而保证既达到了有效控制，又使控制费用最少。

9.2 控制过程

[任务导入 9-2]

控制过程就是控制结果

结果是过程导致的，什么样的过程导致什么样的结果。因此，控制了过程就控制了结果。

以往我们都认为，只要结果是我们想要的又何必去管过程是什么样的。现在来看，这种观点明显是错误的、荒谬的。当然，也并不是说反对控制结果。因为对结果进行相关的分析，我们可能就会发现一些问题，并能找到一个有效的解决手段，进而取得一个令人满意的结果。但这里值得注意的是，我们在质量管理中要谨防员工刻意瞒报相关信息和过程控制不透明所产生的巨大影响。因为这会导致整个过程失控，使结果差强人意。

一般情况下，我们都是以“结果为导向”的，只要我们的工作能取得让我们满意的结果就可以了。如果一味地只看重结果，而不重视过程控制，可能会引发“事后诸葛亮”的效果。因为结果是通过过程取得的。而结果具有时间滞后性，不控制过程很难保证结果的可靠。没有经过长时间的生产过程，必然不会有所谓的结果产生，要保证质量就必须控制过程。

质量管理强调过程控制，而控制过程特别强调控制生产过程的每一个步骤、每一个环节，甚至每一个员工。可能很多人都遇到这样一种情况，在生产工作进行的时候，有些员工害怕承担责任，将自己工作失误引发的质量隐患瞒报下去，不及时向质检人员汇报，无法做好各种补救措施，导致损失产生。因此，公司应鼓励员工及时发现了解生产过程中可能发生的问题，以及这些问题该如何解决，同时应要求员工向公司汇报各自所掌握的信息，在自己的工作中常常碰到的各种问题等。

过程控制要求做到对每一个步骤、每一个环节甚至每一个人的控制，同时，过程控制更强调制度化的管理和标准化的生产。因为这样将会有效避免同一个错误不断发生，以及预防可能发生的错误，尽可能将公司的损失降到最低。

在制度化和标准化的环境里工作，一个平凡的人也可以干出不平凡的事业。只要按照相关规章制度行事，就可以有效地避免失误，进而取得意想不到的骄人成绩。

资料来源：管理与质量. 质量管理，控制过程就是控制结果[J]. 网印工业，2021（7）：39-40.

任务分析：

1. 认识控制的基本过程。

2. 质量管理为什么强调过程控制？

控制是一个过程，它贯穿于整个管理活动的始末。控制活动是一种具有特殊规律的管理过程，基本目的是保证经营成果尽可能地贴近已建立的目标。在组织目标的实施中，控制是根据计划的要求，设立衡量绩效的标准，不断地在计划与实施结果之间进行比较，以确定组织活动中出现的偏差及其严重程度，并找出这种差距的原因和制定新的改进措施，以确保组织资源的有效利用和组织目标的圆满实现，就是整个控制过程。控制的对象一般都是针对人员、财务、作业、信息及组织的总体绩效。控制的过程基本上都是相同的，都包括确立衡量绩效目标和标准、衡量实际绩效、分析绩效偏差原因、纠正绩效偏差 4 个环节。4 个环节相互依存、缺一不可，构成了一个封闭的循环。控制的基本过程如图 9-1 所示。

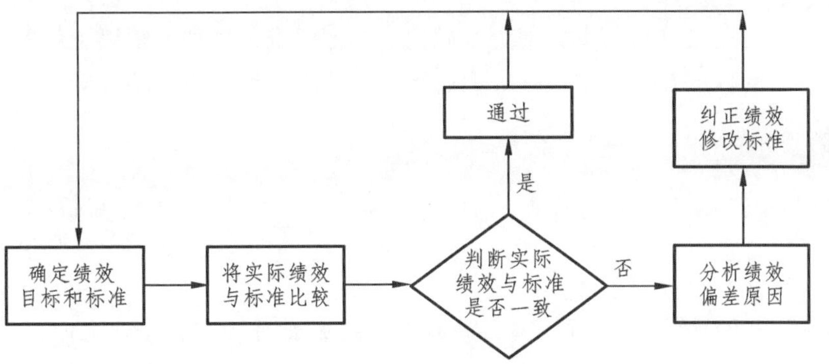

图 9-1　控制的基本过程

9.2.1　确立绩效目标和标准

标准是评定工作成绩的尺度。要控制就要有标准，目标和计划是控制的总标准，控制标准是控制能否有效实施的关键，没有切实可行的控制标准，控制可能只能流于形式。所以管理控制的起点理应从确立标准开始。确定标准是管理目标的具体化，必须要根据目标要求，制定出一系列控制点上满足目标要求的具体标准，如成本标准、收益标准、产品标准、服务标准、工时标准、废品率标准、利润标准等，并将它们置于管理控制系统的各控制点上，作为比较过去、现在和将来行动的准则。标准的特点是：① 要简明，易懂；② 要有适用性；③ 可行性；④ 要具有一定的可操作性。标准有两种作用：① 为计划执行提供明确的规范；② 为计划的执行情况提供比较依据，有利于发现问题。

控制标准的制定主要有 3 个方面的内容：① 确定控制对象；② 选择关键控制点；③ 制定控制标准。

1. 确定控制对象

在管理控制过程中，一定要找出影响组织目标实现的主要因素作为控制对象。这些主要因素包括：关于环境特点及其发展趋势假设、资源投入、组织活动过程、协作关系方面等；在工作成果难以标准化的管理活动，可将工作者的素质和技能作为主要的控制对象；而对非管理岗位的员工，则适宜运用绩效标准法的指标。

2. 选择关键控制点

关键控制点又称战略控制点。组织有效的行为会导致成功，而无效的行为往往会导致失败，有效或无效的行为就是我们要选择的控制的关键点。在管理活动中，管理者不可能对所有的管理活动都进行控制，而是要选择主要的关键性的环节作为控制对象，把处于关键点的工作预期成果作为控制标准。如企业中的成本核算、盈利率、生产率、市场占有率等。选择关键点要注意以下几个方面：① 影响整个工作过程的关键性事项；② 在重大损失出现之前显示出差异的相关事项；③ 反映组织主要绩效水平的控制点。

3. 制定控制标准

控制的对象不同，建立控制标准的方法也不一样。制定控制标准常用的方法有统计性方法、经验估计法等。

（1）通过统计建立标准。

以反映各个时期状况的历史数据为基础建立控制标准，这种方法以史为鉴，由过去的数据规律来推论出的标准有一定的依据。但由于数据陈旧、数据不完整性等，所以有一定的局限性。

（2）定量分析建立标准。

在对员工的操作动作、机器转速、时间分析基础上，通过对工作结果进行客观定量分析，将以此作为控制标准，由此及彼，具有一定的科学性，但也存在数据来源的局限性。

（3）根据经验估计建立标准。

在管理中，有很多工作不可用数据来衡量，特别是管理工作、从事服务行为工作的质与量，有时是无法进行定量分析的，往往依靠管理者的经验、主观判断来建立相对合理的控制标准，一般是在缺乏充分的数据资料情况下采用，其不足之处是主观色彩的缺陷比较明显。

控制系统中的标准，一般分为定性和定量两个方面。定量标准有实物标准、价值标准和时间标准等，其中实物标准有废品的数量、产品的数量、销售量、原材料消耗定额等，价值标准有销售收入、利润、产品合格率等，时间标准有工时定额、交货期等。定性标准主要体现在服务质量、组织形象等方面，如企业的基本制度、计划管理制度、责任制度等。例如麦当劳的黄金准则是“顾客至上，顾客永远第一”。提供服务的最高标准是质量（quality）、服务（service）、清洁（cleanliness）和价值（value），即 QSCV 原则。麦当劳的黄金准则属于服务质量标准的范畴。

在管理实践活动中，最常用的标准有时间标准、质量标准、数量标准和成本标准等。

9.2.2 衡量实际绩效

在确定标准以后，为了确定实际工作的绩效，就要衡量绩效。衡量绩效就是按照标准衡量工作实绩达到标准的程度，将实际工作成绩和控制标准相比较，对工作做出客观的评价，其实也是控制当中信息反馈的过程。衡量实际绩效时，管理者首先需要收集必要的信息，再运用衡量方法，通过发现工作实绩与标准之间的偏差，为进一步采取控制措施提供准确的信息。衡量绩效结果的好坏取决于管理者是否掌握了实际工作成果的真实信息。所以在衡量实际绩效时，首先要搜集反映实际绩效的信息；其次要运用适应的衡量方法；最后要比较实际绩效与标准，找出差距。

1. 信息的获取

在实际管理实践活动中，管理者获得信息的途径主要有两个：一是组织已制度化的各种财务报表和内部报告制度等；二是通过管理者的观察、检查或听取下属汇报而获得的信息。

因此，在衡量绩效的过程中，要保证信息的及时性、有效性和可靠性等。信息要满足以下几个方面的要求：① 信息要正确，要客观地反映实际情况，只有正确的信息，才能保证使用信息的人做出正确的判断；② 信息要适度，过多或过少的信息都不能对工作绩效做出正确的评价，信息过多，容易造成干扰，信息过少，则无法说明问题；③ 信息要及时，信息只有在管理者与员工之间及时地流通，衡量绩效才有效率；④ 获取信息要讲究经济性，要使信息的获取够用适度，过多的信息会起干扰作用而且不经济。管理人员只有掌握相关信息，才能做出客观公正的、实事求是的绩效评价。

2. 衡量内容

在管理控制过程中，主要选择一些关键点作为控制点，以作为衡量的内容，而不是对计划实施的所有步骤都要进行控制。

确定关键点需要管理者具有丰富的经验和敏锐的洞察力，也就是要求管理者具有特别强的概念技能。例如，组织要对产品研发领导小组组长的能力进行衡量，因为能力与业绩有显著的差异，业绩是外在的，而能力是内在的，难以衡量和比较。所以选取关键控制点设在员工工作过程中显示和发挥出来的能力上，如他在工作中的判断指令是否正确、迅速；协调上下级关系是否得体、有效等。可依据员工的行为和表现，参照标准或要求，来评价他的能力发挥得如何，评判其能力是大是小、是强是弱等。由此可见，关键控制点一般是计划实施过程中起决定作用的点，或者是导致出现偏差的点等。

3. 衡量方法

在进行绩效衡量时，要根据组织的环境和条件，衡量用什么方法应根据具体情况具体分析。一般采用口头汇报、书面汇报、直接观察、观察量表等方法。

（1）口头汇报。

管理者常常要运用口头汇报的方式和上级或下级进行沟通。在进行绩效衡量时，口头汇报者不应夸大成果，而应多摆事实，将基本情况说清楚。

（2）书面汇报。

书面汇报是以报告的形式，描述绩效的成果，如工作总结、有关的统计报表、员工的行为考核报告等。优点是比较全面和准确，易于保存；缺点是时间上的滞后性。

（3）直接观察。

直接观察是指管理者亲临现场，如采用调查访问、现场观察等方法获取信息。管理者亲自了解实际情况，在现场发现问题，管理者凭借工作经验和实际能力解决问题，所以这种方法的效果较好。

（4）观察量表。

观察量表法是管理者根据某一工作情况发生频率或次数的多少来对被评定者打分。如：

从不（1 分）、偶尔（2 分）、有时（3 分）、经常（4 分）、总是（5 分）。对不同工作情况的评定分数可以相加得到一个总分数，也可以按照工作情况对工作绩效的重要性程度赋予不同的权重，经加权后再相加得到总分。总分可以作为不同员工之间进行比较的依据。运用观察量表的方法能克服管理者的主观因素对绩效评价的影响。

9.2.3 分析绩效偏差的原因

绩效与标准之间如果存在偏差，那么必定有其原因。所以，要对造成偏差的原因进行深入、透彻的分析，为“对症下药”地制定纠偏措施提供根本保证。

在具体的管理系统中，绩效偏离标准的原因主要来自 4 个方面：

1. 组织外部环境的变化影响

影响组织计划规定的目标难以实现，如国家宏观政策的调整，国家调控提高企业女性员工的就业比例，改变原有的男女员工就业比例结构。根据劳动经济学分析知道，因政府政策限制，势必会造成新的成本增加。这时只要政府没有相应的补贴，企业所增加的成本则由自己承担，从而迫使企业的产量会随着需求减少而调整组织目标。这是一个组织的管理者无法左右的现象，只能采取措施，调整组织的计划目标，使计划与组织的外部环境相适应。

2. 控制标准本身不合理

如果制定的控制标准脱离实际，要求过高，脱离现实条件，超过了员工可接受的程度范围，必定会造成结果与标准之间的偏离，使偏差产生；再如关键控制点没有选择好，控制成效作用就不会很大；如果是搞错了控制对象，则整个控制就不是误差问题，而导致整个控制的失败。

3. 控制力度不当

控制力度不当主要表现在以下几个方面：① 管理者的主观认识上的问题，如指挥不力，调节失度，资源的配置不太合理，对控制系统造成了不良影响；② 绩效的信息不太畅通，势必影响控制的效率；③ 没有综合运用衡量方法，单一的衡量方法也会对控制产生影响，进而会控制误差的产生。

4. 控制对象的内部结构不合理

组织结构是组织功能的基础。控制对象的内部结构是否合理，直接影响运行结果与预期的标准是否一致。在管理控制系统中，其结构或内部运动状态一无所知的对象被称为“黑箱”。它对应着组织的内部结构不清楚状态。如市场上商品的销售活动，我们只看到其现象，不清楚其内在状态。这时人们往往只看问题的输入与结果。人们多次以输入来影响控制对象，并从控制对象的输出中，归纳和总结输入与输出之间的规律。从经济角度来讲，代价很大，成本高。控制对象的内部结构不合理，势必会更多次地从“输入”“输出”归纳总结规律。所以我们要将“黑箱”变成“白箱”，建立起科学、完善的控制系统。充分认识控制对象的内在结构，从而使偏差减小，甚至消除。

在分析偏差原因时，一定要采取科学的态度，深入实际调查研究，找出影响控制系统有效运行的主要因素，以便“对症下药”，采取控制措施，使控制成果富有成效。

9.2.4 纠正绩效偏差

通过分析绩效偏差原因，获得偏差信息后，管理者就要采取果断的措施进行纠偏，使控制对象与预期状态一致，这是控制活动具有实质意义的关键步骤。通过纠偏，重新调整组织计划，调配组织人、财、物，更新标准等。

1. 矫正措施的种类

具体矫正措施有两种：一种是“治标”，是立即执行的临时性应急措施；另一种是“治本”，是永久性的根治措施。对于那些迅速、直接地影响组织正常活动的急性问题，应该采取第一种矫正措施。

在一般的组织绩效偏差活动中，应采取治标与治本并重的策略。

2. 选择恰当的矫正措施

一般来说，可以根据不同的情况，分别采用以下措施：

（1）针对组织面临外部环境的变化，做出矫正策略。

组织面临外部环境的变化、历史的因素等，势必给组织目标的完成造成一定程度的影响，影响的大小其实就是偏差，要根据外部环境的具体情况，做出不同的应对策略。如国家要调控提高企业的女性员工的就业比例，企业部门就要减少生产产量，以弥补因政府政策限制而造成新的成本增加。调整组织的计划目标，使计划与组织的外部环境相适应。

（2）修改或重新制定标准来矫正偏差。

通过修改或重新制定标准来矫正偏差。如果客观条件不具备，如果制定的控制标准脱离实际，要求过高，通过努力仍达不到预期目标，或与预期目标差距较大，这时要修改或重新制定新的目标，更新标准来纠正实际执行过程中出现的偏差。值得注意的是，工作完成情况基本达到原来的目标，只有很小的误差，只要通过适当的措施调整就能达到原来的目标。在这种情况下，最好是维持原来的标准。

（3）增加控制力度来矫正偏差。

针对主观认识上存在的问题，首先要转变管理者的思想观念，运用激励手段提高管理人员的效率；通过鼓励士气、调动积极性等手段，让员工了解管理者的意图，满足员工的欲望，提高员工的满意度。在管理控制过程中，要特别注意消除执行者的疑虑，以争取更多人的理解、赞同和支持，从而有利于控制。针对绩效的信息不太畅通的情况，要建立合理的畅通机制，消除影响偏差的噪声因素等。另外，绩效的衡量要针对问题的具体情况，综合运用科学的衡量方法，使偏差消除在萌芽状态。

（4）通过改善组织功能来矫正偏差。

组织结构是否合理，是影响偏差的一个重要因素。如果组织岗位设置、职务分配、划分责权等不科学，就要优化设置等级、结构比例等，进一步明确岗位职责与任职条件，做到人事匹配、责权对等，从而提高管理者与员工的素质、增强人们的工作责任心，保证在管理控制过程中，控制的效率得到进一步的提高，达到矫正偏差的目的。

控制是一个动态的过程，它贯穿于整个管理活动的始末，包括确立衡量绩效目标和标准、衡量绩效、分析绩效偏差原因、纠正绩效偏差 4 个环节。4 个环节相互依存、缺一不可，构成了一个封闭的循环。然而采取矫正措施以后，并不意味着控制程序就结束了，纠正后继续要进行绩效衡量，进入下一个控制循环，如果还有偏差再继续纠正，直至消除偏差。所以控制过程是一个周而复始的过程，也是一个螺旋式的上升过程。

9.3 控制的技术和方法

［任务导入 9-3］

生鲜单品成本核算与成本控制战略

超市经营管理的基础之一是标准化管理，而超市生鲜管理中，非标准生鲜品及其加工过程与高度标准化的超市管理要求之间形成了很大反差，使生鲜区管理面临一系列的难题。损耗控制就是生鲜经营的难题之一。从表面来看，它是生鲜卖场的管理问题；再进一步说它与生鲜经营成本核算方法相关；如果上升到生鲜供应链管理的高度，大处着眼则是怎样整合规模经营的连锁企业各方面的资源，从生鲜供应链管理战略上寻求整体生鲜经营运作成本最优的控制和把握。

一、生鲜商品成本核算

由于生鲜商品涉及其本身的特性和生产加工过程，所以生鲜商品在成本核算环节存在诸多困难。按照超市生鲜经营商品分类状况，生鲜商品成本核算面临的问题各不相同，大致可以分为 3 种情况：

（一）自制生产加工产品

超市生鲜区自制生产加工的产品包括熟食制品、半成品配菜、面点和大众主食厨房类产品，还有肉禽类产品和少量水产品，按照加工方式的不同主要包括两大类：

组合加工类生鲜商品：主要指熟食制品、半成品配菜、面点和大众主食厨房类产品等。由于需要使用各种相关原料经过加工生产流程转化为某一固定产品，成本也随产品经过“由多到一”的组合过程，所以称为组合加工类生鲜商品。因每个单品的原材料配方、加工方法和产品生命周期不同，与同类竞争产品的价格可比性不大，很容易形成差异化经营优势并取得较高的销售毛利，因此它是生鲜经营重点发展的经营项目之一。

分拆加工类生鲜商品：主要指肉禽类和水产品等，相对完整的屠体进场后要经过分割成为特定的销售单品定价销售，成本随产品经过“由一到多”的分解过程，因此称为分拆加工类生鲜商品。由于是顾客购买频率最高的基本生鲜品类，价格敏感度比较高，在生鲜商品结构上也比较容易出现同质化倾向,但它却是超市生鲜区必须经营而且必须经营好的重要项目。

（二）蔬果类农产品

由于生鲜区中部分水果蔬菜品种随行就市，价格波动和变化较大，顾客对价格的敏感程度较高，需要经常做出价格调整，调整越及时迅速，因调价速度而产生的核算难度和工作量就越大。另外，因保质期短，损耗极易发生且频繁出现，损耗随时记录有难度，所以果蔬商品管理水平对成本核算也有一定影响。

（三）供应商商品

供应商商品主要包括供应商制作的面包、点心和日配商品，由于可以作为标准化产品进行正常的采购谈判，其成本核算与控制相对容易把握。

目前生鲜经营的平均毛利相对较高，其中又以自制生产加工产品的毛利最高，而成本核算的难点也恰恰在这些品类上。现就组合加工类和分拆加工类生鲜商品成本核算的主要问题介绍如下：

组合加工类生鲜商品以自制面包和主食厨房产品、熟食和半成品配菜等加工部门为主。在成本“由多到一”的转化组合过程中，加工生产过程的标准化程度对成本核算的准确性有着至关重要的作用。自制面包、主食厨房产品和半成品配菜由于配方和加工生产的标准化程度较高，只要标准配方制定出来，制作过程管理到位，其成本核算可以相对稳定，并能够将损耗和误差控制在可接受的范围内。而熟食中的中式熟食和快餐等品种，由于从配方到生产制作过程的标准化程度不高，受制作人员操作的影响比较大，下料和配方误差导致成本核算的浮动性较大，所以始终是一个管理难题。

加工制作标准化问题并不是超市生鲜区所独有，实际上在国内快餐和餐饮行业中已经为此争论了多年。西式麦当劳连锁快餐店标准化运作和中式餐饮非标准的个性化风格之间的争论，实际上反映了各自饮食文化上的差异。但对于强调管理规范和标准化的连锁超市经营来讲，生鲜加工的标准化是规模化连锁经营和提高管理水平的基本前提。

分拆加工类生鲜商品多集中于肉类部和水产类，在成本核算上主要问题一方面受到来自生鲜供应链上游非标准化商品原料的影响比较大，如猪源在品种和等级上能否保持稳定性；另一方面是操作人员在分拆加工时作业标准化程度；最后是准确的、与市场价格相适应的“由一到多”的成本分配模型。只有3个方面都能得到有效控制，分拆加工类生鲜商品成本核算的误差才能变得可以把握。

二、生鲜单品核算的管理前提

实际上，无论分类核算还是单品核算，准确性的提高都存在着管理前提（如同电脑管理系统和管理保障的关系一样），如果没有高水准生鲜管理体系的配合，任何成本核算方式的准确性都不会太高，核算方式方法的讨论也就失去了意义。

从日本等生鲜经营精细化程度较高的国家来看，其发展历程中都经过了管理标准化和规范化的过程，作为管理前提的高水准生鲜管理体系必须有效地解决3个关键问题。

（1）建立加工原料和自制产品的标准体系。由于来自生鲜供应链上游原料非标准化的影响，这种影响会在未来一段时间给标准体系建立带来不小的困难。但作为生鲜采购人员要了解各种商品及原料的品质属性、用途和市场行情，在力所能及的范围内逐步制定相关专业标准，降低非标准化给生鲜加工带来的直接影响。

生鲜采购人员针对自制和分拆加工产品要制定产品配方，无论是自己做还是与委托开发制定，并在试制基础上视察掌握成品率和损耗情况，测算产品加工成本，最终确定产品配方标准和成本标准。在实际工作中，相关管理人员可以依此检查核对部门毛利状况。

（2）标准化的加工流程和操作手册。生鲜经营者要十分熟悉自制和分拆加工产品的生产工艺流程，按照不同商品分类制定出标准化的加工操作手册，对本部门每一个单品的配方和加工制作过程做详细说明，并进行必要的现场加工培训，定期跟踪检查，以确保现场操作人员执行手册标准的工作质量。

（3）成本核算方法。准确的成本核算依靠稳定的数据来源，需要适用数学模型和算法，需要一定的数据分析和处理能力。因此电脑管理系统的配合就显得十分重要，它有助于改善生鲜经营管理，而现在电脑管理系统在生鲜经营中的应用水平确实微不足道。

只有生鲜管理体系中标准化的算法、操作手册和加工作业才能产生标准化的产品，有标准化的产品才能够完善生鲜商品的质量管理，才能够做出准确的成本核算，进行成本分析，并发现问题，挖掘潜力。将问题控制在一定的范围内，并在稳定的基础上逐步探讨进一步的解决方法。通过前期周密的准备工作、准确的计算和后期细致的管理、严格的操作共同达到生鲜区的成本管理目标。

就目前生鲜经营的内外部环境和实际运作状况来看，100%的实行单品核算是否具备条件，或者在现有条件下推行生鲜单品核算的投入产出比（包括为此所耗费人财物等）是否理想，这些尚值得深入探讨。比较现实的策略是根据连锁企业的实际情况，在生鲜分类核算和单品核算之间寻求过渡模式，即首先做到单品进货收货和单品销售，按小分类做成本核算；其次在能够做到单品核算的商品分类推行单品核算管理,难度较大分类推行小分类核算方式，逐步缩小问题范围，加大核算透明度；最终在条件完全具备的情况下全面推行单品核算。

三、生鲜供应链的成本控制战略

当前，生鲜经营成本控制中探讨的热点多集中于超市生鲜区内部的管理方法上。随着企业连锁规模的不断扩大，从与企业生鲜供应链相关的资源整合和优化配置角度控制生鲜经营整体运作成本，这是另一个特别需要连锁企业关注的成本控制战略问题。

前几年的大卖场以单店生鲜区独立投资经营为特点，而规模较小的标准食品超市生鲜区的单店现场加工能力相对较差，但无论何种业态一旦连锁店铺数量增多，对后台生鲜加工配送环节的依赖会明显加强，整体投入产出效益和成本控制就成为决策者关注的焦点，解决办法就是建立生鲜加工配送中心，以此解决连锁经营状态下的生鲜区各种资源合理配置；同时在不影响生鲜区现场经营氛围的前提下，将原来生鲜区“前店后场”形式中的加工环节和销售环节适当剥离开来，把分放在各个店铺中的加工成本控制和核算等一系列管理难题向后台的“生鲜加工配送中心”转移集中。这样一方面可以大大简化生鲜卖场的销售管理；另一方面在“生鲜加工配送中心”的产品加工可以采用工业生产管理手段，对产品开发、验收标准把握、品质和成本控制、门店库存控制等一系列管理环节具有很大的推动作用。

由此可见，生鲜加工配送中心建设越来越成为从整体上控制生鲜经营成本的重要步骤，也是规模经营下迫切需要解决的战略问题。

资料来源：李俊杰. 管理学题解精粹[M]. 武汉：湖北辞书出版社，2003.

任务分析：

1. 了解控制的重要意义。
2. 分析本案例涉及的生鲜商品控制问题。

近年来，管理人员越来越多地运用各种工具和技术方法进行控制工作。控制渗透到为实现组织目标所进行的一切活动中。组织目标不同，控制对象、控制内容及控制条件不同，应该采取不同的控制方法。就企业而言，按业务的范围，管理可具体分为：生产管理、质量管理、财务管理、成本管理、人事管理、原材料及库存管理等。对于不同具体管理业务的控制，所采取的控制方法也不同。表 9-1 给出了企业管理中控制的主要内容及其相应的控制方法。①

① 薄宏. 管理学[M]. 天津：天津大学出版社，1993.

表 9-1　企业管理中控制的主要内容及相应的控制方法

控制内容	主要控制方法
生产进度	甘特图、网络图、线性规划
质量控制	排列图法、分层法、因果分析图法、直方图法、控制图法、相关图法、系统图法、统计调查分析法、关联图法、矩阵图法、矩阵数据分析法、亲和图法、网络图法
成本控制	标准成本法、预算法、盈亏平衡分析法
物资控制	定额计算法、比例计算法、物资平衡表法、经济订购批量、ABC 管理法、定期库存控制法、定量库存控制法、定期定量混合法
设备控制	面值法、低劣化数值法、总费用法、设备监测技术、投资回收期法、费用比较法、成本比较法、净现值法、内部收益率法
投资控制	投资收益率法、投资回收期法、净现值分析法、内部收益率分析法、盈亏平衡分析法、敏感性分析法、概率分析法
人事控制	人员功能测定法、图解评定等级法、目标管理法、情景测试法、评价中心制、排列法、成对比较法、强制分布法、关键事件法、图表评价法

由此可见，应用于控制的技术和方法有许多。其中，在前面章节里涉及的几种控制方法，已做了详细的介绍。如 3.4.2 节中的量本利分析法，即盈亏平衡点分析法、线性规划法；4.5 节的目标管理法等。下面主要介绍在管理控制中具有一般意义的几种控制技术和方法，如预算控制法、非预算控制中的实地观察法、统计分析法、审计法、会计控制法及作业控制法中的成本控制、质量控制、库存控制等。

9.3.1　预算控制

预算是一种计划技术，在管理组织中，几乎所有的活动都可以利用预算进行控制。预算控制是管理控制中使用最广泛的一种控制方法。所谓预算，就是用数字编制未来某一个时期的计划，即用财务数字（如收入、费用以及资金等）或非财务数字（如直接工时、销售量和生产量等）来表明预期的结果。预算是计划的数量表现，用预算规定的收入、支出来检查和监督各部门的经营活动，以达到计划目标的目的。

1. 预算在控制中的作用

（1）预算有利于组织管理者把握全局。

预算是一种计划，对组织目标实现的收入（或产出）与产出（或投入），以及收入与支出取得平衡有明确的谋划与安排，从而以数字化的方式确立组织的总目标、分目标，成为管理控制的标准，对未来一段时期内的收支情况进行预计。常常采用统计方法、经验方法或工程方法来制定预算数字的方法。在管理控制活动中，预算已成为主管人员的一种控制手段，在预算的限度内，适当地授权给下属，有利于组织目标的实现。通过预算，管理者可以数字化的方式来了解整个组织的经营状况。

（2）预算有利于降低成本，提高控制效率。

预算主要是一种控制手段，当预算发现组织整体或部门的工作偏离目标时，找出偏差产生的主要原因，及时采取必要的修正措施。编制预算能使确定目标和拟定标准的计划工作得到改进。预算可以合理地配置组织的资源，以取得收入与支出取得平衡，从而减少组织资源的损耗。预算可以帮助管理者做出更好的计划和协调，并为控制提供基础。正是因为有了预算，才降低了组织的成本，提高了控制效率。

（3）预算有利于提高员工的工作积极性。

预算能够帮助管理者协调资源，有利于管理者制定标准，由于对预期结果的偏离将更容易被查明和评定，这些措施对员工来说，有利于调动他们的工作积极性。一方面，因为资源的优化可以使员工的能力也与工作岗位相匹配，有利于为员工创造良好的工作环境，有利于员工实现自身的价值，能增加员工的满意度；另一方面，因为有了工作标准，才明确了工作岗位职责，正是有了明确的责、权、利对等，员工才有工作的责任心，从而增强主人公的责任感等。

2. 预算控制的种类

预算的种类很多，我们主要介绍以下几种：收支预算、现金预算、资产负债预算、投资预算等。

（1）收支预算。

收支预算包括收入预算和支出预算。收入预算从财务角度计划和预测未来活动的成果。例如企业销售收入、租金、专利收入及其他投资收益等。作为企业来讲，收入预算主要是销售预算，确定了企业未来时期的销售水平。支出预算是计划期内各种费用支出的预算，根据会计科目中的某些费用编制的预算。例如，企业生产经营中的材料费、人工费、管理费、销售费等。

（2）现金预算。

现金预算是企业未来生产和销售活动中，预测组织还有多少库存现金，以及在不同时点上对现金支出的需要量。通常由财务部门编制预计的现金收支的详细情况。现金预算后，财务主管人员就可以预先安排过剩的资金或筹措短缺的资金，以满足组织对资金的需求。如果现金预算有超额，企业可制订营利性投资计划，优化资金配置，以期取得更佳的经济效益。现金预算并不需要反映组织的资产负债情况，而是要反映组织在未来活动中的实际现金流量。西方国家的企业一般以周为单位，逐周编制预算，而我国最常见的是按季和按月编制现金预算。

现金预算在管理控制中的作用主要表现在两个方面：

一方面，提高企业回避财务风险的能力。财务风险主要是由企业未来现金流量的不确定性与债务到期日之间的矛盾引起的，如果没有现金预算，可能在债务到期时，使组织陷入困境。正是通过现金预算，在资金短缺时期来临之前就有了适当的安排筹措。

另一方面，有利于提高组织的运行效率。现金预算是在销售预算、生产预算、直接材料预算等基础上进行的，而销售预算、生产预算、直接材料预算等是企业的销售部门、生产部门、材料供应部门等部门预算，所以财务部门的现金预算必然要充分与这些部门沟通与协调，从而有利于促进企业内部各部门间的合作与交流，减少部门之间的冲突与矛盾，有利于提高组织的运行效率。

（3）资产负债预算。

资产负债预算是总括反映预算期内企业财务状况的一种财务预算，以计划期间开始日的资产负债表为基础，考虑一定时期的资产、债务和资本等账户的情况，然后根据计划期各项预算的销售、生产、资本等预算的有关数据，设计筹资方式、途径、数量以及还款时间、方式和能力。如果企业各项业务活动能达到预先规定的标准，那么在计划期末企业资产与负债呈现的状态可以通过资产负债预算来完成。资产负债预算能有效地防止出现“资不抵债”的情况，保持财务收支平衡。从某种意义上说，这种预算是组织中最重要的一种控制。

（4）投资预算。

投资预算是指组织为了扩大生产或设备更新，计划增加固定资产，获取更大的报酬而做出的资本的预期支出计划，是一个估算出投资方案的投资报酬的过程。如新建厂房、技术改造、添置设备等。在投资预算管理控制中，要做好 3 个方面的工作：① 要进行环境及机会研究；② 要进行可行性论证研究；③ 依据科学的方法进行预算工作，重点解决好何时投资、投资多少、资金来源、何时收益、收益率是多少、每年的现金流量如何、多长时间回收投资等问题。对那些数额较大，回收期较长的投资项目，必须特别慎重。

3. 预算控制的局限性

（1）预算没有包括无形资产。

预算只能控制那些可以计量的、能用货币单位计量的业务活动，而不能促使企业对那些不能计量的无形资产，如企业文化、企业形象、企业凝聚力等方面的改善。

（2）预算影响组织目标。

一些部门管理者过于强调使所管辖部门的业务符合预算的要求，而不考虑组织的目标，发生了目标的置换。如某些部门为了节省费用，而使组织蒙受一定的损失，这时组织目标因为某些部门的预算而受到影响。

（3）预算过于详细烦琐。

如果预算对极细微的支出也做出琐细的规定，那么这种过于详细的预算会抑制人们的创造力，致使主管人员丧失了管理自己部门的自由，使人们产生不满而逃避责任。过细的预算不仅耗时，而且预算成本也高。所以管理者应该避免使用过细过繁的预算。

（4）预算缺乏灵活性。

预算一旦成了控制标准，就很难随组织活动的外部环境的变化而发生变化，也就是说，这时预算会成为束缚管理者应变行动的障碍，导致经营活动的呆滞。管理者应该注意缺乏弹性、非常具体、特别是涉及较长时期的预算，这些预算常常变得不合时宜。所以应该编制能够适应不同经营活动情况变动的弹性预算，以适应环境的变化而使预算变化具有灵活性。

（5）预算的不合理性。

预算往往要参照历史情况，可能会存在因循守旧的倾向，不合理的惯例可能会导致某些部门的利益增加，而损害组织的整体利益。如果随意增加基层预算，以便让上一级管理者在审批时削减，则会导致预算误差的累积，而使预算不合理。

4. 预算编制

预算编制是指组织制定筹集和分配预算资金年度计划的预算活动，从而达到对企业经营进行全面控制的目的。组织的各个部门、各项活动制定分预算，主要确定生产、销售、采购、研究开发、财务等部门中收入目标或费用支出的水平。而企业在所有部门或项目分预算进行综合平衡的基础上编制组织的全面预算。预算编制一般要遵循以下几个方面的原则：① 要量力而行，做到收支平衡；② 坚持实事求是的原则，不得弄虚作假；③ 要坚持组织预算和部门预算之间统筹兼顾的原则等。

5. 预算的方法

编制预算的方法比较多，按其业务量基础数量的特征不同，可分为固定预算方法与弹性预算方法；按其出发点的特征不同，可分为增减量预算方法与零基预算方法；按其预算期的特征不同，可分为定期预算方法与滚动预算方法。下面介绍几种常见的预算编制方法。

（1）按其业务量基础的数量特征不同，可分为固定预算方法与可变预算方法。

① 固定预算方法。

固定预算方法是指在编制预算时，根据预算内正常的、可实现的某一固定的业务量水平编制的预算方法，一般适用于比较稳定的预算项目，如固定成本、固定费用等。这种预算方法的优点是比较简便；缺点是过于机械呆板、可比性差。固定预算方法多适用于比较稳定的企业和非营利性组织，如生产预算、成本和费用预算、利润预算等。

② 可变预算方法。

由于常常将预算的结果作为控制的标准，一般预算采用固定预算，根据基期数据进行调整，有一定的缺陷。而可变预算方法可使预算在一定的程度上得到改善。

可变预算方法，又称弹性预算方法，是指在不能准确预算当期业务量的情况下，根据其与成本形态的依存关系，按业务量可能发生的范围编制而成的预算。基本思路是，按固定费用和变动费用分别编制固定预算和可变预算，以确保预算的灵活可变性。变动费用主要根据单位成本来控制，固定费用可按总额加以控制，一般适用于与业务量有关的成本、利润等预算项目，如变动成本、混合成本等。

可变预算有很多优点：预算运用范围广，能够适应不同经营活动情况的变动；灵活可变性可以避免环境变化而对预算做频繁的修改；能对实际情况进行客观的评价与考核。其主要不足之处：在编制预算时，如果确定业务量的依存关系发生了变化，势必增加调整的工作量。

（2）按其出发点的特征不同，可分为增减量预算方法与零基预算方法。

① 增减量预算方法。

增减量预算方法，又称调整预算方法，是指在已有上期预算执行结果的情况下，结合预算期业务量水平及有关影响成本因素的未来变动情况，相应地调增调减相关项目预算数额。增减量预算方法会受原有费用项目限制，就不可避免地受前期既成事实影响，可能导致保护落后，使上个预算期的不合理因素得以沿袭下去，不利于企业未来的发展。

② 零基预算方法。

零基预算方法是美国得克萨斯仪器公司的彼德·菲尔于 1979 年提出来的。这种方法主要是针对增减预算方法的缺点而设的。零基预算是指在编制成本费用预算时，不考虑以往会计期间所发生的费用项目和费用数额，对任何一个预算期，任何一个项目的预算支出都以零为基数，摒弃了传统预算以历史为基础进行修补的模式，一切从实际需要与可能出发，逐项审议预算期内各项费用的内容及开支标准是否合理，从根本上研究、分析每项预算的必要性、合理性或者各项收入的可行性以及预算数额的大小，在综合平衡的基础上编制费用预算的方法。这种方法通常适用部门有事业单位、政府机关及企业内的辅助性部门，适用对象一般是不经常发生的或者预算编制基础变化不大的项目。

零基预算的优点主要有以下几点：不受现行和传统预算的限制；有利于促使各基层单位精打细算，合理使用资金，压缩经费开支；充分发挥各级管理人员的积极性和创造性。

零基预算也存在一定的缺陷，主要表现在以下几个方面：对各部门预算逐一进行审查的工作量比较大；一切以“零”为起点，进行分析，不参照以前指标，会造成争执不休的局面，影响组织控制效率；对各项业务进行优先排序时存在着一定的主观性。

（3）按其预算期的特征不同，可分为定期预算方法与滚动预算方法。

① 定期预算方法。

定期预算，又称阶段性预算，是指管理者在编制预算时，以不变的会计期间作为预算期的一种编制预算的方法。

定期预算的优点是能够使预算期间与会计年度相配合，便于管理者考核和评价预算的执行结果。其缺点：由于定期预算是提前编制的，对于整个预算年度的生产经营活动做出的预算比较笼统，不利于考核与评价；定期预算不能随情况的变化及时调整，会造成预算滞后过时现象；由于受预算期间的限制，按固定预算方法编制的预算不能适应连续不断的经营过程，所以在实践中可采用滚动预算的方法编制预算。

② 滚动预算方法。

滚动预算，又称连续预算或永续预算，是随时间的推移和市场条件的变化而自行延伸并进行同步调整的预算。其特点是，随着预算的执行不断延伸补充预算，逐期向后滚动，预算期永远保持一个固定期间，如一个月或一个季度。逐月滚动比较精确，但工作量太大；逐季滚动工作量相对小，但精确度相对较差；还有一种方式是混合滚动。例如，一年分 4 个季度，其中第一、二季度按月安排预算，其他两个季度按季度粗略安排。

9.3.2 非预算控制法

除了预算控制方法外，管理控制中还可采用其他非预算控制方法，如实地观察法、统计报告法、审计法、会计控制法等。

1. 实地观察法

实地观察法也许是一种最古老、最直接的控制方法，也是任何组织进行控制时不可或缺的控制方法。管理者可以亲身参加某些具体工作，通过与下级的直接接触和语言沟通，获得第一手信息，对问题了解得比较深入，从而可以很快地判断出产量、质量的完成情况，了解员工的情绪、士气和精神状态，也能拉近与员工的心理距离，有利于提高管理的效率。

实地观察法的优点：① 管理者通过实地观察掌握第一手信息；② 有利于管理者与员工之间的沟通，能创造一种良好、和谐的组织气氛；③ 通过亲身观察法所获得的信息的准确性高，有助于提高控制的效率。

实地观察法的不足之处：① 作为管理者，如果事事亲临现场观察，时间与精力有时跟不上；② 受观察者知识和经验能力等的限制，对业务活动的观察带有主观性；③ 会造成员工的误解，使员工认为是管理者对自己的不信任，把现场观察看成是对员工的监督。

2. 统计报告法

统计报告法是使用统计方法，对大量的数据资料进行汇总、整理、分析，形式统计报表，自下而上地向组织中有关管理者提供控制信息。统计资料为有效控制提供了必要的信息，要求对原始记录，统计公账及其他各类数据资料的整理要详细、健全、具体，管理者通过阅读和分析统计报表及有关资料，结合了解到的情况，进行综合分析，来衡量生产经营活动状况和水平，揭示各种经营活动之间的数量关系，并推断出事物发展的趋势和彼此间的变化关系，找出偏离标准的原因，对未来情况进行预测，提出纠正偏差的措施。

3. 审计法

审计是一种常用的控制方法，是对组织各项工作所做的审核。在内容上包括对管理、人事、会计工作的审核。所谓管理审计是检查单位或部门管理工作的绩效，评价组织部门的有效性，包括组织氛围、财务政策、人事效率等方面的评价等，检查和评价组织的各项工作，确定在哪些方面需要采取纠正措施，其目的在于通过改进管理工作来提高组织的效益。所谓人事审计，就是对组织的人事方针、政策、人事工作情况进行分析和评价，以及对组织成员个人工作的审核。所谓财务审计，就是对财务部门的账目、凭证、财物、债务以及结算关系等会计工作进行检查并核实，对财务报表中所列出的综合的会计事项是否准确、财务活动是否符合财经政策和法令等进行判断。由此可见，审计可以为管理部门进行控制提供重要的信息。

审计作为一种控制手段，就是要对管理目标、计划、决策、组织制度等进行检查和核实，以保证管理活动的正常进行。

4. 会计控制法

会计控制就是指管理者利用会计信息如分类账、明细账、会计报表所反映的数据对资金运动进行控制，其实质是运用货币对生产经营活动进行调节、监督、指导和约束，确保财务计划目标的实现。资金运动的可控性是会计控制的客观基础，主要表现在两个方面：一方面，在资金筹集上的可控性；另一方面，在资金运用上的可控性。会计控制的实现方式有：① 要对企业经济活动的合理性、合法性进行审核与监督；② 要对资金运动进行定量控制；③ 要对会计人员实施工作目标进行控制。常见的为管理部门提供控制信息的会计方法是标准成本法。所谓标准成本，就是通过调查、分析与技术测算而制定的用来评价实际成本的一种预计成本。将实际发生的各项成本费用与标准成本进行比较分析，找出差异的原因，采取纠正措施，以便有效地控制成本。

9.3.3 作业控制

作业控制是为了保证各项作业计划的顺利，一般包括成本控制、质量控制、库存控制等。

1. 成本控制

成本控制是企业将一定时期预先建立的成本管理目标，层层分解成本指标，以其作为衡量控制标准，对各种影响成本的因素和条件做全面详细分析后，找出偏差，并采取的一系列预防和调节措施。它以成本为控制主线，通过制定成本总水平指标值、可比产品成本降低率、成本中心控制成本的责任等，确保在预定成本下获得预期目标利润，以保证成本管理目标实现的管理行为。

这里所说的成本的含义是广义上的成本。传统的产品成本的含义一般只是指产品的制造成本，而将其他的费用归到管理费用和销售费用中。因此，广义的成本概念，既包括产品的制造成本，还包括产品的开发设计成本、使用成本、维护保养成本等与产品有关的所有企业资源的耗费成本。

成本控制的对象涉及设计过程、采购过程、生产过程、销售过程、物流过程、售后服务过程等，主要对原材料成本、工资费用、制造费用以及管理费用等进行控制。成本控制还要强调全面控制的概念，包括全员参与和全过程控制。只有科学地组织实施成本控制，促进企业改善经营管理，转变经营机制，才能实现组织的既定目标。

2. 质量控制

质量是企业的生命，质量控制是各企业管理控制的重点。质量控制先后经历了事后控制、统计抽样控制、全面质量管理（total quality management，TQM）等阶段。

事后控制是对生产出来的产品进行检查。这种控制方法的不足之处是不合格产品已造成损失，再质量检查，仍无法挽回损失。

统计抽样控制是控制生产过程的每道工序，通过随机抽样检查，将其数据用统计分析方法制作各种“控制图”来分析判断各道工序的工作质量。这种控制方法能为企业挽回大量损失，但控制停留在具体的产品生产过程上。

“全面质量管理”的概念是由美国通用电气公司的费根堡姆和质量管理专家朱兰提出来的，是指企业中所有部门，所有组织，全体员工共同参与，以产品质量和工作质量为核心，运用专业技术、管理技术、数理统计技术等手段，建立起一套科学的质量保证体系。全面质量管理的特点有以下几个方面：① 全过程的管理，对产品生产过程的各个环节、各个阶段进行全面控制；② 全员参与的质量管理，质量控制工作落实到每一名员工；③ 全企业管理，质量管理工作不仅是质量管理部门的事，要求全企业所属所有单位、所有部门都要参加，每项工作都与质量相关，共同对产品质量负责。

所以企业员工要牢固树立“质量第一”的理念，运用科学的质量管理方法，按照计划—执行—检查—处理（plan、do、check、action）的 PDCA 管理循环工作程序，实现阶梯式上升，循环前进式质量控制。

3. 库存控制

企业的生产要正常连续地进行，就需要一定的库存。库存过多或过少，对企业者是不利的。超储会占用库存空间，使保管费用上升；减少库存又会造成缺料而影响生产。所以掌握库存量动态，使库存量经常保持在合理的水平上，适时、适量地订货，对库存控制来说非常重要。

库存控制是企业运行中不可缺少的重要环节。所谓库存控制，就是要对生产、经营全过程的各种物品、产品以及其他资源进行有效的管理和控制，使其储备保持在经济合理的水平上，寻找最佳的库存方案，以提高企业的市场竞争力。

常用的库存控制手段有 ABC 分类法、经济订购批量法和准时生产方式等。

（1）ABC 分类法。

ABC 分类法，就是把企业的全部库存物资，按照品种和占用资金的多少划分为 A、B、C 共 3 大类，进行分级管理。ABC 分类法的基本思想是少数的关键因素起决定性作用。A 类资金占用比重很大，但品种较少；C 类资金则相反，占用比重很小，但品种较多；B 类介于两者之间。一般有：

A 类：品种约占 10%，资金占用约 70%；

B 类：品种约占 20%，资金占用约 20%；

C 类：品种约占 70%，资金占用约 10%。

其中，A 类是库存控制的重点，应该严格控制库存数量，严格盘点，采购间隔期尽量短，进货要勤，发料要勤，以利于加速资金周转；C 类一般采用比较粗放的定量控制方式，在资金使用上可适当放宽控制，可适当延长采购间隔期，简化采购和管理；B 类控制方式介于 A 类和 C 类物料之间，可根据具体情况，采取适当的定量订货方式为主，定期订货方式为辅的管理方式，可适当延长采购周期或减少采购次数，适当增加库存天数。

（2）经济订购批量法。

经济订购批量（economic order quantity，EOQ）是管理人员经常使用的一种库存控制方法。通过平衡采购进货成本和保管仓储成本核算，以实现总库存成本最低的最佳订货量。在确定材料采购或产品投产时，要考虑以下几个方面的问题：① 考虑材料采购费用或产品投产生产准备费用，这部分费用随生产批次增减而变化；② 还要考虑材料、产品保管费用，如仓库管理费用、库存的损耗费用等，这些费用与批量大小和存储时间长短有关。当企业按照经济订货批量来订货时，可实现订货成本与储存成本之和最小化。

经济订购批量模型如下：

订购费用随订购量的增加而减少，保管费用随订购量的增大而增大，当这两者费用相等时对应的批量为经济批量。经济订货批量就是使库存总成本达到最低的订货数量，它是通过平衡订货成本和保管成本两方面得到的。

假设企业在一定时期内的总需求量为 D，每次订购费用为 C，库存物品单价为 P，单位商品年保管成本为 H，年仓储保管费用率为 W。

单位商品年保管成本公式：

$$H = P \times W$$

最优的订购批量 EOQ 的计算公式为：

$$\text{EOQ} = \sqrt{\frac{2 \times D \times C}{H}} = \sqrt{\frac{2 \times D \times C}{P \times W}}$$

年订货次数公式：

$$N = D / (\text{EOQ}) = \sqrt{\frac{D \times H}{2C}}$$

例如：某企业一年对某种原材料的总需求量为 10 000 件，每件价格为 20 元，每次订购所需的费用为 125 元，保管费用与全部库存物品价值之比为 0.125。则：

最优订购批量为：

$$\text{EOQ} = \sqrt{\frac{2 \times D \times C}{P \times W}} = \sqrt{\frac{2 \times 10\,000 \times 125}{20 \times 0.125}} = 1\,000\text{（件）}$$

年订货次数为：

$$N = D/(\text{EOQ}) = 10\ 000/1\ 000 = 10\text{（次）}$$

（3）准时生产方式。

准时生产（just in time，JIT），又译作实时生产系统，也有译作精练管理的，简称 JIT 系统，是由日本丰田公司的副总裁大野耐一在 1953 年提出的一种倒拉式管理。它是逆着生产工序，由顾客需求开始，由订单—产成品—组件—配件—零件或原材料，最后到供应商的管理模式。

JIT 是一种新的生产方式，要彻底消除生产过程中的无效劳动和浪费，从而实现零废品、零库存、零准备时间的目标。这里的“零”，是无穷小，但永远都有一个努力的目标方向，其基本思想是追求一种无库存或库存达到最小的生产系统。

JIT 用“拉动式”的“看板管理”在生产现场控制生产进度，根据市场需求制订生产计划，只将计划下达给最后的生产工序中心，最后工序工作中心根据需要向它的前道工序工作中心发出指令。这样体现了一种反演的思想，按反工艺顺序逐级向上一直拉动。看板系统是 JIT 生产现场控制技术的核心，拉动是靠看板来实现的，根据每一张看板便于计算和检查的数量来确定各零配件的库存数量，生产运行平稳就减少一些看板数量，从而使生产中的问题暴露出来，进而采取控制措施，加以改进，达到控制的目的。

JIT 库存系统可以减少库存，降低成本，没有多余的库存和人员，提高了组织的效益。但要求有完善的市场经济环境，发达的信息技术，生产系统要有很强的灵活性，对供应商也提出了很高的要求等。

［项目小结］

控制是管理工作最重要的职能之一，有效的控制系统可以保证组织的各项活动朝着达到组织目标的方向进行。本项目首先从控制的概念入手，阐述了控制的作用、特点、基本类型及有效控制的原则；接着指出控制是一个过程，它贯穿于整个管理活动的始末，包括确立衡量绩效目标和标准、衡量实际绩效、分析绩效偏差原因、纠正绩效偏差 4 个环节；最后对控制的技术和方法进行了重点介绍。通过对本项目的学习，学生对控制理论有了一个初步的了解和掌握。

［同步测试］

一、单选题

1. 现场控制又被称为（　　）。

A. 反馈控制　　B. 同步控制

C. 前馈控制　　D. 预防控制

2. 对于主管人员的控制来讲，越将注意力集中于特例，则控制工作的效能和效率就越高，反映的是（　　）。

A. 控制关键点原理　　B. 例外原理

C. 组织适应性原理　　D. 直接控制原理

3. 控制过程的最后一步是（　　）。

A. 制定标准　　B. 用标准衡量业绩

C. 质量控制　　D. 纠正偏差

4. 控制过程中合理的顺序是（　　）。

A. 制定标准、纠正偏差、衡量业绩　　B. 衡量业绩、制定标准、纠正偏差

C. 制定标准、衡量业绩、纠正偏差　　　　D. 衡量业绩、纠正偏差、制定标准

5. 一个完善、有效的控制系统必须能提供及时的信息。在未出现偏差之前，就能够预测出偏差的产生原因并采取对策；在有效控制时，一旦发生偏差，能够迅速发现并及时纠正，从而把损失降低到最低限度。这是有效控制的（　　）。

A. 标准原则　　　　B. 适时原则

C. 关键性原则　　　　D. 灵活性原则

二、填空题

1. 控制是一个（　　），它贯穿于整个管理活动的始末。

2. 根据控制的手段来划分，可分为（　　）和间接控制等。

3.（　　）是为了保证组织中的各项活动按计划进行，实现组织的目标，通过“监督”“纠偏”“调整”等手段针对组织内外部环境的变化引起的偏差进行调整，使之与既定的计划相符合或修改计划标准，使计划适合于实际情况的过程。

4. 控制过程的第一个步骤是（　　）。

5. 控制标准的制定主要有 3 个方面的内容：① 确定控制对象；② 选择关键控制点；③（　　）。

三、判断题

1. 控制的过程包括确立衡量绩效目标和标准、衡量实际绩效、分析绩效偏差原因、纠正绩效偏差 4 个环节。（　　）

2. 按照沟通信息的流动方向，正式沟通又可以分为上向沟通、下向沟通、横向沟通等。（　　）

3. 衡量业绩是控制活动的唯一目的。（　　）

4. 根据控制信息获取过程来划分，可以将控制分为前馈控制、现场控制和反馈控制。（　　）

5. 实地观察法也许是一种最古老、最直接的控制方法，也是任何组织进行控制时不可或缺的控制方法。（　　）

四、简答题

1. 控制是什么？怎样认识控制的重要性？

2. 管理控制的特点是什么？

3. 简述控制的基本类型。

4. 控制过程有哪几个环节？

5. 阐述 JIT 生产方式的基本思想。

五、案例分析

华润公司运行 6S 管理体系

中国华润总公司控股的华润（集团）有限公司设在香港。6S 管理体系是华润公司从自身实际出发探索出的管理多元化集团企业的一种系统化管理模式。6S 管理体系将集团内部多元化的业务及资产划分为责任单位并作为利润中心进行专业化管理，其组织领导及监督实施机

构是集团董事会下设的 6S 委员会。6S 既是一个全面预算管理体系，也是一个多元化的信息管理系统。

一、利润中心编码体系（profit center number system）

在专业化分工的基础上，将集团及属下公司按管理会计的原则划分为多个业务相对统一的利润中心（称为一级利润中心），每个利润中心再划分为更小的分支利润中心（称为二级利润中心等），并逐一编制号码，使管理排列清晰。这个体系较清晰地包括集团绝大部分资产，同时使每个利润中心对自身的管理也有清楚的界定，便于对每项业务实行监控。

二、利润中心管理报告体系（profit center management account system）

在利润中心编码体系的基础上，每个利润中心按规定的格式和内容编制管理会计报表，具体由集团财务部统一制定并不断完善。管理报告每月一次，包括每个利润中心的营业额、损益、资产负债、现金流量、成本费用、盈利能力、应收账款、不良资产等情况，并附有公司简评。每个利润中心的报表最终汇总为集团的管理报告。

三、利润中心预算体系（profit center budget system）

在利润中心分类的基础上，全面推行预算管理，将经营目标落实到每个利润中心，并层层分解，最终落实到每个责任人每个月的经营上，这样不仅使管理者对自身业务有较长远和透彻的认识，还能从背离预算的程度上去发现问题，并及时加以解决。预算的方法由下而上，由上而下，不断反复和修正，最后汇总形成整个集团的全面预算报告。

四、利润中心评价体系（profit center measurement system）

预算执行情况需要进行评价，而评价体系要能促进经营目标的实现。根据每个利润中心业务的不同，量身订造一个评价体系，但总体上主要是通过获利能力、过程及综合能力指标进行评价。每一个指标项下再根据各业务点的不同情况细分为能反映该利润点经营业绩及整体表现的许多明细指标，目的是要做到公平合理，既可以兼顾到不同业务点的经营情况，又可以促进业务改进提高，加强管理。其中有些是定量指标，有些是定性指标，而对不确定部分集团则有最终决定权。集团根据各利润中心的业务好坏及其前景，决定资金的支持重点，同时对下属企业的资金使用和派息政策，将根据业务发展方向统一决定，不实行包干式资金管理。而对利润中心非经营性的资产转让或会计调整的盈亏，则不能与经营性业绩混在一起评价，但可视具体情况给予奖惩。

五、利润中心审计体系（profit center audit system）

集团内部审计是管理控制系统的再控制环节，集团通过审计来强化全面预算管理的推行，提高管理信息系统的质量。

六、利润中心经理人考核体系（profit center manager evaluation system）

预算的责任具体落实到各级责任人，从而考核也要落实到利润中心经理人。利润中心经理人考核体系主要从业绩评价、管理素质、职业操守 3 个方面对经理人进行评价，得出利润中心经理人目前的工作表现、今后的发展潜力、能够胜任的职务和工作建议。根据以上 3 个部分的考核结果，进一步决定对经理人的奖惩和使用。

围绕 6S 管理体系的建设，集团还做了一些完善和配套工作。

1. 建立服务中心考核体系。将集团职能部室设定为服务中心，并对这些与利润没有直接联系的管理部门，如何进行考核及以民主形式进行监督作出规定。主要做法是，对各服务中心进行定位，明确其主要职能；提出评价及量化服务中心工作质量的指引；规定服务中心考核办法；根据考评结果决定奖惩办法。

2. 改革用人制度。一级利润中心经理人聘任增加了内部公开招聘的程序。公开报名，统一考试，人事部门综合评议，推荐候选人名单，经常务董事会面试后聘任。这一做法已在多家单位实行。另外，根据对一级利润中心、服务中心的考评结果，对表现优异者由集团总经理向常务董事会建议入选新一届领导班子。这样使干部提拔进一步透明化、规范化，并促使6S管理体系真正落到实处。

资料来源：河南经贸职业学院“管理学原理”精品课程网站，http://jpkc.hnjmxy.cn/guanlixue/onews.asp?id=500.

思考：

1. 华润的预算控制系统的主要内容是什么？

2. 这一系统有什么优缺点？请试着评价。

［项目训练］

管理控制实践[①]

一、实训目的

通过对销售部门的控制设计，学生应掌握控制的相关理论，初步掌握控制设计的实践能力。

二、任务内容及要求

在一家生产高质量门窗的公司中，由四五个人组成一个小组作为这家门窗公司的区域销售部门。在过去的3年时间里，门窗销售的势头已经放慢。不断增加的证据表明，销售人员为了工作方便，主要面向大客户，而忽视小客户。此外，销售人员没有迅速处理顾客提出的问题和投诉，已经导致售后服务下降。假设你们成立的这个销售部门已经讨论过这些问题，现在正在讨论设计一个既能增加销售额，又能改善顾客服务质量的控制系统。

1. 设计一个你们认为最能激励销售人员实现这些目标的控制系统。

2. 在你们设计的控制系统中，产出控制、行为控制和组织文化之间的相对重要性将如何体现？

三、实训考核

学生需填写实训报告。其内容包括：实训项目；实训目的；实训的任务内容及要求；实训过程（设计分析过程）；实训总结；实训评语（由教师填写）等。

① 陈建萍. 企业管理学 理论、案例与实训[M]. 北京：中国人民大学出版社，2004：332.

项目 10　创　新

学习目标

1. 掌握创新的含义。
2. 掌握管理创新的概念。
3. 了解管理创新的作用、原则及过程。
4. 掌握管理创新的内容。
5. 掌握创新的方法。

10.1　管理创新概述

[任务导入 10-1]

海信集团的技术创新体系

海信集团把技术创新作为集团赢得市场的主要战略，不仅为此投入了大量的资源，而且建立了适于不断技术创新的组织机构，形成了一整套有效运作的机制。据调查，目前海信用于技术创新的投入已占到年销售收入的 4%，年开发新产品、新技术 10 余项。经过几年的建设与投入，海信已经形成了以技术创新能力为特征的核心竞争能力。

海信技术创新体系的核心是技术中心。技术中心于 1995 年年末成立。海信先后向该中心投入 7 亿元的技改费、3 亿元的研发费，为中心实现无纸化开发系统奠定了基础。海信为了激发技术中心的活力，将其变成独立的法人实体，赋予其技术经营权，公司委托技术中心开发技术和产品，然后按课题成果支付开发费用，在集团内部形成了一个按市场规律运作的模拟技术市场。技术中心以数字技术为基础，以网络信息技术发展为主要研究方向，从事“数字电视技术、空调制冷技术、数字音响技术、计算机技术、网络技术、数字压缩技术、微波及通信技术”相关产品的研究、开发与应用。中心拥有 168 台开发用微机、激光成型设备、电磁兼容实验室等先进设施。海信非常重视科研开发队伍的建设工作，并通过提高个人收入、住房安置及提供技术交流机会等方式，使海信技术中心人员的素质、开发能力不断提高，从而形成了一种良性循环。在此基础上，技术中心建立了基础研究、应用研究、开发项目研究三者相结合的科技开发体系。

组织结构、运行机制、技术创新流程构成了海信技术创新体系的主要内容。海信技术创新的组织结构包括决策与管理系统、研究开发系统、技术成果转化协作系统和群众性技术创新体系4个子系统结构。决策与管理系统由决策层、决策咨询层和管理执行层构成；决策层由集团管理班子成员及生产、营销、财务等部门负责人组成的技术委员会，负责创新规划、研究开发计划、重点技术创新工程项目和重大研究开发课题及有关经费预算等；决策咨询层是从山东大学、青岛大学、清华大学、西安交通大学等高校和有关研究开发机构聘请的部分专家组成的专家咨询委员会，负责技术创新的决策咨询及重大项目的评估等；管理执行层由集团技术质量推进部、技术中心及各子公司的总工程师、科技管理职能部门组成，负责技术创新的日常管理。技术中心是海信研究开发系统的主体，是集团产业与产品的孵化器，集团空调公司、计算机公司、软件公司都是由技术中心下属的研究所衍变派生出来的。这种“孵化”模式，使企业走向市场后能很快进入角色，发展壮大。技术成果转化协作系统是由技术中心与各子公司开发机构、生产线上技术人员之间通过指导与协作关系联结而成的。技术中心依据集团技术委员会和专家委员会制定的长期项目规划，通过下设的12个研究所进行中期项目的研究与开发工作，而具体产品的设计、上线生产则由各子公司的技术处负责。为了保证突破性创新的进一步优化和实现渐进性创新，海信在企业内部还通过设立科技进步奖、技术革新奖与合理化建议奖等方式，鼓励广大员工在本职岗位上开拓创新，形成了具有良好群众基础的群众性技术创新体系。

运行机制是创新行为实现的制度保证。① 市场拉动与目标拉动机制：将海信技术创新定位于集团的事业发展和市场开拓，要求技术创新项目以提高市场占有率及获取商业利润为目标，不断寻找市场空间，创造新的市场卖点。② 利益驱动与激励机制：海信通过采用课题招标制、项目承包制、科研梯队“导师制”、科研成果转化提成制、个人技术入股等一系列措施，设立了科技进步奖、技术革新奖与合理化建议奖，激励、奖励在海信技术创新工作中做出创造性贡献的个人和集体。③ 优胜劣汰的人才流动机制：海信技术中心每年都要将被淘汰的10%～15%缺乏创新精神的技术人员安排在生产经营第一线，同时，在生产一线选拔部分懂工艺、有思路、有创新精神的技术人员充实到技术中心。这样的人才、岗位的合理流动既保持了技术中心应有的创新活力，又加强了生产一线的技术力量，对强化技术中心与公司之间的技术转移具有重要作用。④ 动态管理与风险约束机制：在研发项目管理中，海信注重项目实施的过程管理。要求既能迅速处理项目实施过程中出现的需要协调处理的问题，又能密切关注有关技术领域的相关工作的成果，并及时调整相关的研究计划。在实际工作中，海信还允许有10%的失败概率，以鼓励创新。⑤ 引进、联合与自主创新相结合的机制：海信也是靠引进技术起家的，但在引进世界一流技术的同时注重联合创新，海信先后战略性地选择了英特尔、东芝、飞利浦等国外著名跨国公司和国内10多所大学、研究开发机构，建立了密切的技术合作关系；随着技术中心科技研发力量的不断加强，海信更注重技术的自主开发。海信引进与创新费用之比达1∶5，分项目达到1∶15，远远高于国内企业，有的项目还略高于发达国家。

海信技术创新全过程通常由3个主要阶段组成，即创新决策、创新实施和创新实现。在创新决策阶段，海信注重以国家政策、计划或市场为导向，以企业能力与储备为基础，把科技进步与市场需求在企业行为中有机结合起来。在创新实施阶段，注重通过更新设备或工艺、提高劳动者素质、采用新型材料等途径改变企业的技术基础，把技术创新成果有效地转化为企业的直接生产力。在创新实现阶段，注重通过积极的销售活动和售后服务，使创新产品迅速进入市场，占有、巩固并不断扩大市场，以实现创新的最终目标——实现更好的社会、经济效益。

资料来源：杨洁，孙玉娟. 管理学[M]. 北京：经济管理出版社，2004.

任务分析：

1. 认识管理创新。

2. 分析管理创新的作用。

美国著名管理学家彼得 F. 德鲁克（Peter F. Drucker）曾经说过："创新就是创造一种资源。"可见，随着现代信息技术、知识产业为标志的知识革命的兴起，创新发挥着越来越重要的作用，它推动新技术、新方法、新观念、新产品、新材料、新市场、全新内涵组织和管理制度的不断进步，创新已成为影响社会生产、人类文明发展的最活跃的因素。

奥地利经济学家约瑟夫 A. 熊彼特（Joseph Alois Schumpeter）认为，企业家精神的真谛就是创新，创新是一种管理职能。这是对静态角度的现代管理计划、组织、领导和控制等职能的有益补充。管理创新就是要通过动态地调整组织活动的目标、内容和手段，以适应组织环境变化的要求。

10.1.1 创新的内涵

纵观整个人类发展的历史，就是一个不断创新、不断进步的历史。正是人类的不断创新，推动了人类不断走向进步和文明。

举例来说，新中国成立以后，我们从"两弹一星"就开始了自主创新的里程。先是跟踪式的自主创新：在国外采取封锁、封闭、不支持的态度下，自力更生，成功研制了以"两弹一星"为集中代表的一系列产品。①再如，中国的"天河一号"超级计算机的研制成功，构建起我国第一个千万亿次计算能力的超级计算机系统。中国的高铁"和谐号"一次次刷新了世界铁路运营速度纪录，演绎了世界"高铁奇迹"。可以骄傲地说，这些都是中国人创新精神的最好证明。

关于创新概念的产生要追溯到 20 世纪，是由美籍奥地利经济学家约瑟夫·阿罗斯·熊彼特（Joseph Alois Schumpeter）在其著作《经济发展理论》中提出的，"生产意味着把我们所能支配的原材料和力量组合起来"，创新是资本主义发展的根本原因。创新就是建立一种新的生产函数，实现生产要素和生产手段的"新组合"。创新概念的"新组合"，不仅指采用一种新的生产方法、一种新的产品、一个新的市场、一种新的供应来源，还包括新的组织。②

美国著名管理学家彼得 F. 德鲁克认为，创新是企业家特有的工具，是一种赋予资源以新的创造财富的行为。

我国学者周三多认为，创新是一种思想及在这种思想指导下的实践，是一种原则以及在这种原则指导下的具体活动，是管理的一种基本职能。管理内容的核心就是："维持"或"创新"，有效的管理在于适度的维持与适度的创新。③

李校利（2004）认为，创新就是抛弃、淘汰旧的观念、旧的技术、旧的事物，创造培育

---

① 孙国际. 自主创新内涵之深化[J]. 科技导报，2011，29（3）：81.

② 芮明杰. 管理学[M]. 上海：上海财经大学出版社，2005.

③ 周三多. 管理学——原理与方法[M]. 上海：复旦大学出版社，1993.

新的观念、新的技术、新的事物。①

刘璇等（2009）认为，创新是形成一种创造性思想并将其转化为有用产品、服务或作业方法的过程，也指富有创新力的组织能够不断地将创造性的思想转化为某种有用的结果。②

吴淑芳（2016）指出，创新具有 4 个主要特征：第一，创新是人们能动地进行的一种活动，是主体自觉进行的认知活动和实践活动，是人类社会独有的现象。第二，创新是首创性的活动，内含“第一次”的意义，是历史上从未有过的。首创性、开创性、新颖性、创造性是创新的最根本特征。第三，创新是有新成果的活动。创新是人们开创出的能产生一定经济效益或社会效益的，有一定积极意义的新思想、新事物、新成果。第四，创新是有进步价值的活动。创新价值是对具体创新主体而言的，符合社会发展的规律，有益于人类社会的进步与文明。③

刘炯朗（2021）认为，创新就是看见别人没有看到的东西，构想别人没有想到的地方，做出别人没有做过的事情，包含发明（invention）、创作（creation）和发现（discovery）3 个概念。④

以上经济学家、管理学家及学者对创新的概念及内涵进行了深度的剖析，对管理学的“创新”职能的认识具有一定的科学性。我们结合企业管理的实践，认为创新是为了适应组织内外环境变化的要求，在创造性思想指导下，将生产要素进行重新组合或调整，以达到优化目的的过程。

10.1.2 管理创新

对企业组织而言，无论是技术创新、产品创新还是组织创新，都必须通过管理活动来实施。

什么是管理创新呢？许多学者对管理创新的内涵进行了阐述。

管理创新起源于企业管理创新，管理创新提倡的核心概念是米切尔·汉默和詹姆斯·钱皮提出的“再造”，是将以职能为核心的传统企业再造成以流程为核心的新型企业。从内涵上分析，管理创新是指系统、组织的再造。管理创新作为生产力运筹性因素加入管理系统发展的动力体系中。⑤

芮明杰（1994）在《超越一流的智慧——现代企业管理的创新》中最早提出了管理创新的概念。首先，管理创新并不是组织创新在企业经营层次上的辐射；恰恰相反，组织创新不过是管理创新的一个部分。其次，企业引入新的管理方式方法可以推动资源实现更有效的配置，然而这并不是唯一的。最后，把降低交易费用作为管理创新的目标是不妥的。⑥

姜从盛（2001）认为，管理创新是指创造一种新的更有效的资源整合范式，这种范式既可以是新的有效整合资源以达到企业目标和责任的全过程式管理，也可以是新的具体资源整合及目标制定等方面的细节管理。⑦

鲁兆国（2008）认为，管理创新有 3 种互有联系的不同含义：管理的创新、对创新活动

---

① 李校利. 创新研究：一个重要的学术论域[J]. 恩施职业技术学院学报，2004（4）：1.

② 刘璇，贾亚东. 管理学基础[M]. 上海：上海财经大学出版社，2009.

③ 吴淑芳. 21 世纪大学教育与学生创新素养发展新思维 [M]. 西安：陕西人民出版社，2016.

④ 刘炯朗. 创新思维[M]. 北京：朝华出版社，2021.

⑤ 蒋显荣，许康. 管理创新的作用、地位及价值评价[J]. 西安石油大学学报（社会科学版），2004（4）：35.

⑥ 芮明杰. 管理学[M]. 上海：上海财经大学出版社，2005.

⑦ 姜从盛. 我国企业管理创新的作用及动力分析[J]. 国外建材科技，2001（4）：87.

的管理、创新型管理。创新型管理不同于守旧型管理。它把创新体现在管理过程中，而且要求整个组织和成员是创新型的。当今的趋势是由单项创新到综合创新，个人创新转向群体创新。[①]

张微杨等（2017）认为，企业管理创新是建立在企业原有的基础和模式上的，是为了适应市场经济体制改革发展的需求，结合企业的实际情况在管理上进行创新和突破的，以提高企业的市场竞争力和经济效益，推进企业战略目标的实现。从客观上来看，企业管理创新包括创新手段、创新方法、创新模式等创新管理的多个方面的要素，将科学的、合理的创新性管理观念和管理要素融于企业管理系统中，实现企业管理创新、突破发展，以推动企业整体的发展。[②]

刘延平（2023）认为，企业管理创新是通过一定的管理手段，对企业资源进行有效配置。因此在企业管理创新中，积极引用先进的管理理念，培养具备创新意识的优秀人才，构建符合时代需求的管理体系，更容易抓住知识经济时代的发展机遇。[③]

以上学者对管理创新的内涵认识具有独到之处，我们结合企业管理情况，将上述观点进行综合认为：管理创新是指以更有效地实现组织目标，将企业新的管理方法、新的管理手段、新的管理模式等管理要素或这些要素组合引入企业管理系统的创新活动。管理创新的内涵包括：第一，管理创新是一种动态性的活动；第二，管理创新是对资源更有效的整合；第三，管理创新包括管理理念的创新、管理制度的创新、管理方法的创新等。

10.1.3 管理创新的作用

创新是企业的活力之源，生存之本。只有创新，才能提高生产要素的效率并优化配置，才能降低内部交易成本，提高企业经济效益，从而推动企业不断发展。

1. 有利于提高生产要素的效率

生产要素是指社会经济资源，按照法国经济学家萨伊的 3 要素理论，包括土地、劳动和资本 3 个要素。奥地利经济学家约瑟夫 A. 熊彼特 20 世纪初提出的创新理论中，又提出了企业家作为一种新的生产要素，它具有独特创新的职能。其主要内容是，企业家生产要素创新组合，可以产生远远大于生产要素简单相加的效益。[④]

对于一个企业来说，在一定时空下，企业拥有的土地、劳动、资本、企业家才能等生产资源要素，通过管理理念的创新、管理制度的创新、管理方法的创新对这些生产要素进行调节、平衡和优化配置。只有通过创新最优组合的管理，才能充分发挥生产要素资源的组合优势，降低成本，实现其最高效益的产出，使生产要素的效率得以提高，从而实现卓越的管理。

2. 有利于提高企业的经济效益

首先，管理创新使管理成本不断下降，正是不断地创新以适合企业实际的组织规模和生产经营活动需要，从而使各生产要素互相匹配，从而最大限度地降低管理成本，使企业的经济效益不断得以提高。

---

① 鲁兆国. 企业管理制度创新的原则与措施[J]. 黑龙江科技信息，2008（12）：87.

② 张微杨，梦溪. 企业管理创新的作用及途径[J]. 农家参谋，2017（6）：148.

③ 刘延平. 基于知识经济的企业管理创新路径研究[J]. 全国流通经济，2023（12）：80-83.

④ 杨河清，王守志. 劳动经济学[M]. 北京：中国人民大学出版社，2006.

其次，管理创新特别是管理方法的创新，如现代管理方法的广泛应用使企业的经济效益得到迅速提高。例如线性规划、统计分析、网络计划技术、库存管理、技术经济学、决策技术与方法等，有利于企业的优化决策，进而对企业资源进行有效的整合。

最后，管理创新推动了技术创新，新产品、新工艺以及新组织管理技术等在企业的广泛应用，使企业的效益突飞猛进。技术创新的进程也需要管理方面的监督与协调，有效、科学的管理对技术创新起到了非常重要的作用，而技术创新又推动企业的效益不断提高。

3. 有助于最重要的生产要素——企业家的形成

企业家的概念由法国经济学家让·巴蒂斯特·萨伊于 1800 年首次提出，即企业家使经济资源的效率由低转高。英国经济学家马歇尔和美国经济学家熊彼特的观点基本一致，都认为企业家是使生产要素组织化的人。所以企业家是对土地、劳动和资本 3 个要素进行有效组织和管理、富有冒险和创新精神的管理创新的主体。企业家的基本素质包括 3 个方面：① 有眼光；② 有胆量；③ 有组织能力。

企业家需要具备企业家精神和企业家才能。企业家精神是企业家特殊技能（包括精神和技巧）的集合。德鲁克继承并发扬了熊彼特的观点，提出企业家精神中最主要的是创新。企业家才能是指企业家经营企业的组织能力、管理能力与创新能力。

现代企业管理创新的成果之一就是企业家的形成。管理创新首先是理念的创新。对于一名企业家来说，要跟上时代的步伐，以市场为导向，要有以变应变的理念，要有战略眼光和胆识；要有企业家的创新精神，要勇于承担风险，在企业化管理过程中，有魄力对生产要素进行组织优化配置。作为生产要素之一，企业家职能使企业的所有权与管理权发生分离，使企业家成为活性的并且具有一定能动性的生产要素，成为组织管理创新的主体，来带动和激发整个组织的创新精神，从而使组织在多变的市场环境中，乘风破浪，从而立于不败之地。

10.1.4 管理创新的原则

管理的创新原则是权变管理原理最有效的体现，是在管理创新活动中所应遵循的行为准则。管理的创新原则使管理实践方法有目的可依，有理可循，对创新行为具有导向作用。一般来说，管理创新的原则主要有调查研究原则、独创性原则、经济利益原则、可行性原则和动态性原则等。只有遵循如下原则的创新才能是科学、有效的创新。

1. 调查研究原则

调查研究，就是人们深入现场实地进行考察，以探求客观事物的真相、性质、机理及发展规律的活动。彼得·德鲁克在他的《创新与创业精神》一书中提出的“走出去观察、询问和倾听，研究潜在用户的期望、价值观和需求”，就属于调查研究的范畴。创新活动既要有理论，又要付诸实践工作。只有到生产第一线，到社会的最基层，才能了解到客观事物发展的真相，就是创新活动的基础。可以说，没有深入的调查研究，光是靠“意想不到的奇迹”般的德鲁克所称谓的“希腊女神的亲吻”式的创新，发生的概率极小。只有在调查研究的基础上，运用系统的观点，对新情况、新成就、新经验、新问题、新方法、新理论进行有目的的组织和优化，才能从中寻求规律进而创造性地认识社会和改造社会。

2. 独创性原则

独创性又称原创性或初创性，是指独立创作产生而具有的非模仿性，就是要做前人没有进行过的，或者别人未解决的事。作为企业的产品来说，产品的定位、设计的理念、策划的创意、营销的策略等，没有独创新意，要想在市场竞争中赢得主动地位几乎是不可能的。1992年，美国通用电气公司（General Electric，GE）总裁约翰 F. 韦尔奇（John E.Welch）力排众议，运用削减制造成本与销售单价之间的间接费来降低成本，以及在业务结构战略上强调业务领域的专业化这两个独特的创新思路脱颖而出。所以创新的独创性要求要做独到有个性、不雷同，具有超越一般的功能，可以说它是创新的核心。

3. 经济利益原则

经济利益，就是指在一定社会经济形态中满足人们经济需要的生产成果。企业所推出的管理创新措施，就是提高企业经济效益，从而创造更高的利润。所以创新要符合市场经济的运行原则，运用市场经济的理论来实施生产经营活动，在生产、销售、财务、人事、科研、信息等环节进行生产要素的组合和优化，使企业的经济效率得以提高。但值得注意的是，在创新注重经济效益的同时，也要注重社会效益和生态效益，不能为了经济效益而对社会、对环境造成不良影响，要做到经济效益、社会效益、生态效益的有机统一。

4. 可行性原则

可行性就是指运行的方案是否达到并符合切实可行的目标和效果。可行性原则就是要求创新行为要具有科学性、可行性，以避免出现不必要的差错。从企业角度来说，首先是主观条件的可行性，即管理创新的人员是否具备的一定的创新能力；其次是客观条件的可行性，主要分析生产设备、资金、人才和信息等条件是否具有创新的条件。主要表现在：首先，是否能合理有效地利用人力、物力、财力和时间，使创新有效、可行；其次，技术经济的可行性分析，是否能以最小的经济投入达到最好的创新目标。

5. 动态性原则

动态性就是构成系统的各个要素是相互关联又相互制约的，并且各个要素是运动和发展的。企业管理系统随着时间、地点以及人们的不同努力程度而发生动态变化。这要求管理者在创新过程中要随时随系统的动态变化而不时修正方案，从而对信息、人事、资本、财务、劳动等要素进行科学合理的配置，以适应市场环境的动态变化，从而创造出更新的理念、更合理的机制、更新的方法、更新的产品等。

10.1.5 管理创新的过程

要有效地组织系统的创新活动，就必须研究和揭示创新的规律。创新活动是由多种因素和多个阶段构成的，是一个从创新愿望产生到创新方案实现，再到创新目标实现的复杂过程，就是要突破原先的制度和秩序，在不断地尝试中寻找新的秩序、新的方法。德国诗人歌德说过：向着某一天终于要达到的那个终极目标迈步还不够，还要把每一步骤看成目标，使它作为步骤而起作用。

成功的创新的主要阶段或步骤：寻找机会、提出构思、迅速行动、坚持不懈。

1. 寻找机会

寻找创新的机会，就是要抓住每一次改进的机会，抓住机遇。对于企业来说，一方面存在于企业内部，另一方面存在于企业外部。对于企业内部来说，往往是由于原有秩序内部存在着或出现了某种不协调的现象，为创新提供了契机，如产业结构的不协调，势必影响企业的效益。针对这种不协调现象，管理者可以运用运筹学的理论对产业结构进行调整，使产业结构达到优化，从而实现企业效益的最大化。

对于企业外部来说，首先要注意国家宏观政策环境的变化，及时调整企业的战略方向；其次要充分吸纳最新的科技成果，注重在企业中的转化吸收；再次要重视文化价值观念对企业创新的影响等；最后要开展形式多样的活动，推介项目等，寻求机遇与合作，力求取得实效。

2. 提出构想

敏锐地观察到了不协调现象的产生以后，透过现象分析原因，预测不协调的未来变化趋势，使创新主体产生创新意识，有创意才会有创新，在创意基础上，根据组织的现实状况对这些创意进行筛选，努力将这种不协调现象转变为机会，采用头脑风暴、特尔菲等方法提出创新构想。所以创新主体要有丰富的管理经验、敏锐的分析判断能力及创造性潜能。

3. 迅速行动

管理创新要想取得成功，在构想创意的基础上，主要在于迅速行动。提出的构想可能还不完善，但必须立即付诸行动。如果一味追求完美，往往会坐失良机。例如，T. 彼得斯和 W. 奥斯汀在《志在成功》中介绍了这样一个例子：20 世纪 70 年代，施乐公司为了把产品搞得十全十美，在罗彻斯特建造了一座全由工商管理硕士占用的 29 层高楼。这些硕士们在大楼中对每一件可能开发的产品都设计了拥有数百个变量的模型，编写了一份又一份的市场调查报告……然而当这些人继续不着边际地分析时，当产品研制工作被搞得越来越复杂时，竞争者已把施乐公司的市场抢走了 50%以上。①这个例子说明只有迅速行动，才能把握创新的机会。

迅速行动就是要快速地将创新构想付诸实施。首先，要做好宣传发动工作，营造创新与改革的氛围，使全体员工认识到创新的必要性、迫切性。其次，要将创意转化为一系列具体的操作设计，具体的组织资源配置的管理范式。最后，要将创新目标逐步分解成小目标前进的策略，先要实施短期内即可见效的目标，增强创新的信心。正如荀子所说，不积跬步，无以至千里；不积小流，无以成江海。

4. 坚持不懈

创新要经过尝试才能成功。尝试是一个探索求知的过程，道路可能会艰难曲折，一帆风顺的概率很小。所以，创新者在开始行动以后，要有足够的自信心和恒心，较强的忍耐力和毅力，要坚定不移地探索和发现，绝不能半途而废，否则便会前功尽弃。爱迪生有句名言：天才是百分之一的灵感，加上百分之九十九的汗水，这句话对创新者应该有所启示。

创新过程中，要注意采用强化手段，对创新变革的新行为、新态度进行固化，从而保证创新的持续发展。另外，还要对创新的效益进行评价，对创新成果进行激励，从而在组织中形成良好的创新氛围。

---

① 杨明刚. 现代实用管理学 知识·技能·案例·实训[M]. 上海：华东理工大学出版社，2005.

10.2 创新的基本内容

［任务导入 10-2］

南海法院成立全省首个诉讼服务中心和诉调对接中心
“一站式”服务解决诉讼纠纷

昨天下午，南海法院举行“诉讼服务中心”和“诉调对接中心”揭牌仪式。据悉，这是全省首个法院诉讼服务中心和诉调对接中心，当事人将得到一站式、全方位、多层次的服务。

南海法院成立“诉讼服务中心”和“诉调对接中心”，是南海区社会管理创新的又一项重要内容。南海法院相关负责人表示，如果把法院看成是一家治病救人的医院，那么新成立的诉讼服务中心就是“导医台”加“门诊部”。南海法院通过机制创新、职能整合，将原来职能较为单一的立案大厅，升级为集“立案导诉、诉前联调、小额速裁、答疑救助”等多种职能于一身的“诉讼服务中心”和“诉调对接中心”，为当事人提供一站式诉讼服务，将南海法院参与社会建设的能力提升到了一个新的水平，更加有力地服务、保障南海的社会和谐稳定。

年龄约四十岁的曾女士成为南海法院诉讼服务中心成立后的首个咨询者。曾女士现在和两个儿子一起住的房屋土地证上写的是公公的名字，房产证上却是丈夫的名字，但是公公、婆婆、丈夫都过世了，现在想把房产和土地都过户到两个儿子名下，她不知道该怎么办。

在诉讼引导窗口，法院工作人员耐心地向曾女士解释需要带备哪些材料，怕曾女士记不住，还用白纸帮她列出来一份清单。拿到清单的曾女士开心地告诉记者，她为这件事跑了好几个部门都没有得到解决，法官的解析让她十分满意。

前来立案的律师高志富对诉讼服务中心和诉调对接中心的成立给予了高度评价。他认为通过诉讼引导，可以使诉讼能力有限的当事人得到明确的诉讼指引，而法院也可以在引导的过程中甄别案件的繁简，并进行繁简分流，使符合小额速裁和诉前联调的案件适用相应简便、快捷的方式来解决纠纷，切实方便了诉讼参与人。

资料来源：向德平，孔海文. 南海区社会管理创新案例集锦[M]. 武汉：华中科技大学出版社，2013.

任务分析：

1. 认识组织创新。
2. 分析组织创新的作用。

管理创新，就是要以新的思维方式对管理进行全方位的重新思考和设计，以应对新出现的新环境、新问题、新挑战。系统运行中的创新涉及许多方面，第一，面对经营环境的急剧变化，要有新的战略创新、制度创新、组织创新、理念创新等；第二，面对科学技术的日益发展，要不断进行技术方法、工艺流程的改造与创新，使企业的生产效率得以提高。所以我们具体阐述制度创新、组织创新和技术创新等相关内容。

10.2.1 制度创新

美国经济学家诺斯认为，对经济发展起决定作用的是制度因素。所谓制度创新，就是指随着生产力的发展，人们对制度和规范体系进行变革，以实现组织形态、运行机制的再造和生产要素的有效组合。它是管理创新的最高层次，是管理创新实现的根本保证。

从社会经济角度来分析，企业制度创新的核心内容是产权制度创新、组织制度创新、领导制度创新和管理制度创新。①

下面主要介绍产权制度创新、组织制度创新、领导制度创新和管理制度创新相关内容。

1. 产权制度创新

产权制度主要是指企业生产资料的所有制，是按照市场经济和社会化大生产的要求，实现企业所有权与企业法人财产权的分离。它规定了企业最重要的生产要素的所有者对企业的权力、利益和责任。社会主义现代化企业就是要建立“产权清晰、权责明确、政企分开、管理科学”的现代企业制度，这是产权制度创新的宗旨。产权制度的创新，就是要对原有产权的合理流动调整与重组。进行产权制度的创新，一定要建立起科学的公司法人治理结构，明确划分股东、董事会、经理各自的权力、责任和利益，形成三者之间的制衡关系，以保证公司制企业的高效运转。

2. 组织制度创新

组织制度是指组织中所有成员必须遵守的行为准则，它包括组织章程、条例、守则、规程、程序、办法、标准等。而现代企业组织制度就是指企业组织的基本规范，包括企业的组织指挥系统、成员分工和协调关系、职权和职责等。

组织制度创新就是要建立适应市场经济体制运作的现代企业制度，即建立出资人制度、法人财产权制度、所有者权益制度、人事制度、分配制度、财务制度、投资管理制度等。

3. 领导制度创新

领导制度是指组织系统进行决策、指挥、监督等领导活动的具体制度。领导制度创新就是对组织结构、领导层次和领导跨度以及领导权限和责任进行再重造的过程。领导制度创新要针对权力过分集中、组织结构的设置不科学、领导缺乏有效的监督机制等弊端，进行变革，主要采取转变管理模式、科学领导权力划分、适当分权、精简机构、理顺职权关系、政企分开等措施。特别注意的是，健全集体领导和分工负责的制度，防止个人专断，克服官僚主义作风，健全民主制度，建立良好有效的监督机制，确保组织制度的有效运行。

4. 管理制度创新

管理制度是调整企业员工行为的基本准则，影响企业运行的效率和效益。企业管理制度是企业员工在企业生产经营活动中须共同遵守的规定和准则的总称，包括企业经营目的观念、企业目标与战略、企业的管理组织以及各业务职能领域活动的规定。

企业管理制度要体现“科学管理、人本管理”的创新理念，建立起科学的企业管理制度，要使管理方法、管理手段等方面具有现代化理念，充分重视人的因素，注重对人的积极性、创造性的激励。营造创新精神的氛围，最大限度地发挥员工的潜能，调动员工创新的积极性。

① 孙国辉，吴海帆，高福辉. 企业管理原理[M]. 北京：中国物价出版社，1997.

10.2.2 技术创新

1. 技术创新的内涵

技术创新是企业管理创新的主要内容。有关技术创新的定义有多种，但现代技术创新理论都是在熊彼特创新理论的基础上衍生和发展起来的。技术创新的含义尚未有严格统一的定义，国内外专家、学者及相关研究机构从不同角度对技术创新的内涵进行了界定。

1912 年，奥地利经济学家约瑟夫 A. 熊彼特（Joseph Alois Schumpeter）认为，技术创新是指把一种从来没有过的关于生产要素的新组合引入生产体系。

20 世纪 70 年代，厄特巴克（J. M. Utterback）在发表的《产业创新与技术扩散》一文中认为，与发明或技术样品相区别，创新就是技术的实际采用或首次应用。美国国家科学基金会（National Science Foundation of U.S.A.）对技术创新的界定：技术创新是将新的或改进的产品、过程或服务引入市场。

20 世纪 80 年代中期，缪尔塞（R. Mueser）对几十年来关于技术创新定义的多种主要观点做了较系统的整理分析。缪尔塞共搜集了 300 余篇相关论文，将技术创新定义为：技术创新是以其构思新颖性和成功实现为特征的有意义的非连续性事件。[①]

中共中央、国务院于 1999 年 8 月 30 日发布《关于加强技术创新，发展高科技，实现产业化的决定》指出：技术创新，是指企业应用创新的知识和新技术、新工艺，采用新的生产方式和经营管理模式，提高产品质量，开发生产新的产品，提供新的服务，占据市场并实现市场价值。企业是技术创新的主体。技术创新是发展高科技、实现产业化的重要前提。[②]

邹新月等（2001）认为，技术创新是以市场为导向，研究市场的潜在需求，去开拓新方法、新工艺、新产品，然后将他们进一步产业化、商品化，最终能在市场上获取商业利润，取得良好经济效益的一系列过程。[③]

柳飞红（2010）认为，技术创新是一个从产生新产品或新工艺的设想（包括新设备采用）、到市场获得成功的完整过程，它包括新设想的产生、研究、开发、商业化生产到扩散这样一系列涉及技术、设计、制造、管理、营销等关联活动，本质上是一个科技、经济一体化过程。[④]

张东生等（2015）认为，技术创新的定义有广义和狭义之分。狭义的技术创新是指创造新技术并把它引入产品、工艺或者商业系统中去，或者创造全新的工艺技术以及对现有技术的改进。广义的技术创新是指由技术变化所引起的一系列营销、管理、技术、市场和企业组织变化或产业和经济系统的演变。[⑤]

王洪涛（2023）指出，技术创新指的就是对现有技术进行改革，进一步催生出新技术的过程。[⑥]

从以上专家、学者和相关研究机构从不同的角度对技术创新内涵的认识来看，技术创新具有一定的科学性。综合以上观点，我们给出如下定义：技术创新是以提高市场竞争力和经

---

① 杜伟. 关于技术创新内涵的研究述评[J]. 西南民族大学学报（人文社科版），2004（2）：258.
② 董景荣，周洪力. 技术创新内涵的理论思考[J]. 科技管理研究，2007（7）：28.
③ 邹新月，罗发友，李汉通. 技术创新内涵的科学理解及其结论[J]. 技术经济，2001（5）：14.
④ 柳飞红. 中小企业技术创新评价及对策研究[D]. 天津：天津大学，2010.
⑤ 张东生，张亚强. 基于 TRIZ 的管理创新方法[M]. 北京：机械工业出版社，2015.
⑥ 王洪涛. 邯郸市 H 纺织装备制造企业技术创新能力评价及提升对策[D]. 邯郸：河北工程大学，2023.

济效益为目的，以市场为导向，运用新知识、新技术、新工艺，新的生产方式，对生产经营活动进行全面革新的过程。其内涵主要包括以下几个方面：① 技术的创新主体是企业；② 技术创新要将新知识、新技术、新工艺，新的生产方式在生产经营活动中灵活运用，创新的方式方法及创新程度要灵活多样；③ 要强调技术创新的最终目的是技术的商业应用和开发新产品市场；④ 技术创新是一个系统工程，涉及生产、研究、开发、商业化等一系列的活动；⑤ 要努力营造激励自主创新的环境，从而实现生产要素的最佳组合创新。

2. 技术创新的内容

在生产经营活动中，企业的技术水平是反映经营实力的一个重要标志。技术创新是通过一定的物质载体和方法来体现的，主要表现在要素创新、要素组合方法的创新和产品创新 3 个方面。

1）要素创新

技术创新的要素有创新者、机会、环境和资源 4 种，这 4 种要素相互作用、相互影响，如图 10-1 所示。[①]对应的要素创新主要包括人事管理创新、环境创新、材料创新以及设备创新等。

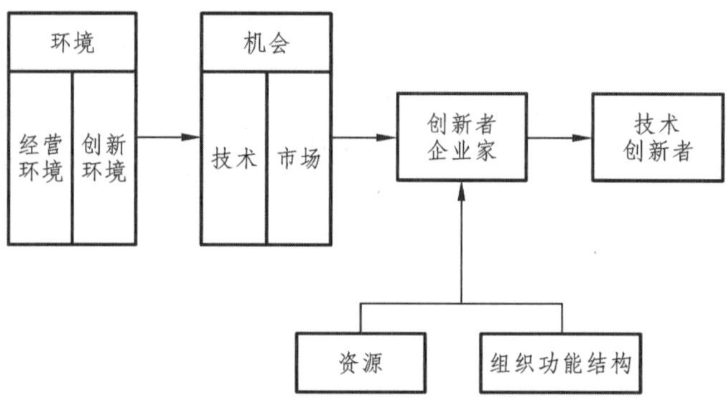

图 10-1 技术创新四要素

（1）人事管理创新。

创新者一般是指企业家、科研单位负责人、政府管理人员等，是创新的首要因素。人事创新要根据企业发展和技术进步的要求：① 形成培养创新者的良好机制，突出抓好创新人才资源开发，只有拥有创新者这一宝贵资源，企业才能具有活的灵魂，才能不断在生产经营活动中创新，才能使企业立于不败之地；② 注重企业内部现有人力资源，运用新技术、新知识去培训、改造和发展，努力营造创新的氛围，破除原有传统思维，形成结构优化、动态开放的创新思维，使之适应技术进步的要求；③ 发挥其吸引、集聚创新人才的“强磁场”效应，要在待遇、职位、职称等方面建立对创新人才的倾斜政策；④ 要实行量化考核，按照精确、细致、深入的要求，优化业务流程，完善岗责体系；⑤ 要建立完善的创新绩效考评机制，采用激励手段促进企业创新人才脱颖而出。

（2）环境创新。

环境创新是指通过积极的活动去改造环境，引导环境向着有利于企业生产经营活动的方

① 杨洁，孙玉娟. 管理学[M]. 北京：经济管理出版社，2004.

向变化。创新者就要根据市场需求信息与技术进步信息，捕捉创新机会，产生新的创新思想。面对多变的市场，企业要通过引导消费，创造需求。特别是要在广告、宣传等上做文章，进行市场调查研究，探索消费者的需求，赋予产品以一定的心理使用价值，积极引导企业产品的潜在的消费动机，从而形成良好的经营环境。

（3）材料创新。

材料创新就是指运用新思维、新技术、新方法对材料的新创造、合理优化、选择与运用，达到减少费用、增加企业经济效益的目的。材料创新的主要内容有：① 运用新的科学技术方法，创造新的材料；② 用代替品来代替价昂的稀缺材料，降低产品的生产成本；③ 提高材料的质量，改进材料的性能来达到材料创新的目的。例如，惠普（HP）选择和使用的材料降低了对环境的影响，这源于其先进的材料创新技术。创新的目的是减少材料的使用和回收再利用成本。惠普（HP）从以下 4 个方面考虑材料创新：替代有可能对人和环境产生不利影响的材料；停止使用产品中的问题材料；减小产品重量和尺寸，减少产品所需资源，降低产品生命周期内的环境影响；创新技术和可回收材料的应用，降低产品对环境的影响，便于回收再利用。

（4）设备创新。

创新可以大大促进企业的发展，提升企业竞争优势。设备创新要做好以下几个方面的工作：① 对设备使用管理人员进行培训，可以去国内外先进的企业实地学习新装备、新技术的应用和管理经验；② 要加大利用新设备，以提高生产过程的机械化和自动化程度；③ 要对设备进行软件、硬件更新，充分提高设备的利用效率；④ 充分运用现代化的信息手段对设备进行管理，以达到经济高效的目的；⑤ 设备创新与改造要突出环保理念，达到节能减耗效果。

2）要素组合方法的创新

要素组合方法的创新就是利用科学的方式方法将不同的生产要素加以优化组合。要素组合方法的创新包括生产工艺和生产过程的时空组织两个方面。

（1）工艺创新。

工艺创新，又称过程创新（process innovation），是指以提高企业的社会经济效益为目的，对产品生产技术进行重大变革，通过运用新的生产技术、操作程序、方式方法和规则体系等，改变原材料、半成品加工方法的活动过程。工艺创新使现有设备得到更充分的利用，使现有材料得到更合理的加工。工艺创新的主要内容有：① 利用新原理、新技术开发新工艺；② 对已有的生产工艺进行模仿或改进；③ 将创造和模仿结合在一起。工艺创新采用的方法主要有：① 应用信息化手段；② 使用先进设备、集成技术；③ 使用优化理论，使企业的原材料成本降低。

（2）生产过程的时空组织。

生产过程的时空组织，就是在生产过程一定的时空范围内，进行合理的配置。主要表现在机器设备、空间的利用程度，人机的配置情况等方面，通过生产过程时空组织的合理配置，达到提高组织运营的效率。例如，企业的车间布置，就涉及组织结构、人员配置、机器的摆放、材料的通道等生产要素，可以说，车间如何布置直接关系到企业生产过程的诸生产要素能否优化配置，在时空上是否达到最优组合，进而影响企业生产活动的效率。

3）产品创新

经济合作与发展组织（Organisation for Economic Co-operation and Development，OECD）

对产品创新的定义是：为了给产品用户提供新的或更好的服务而产生的产品技术变化。产品创新是指改善或创造产品，以进一步满足顾客需求或开辟新市场的需要。作为企业来说，生产经营活动的最终结果是向社会提供产品，通过产品来得到社会承认、证明存在的价值，也正是通过产品来实现企业的利润，达到提高经济效益的目的。产品创新主要是物质产品本身的创新，主要有品种创新和产品结构创新。

企业要想在复杂多变的市场中具有竞争力，产品创新必不可少，要以“优化产品结构，创新市场体系”为导向，企业根据市场需要的变化，要统一思想和认识，开动脑筋，拓宽创新思路，根据消费者偏好的转移，进行市场调查研究，要充分借用外脑，如与科研院所、高校等部门单位进行合作，不断地开发新品种，为企业的产品结构调整提供支持，找出更加合理优化的产品结构，降低企业的生产成本，不断开发出用户欢迎的产品，提高企业的市场竞争力。

10.2.3 组织创新

［案例］

TCL 集团的组织创新

TCL 集团的前身是惠阳地区电子工业公司。1985 年，该公司与港商合资成立“TCL 通讯设备有限公司”，生产电话机。到 1990 年，TCL 电话机的产销量位居国内同行首位。TCL 集团于 20 世纪 90 年代开始经营彩电，较长虹、康佳、熊猫、黄河等企业晚了五六年时间，错过了彩电产品的高额利润时期，在实力明显处于劣势的情况下，获得了高速发展。1994 年，TCL 集团生产彩电 55 万台，50%出口；1995 年生产彩电 86 万台，其中出口 45 万台，销售额超过 20 亿元；1996 年 TCL 彩电已位居我国彩电行业第三位。与国内外许多彩电企业惨遭淘汰的命运形成了鲜明对比。2000 年 4 月份公布的我国电子百强排名中，TCL 名列第三，而 2000 年上半年的销量排名中 TCL 又勇夺第一名桂冠。TCL 集团之所以能够成功，一个重要的原因在于其独辟蹊径，组织创新。

TCL 集团第一类组织创新有：① 改变员工的工作理念；② 提升组织共同憧憬；③ 塑造企业成为“学习型组织”。

TCL 集团第二类组织创新有：① 以战略为中心的组织创新；② 以组织结构调整为中心的组织创新。

资料来源：王志莲，张红. TCL 集团组织创新研究[J]. 经济问题探索，2003（4）：83-87.

1. 组织创新的内涵

面对市场竞争日益残酷与激烈，传统的组织模式不再有效，为了使企业组织结构适应变化的环境和条件，组织需要变革和创新，从而提高企业的核心竞争力，为企业战略提供强有力的组织保证。

关于组织创新的定义，国内外很多专家学者都对此进行了深入的研究。

科斯（R.H.Coase）对企业组织问题做了开拓性的探索，开创了现代企业理论的先河，同时也是组织创新理论研究的新起点。①

Richard Woodman，John Sawyer 与 Ricky Griffin 在《组织创造力》中将“组织创造力”定义为：在一个复杂的社会系统中，一起工作的个人产生有价值、有益的、崭新的产品、服务、想法、程序或者过程。这里的“组织创造力”的含义就是“组织创新”。

陈光（1994 年）认为，技术创新是以技术创造性成果的市场实现为基本特征的周期性技术经济过程。②

李国军等（2006）认为，组织创新是在一个团队和组织或针对一项任务有意导入相对新的、对其和社会有益的想法、过程、产品或工艺。③

陈红梅等（2010）认为，企业组织创新是企业创新的一个重要方面，是企业组织的调整、革新、重组，以使原来的企业组织更加和谐、合理。④

何存玉（2015）认为，为了适应外部环境的变化，往往会随着内外环境的变化而不断地进行调整和变革，广义上讲这种调整和变革就是组织创新，其目的就是建立一支高效灵活、适应性强的组织团队，来使组织发挥最大的管理效能，提升组织的运营效率和竞争力。⑤

范彬（2019）认为，组织创新就是引进或开发一种新的产品、服务、流程或制度用于工作或用于处理利益相关者间的关系，以便为企业创造新的价值。⑥

陈晓禹（2023）认为，组织采取合理的知识管理战略，通过互联网等渠道促进知识的生产、传递、存储、应用等环节，使组织内部形成鼓励知识、鼓励创新的氛围，能对组织创新起到积极作用。⑦

以上专家学者对组织创新含义的研究具有一定的科学性，其内涵基本上是一致的。结合上述学者的观点，我们给出组织创新的定义：组织创新是为了实现组织目标，采用新的管理方式和方法，对组织结构和管理机制进行创新性设计、优化与调整的活动过程。其内涵包括以下几个方面：① 组织调整涉及组织设计、职权分配、分权化程度和职务层次等内容；② 组织形式有股份制、股份合作制、基金会制等；③ 组织结构创新方向有无边界组织、网络结构、虚拟组织、战略联盟组织等；④ 要强调组织创新是解冻、变革、再冻结的过程，要经历成长、发展、消亡、再新生的不断循环变化的动态过程，使组织的使命、目标得以不断提升。

2. 组织创新的主要内容

组织创新从内容上看，可以分为 3 大类：① 以组织文化为中心的创新；② 以组织结构和组织战略为中心的创新；③ 以组织流程为中心的创新。组织创新可用图 10-2 表示⑧。

---

① 张钢，孙明波. 关于组织创新研究的观点综述[J]. 科研管理，1997（7）：24.

② 陈光. 技术创新与组织创新初探[J]. 科学学与科学技术管理，1994（9）：8.

③ 李国军，王重鸣. 组织创新的研究进展[J]. 心理科学，2006（5）：1240.

④ 陈红梅，邵仲岩，梁敏. 基于资源优化配置的企业组织创新研究[J]. 黑龙江对外经贸，2010（10）：113.

⑤ 何存玉. 变革型领导风格、组织即兴与组织创新的关系研究[D]. 衡阳：南华大学，2015.

⑥ 范彬. 粉丝参与组织创新的影响机理：企业与粉丝的双重视角研究[D]. 大连：大连理工大学，2020.

⑦ 陈晓禹. 知识管理、组织创新能力与企业绩效的关系研究[D]. 武汉：武汉工程大学，2023.

⑧ 孙国辉，吴海帆，高福辉. 企业管理原理[M]. 北京：中国物价出版社，1997.

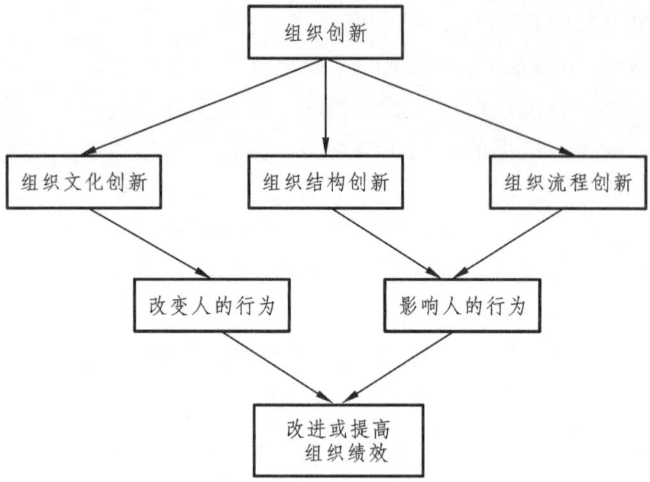

图 10-2　组织创新的内容

（1）组织文化创新。

组织文化由组织目标、基本信念、价值标准和行为规范组成。创新型组织通常有自己独特的组织文化，如鼓励试验、赞赏失败等。创新型组织文化以创新导向为核心，通过对成员的信念、工作理念的影响，鼓励多样工作思路，增加组织管理的自由度，鼓励成员大胆试验，勇于冒险，承担风险，鼓励成员接受新观念、新思想，新理念，致力于改变成员的工作态度，调动他们的积极性，协调成员之间的关系，增强组织群体的凝聚力，从而提高组织的效能。例如，海尔企业文化是被全体员工认同的企业领导人创新的价值观，其核心是创新。

（2）组织结构创新。

组织结构主要包括层次结构、部门结构和职权结构等。一个有效的组织创新，要不断地进行组织结构“整合”与“分化”的调整。组织结构创新应该从以下几个方面来把握：① 要有效地降低管理的层级，实现扁平化组织，有利于信息的上传下达，提高信息流通的效率。这对管理者的能力提出了更高的要求，最富于创新精神的企业都在努力减少层次，使整个企业成为扁平形的组织。② 依靠外部资源和外部组织临时联盟，采用灵活多变的组织形式，即柔性化、虚拟化组织，以降低成本、化解风险。③ 要充分运用现代信息化手段，建立网络型组织。④ 创建战略先导型组织，进行“业务流程重组”和“分权制”等。

（3）组织流程创新。

组织流程创新就是要解决如何更有效地做工作、工作程序标准化的问题。要运用流程再造的思想来进行组织创新，对企业的流程进行分析和重新设计，对组织的结构和运行机制进行变革。可以通过企业资源计划（ERP）来实现企业业务流程再造。所谓企业资源计划，就是将企业内部各个部门，包括财务、生产、库存、营销、人力资源管理、供应链管理等，利用信息技术整合在一起。通过信息网络的账号权限可以实现信息流的高速沟通，以帮助管理者做出最优的决策。ERP 可以使流程达到最优，从而实现组织流程的有效管理。

10.3 创新的方法

［任务导入 10–3］

微波炉

珍惜偶然的发现，开展相关原理的探索，往往会带来令人意想不到的创新。微波炉的发明者是美国工程师珀西·勒巴朗·斯宾塞（Perey Le Baron Spencer）。微波炉最早的名称是爆米花和热团加热器（popcorn and hot pockets warmer），它是在雷达技术研发项目中被偶然发明出来的。

第二次世界大战爆发后，斯宾塞在一家公司从事雷达技术开发工作。斯宾塞喜欢吃甜食，一天，他在实验室做实验时，一块巧克力棒粘在了短裤上。斯宾塞注意到，当他运行磁控管时，裤子上的巧克力棒就融化了。思维敏捷的他给出了一个似乎不太合理的解释：肉眼看不见的辐射光线“将其煮熟了”。在好奇心的驱动下，斯宾塞继续用磁控管做实验，利用这种装置让鸡蛋爆裂，还去烤爆米花，这些实验都证明了他的猜想。最后，他设计了一个箱子将这个装置包装起来，变为一种烹饪食品的新工具并推向市场。很难想象，雷达领域的技术会进入普通百姓的厨房。

资料来源：王亚非，梁成刚，胡智强. 创新思维与创新方法[M]. 北京：北京理工大学出版社，2018:10.

任务分析：

1. 该案例运用了哪种创新思维方法？
2. 理解创新思维方法。

创新是人类改造自然、改造社会的实践活动。人们在创新活动中只有掌握一些创新方法，才可能获得迅捷、有效的创新。自 1939 年美国创造学家 A. F. 奥斯本（A. F. Osborn）提出激发性思维的头脑风暴法以来，创新方法对科学技术的进步、社会经济的发展起到了至关重要的作用。创新的方法种类较多，最具代表性的方法是：头脑风暴法、形态方格法、综摄法、组合法、联想思维法、逆向思维法等。

10.3.1 头脑风暴法

头脑风暴法可以有效地发挥集体的智慧，这种创新方法富有创意。头脑风暴法分为直接头脑风暴法（通常简称为“头脑风暴法”）和反头脑风暴法。头脑风暴法在“3.4 决策的基本方法”的“3.4.1 定性决策方法”中已做了较为详细的介绍。下面主要介绍反头脑风暴法。

在决策过程中，由直接头脑风暴法提出的系统化的方案和设想是否完善，一般还要用反头脑风暴法来质疑，在充分发扬民主的基础上，形成一个更科学、更可行的预测方案。

反头脑风暴法的步骤有 3 个阶段：

第一阶段，要求参加者对所有的设想都提出质疑，尽量挑毛病，吹毛求疵，挑剔反驳，使一些潜在的危险性问题得到充分、彻底的揭露，重点研究有碍设想实现的所有限制性因素。

第二阶段，对所有的设想，编制一个评论、设想意见一览表。鼓励提出批评和新的可行设想，质疑过程一直进行到没有问题可以质疑为止。

第三阶段，对质疑过程中抽出的评价意见进行估价，形成一个实际可行的解决所讨论问题的具体结论。

10.3.2 形态方格法

形态方格法是美国加州理工学院天体物理学家 F. 茨维基（F.Zwicky）教授提出来的。运用系列组合的方法，将旧有事物因素加以系统地分解组合，提高创新成功的可能。

形态方格法的实施步骤：

（1）确定影响决策的相互独立的重要因素；

（2）列出这些因素的各种可能形态；

（3）然后将各因素及其可能形态排列成矩阵形式；

（4）从每一因素中各取出可能形态做任意组合，从这些任意组合中剔除过去已经有过的，余下的可能是解决问题的最优组合。

形态方格法促使决策人思考、推导和分析所有的可行方案，在新产品开发决策中经常运用。

应用形态方格法应注意的问题：① 运用形态方格法时，要求具有较高程度的有关问题的专门知识；② 只有确定影响决策的重要因素，才能得出重要的创造性构想。

10.3.3 综摄法

综摄法，又称提喻法、分合法、集思法，是美国麻省理工学院教授威兼·戈登（W.J.Gordon）于 1944 年提出来的，是通过已知的东西为媒介，将毫无关连、不同的知识要素结合起来，是利用激发出来的灵感，来发明新事物或解决问题的创新方法。

戈登认为，联想与类比是实现从已知到未知的有效办法，在探索新的设想时，要从类比探索得到启发，要遵循异中求同和同中求异的原则。所谓异中求同，就是要“变陌生为熟悉”，对陌生的事物或问题，用所具有的经验、知识与以前熟悉的事物进行比较，把陌生的事物转换成熟悉的事物，达到认识问题本质的目的。所谓同中求异，就是要“变熟悉为陌生”，对熟悉的事物或问题，从新的角度或用新知识来观察、分析，使看得习惯了的东西变成看来新的东西，把熟知的事物变成陌生的事物，以达到产生出新的创造构想的目的。

戈登在创造过程研究中总结出 4 条类比规律，即拟人类比、直接类比、象征类比、幻想类比。

类比是一种重要的思维方法和推理方法，类比推理的过程，是从特殊到特殊，由此及彼的过程。类比思维方法是将陌生的事物与解决了的熟悉的其他相似事物进行类比，在异中求同和从同中求异，从而创造性地解决问题的创新方法。

1. 拟人类比

这是一种感情移入、角色扮演式的思考方法。人们在进行创造活动时，常常将创造的对象加以拟人化，进行换位思考，从对方事物的角度来考虑如何行动和决策，产生共鸣，以获得创意。例如，挖土机可以模拟人体手臂来进行设计；在科学管理中，可以将决策层理解为人大脑的神经中枢等。

2. 直接类比

直接类比，就是从自然界或者人们的成果中寻找出与创意对象相类似的事物进行类比，获取创意。例如，鲁班从带齿的草叶划破手指现象中发明了锯子；从鸟类可直接腾空起飞现象得到启发，发明了直升机等。

3. 象征类比

象征类比，就是借助事物形象或象征符号来表示某种抽象概念或情感，使他们具有形象化、立体化独特风格的类比，为创新开拓了思路。“鸽子”象征和平；在商业营销中，商标则象征企业产品形象等。

4. 幻想类比

幻想类比，是指在创意思维中，充分利用人类的想象、梦幻、灵感等以获取解决问题的方案的创新方法。例如，古代人的飞天梦想，当今已实现；神话、科幻小说中的故事可能对人类的发明创造有一定启迪作用。

10.3.4 组合法

组合法，就是对功能、原理、产品、材料、服务、组织方法等因素进行分析、重组，使之优化，形成具有竞争力的新技术、新工艺、新方法、新思路、新策略等的过程。可以说，组合就像万花筒一样，奇妙的组合就是创造。

组合创新是一种极为常见的创新方法，组合创新的形式主要有功能组合、原理组合、材料组合、成分组合和方法组合等几种类型。

1. 功能组合

所谓功能组合，就是把不同物品的不同的功能或目的进行组合起来，使之达到多功能的目的和用途。例如，按摩椅就是按摩功能和椅子功能的新组合，有起罐头功能的水果刀，带橡皮头的铅笔，集上网、看电视等功能于一体的5G手机。

2. 原理组合

所谓原理组合，是把已有的原理或进行改造，组合成一种新产品。例如，情侣连体手套，多功能挂衣架等。

3. 材料组合

将不同材料组合在一起，能改善物品的性能。例如，诺贝尔将硝化甘油和硅藻土混在一起起到克服液体硝化甘油的缺陷，便于运输。再如，衣服材料里添加氨纶材料，可以起到增加弹性的作用。

4. 成分组合

物品成分各不相同，组合起来构成一种新的产品。例如，将多种水果放在一起用榨汁机搅拌，可以得到果汁饮料。调酒师将不同种类的酒调制成鸡尾酒，采用的也是一种不同的成分组合。

5. 方法组合

将两种不同的方法应用到生产工艺中，也是一种新的组合。例如，在超市出口结账处，往往会摆放一些如口香糖、饮料等日常生活用品，就是经营方法的组合。因为有些顾客在超市里买了必需品后，到结账处一般会再捎带买些口香糖之类的日常用品。

10.3.5 联想思维法

联想思维法是依据人的心理，由一事物联想到另一事物的心理现象而发明的一种创造方法。许多新的创造都来自人们的联想，联想的主要思维形式包括幻想、空想等。如科学幻想，在人们的创造活动中具有指导作用。

联想思维的方法一般有对比联想、相似联想、接近联想、自由联想、强制联想。

1. 对比联想

对比联想是指对于性质或特点相反的事物进行的联想，由事物间完全对立或存在某种差异而引起的，具有悖逆性、挑战性、批判性等特征。例如，由沙漠想到森林，由黑暗想到光明等。再如金刚石的成分是碳，金刚石能转化为石墨，通过对比联想，科学家成功地将石墨制成了金刚石。

2. 相似联想

相似联想是指由外形、性质、形状、某种状态上与另一种事物相似引起的联想。例如，上海一家橡胶模型厂员工，创新制成光电跟踪轮胎模自动绕花机的过程，就是运用相似联想的例证。过去加工橡胶轮胎金属模全靠手工绕制，费时也费力。后来他们在参观船厂的自动仿样切割机时受到启发，联想到这种原理可以在绕花机上运用。结果通过实践获得成功。现在，只需要 3 天的时间就能自动绕制一幅轮胎金属模。①

3. 接近联想

接近联想是根据一事物联想到在空间或时间上接近另一事物，进而产生某种新设想的思维方式。比如，当你遇到以前的朋友时，你的脑海里会再现以前朋友的音容笑貌。谈到母校，你的脑海里会呈现以前的教室、操场、老师等情景。

4. 自由联想

自由联想是由 F. 高尔顿在 1897 年开创的。自由联想是事前对被试的反应与刺激之间的关系不加任何限制的联想。大多能产生许多奇思妙想，但成功率低，有时往往会收到意想不到的效果。例如，荷兰生物学家列文虎克就从自由联想中发现了微生物。

5. 强制联想

强制联想与自由联想是相对而言的，是由美国学者 C.S.Hvard 提出来的，它是运用强制性连接方式以产生创造性构想的方法。特点是对事物有限制的联想。在人类的创造发明中，往往带有一定的目的，去解决某一问题，这里就需要采用强制联想。例如，日本东芝电器公司运用了强制联想创新法，对 X 射线透视机、电视摄像机、可调节手术台进行组合设计，制造了旋转万能 X 射线电视透视台。

① 杨明刚. 现代实用管理学 知识・技能・案例・实训[M]. 上海：华东理工大学出版社，2005.

10.3.6 逆向思维法

［案例］

日本丰田管理方式之所以以科学、严密著称，与丰田管理者巧妙地运用逆向思考不无关系。人们在考虑改进流水线工作时，往往是从前一道工序向后一道工序逐步下推。日本丰田汽车公司副总经理大野在考察流水线时，把问题倒过来考虑，由后一道工序向前道工序推算，并采用以最后一道工序为起点的组装流水线，前一道工序只生产后道工序所需的零部件，逐环上溯，一直到原材料供应部门，并给以连锁性的同步衔接，使零部件库存量降到最低限度，避免了零部件积压和脱节的现象。这是他成功运用逆向思维的结果。

资料来源：方正育. 逆向思考在经营决策中的运用[J]. 上海企业，1987（6）: 48.

所谓逆向思维法，就是对常规思路难以解决，采取反过来思考的一种思维方法。前面的案例说明，反向思维，是摆脱常规性思维羁绊的一种具有创造性的思维方式。对于常规思维却不易解决的问题，敢于“反其道而思之”，常常会取得意想不到的“柳暗花明又一村”的效果。

逆向思维法一般有反转型逆向思维法、转换型逆向思维法和缺点逆用思维法 3 种类型。

1. 反转型逆向思维法

反转型逆向思维法是指人们为达到一定目标，从已知事物的相反方向进行思考，从中引导启发性思维的方法。

例如，1820 年丹麦哥本哈根大学物理教授奥斯特，在实验中发现了电流的磁效应。当导线通上电流，导线附近的磁针立即会发生偏转。英国物理学家法拉第认为电和磁之间必然存在联系，采用反转型逆向思维法思考方法，通过实验，把一块条形磁铁插入一只缠着导线的空心圆筒里，产生了电流。他于 1831 年提出了电磁感应定律，发明了世界上第一台发电机。再例如，如果没有专门开葡萄酒的扳子，就不好向上拔出葡萄酒瓶塞子，那如何打开葡萄酒瓶呢？我们不妨来个反转型逆向思维法，将塞子向下捅到葡萄酒瓶里，这种方法做起来相对比较容易。

2. 转换型逆向思维法

转换型逆向思维法是指解决这一问题的方法手段没有效果，而转换成另一种思考角度，以使问题得以顺利解决的思维方法。例如，司马光见小伙伴落入水缸，而不能通过爬进缸中救人，他灵机一动，用石头把缸砸破，不是“让人离水”，而是“让水离人”，救了小伙伴的性命。这就是一个运用转换型逆向思维法的案例。

3. 缺点逆用思维法

缺点逆用思维法是针对事物的缺点，化弊为利，化被动为主动，化不利为有利的思维方法。例如，一位裁缝一不小心将一条高档裙子烧了一个窟窿，致使其成为废品。这位裁缝突发奇想，凭借其高超的技艺，在裙子四周又剪了许多窟窿，并精于修饰，美其名曰“凤尾裙”，赢得了女士们的喜爱。这就是缺点逆用思维法的典型运用。

［项目小结］

创新既是企业发展的动力，也是企业存在的基础。一个企业如果想在激烈的市场竞争中立于不败之地，就必须不断地创新。本项目首先从创新的内涵入手，然后对管理创新的定义、作用、原则及过程进行了论述，对创新有一个初步的认识；接着重点对创新的内容，即制度创新、技术创新、组织创新进行了阐述；最后对创新的方法进行了介绍。创新的方法种类较多，介绍了最有代表性的几种方法，即头脑风暴法、形态方格法、联想创新法、综摄法、组合法、联想思维法、逆向思维法等。

［同步测试］

一、单选题

1. 创新是为了适应组织（　　）变化的要求，在创造性思想指导下，将生产要素进行重新组合或调整，以达到优化之目的的过程。

A. 发展　　B. 资源

C. 条件　　D. 内外环境

2. 熊彼特认为，企业家精神的真谛就是（　　）。

A. 创新　　B. 计划

C. 领导　　D. 组织

3.（　　）指由外形、性质、形状、某种状态上与另一种事物相似引起的联想。

A. 自由联想　　B. 接近联想

C. 相似联想　　D. 对比联想

4. 关于创新概念的产生要追溯到 20 世纪，是由（　　）在其著作《经济发展理论》中提出来的。

A. 约瑟夫・阿罗斯・熊彼特　　B. 亚当・斯密

C. 大卫・李嘉图　　D. 威廉・配第

5. 成功创新的主要阶段中，寻找创新的机会，就是要抓住每一次改进的机会，抓住机遇，这是（　　）阶段。

A. 寻找机会　　B. 提出构思

C. 迅速行动　　D. 坚持不懈

二、填空题

1. 成功创新的主要阶段或步骤有：寻找机会、（　　）、迅速行动、坚持不懈。

2.（　　）是为了实现组织目标，采用新的管理方式和方法，对组织结构和管理机制进行创新性设计、优化与调整的活动过程。

3.（　　）是借助事物形象或象征符号来表示某种抽象概念或情感，使他们具有形象化、立体化独特风格的类比，为创新开拓了思路。

4.（　　）是以提高市场竞争力和经济效益为目的，以市场为导向，运用新知识、新技术、新工艺、新的生产方式，对生产经营活动进行全面革新的过程。

5.（　　）是美国加州理工学院天体物理学家 F. 茨维基教授提出的。运用系列组合的方法，将旧有事物因素加以系统地分解组合，提高创新成功的可能。

三、判断题

1. 组织结构创新就是要解决如何更有效地做工作、工作程序标准化的问题。要运用流程

再造的思想来进行组织创新，对企业的流程进行分析和重新设计，对组织的结构和运行机制进行变革。（　　）

2. 成功创新的主要阶段或步骤有：寻找机会、提出构思、迅速行动、坚持不懈。（　　）

3. 逆向思维法，就是对常规思路难以解决的问题，采取反过来思考的一种思维方法。（　　）

4. 设备创新就是指运用新思维、新技术、新方法对材料的新创造、合理优化、选择与运用，达到减少费用、增加企业经济效益的目的。（　　）

5. 综摄法是由美国麻省理工学院教授茨维基于 1944 年提出的，是通过已知的东西为媒介，将毫无关联、不同的知识要素结合起来，是利用激发出来的灵感，来发明新事物或解决问题的创新方法。（　　）

四、简答题

1. 简述创新的内涵。

2. 什么是管理创新?

3. 创新的基本内容有哪些?

4. 创新的方法有哪些?

5. 结合我国国有企业改革，分析制度创新的途径。

五、案例分析

管理不创新行吗

管理创新使小企业不断成长壮大，而墨守成规的大企业逐渐衰落和瓦解。据统计，20 世纪 50 年代《幸福》杂志 500 家最大公司中有近一半在 90 年代已经消失，那些没有消失的老公司中有相当一部分的董事长在 90 年代被罢免。因为他们不能带领公司创新使这些公司岌岌可危。而那些能不断创新的朝气蓬勃的公司，不仅保住了自己的地位，而且如《商业周刊》封面文章的标题所说："如初出茅庐那样斗志昂扬。"管理创新有两个基本能力：创造力和洞察力。但是创新观念的多元化，切入点不一定仅限于这两个方面，在管理的各个领域、各个时间都可能产生创新观念，既然要成功，创新观念就一定要发展成为系统的创新管理。甚至有人说："与大企业反道而驰就会成功。"来比较一下麦当劳公司和微软公司，都是从很小的规模发展起来的国际化的大公司。麦当劳公司的管理特点是高度规范化，它将多达 2 500 条技术诀窍和工作程序整理成规范，其中包括厨房设备，店铺设计，制作到出售的时间间隔，甚至到员工洗手的次数等都有详尽的规定，要求每个职工，按照既定标准完成工作，所以全世界的麦当劳汉堡包都是同样的口味。而微软公司几乎就没什么规范，公司设有宿舍、食堂、健身娱乐中心，只要你愿意，一个星期不回家也没问题。当然，如果一个星期不来公司在家工作也不成问题，因为网络已连到每个人家中。这两个公司，虽然是大相径庭的管理特点：高度规范化和高度自由化，但同样使他们各自创下了辉煌的业绩。究其原因，他们有共同的特点：创新，适合自己的大胆创新。

资料来源：李建锋，苗长川. 管理学原理[M]. 西安：西北大学出版社，2003：467-468.

思考：

1. 为什么过去一些大公司到后来有近乎一半消失呢？

2. 创新对企业的发展有什么意义？

［项目训练］

调查企业管理创新①

一、实训项目

调查、访问某个工商企业管理创新的某一领域、内容。

二、实训目的

1. 通过了解工商企业管理创新某一方面的内容、特征，进一步加深理解管理创新的含义、原则等；

2. 在此基础上，探索工商企业管理创新的步骤、策略与技巧；

3. 初步培养及锻炼学生的创新思维能力以及运作技术与方法。

三、实训内容

在调查或访问设计提纲中，可以围绕如下问题：

1. 该企业管理创新涉及哪几个方面？

2. 管理创新的特点、模式、方式是什么？

3. 该企业管理创新的策略与具体创新方法有哪些？

4. 该企业管理创新性思维方法有什么优缺点？在实际运用时应如何取长补短？

5. 通过对该企业管理创新的调查、访问，你得到了哪些启示？

四、实训组织

1. 组织全班或分成若干小组，以座谈会或深度面访形式，调查某一企业管理创新活动。

2. 要求学生认真记录，有条件的还应录音、录像。

3. 访谈的记录、录音、录像以及获取的资料供全班学生使用。

五、实训考核

1. 每位学生应完成调查、访问报告及心得体会，优良者可在全班交流。老师对每一份报告予以批阅评分。

2. 每位学生需填写实训报告。其内容包括：实训项目；实训目的；本人承担任务及完成情况；实训过程；实训小结；实训评语（由教师填写）。

---

① 杨明刚. 现代实用管理学　知识·技能·案例·实训[M]. 上海：华东理工大学出版社，2005：372-373.

参考文献

[1] 周三多，陈传明. 管理学原理[M]. 南京:南京大学出版社，2006.

[2] 杨文士，张雁. 管理学原理[M]. 北京：中国人民大学出版社，1994.

[3] [美]哈罗德·孔茨，海因茨·韦里克. 管理学[M]. 10 版. 北京：经济科学出版社，1998.

[4] [美]斯蒂芬 P 罗宾斯. 管理学[M]. 4 版. 北京：中国人民大学出版社，1997.

[5] 周三多，陈传明，鲁明泓. 管理学——原理与方法[M]. 上海：复旦大学出版社，1999.

[6] 韩俊峰，顾伟. 管理学原理与实务[M]. 重庆：重庆大学出版社，2022.

[7] 孙静. 管理内涵的哲学思考[J]. 商业经济，2005（10）：50

[8] 蔡爱丽，劳家仁. 论管理者素质[J]. 现代商贸工业，2009（21）：128.

[9] 朱新民. 管理者素质的探讨[J]. 管理现代化，1983（4）：43.

[10] 王毅，修俊勇，马千越. 管理学基本理论在高校学生管理中的应用[J]. 中国教育技术装备，2021（13）：44-45.

[11] 苏慧文，姜忠辉. 管理学原理与案例[M]. 青岛：青岛海洋大学出版社，1999.

[12] 钱思蒙. 泰勒科学管理理论评述及企业的应用分析[J]. 现代商业，2024（1）：104-107.

[13] 赵晨舒. 人际关系理论对高校师生关系问题的启示[J]. 镇江高专学报，2019，32（4）：63-65.

[14] 刘佳. 赫伯特·西蒙：如何作出有效决策[J]. 经营与管理，2015（12）：10-11.

[15] 杨孝伟，赵应文. 管理学：原理、方法与案例[M]. 武汉：武汉大学出版社，2005.

[16] 单凤儒. 管理学基础实训教程[M]. 北京：高等教育出版社，2005.

[17] 叶小明，缪兴锋. 现代管理学基础与应用[M]. 广州：华南理工大学出版社，2004.

[18] 刘璇，贾亚东. 管理学基础[M]. 上海财经大学出版社，2009.

[19] 季辉. 管理学[M]. 重庆：重庆大学出版社，2017.

[20] 马小姗，刘瑞军，虎啸. 管理学[M]. 成都：电子科技大学出版社，2020.

[21] 苏敏江. 大型企业集团经营决策程序与方法探索[J]. 产业与科技论坛，2015，14（12）：199-200.

[22] 杨强. 管理学基础[M]. 北京：中国人民大学出版社，2010.

[23] 林为民. 企业经济决策方法影响因素的结构分析——以绿色矿山企业为例[J]. 大众投资指南，2020（23）：189-191.

[24] 朱春江，范郁尔，骆汝九，等. 基于 SWOT 理论的农业对外开放合作及风险对策研究——以连云港市为例[J]. 江苏农业科学，2020，48（20）：327-332.

[25] 李海斌，王琼海. 波士顿矩阵分析法的局限、修正及应用[J]. 科技创新导报，2009（33）：199.
[26] 文大强，陈荣中. 企业管理原理[M]. 上海：复旦大学出版社，2005.
[27] 蒋运通，傅太平. 管理学[M]. 北京：北京工业大学出版社，2005. 2，98.
[28] 朱春江，唐德善. 基于 BP 神经网络的塔里木河月流量预报研究[J]. 新疆农业科学，2005（4）：210-214.
[29] 李庄，项蓓丽，韦文楼. 预测决策方法[M]. 南宁：广西科学技术出版社，2005.
[30] 杨宇. 德鲁克目标管理理论评述[J]. 中国高新技术企业，2010（3）：88.
[31] 杨先举. 工商企业管理案例[M]. 北京：中国人民大学出版社，1994.
[32] 黄建春. 管理学[M]. 重庆：重庆大学出版社，2017.
[33] 李雨昕. 北京热力集团输配分公司机关组织结构优化研究[D]. 北京：北京邮电大学，2023.
[34] 王玲，张海雁，宋君远. 管理学项目化教程[M]. 长沙：湖南师范大学出版社，2020.
[35] 邵冲. 管理学概论[M]. 3 版. 广州：中山大学出版社，2005.
[36] 陈京. 组织行为学[M]. 北京：机械工业出版社，2023.
[37] 金春，张念萍，王素霞. 管理学项目化教程[M]. 成都：四川大学出版社，2016.
[38] 王勇. 领导艺术中哲学思想的体现[J]. 法制与社会，2010（2）：290.
[39] 刘承宗. 小学校长领导艺术的研究[D]. 长沙：湖南师范大学，2013.
[40] 杨仕梅，李晓楠，曾霞. 管理学[M]. 北京：北京理工大学出版社，2017.
[41] 张兴祥，郑钧予. 习近平在厦门探索建设自由港的思想方法和工作方法——兼谈习近平善用“四智”的领导艺术[J]. 厦门特区党校学报，2023（6）：7-14.
[42] 张立杰. 哲学视阈下的中国领导艺术研究[J]. 领导科学，2010（11）：27.
[43] 李林达. 周恩来领导艺术研究述评[J]. 毛泽东思想研究，1996（3）：61-64.
[44] 周发源，王国宇. 20 年邓小平领导艺术研究综述[J]. 求索，2003（5）：143.
[45] 刘宁杰，莫柏预. 管理学辅导用书[M]. 北京：中国财政经济出版社，2005.
[46] 陈世艳，徐银富. 管理学实训教程[M]. 广州：暨南大学出版社，2006.
[47] 杜明科. 运用荣誉激励提高员工素质[J]. 中国邮政. 2004（1）：43.
[48] 陈维政，余凯成，黄培伦. 组织行为学高级教程[M]. 北京：高等教育出版社，2004.
[49] 刘向红. 企业员工激励的作用及其方法[J]. 广西电业，2005（9）：25-28.
[50] 许澎. 浅议激励的作用及方法[J]. 中共郑州市委党校学报，2008（1）：59.
[51] 陶世平. 浅谈激励的作用和方法[J]. 科学咨询（教育科研），2010（3）：33.
[52] 江延球，荀海鹏，周小平. 管理学项目化教程[M]. 南京：河海大学出版社，2018.
[53] 余凯成. 组织行为学[M]. 大连：大连理工大学出版社，2002.
[54] 张德. 组织行为学[M]. 北京：高等教育出版社，1999.
[55] 李宏，杜学忠. 组织行为学精华读本[M]. 合肥：安徽人民出版社，2002.
[56] 吴瑕. 目标设置理论研究综述[J]. 科教导报，2010（1）（中）：91.
[57] 张美兰，车宏生. 目标设置理论及其新进展[J]. 心理学动态，1999（2）：36
[58] 庞淑芬. 目标设置理论对知识型员工的激励作用[J]. 北方经贸，2009（6）：108.
[59] 王华，王光荣. 目标设置理论在企业员工工作激励中的应用[J]. 安康师专学报，2005

（2）：34.
[60] 朱益晓. 浅析斯金纳强化理论在员工激励中的应用[J]. 市场周刊（理论研究），2009（8）：116.
[61] 张中仁. 西方归因理论的应用研究[J]. 锦州师范学院学报（哲学社会科学），1992（2）：123.
[62] 陈坤，黄舸. 浅谈管理中的归因理论[J]. 现代商业，2010（2）：93
[63] 曹倩琴. 浅析归因理论发展及影响[J]. 景德镇高专学报，2010（3）：38.
[64] 陈爱吾. 归因理论在人力资源管理中的应用[J]. 技术经济，2003（11）：28.
[65] 傅永春. 归因理论形成和发展[J]. 内蒙古师范大学学报（哲学社会科学版），1993（1）：49-50.
[66] 高贤峰，李永春. 现代组织行为学[M]. 北京：中国财政经济出版社，1997.
[67] 曾宪达，毛园芳. 新编管理学基础实训教程[M]. 杭州：浙江大学出版社，2009.
[68] 郎润华，曾庆双，唐亮. 管理学基础[M]. 2 版. 重庆：重庆大学出版社，2021.
[69] 汪乐宁，陈琰. 组织沟通的研究综述[J]. 现代商业，2010（30）：147.
[70] 张伟. 浅析管理沟通之研究现状[J]. 科技信息，2008（17）：186.
[71] 李军. 企业内部沟通研究[J]. 市场周刊（理论研究），2006（12 下）：185.
[72] 孙国辉，吴海帆，高福辉. 企业管理原理[M]. 北京：中国物价出版，1997.
[73] 高隽娴，张亚军. 外资企业跨文化管理沟通研究[J]. 商业文化（学术版），2008（8）：8.
[74] 韩利红，赖应良. 管理学[M]. 成都：西南交通大学出版社，2017.
[75] 陈浩明，张占英，陈学宝. 核电厂运行人员工作沟通能力提升探索和实践[J]. 核安全，2024，23（2）：22-28.
[76] 匡家镇. 试论企业中的非正式沟通[J]. 广西经济，2009（5）：51.
[77] 边文霞，赵丽红. 有效沟通[M]. 北京：机械工业出版社，2014.
[78] 姚晓君. 企业管理中的有效沟通分析[J]. 辽宁行政学院学报，2009（11）：61.
[79] 丁超，丁征恒. 有效沟通的障碍分析[J]. 科技信息，2007（11）：6.
[80] 何春丽. 企业内部有效沟通的障碍分析[J]. 经济研究导刊，2010（16）：25.
[81] 李香，栗英杰，李伟. 有效沟通是构建和谐师生关系的桥梁[J]. 现代交际，2013（3）：232.
[82] 马乙璇，邱礼生，曹妍. 高校学生社团组织中有效沟通技能提升研究[J]. 智库时代，2018（51）：80-81.
[83] 赵宏明. 有效沟通视角下的专业课堂师生交流策略[J]. 亚太教育，2023（17）：111-113.
[84] 张力娜. 浅析人际沟通障碍产生的原因及对策[J]. 东方企业文化，2010（15）：172.
[85] 朱林. 管理原理与实训教程[M]. 北京：北京邮电大学出版社，2008.
[86] 孙宗耀，荆春丽，周鹏. 管理学基础[M]. 北京：北京理工大学出版社，2022.
[87] 文章来源 管理与质量. 质量管理，控制过程就是控制结果[J]. 网印工业，2021（7）：39-40.
[88] 李俊杰. 管理学题解精粹[M]. 武汉：湖北辞书出版社，2003.
[89] 薄宏. 管理学[M]. 天津：天津大学出版社，1993.
[90] 陈建萍. 企业管理学 理论、案例与实训[M]. 北京：中国人民大学出版社，2004.
[91] 杨洁，孙玉娟. 管理学[M]. 北京：经济管理出版社，2004.

[92] 孙国际. 自主创新内涵之深化[J]. 科技导报，2011，29（3）：81.
[93] 芮明杰. 管理学[M]. 上海：上海财经大学出版社，2005.
[94] 李校利. 创新研究：一个重要的学术论域[J]. 恩施职业技术学院学报，2004（4）：1.
[95] 吴淑芳. 21 世纪大学教育与学生创新素养发展新思维 [M]. 西安：陕西人民出版社，2016.
[96] 刘炯朗. 创新思维[M]. 北京：朝华出版社，2021.
[97] 蒋显荣，许康. 管理创新的作用、地位及价值评价[J]. 西安石油大学学报（社会科学版），2004（4）：35.
[98] 姜从盛. 我国企业管理创新的作用及动力分析[J]. 国外建材科技，2001（4）：87.
[99] 鲁兆国. 企业管理制度创新的原则与措施[J]. 黑龙江科技信息，2008（12）：87.
[100] 张微杨，梦溪. 企业管理创新的作用及途径[J]. 农家参谋，2017（6）：148.
[101] 刘延平. 基于知识经济的企业管理创新路径研究[J]. 全国流通经济，2023（12）：80-83.
[102] 杨河清，王守志. 劳动经济学[M]. 北京：中国人民大学出版社，2006.
[103] 杨明刚. 现代实用管理学 知识·技能·案例·实训[M]. 上海：华东理工大学出版社，2005.
[104] 向德平，孔海文. 南海区社会管理创新案例集锦[M]. 武汉：华中科技大学出版社，2013.
[105] 杜伟. 关于技术创新内涵的研究述评[J]. 西南民族大学学报（人文社科版），2004（2）：258.
[106] 董景荣，周洪力. 技术创新内涵的理论思考[J]. 科技管理研究，2007（7）：28.
[107] 邹新月，罗发友，李汉通. 技术创新内涵的科学理解及其结论[J]. 技术经济，2001（5）：14.
[108] 柳飞红. 中小企业技术创新评价及对策研究[D]. 天津：天津大学，2010.
[109] 张东生，张亚强. 基于 TRIZ 的管理创新方法[M]. 北京：机械工业出版社，2015.
[110] 王洪涛. 邯郸市 H 纺织装备制造企业技术创新能力评价及提升对策[D]. 邯郸：河北工程大学，2023.
[111] 王志莲，张红. TCL 集团组织创新研究[J]. 经济问题探索，2003（4）：83-87.
[112] 张钢，孙明波. 关于组织创新研究的观点综述[J]. 科研管理，1997（7）：24.
[113] 陈光. 技术创新与组织创新初探[J]. 科学学与科学技术管理，1994（9）：8.
[114] 李国军，王重鸣. 组织创新的研究进展[J]. 心理科学，2006（5）：1240.
[115] 陈红梅，邵仲岩，梁敏. 基于资源优化配置的企业组织创新研究[J]. 黑龙江对外经贸，2010（10）：113.
[116] 何存玉. 变革型领导风格、组织即兴与组织创新的关系研究[D]. 衡阳：南华大学，2015.
[117] 范彬. 粉丝参与组织创新的影响机理：企业与粉丝的双重视角研究[D]. 大连：大连理工大学，2020.
[118] 陈晓禹. 知识管理、组织创新能力与企业绩效的关系研究[D]. 武汉：武汉工程大学，2023.
[119] 方正育. 逆向思考在经营决策中的运用[J]. 上海企业，1987（6）：48.
[120] 李建锋，苗长川. 管理学原理[M]. 西安：西北大学出版社，2003.
[121] 王亚非，梁成刚，胡智强. 创新思维与创新方法[M]. 北京：北京理工大学出版社，2018.